BAZI, BLUNZN, BREZNSOIZER

Johann Rottmeir

BAZI, BLUNZN, BREZNSOIZER

Volk Verlag München

Die Deutsche Bibliothek verzeichnet diese Publikation in der Deutschen Nationalbibliografie; detaillierte bibliografische Daten sind im Internet über http://dnb.ddb.de abrufbar.

Überarbeitete Broschurausgabe 2024

Neumarkter Straße 23; 81673 München
Tel. 089 / 420 79 69 876; Fax: 089 / 420 79 69 86

Druck: Custom Printing, Printed in EU

ISBN 978-3-86222-513-2

www.volkverlag.de

Inhalt

Vorwort

Auf den ersten Blick könnte man meinen, dass sich der bairische Dialekt von der deutschen Schriftsprache nur durch die etwas andere, eben die speziell bairische Aussprache der einzelnen Wörter unterscheidet. Dies ist zweifellos bei einer Vielzahl von Begriffen der Fall. So ist z. B. der sprachliche Weg vom hochdeutschen „Mann" zum bairischen „Mo" offenkundig nicht weit. Auch beim „Löffel" und „Leffe" oder bei „schön" und „schee" ist die gemeinsame Herkunft deutlich sicht- und hörbar.
Daneben gibt es aber im Bairischen eine Vielzahl von eigenständigen Wörtern, die die Schriftsprache nicht kennt und die zum Großteil auch nur in Altbayern, also in Ober-, Niederbayern und der Oberpfalz, zum Wortschatz der Alteingesessenen gehören – bzw. gehörten, denn viele der bairischen Ausdrücke, die meine Eltern noch in ihrem aktiven Wortschatz hatten, hört man heute gar nicht oder kaum mehr. Dazu kommen zahlreiche Sprüche und Redewendungen, mit denen bayerische Stimmungslagen und Gefühle besonders gut zum Ausdruck gebracht und der Umwelt kundgetan werden können – in einer Eigenart, die man im Hochdeutschen umsonst sucht.
Dieser Besonderheiten des bairischen Dialekts wurde ich mir bewusst, als ich aus den schriftlichen und mündlichen Lebenserinnerungen meiner Eltern eine Familienchronik erstellte. Mit einmal gewecktem Interesse hatte ich ursprünglich vor, eine Zusammenstellung der speziell bairischen, teils uralten Wörter und Sprüche als eigene Kapitel in meine Familienchronik einzubauen. Im Laufe der Zeit ist allerdings nicht nur bei mir, sondern auch bei vielen anderen Bayern die Erkenntnis gewachsen, dass unser schöner Dialekt in Gefahr ist, schrittweise in Vergessenheit zu geraten. Viele Begriffe, die meine Eltern noch selbstverständlich und regelmäßig gebrauchten, sind mir zwar noch geläufig, gehören aber schon nicht mehr zu meinem aktiven Wortschatz. Genauso werden viele bairische Wörter, die meine Generation noch benutzt, von der nächsten zwar noch verstanden, die Jüngeren können oder wollen sie aber nicht mehr selbst anwenden. Kurzum: Es ist kein Wunder, dass die Organisation der Vereinten Nationen für Bildung, Wissenschaft und Kultur, allgemein als

UNESCO bekannt, auch den bairischen Dialekt in die Liste der vom Aussterben bedrohten Sprachen aufgenommen hat. Das Ergebnis einer Umfrage des „Playboy“, wonach das Bairische der erotischste Dialekt Deutschlands sein soll, ist dabei allenfalls ein schwacher Trost.
Ich fürchte, dass sich diese Entwicklung fortsetzen wird. Trotz eifrigen Bemühens vieler inzwischen gegründeter Vereine zur Pflege des bairischen Dialekts muss man vor allem in den Städten den weiteren Rückzug des Bairischen konstatieren. Um wenigstens kein kleines – wie man heute gerne sagt – Zeichen zu setzen, habe ich mich entschlossen, meine Sammlung bairischer Sprüche und Redewendungen nicht nur auf ein Kapitel in meiner Familienchronik zu beschränken, sondern sie einer breiteren Öffentlichkeit zugänglich zu machen, Kennern des Dialekts ihre sprachliche Heimat wieder in Erinnerung zu rufen und vielleicht sogar den ein oder anderen Freistaatsbewohner neu für die Aufnahme des Bairischen in seine Alltagssprache zu gewinnen. Der Volk Verlag hat sich dieses Anliegens angenommen und brachte die von mir gesammelten Sprüche unter dem Titel „A Hund bist fei scho“ heraus. Das rege Interesse an diesem Buch ist ein wunderbarer Beweis dafür, dass die Bayern ihren Dialekt wieder mehr schätzen, dass sie sich seines Rückzugs über die letzten Jahrzehnte bewusst sind und dieser Entwicklung auch etwas entgegensetzen, das Bairische pflegen und erhalten wollen.
Das hier vorliegende Buch widmet sich nun als Nachfolger der Sammlung bairischer Sinnsprüche, Redensarten und Lebensweisheiten den speziellen, nur im bairischen Dialekt vorkommenden Wörtern. Ziel ist es dabei nicht, ein wissenschaftliches, für Laien oft schwer lesbares Wörterbuch mit einer Auflistung sämtlicher deutschsprachiger Begriffe im bairischen Dialekt anzubieten. Davon gibt es schon genug an der Zahl, und es wäre vermessen, mit Sprachwissenschaftlern wie dem von mir hoch geschätzten Dr. Ludwig Zehetner konkurrieren zu wollen. Nein, hier sollen bevorzugt die Wörter behandelt werden, die in ihrer Aussprache wie Aussage nur im Bairischen zu finden sind, oder deren Bedeutung im Dialekt von der im Schriftdeutschen abweicht; außerdem Wörter in ihrer früheren bairischen Aussprache, die inzwischen nicht mehr oder kaum noch zu hören ist. Es geht also um die Bewahrung alten Sprachguts mithilfe eines zugänglichen, lebensnahen Nachschlagewerks.

Die Begriffe sollen dabei nicht nur durch Synonyme erklärt, sondern auch durch zusätzliche Erläuterungen, z. B. zur Herkunft der Wörter, lebendig werden. Dazu sorgen praktische Anwendungsbeispiele für echten Gebrauchswert. Wer genüsslich zwischen den Seiten schmökert, wird feststellen, dass viele Ausdrücke zu finden sind, die man in den gängigen bairischen Wörterbüchern umsonst sucht. Und wer sich ein wenig Zeit nimmt, erlangt vielleicht sogar ein Gespür für den Gebrauch des schönen alten Bairisch – wie es unsere Großeltern noch jeden Tag im Munde führten.

Danken möchte ich vor allem meinem Schulfreund, dem Volkskundler und Autor Alfred Anton Stadlbauer für viele sachkundige Gespräche und Diskussionen über den bairischen Dialekt. Insbesondere sein umfangreiches Werk über Georg Queris „Kraftbayrisch", das als Jahrbuch der Johann-Andreas-Schmeller-Gesellschaft 2005 bis 2007 veröffentlicht wurde, war für mich eine ergiebige Fundgrube bairischer Wörter. Das Gleiche gilt für das „Lexikon der deutschen Sprache in Altbayern – Bayerisches Deutsch" von Professor Dr. Ludwig Zehetner, das seinem Verfasser zu Recht die Bezeichnung „Papst des bairischen Dialekts" eingebracht hat und das für mich ebenfalls eine sehr wertvolle Hilfe bei meinen Recherchen zu diesem Buch war. Außerdem danke ich allen Freunden, Verwandten, Bekannten und sonstigen Helfern, die mir ihnen noch geläufige, aber inzwischen weitgehend unbekannte alte bairische Wörter zugetragen und die Vielzahl meiner Fragen beantwortet haben.

Erläuterungen

Bei den in diesem Buch enthaltenen Wörtern handelt es sich in erster Linie um solche, die meine vor mehr als einhundert Jahren im Landkreis Freising geborenen und dort aufgewachsenen Eltern zu ihrem alltäglichen Wortschatz zählten, ergänzt um Begriffe, die in meiner Jugend im Landkreis Dachau und in dessen Randbereichen geläufig waren. Aufgrund dieser regionalen Begrenzung kann die hier dargestellte bairische Aussprache in dem ein oder anderen Fall von der gewählten Darstellung gängiger bairischer Lexika abweichen, die bevorzugt den Dialekt des bayerischen Oberlands oder den Münchner Dialekt dokumentieren. Es handelt sich also um eine persönlich und örtlich begrenzte Sprachsammlung. Sie versteht sich als eigenständiges Werk eines Dialektsprechers auf der Grundlage eigener Kenntnisse und Erfahrungen.

Darstellungsform der Wörter

Das jeweilige bairische Wort in der heute üblichen Dialektform präsentiert sich fett gedruckt an erster Stelle. Soweit die früher übliche Aussprache davon abweicht, ist diese – wiederum fett gedruckt – dem eigentlichen Dialektbegriff beigegeben. Unter „früher" ist die Jugendzeit meiner Eltern, also die Zeit von etwa 1915 bis 1935 zu verstehen.

Existiert eine dezidierte bairische Schreibweise für ein Wort, die allerdings von der von mir gewählten, an der Lautung orientierten Variante abweicht, ist sie mit dem Klammerzusatz „schriftbairisch" eingefügt.

Darauf folgt die schriftdeutsche Erklärung des Wortes, meist unter Nennung mehrerer Synonyme, gegebenenfalls auch differenziert nach unterschiedlichen Bedeutungen des Wortes. Sofern es eine – teils auch recht schräge – „wörtliche Übersetzung" gibt, steht diese dabei an erster Stelle, abgesetzt durch einen Strichpunkt.

Die folgenden Zeilen enthalten sodann interessante oder auch unterhaltsame Erläuterungen zu Sinn und Herkunft des Wortes und Anwendungsbeispiele. Bei Substantiven ist der bestimmte Artikel kursiv aufgeführt, sofern dies notwendig erscheint; so bei Abweichung vom Schriftdeutschen (z. B. „der" Gehalt statt „das" Gehalt) oder auch bei kaum mehr bekannten Wörtern.

Auf inhaltlich oder vom Wortstamm her verwandte Begriffe verweist ein kleiner Pfeil: →

Phonetische Schreibweise und alphabetische Reihenfolge

Das Buch folgt der alphabetischen Ordnung. Wörter, die zu einem gemeinsamen Wortstamm gehören, sind dabei grundsätzlich dem Hauptstichwort (Lemma) zugeordnet. Weicht ihre Bedeutung von diesem erheblich ab oder sind für das Verständnis ausführlichere Erläuterungen angebracht, werden sie aber als eigenständige Lemmata aufgeführt.

Bairisch ist eine Sprache, keine Schreibe. Deshalb orientiert sich die Schreibweise der aufgeführten Wörter an der Phonetik, also an der bairischen Aussprache, ohne aber den Leser mit den Zeichen der phonetischen Lautschrift vor den Kopf zu stoßen.

Gelegentlich könnte dies theoretisch zu Verständnisproblemen führen, z. B. im Fall des kurz und breit gesprochenen „a", das im Bairischen in absolut identischer Dialektschreibweise sowohl „auch" als auch „ein(e)" sowie „er" bedeuten kann. Der Bayer kann Unterschiede dieser Art aus dem Zusammenhang und Sinn des jeweiligen Satzes ohne Weiteres erkennen. Und auch dem Laien wird durch die „Übersetzungen" weitergeholfen, sodass auf eine zusätzliche Klarstellung an der jeweiligen Stelle verzichtet werden kann.

Die phonetische Schreibweise kann dazu führen, dass man ein Wort nicht dort findet, wo man es gewohnterweise dem Schriftdeutschen folgend erwarten würde. Dies gilt vor allem für Buchstaben, bei denen es einen klanglich verwandten harten und weichen Konsonanten gibt, also bei „B" und „P", bei „D" und „T" sowie bei „G" und „K". Ein Tipp daher: Wenn das gesuchte Wort an der erwarteten Stelle nicht zu finden ist, könnte es bei seinem „Lautzwilling" angesiedelt sein.

Die verschiedenen Ausformungen von „a" und „e"

In Bayern bekommen die Vokale „a" und „e" von den Sprechern des Dialekts gern einen ganz besonderen Klang verpasst.

Die verschiedenen Formen, die das gesprochene „a" annehmen kann, schlagen sich im geschriebenen Text dieses Buchs auf folgende drei Arten nieder:

a = volles, offenes „a"

à = helles, breites „a"

Wie bei „kåffà" (kaufen), „Bàåm" (Baum) oder – im Hochdeutschen – „Àktion" oder „ovàl".

å = dunkles, tief im Rachen angesetztes „a"

Ein Laut zwischen „a" und „o", wie bei „båån" (baden) oder „fåhn" (fahren). Im Hochdeutschen gibt es diese Form („å") nicht, allenfalls eine ähnlich klingende Variante des „o", wie z. Bsp. in „Ordnung", „Orgel" oder „Ort".

Bei Wörtern, die im Schriftdeutschen mit dem Präfix „ab-" beginnen (z. B. abschneiden), ist zunächst die heute übliche bairische Form „åb-" („åbschnein") und anschließend die alte Form der Aussprache, nämlich das doppelte „åå-" („ååschnein") angeführt.

Auch vom Buchstaben „e" gibt es im Bairischen eine hell gesprochene Version:

è = helles, breites „e"; wie bei „drèpfèn" (tröpfeln).

Im Gegensatz zu den deutlich unterschiedlichen Formen des „a" ist hier die Kennzeichnung nicht zwingend geboten, der Unterschied zwischen „e" und „è" ist nur gering. Dem Bayer erleichtert sie vielleicht die Aussprache des jeweiligen bairischen Worts, den Dialektunkundigen, der den Unterschied wahrscheinlich kaum hören wird, sollte diese Darstellung nicht irritieren.

Alle übrigen Vokale wie Konsonanten lassen sich mit den Buchstaben des hochdeutschen Alphabets problemlos darstellen. Oder anders ausgedrückt: Das bairische Alphabet umfasst zwei Buchstaben (Vokale) mehr als das hochdeutsche.

Besonderheiten bei „i" und „e"

Der Sprecher des Bairischen ist kein Anhänger der Konsonantenfolge bzw. der Lautfolge „ch". Liest man bairische Texte, so wird ein „ich" schnell zum „i" verkürzt, ein „dich" zum „di" – siehe „Zupf di!" (Verzieh dich!) – und aus dem „Rettich" wird ein „Ràdi".

Wie diese Beispiele zeigen, wird das „i", auf das die übriggebliebene letzte Silbe endet, vorerst im Dialekt beibehalten. Nun tut sich der Bayer allerdings auch wesentlich leichter beim Aussprechen des lockeren, entspannt im Mund gebildeten „e" als beim hohen, eher gepressten „i". Nach Möglichkeit wird also das ursprüngliche oder durch eine Kürzung des hochdeutschen Worts zustande gekommene „i" zum angenehmeren „e“ umgeformt – Fachleute bezeichnen das als Öffnung des Vokalwerts, d. h. der Mund ist beim Sprechen des „e“ etwas weiter geöffnet als beim Laut „i“.

Für die obigen Beispiele „ich“ und „dich“ kann man festhalten: Nur wenn das bairische „i“ bzw. „di“ am Anfang eines Satzes steht oder extra betont wird, bleibt es beim „i“. Ansonsten wird ein „e“ daraus.

Konkret sieht das dann folgendermaßen aus:

Di **håt d‘ Sunnà gscheit dàwischt.** (Dich hat die Sonne stark erwischt – mit Betonung des Angesprochenen: „Di“/„Dich“ steht am Anfang des Satzes.)

D‘ Sunnà håt de **gscheit dàwischt.** (Die Sonne hat dich stark erwischt.)

Oder:

I **mächt dàvolàffà.** (Ich möchte davonlaufen – der Sprecher betont, dass es genau er ist, der sich bald seinem Ärger Luft machen muss.)

Dàvolàffà mächt e. (Davonlaufen möchte ich.)

Bindelaute und Assimilierungen

Stoßen bei zwei aufeinander folgenden Wörtern an Ende und Anfang zwei Vokale aufeinander, dann geht dies dem Sprecher meist nicht leicht von der Zunge: die Häufung der Vokale stört. Deshalb wird im Bairischen dem Sprachfluss zuliebe häufig ein Konsonant als Bindelaut dazwischen geschoben:

Gib eàm à-r-à Brot. (Gib ihm auch ein Brot.)

Oder:

à-n **oids Leit** (eine alte Person)

Auch zwei aneinander stoßende Konsonanten, die als Lautfolge nicht so recht miteinander harmonieren wollen, können zur Erleichterung der Aussprache angepasst werden:

„Die Farbe“, auf bairisch auch eigentlich „d‘ Farb“, wird zu: **b‘ Farb**.

Das kann manchmal dazu führen, dass der Artikel zumindest textlich ganz verloren geht:

„Die Klupperl“, bairisch „d‘ Kluppàl“, wird zu: **’Kluppàl**.

Weitere Wortkürzungen, auf die meistens Assimilierungen folgen, gibt es bei den Endsilben „-ben“, „-den“ und „-gen“. Im Interesse der größtmöglichen Nähe zum bairischen Dialekt werden auch diese Wörter so geschrieben, wie man sie ausspricht, z. B.:

bleiben – **bleim**
werden – **wern**
wiegen – **wiàng**
Augen – **Aung**

Abschließend kann man hierzu sagen: Die Vereinfachung der Aussprache ist im Bairischen bei so manchem Wort der Grund für eine Veränderung der ursprünglichen Buchstabenfolge – so wird z. B. aus einem „zum" regelmäßig ein leichter von der Zunge springendes „zon".

Dehnungen

Lang, also gedehnt gesprochene Vokale oder Umlaute werden durch Doppelung des entsprechenden Vokals gekennzeichnet: **schee** (schön), **Sååg** (Sack).

Betonungen

Sofern es notwendig erscheint, den betonten Vokal zu kennzeichnen, wird dem durch <u>Unterstreichen</u> Rechnung getragen.

Aus dem Französischen übernommene Lehnwörter

Der aufmerksame Leser wird immer wieder auf Wörter mit französischem Ursprung stoßen. Auch ihre Schreibweise orientiert sich an der bairischen Phonetik, also an der bairischen Aussprache – schließlich wurden sie in den bairischen Dialekt übernommen. Der Einfluss des Französischen auf die bairische Sprache, dessen Ursprung in der napoleonischen Besatzung Bayerns zu suchen ist, war noch vor hundert Jahren beträchtlich. Heute hört man die meisten dieser Wörter allerdings nur noch selten. Oder wissen Sie noch, dass eine „Bolààsch" die Lenkstange des Fahrrads ist?

Fundstellen in der Fachliteratur

Das wohl bedeutendste und fundierteste Werk für den bairischen Wortschatz ist das „Bayerische Wörterbuch" von Johann Andreas Schmeller. Auf dieses Lexikon wird in den Erklärungen dieses Buchs an einigen ausgewählten Stellen Bezug genommen: „Schmeller I 280" bedeutet dabei z. B. „Band I Spalte 280" des genannten Wörterbuchs.

A WIE APRUIAFF

à: ein bzw. eine

Der unbestimmte Artikel „ein" bzw. „eine" dient im bairischen Dialekt als doppeltes „à" auch der Verstärkung eines Worts. Das so betonte Wort wird vom „à" umrahmt, z. B.:

* à bissl à Soiz: ein bisschen, also ganz wenig Salz
* à Breckàl à Brot: ein kleines Stückchen Brot
* à ganz à Schlauer: ein besonders Schlauer
* à recht à Depp: ein besonders einfältiger Mensch
* à so à gscherter Hund: so ein unfairer Mensch
* a vui à scheeners Auto: ein ausnehmend viel schöneres Auto

Åål: Odel, Jauche

Flüssige Ausscheidungen der Stalltiere (Pferde, Rinder, Schweine usw.), früher auch der auf dem Bauernhof lebenden Menschen. Ab den 1950er Jahren wurde die Bezeichnung meist nur noch für die tierischen Ausscheidungen gebraucht – menschliche Bedürfnisse wurden nicht mehr im ausgelagerten Toilettenhäuschen erledigt und dementsprechend nicht mehr selbst entsorgt. Gesammelt wird die Jauche in der „Åålgruàm" (Odel-, Jauchegrube), auch „Mistlachà" (Mistlache) genannt. Auf einem Anhänger wird ihr Inhalt schließlich im „Åålfàssl" (Odel-, Jauchefass), einem Fass aus Blech, früher aus Holz, zu den Feldern und Wiesen transportiert und dort zum Zweck der Düngung entleert. Befüllt wurde das „Fàssl" aus der „Åålgruàm" mit dem „Åålschapfà" (Odelschöpfer), einem blechernen Topf mit hölzernem Stiel, über eine relativ große Öffnung an der Oberseite des „Fàssls".

Durch diese Öffnung soll einst auch der berühmt-berüchtigte bayerische Räuber Matthias Kneissl in ein solches „Åålfàssl" gekrochen sein, um sich dort – trotz des Gestanks – vor den Polizisten zu verstecken, die ihm hart auf den Fersen waren.

Åb- bzw. **åb-** / früher: **Åå-** bzw. **åå-**: Ab- bzw. ab-

Dieses Präfix entspricht dem schriftdeutschen „Ab-" bzw. „ ab-". Es wurde früher „åå" gesprochen und hat sich über die Jahre zur heutigen, dem

Schriftdeutschen wieder näheren Aussprache „åb-“ weiterentwickelt.
→ Erläuterungen: Die verschiedenen Ausformungen von „a“ und „e“

åbbättn / früher: **ååbättn**: abbeten

Es handelt sich beim „Åbbättn“ (→ Åb-/åb-) um den Versuch, Krankheiten durch Gebete zu heilen, oft in Verbindung mit Handauflegen. Menschen, die den Ruf hatten, durch die Kraft ihrer Gebete bzw. ihrer Hände andere Menschen heilen zu können, wurden in Zeiten von nur mangelhafter und für den einfachen Mann auch sehr teurer medizinischer Versorgung gern konsultiert und erhielten für ihre Dienste in der Regel eine Vergütung, deren Höhe vom Status des Auftraggebers abhing. So ist von meiner Großmutter überliefert, dass auch sie diese Fähigkeit besaß und darüber hinaus interessante Ratschläge zur Heilung von Krankheiten parat hatte. Sie empfahl z. B. zur Behandlung eines Überbeins (Ganglions) einen Hühnerknochen – Knochen heißt auf Bairisch „Boà“ (Bein) – über die Schulter zu werfen und dabei folgenden Spruch zu rufen:

Lumperboà, Schindderboà,	Lumperbein, Schinderbein,
Höif mà für mei Überboà.	Hilf mir für mein Überbein.

Åbbàtzdà / früher: **Ååbàtzdà**: Abgepatzter (schriftbair.); Abgemischter

Ein „Åbbàtzdà“ bzw. der „Åbbàtzde“ ist ein Gemisch aus Camembert, Butter, Paprika und Salz, das einen wunderbaren Brotaufstrich ergibt und auch besonders gut auf Brezen schmeckt. Die Zutaten werden in eine Schüssel gegeben und dort miteinander vermischt, also abgemischt. Von diesem Vorgang des „**Ab**bätzens“, also des **Ab**mischens, leitet sich der Name der bayerischen Spezialität ab, wohlgemerkt nicht von „**an**bàtzen“, was auf Bairisch „**o**bàtzn“ heißt. Dass die Speise heute trotzdem überall als „Obatzda“ angeboten wird, beruht wohl darauf, dass sich selbst Dialektsprecher oft nicht mehr der alten Form des Präfix „åb-“ – nämlich „åå“ – bewusst sind. Zudem gibt es im Hochdeutschen keinen eigenen Buchstaben für das offene, lautlich nah am „o“ rangierende „å“. Um im Schriftlichen die bairische Besonderheit des offenen „å“ darzustellen, behilft man sich also mit der Verwendung des Buchstabens „o“.
→ Åb-/åb-, bàtzn

åbbeiddln / früher: **ååbeiln**: abbeuteln; schütteln, abschütteln

Wenn es einen bei Kälte schüttelt, dann „beilt`s oàn åb“ (beutelt es einen ab), ebenso wenn einem ein Schauer über den Rücken läuft. Auch einer, der einen Fehler gemacht hat und sich trotzdem unbelastet fühlt, der „beilt se åb“ (beutelt sich ab), der schüttelt die Kritik einfach ab. → Åb-/åb-, beiddln

åbbettln / früher: **ååbäln**: abbetteln; provozieren

Jemanden derart provozieren, dass eine Ohrfeige unausweichlich ist. Ist einem in diesem Fall die Hand ausgerutscht, so erklärt man das mit den Worten: „Der håt mà oàne åbbettlt.“ (Der hat mir eine abgebettelt.) → Åb-/åb-

åbbiàn / früher: **ååbiàn**: abbieten

Etwas verbieten, Verbote aussprechen, Grenzen aufzeigen – vor allem Kindern gegenüber. → Åb-/åb-

åbböizn / früher: **ååböizn**: abpelzen; Obstbäume veredeln, propfen

Beim „Åbböizn“ werden Zweige von Obstbäumen einer bestimmten Sorte, z. B. mit besonderer Widerstandskraft oder geschmacklich hervorragenden Früchten, auf Bäume einer anderen Sorte mit weniger guten Eigenschaften transplantiert: Man veredelt den Baum. Das Wort kommt vom lateinischen „pellis“ für „Haut, Pelz, Rinde“. → Åb-/åb-, böizn

Åbbrennter (auch: **Åbbràndler**): Abgebrannter; armer Mensch

Vom Wortsinn her ist ein „Åbbrennter“ ein Bauer, dessen Hof abgebrannt und der dadurch mittellos geworden ist. Im übertragenen Sinn: ein armer Kerl, eine sozial schwache Person.

åbbringà / früher: **ååbringà**: abbringen; Altes bzw. Gewohntes abschaffen

Die gleiche Bedeutung hat das Wort „åbkemà“, früher „ååkemà“, für „abkommen“. Meine Mutter hat z. B. über die Zeit nach dem 1. Weltkrieg erzählt, dass bei den Bauern jede Woche in der Stube ein Rosenkranz gebetet wurde: „Des ham`s aber nåch`m Kriàg åbbråcht.“ (Das hat man aber nach dem Krieg abgeschafft.) → Åb-/åb-

åbdàxln / früher: **åådàxln**: umbringen, töten

→ Åb-/åb-, åbdoà 1), åbkràgln, åbmurksn, durchdoà

åbdoà / früher: **åådoà**: abtun

1) umbringen, töten

Für dieses Verb gibt es im Bairischen eine ganze Reihe von Synonymen. Zum Glück wurden sie meist nur im Scherz oder als drastische, aber nicht in die Tat umzusetzende Drohung ausgesprochen. Die vorliegende Variante wurde vor allem für das Töten von Enten und Gänsen durch Umdrehen des Halses verwendet. → åbdàxln, åbkràgln, åbmurksn, durchdoà

2) sich abmühen, seine ganze Kraft einsetzen
„I duà me åb für di, und du machst dir àn scheenà Lenz." (Ich setze meine ganze Kraft für dich ein, und du machst dir ein schönes Leben.) → Åb-/åb-

Åbdràdà / früher: **Åådràdà**: Abgedrehter; durchtriebener Mensch

Ein „Åådràdà" bzw. der „Åådràde" war früher ein Schlitzohr, eine listige, raffinierte, verschlagene, auch bauernschlaue Person, die es faustdick hinter den Ohren hat. In der heutigen Form „Åbdràdà" ist das Wort kaum noch zu hören. Es war früher auch als Adjektiv gebräuchlich: Ein „åådràdà Hund" ist ein besonders großes, ein geradezu doppeltes Schlitzohr, schließlich steht der bairische „Hund" ja bereits für die Schlitzohrigkeit des so Betitelten. → Åb-/åb-

åbdruckà / früher: **åådruckà**: abdrücken

1) einen Gegenstand so stark belasten, dass er durchbricht
Setzt sich z. B. eine schwergewichtige Person auf eine morsche Bank, worauf diese bricht, dann hat sie ihre Sitzgelegenheit „åbdruckt".

2) jemanden unter Druck setzen, um ihn zu einer Handlung zu bewegen bzw. zu zwingen
„Àm Opa ham`s sei Haus åbdruckt." (Dem Opa haben sie das Haus abgedrückt.) D.h. der Großvater wurde so lange bearbeitet, bis er sein Haus überschrieben hat. → Åb-/åb-

åbessen: sich abessen

Hat man von einem bestimmten Gericht zu viel oder sogar das Lieblingsgericht über längere Zeit sehr oft gegessen, dann hat man sich davon „åbgessn", man kann es nicht mehr sehen und will es – zumindest vorübergehend – nicht mehr auf dem Esstisch haben.

åbgeh / früher: **åågeh**: abgehen; fehlen

„Des dààt mà gråd no åbgeh." (Das würde mir gerade noch fehlen.) Oder: „Du bist mà gråd no åbgangà." (Du hast mir gerade noch gefehlt.) → Åb-/åb-

åbgrååån / früher: **åågrååån**: abgeraten; nicht geraten, misslingen

„ À-r-à guàtn Kechin gråt àmoi wås å." (Auch einer guten Köchin misslingt mal ein Gericht.) → Åb-/åb-, gråån

åbgschmåched / früher: **åågschmåched**: abgeschmackt; ekelhaft, lästig, gefühlskalt

Wird meistens in der Verbindung „à-n åbgschmåchedà Hund" (ein ekelhafter Kerl) gebraucht. → Åb-/åb-

åbhaun / früher: **ååhaun**: abhauen; herunterhauen, verhauen

Mit weglaufen hat die Sache nichts zu tun, es geht stattdessen um bayerische Prügel. Vor allem die frühere Variante hörte man häufig: „Der håt àn Sepp richtè åághaut" bedeutet, dass der Genannte einen armen Kerl namens Josef tüchtig verdroschen hat. → Åb-/åb-, herhaun 1)

åbkiàèn / früher: **ååkiàèn**: abkühlen

„Nåch`n Wedà håt`s gscheit åbkiàèt." (Nach dem Gewitter hat es sich stark abgekühlt.) → Åb-/åb-

åbklaum / früher: **ååklaum**: abklauben; abpflücken, ernten

Der Begriff wird eher selten auf die Obsternte o. Ä. bezogen. Ein Mann, der bei den Mädchen nur amouröse Abenteuer sucht, will diese nur „åbklaum", sie also „pflücken" wie reife Früchte, ohne ernste Absichten zu haben. Hat sich umgekehrt eine Frau mit einer ganzen Reihe von Männern eingelassen, so bezeichnet sie ihr Umfeld als „åbklaubt", also abgeerntet wie ein Kartoffelacker. Ihren so gesunkenen gesellschaftlichen Stand bringt man dann folgendermaßen zum Ausdruck: „Wer måg denn dè no, dè Åbklaubte?" (Wer mag die denn noch, diese Abgepflückte?) Zuletzt bezeichnet das Wort auch das Entfernen von schädlichen Kartoffelkäfern, die früher von den Kindern von den Kartoffelpflanzen „abgeklaubt" wurden. → Åb-/åb-, åbschmiàm, klaum

åbkràgln / früher: **ååkràgln**: jemandem den Kragen umdrehen, jemanden umbringen, ermorden → Åb-/åb-, åbdàxln, åbdoà 1), åbmurksn, durchdoà

åbmurksn / früher: **åàmurksn**: abmurksen; jemanden umbringen, ermorden → Åb-/åb-, åbdàxln, åbdoà 1), åbkràgln, durchdoà

Abodäggàpreise: Apothekerpreise

Brauchte man früher Medizin aus der Apotheke, so waren damit im Verhältnis zum Einkommen hohe Kosten verbunden. Über Geschäfte, die für ihre Waren ebenfalls sehr hohe Preise verlangten, sagte man deshalb, sie hätten „Abodäggàpreise", also ein Preisniveau wie die Apotheker.

åbputzn / früher: **ååputzn**: abputzen; einen Gewinn einstreichen, profitieren

Läuft ein Geschäft über mehrere Personen oder Firmen – Zwischenhändler –, dann wird es für den Käufer in der Regel teuer, weil sich jeder dabei „d`Händ abputzt" (weil sich jeder die Hände abputzt, also daran mitverdienen möchte). → Åb-/åb-

åbretten / früher: **ååretten**: abretten; schlichten

Dafür sorgen, dass Ruhe und Frieden einkehren. Wenn zwei Personen kurz vor einer Rauferei stehen, kann man es z. B. mit „Muàß e åbrettn?" (Muss ich schlichten?) versuchen. → Åb-/åb-

åbrichten / früher: **ååríchten**: abrichten; dressieren (bei Tieren), unterweisen, ausbilden (bei Menschen)

Sammeln junge Männer erste sexuelle Erfahrungen bei einer als besonders freizügig bekannten Frau, so sagt man verständnisvoll: „Oàne muàß s` ja åbrichten." (Eine muss sie ja unterweisen.) → Åb-/åb-

åbschiàm: abschieben; sterben

Die letzte Tätigkeit eines jeden Erdbewohners ist das „Åbschiàm".

åbschmiàm / früher: **ååschmüàm**: abschmieren; verführen

Wurde eine Frau von einem Charmeur ohne ernste Absichten für ein kurzes amouröses Abenteuer gewonnen, dann heißt es: „Geh zuà, der håt`s doch bloß åbgschmiàbt." (Geh mir weg, der hat sie doch nur abgeschmiert, der hatte doch keinerlei ernste Absichten, der wollte doch nur sein Vergnügen haben.) → Åb-/åb-, åbklaum, ausschmiern

åbschmoizn / früher: **ååschmoizn**: **abschmalzen**

Teigwaren werden „åbgschmoizn", indem man sie in Fett schwenkt, um sie nahr- und schmackhafter zu machen. → Åb-/åb-, aufschmoizn

åbspåtzn: abspatzen

1) beim Kartenspiel wertlose Karten zugeben
2) Kritik nicht annehmen, nicht auf Kritik reagieren, Kritik abschütteln

åbspinnà / früher: **ååspinnà**: abspinnen; sich beruhigen, weniger Interesse zeigen, wenn die ursprüngliche Begeisterung nachlässt

„Zerst is à jeden Dåg mit sein neià Rààl gfåhn, aber jetz hådà scho åbgspunnà." (Zunächst ist er jeden Tag mit seinem neuen Rad gefahren, aber jetzt hat die Begeisterung schon nachgelassen.) → Åb-/åb-

åbstàmpern / früher: **åästàmpern**: abernten, abpflücken

Hat man z. B. einen Johannisbeerstrauch weitgehend abgeerntet, sagt man:

„Den hammà scho ganz schee åbgstàmpert." (Den haben wir ganz schön leer gemacht.) → Åb-/åb-, hoàmstàmpern, naushaun, z`leichà nehmà

åbstöin / früher: **ååstöin**: abstehlen; stehlen, wegnehmen, entwenden

„Der Junge håt dem Oidn sei ganz Göid åbgstoin." (Der Junge hat dem Alten das ganze Geld gestohlen.) → Åb-/åb-

åbstrampfèn / früher: **ååstrampfèn**: abstrampeln

Hier ist nicht „sich abmühen" gemeint; es geht um eine konkrete Beinbewegung. Ist einem im Schlaf zu heiß, so schiebt man z. B. die Bettdecke – nach wie vor träumend – von sich und nimmt das Risiko eines unbedeckten und erkältungsanfälligen Körpers auf sich. → Åb-/åb-

Achàle!: Ach!

Ausruf meiner Mutter, vor allem bei akutem Schmerz, z. B. wenn sie sich geschnitten oder angestoßen hatte. Der Ausruf wurde je nach Größe des Schmerzes einmal oder auch mehrfach wiederholt.

Äehern: Ähren

Der Begriff ist nur im Plural gebräuchlich. → Gràànn

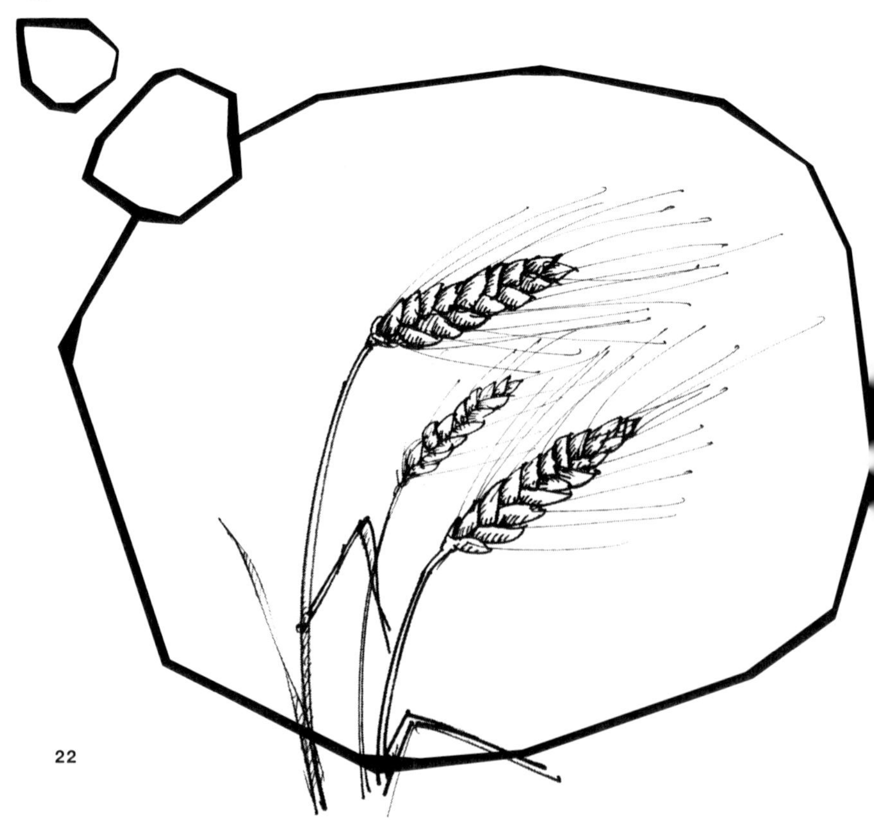

àgràtt: akkurat; sehr genau, exakt, pedantisch, auch: ausgerechnet

„Àgràtt du muàßt des sagn." (Ausgerechnet du musst das sagen, gerade du hast keinerlei Berechtigung dafür.) → ausdipfèd, Någl Àgràtt

Ähà! (auch: **Åhà!**): Hoppla! Hoppala!

Es handelt sich um einen Ausdruck der Überraschung, oft verbunden mit dem Hochziehen der Augenbrauen und einem überraschten Gesichtsausdruck. In der Aussprache kann je nach Gefühlslage das erste oder das zweite „a" betont werden. Das Wort kann aber auch „Entschuldigung!" bedeuten, zumindest kann es in diesem Sinne gemeint sein. Dazu eine kurze Geschichte: Eine Dame wird von einem rüpelhaften Bayer angerempelt und beschwert sich postwendend, dass er sich nicht bei ihr entschuldigt habe – worauf der Bayer antwortet: „I håb ja àso ‚ähà' gsagt." (Ich habe doch ‚ähà' gesagt.)

Ähoitn: Ehhalten; Dienstboten, Gesinde, Mägde und Knechte → deànà

Aiglbür: Heidelbeere

Das Wort „Aiglbür" (gleichlautend im Singular und Plural) bedeutet wörtlich „Äugleinbeere", weil Heidelbeeren von ihrer Form und Farbe an dunkle Augen erinnern (Schmeller II 50). Zum Sammeln von Heidelbeeren benutzte man ein kleines Gefäß, das „Brockhafàl", oft auch Milchkannen aus Blech („Millibitschn"). → Berl, brockà

Àlà bonähr: zur guten Stunde; ausgezeichnet, vortrefflich

Zu diesem französischen Ausdruck („à la bonne heure" – „zur guten Stunde") greift man gerne, wenn man der Küche ein hohes Lob aussprechen möchte, z. B.: „Der Schweinsbråån war wieder àlà bonähr." (Der Schweinebraten war wieder spitze.)

Ällàbätsch!: Ätsch!

Ausdruck der Schadenfreude, vor allem in der Kindersprache. Mit diesem Wort beginnt man seine Aussage, wenn man wider Erwarten erfolgreich war, z. B.: „Ällàbätsch, i håb doch àn Oànser in der Schulaufgab!" (Ätsch, ich habe doch eine Eins in der Schulaufgabe!) Oder: „Ällàbätsch, i håb doch à gräßers Stückl kriagt wià du!" (Ätsch, ich habe doch ein größeres Stück bekommen als du!)

ållerwei / früher: **oiwei**, **öiwei**: allweil, allerweil; immer, dauernd, ständig, zu jeder Zeit

„Oiwei håt à zu mir hergschaugt." (Ständig hat er zu mir hergeschaut.)

am (auch: **dram**): oben, droben

Auch die Kombination „am dram“ für „oben droben“ ist gebräuchlich. In diesem Zusammenhang sind ferner zu erwähnen:

* am rum: oben herum

* unt` rum: unten herum

àment: am Ende

„Àment ham gråd mir den verkehrtn Glààm.“ (Am Ende haben ausgerechnet wir den falschen Glauben.)

Ànànàs: Erdbeere

Erdbeeren wurden früher in Bayern „Ànànàs“ genannt, abgeleitet von der lateinischen Bezeichnung „fragaria ananassa“ für die Garten- oder Ananaserdbeere, die aus einer Kreuzung zweier amerikanischer Erdbeerarten entstanden ist.

ànander nei: (durch-) einander hinein; durcheinander

Vor allzu großem Durcheinander ist Vorsicht geboten, so warnt z. B. die

Mutter davor, eine Kombination von Speisen zu essen, die der Magen nicht verträgt: „Iß net oiss ànander nei.“ (Iss nicht alles durcheinander.)

Àn-Deife-sei-Schnupftawak: Dem-Teufel-sein-Schnupftabak; Flaschenbovist (Pilzart)

Der Flaschenbovist ist ein nicht genießbarer Pilz, der auch in bayerischen Wäldern vorkommt. Tritt man auf ein ausgereiftes Exemplar, so entweicht daraus brauner Staub, der aussieht wie Schnupftabak. Nachdem der Pilz aus dem Erdreich sprießt, unter dem sich ja bekanntlich die Hölle und der Teufel höchstpersönlich befinden sollen, lag früher die Annahme nahe, dass dieser Pilzstaub nicht nur wie Schnupftabak aussieht, sondern wahrhaftig der Schnupftabak des Teufels ist. → Schwàmmàl

Anderleit: andere Leute, Fremde, Mitmenschen, die einem nicht nahestehen

„Des is mir Wurscht, wås Anderleit über mi sogn.“ (Das ist mir egal, was andere Leute über mich sagen.)

Ång: Agen (schriftbair.); Spreu

Das Wort wird nur im Plural verwendet. Es handelt sich um den kleinen Abfall, der mit der → Windmui oder beim Dreschen mit dem → Dreschwång von den Getreidekörnern getrennt wurde. Für das „Ångtrång“, das Wegtragen dieses Abfalls im → Krätzn, war meistens eine → Dirn zuständig und auch die größeren Kinder mussten bei dieser staubigen Arbeit mithelfen. Die „Ång“ von Hafer und Weizen wurden in das Viehfutter gemischt, die von Gerste und Roggen zum Einstreuen verwendet.

Angl, der: Stachel der Biene, Wespe oder Hornisse

Hier wird der Stachel mit einem Angelhaken gleichgesetzt, schließlich bohren sich beide in die Haut und können nur unter großen Schwierigkeiten entfernt werden.

Verb: **angln** (stechen)

angle: gefühlvoll, rücksichtsvoll, vorsichtig, behutsam, sanft, einem Engel gleich

Das Wort kommt vermutlich vom lateinischen Begriff „angelus“ für „Engel“ und nimmt auf dessen ausschließlich positive Eigenschaften Bezug. „Mit derà Vasn muàßt fei angle umgeh.“ (Mit dieser Vase musst du unbedingt ganz vorsichtlich umgehen.)

ànort / früher: **ànout**: irgendwo

„Des håwe ànout higlegt und find`s nimmer.“ (Das habe ich irgendwo hingelegt und finde es nicht mehr.) Oft auch in Verbindung mit „wo“

gebräuchlich: „Des muàß doch ànout wo liegn." (Das muss doch irgendwo liegen.)

Ansprach: Ansprache; Kontakt

Wer „koà Ansprach findt" (keine Ansprache findet), der findet keinen Kontakt, der erhält keine Antwort auf seine Versuche, ein Gespräch zu beginnen.

Anständ: Beanstandungen, Kritik, Ärger

Das Wort wird meistens in der Verbindung „koàne Anständ" (keine Anstände) gebraucht. So sagt z. B. die Oma zum kleinen Enkel, der bei ihr zu Gast war: „Wasch de nur sauber å, dass mà koàne Anständ vo deiner Mámà kriàgn." (Wasch dich nur sauber ab, damit wir keinen Ärger mit deiner Mama bekommen.) Das Wort wird nur im Plural verwendet, es hat keinen Bezug zum hochdeutschen „Anstand".

ant: bedrückt, traurig, mit ungutem Gefühl, von Sehnsucht oder Heimweh geplagt

Das Adjektiv kommt oft in Verbindung mit dem Verb „doà" (tun) vor, z. B.: „Des duàt mà ant." (Das bedrückt mich. Oder auch: Das vermisse ich, danach sehne ich mich.) Oder mit „werden": „Mir werd ganz ant, wenn i an de Prüfung denk." (Ich bekomme ein ganz ungutes Gefühl, wenn ich an die Prüfung denke.)

Àntàrà: Enterich, männliche Ente → Gargs

ànte: schlecht gelaunt, mürrisch

Die gleiche Bedeutung hat das Wort „gràntig". → Gràntler

Antlass (auch: **Antless**): Ablass

Der Ablass ist in der katholischen Religion der Erlass zeitlicher Sündenstrafen, den man durch fromme Werke (z. B. Wallfahrten, Gebete, früher auch Geldspenden) erreichen kann. Das Wort hat daher auch eine Verbindung zu „entlassen" in der Form von „aus seinen Sünden entlassen werden". Voraussetzung für einen Ablass war stets das Ablegen der Beichte und der Empfang der Heiligen Kommunion.

Früher war der Gründonnerstag der „Antlasstag" („Antlasspfinstà" → Pfinstà), der klassische Beichttag, weil man das kirchliche Hochfest Ostern frei von Sünden feiern wollte (→ Jàhrling 2). So er heute auf dem Land noch begangen wird, hat sich zum „Antlasstag" inzwischen mehr der Fronleichnamstag entwickelt. In bayerischer Kultur bewanderte Veranstalter bezeichnen deshalb an diesem Tag stattfindende Volksmusikveranstaltungen als „Antless Hoàgascht“ (→ Hoàgart).

Àntnschoàß: Entenpups

Wenn etwas „um àn Àntnschoàß“ (um einen Entenpups) nicht passt, dann fehlt nicht mehr viel, bis es passt; nur noch eine Kleinigkeit fehlt zum nahen Erfolg. → um`s Mårschleckà

Apfebutzn: Apfelbutzen (schriftbair.)

Rest des verspeisten Apfels, bestehend insbesondere aus dem Stiel und dem Kernhaus, das früher oft mitgegessen wurde. → Butzn und Stingl

Apruiaff: Aprilaffe

Dummkopf, der auf einen Aprilscherz hereingefallen ist. → Doàgaff, Maiaff

Àrnt (auch: **Àànt**): Ernte

Das Wort bezeichnet vornehmlich die wichtigste Ernte im Jahr, die Getreideernte. Die Hauptarbeit leisteten dabei die Mäher, die man „Ààner“ nannte. Während der Ernte wurde das eigens hierfür gebraute „Àrntbier“ („Ààntbier“), Bier mit niedrigem Alkoholgehalt (Dünnbier), ausgeschenkt. Alle Erntearbeiter konnten so ihren aufgrund der sommerlichen Hitze zwangsläufig großen Durst stillen, ohne durch zu viel Alkohol zu ermüden. Das „Àrntbier“ (→ Blemmbe, Schäps) wurde von den Mägden mit einer → Krugl aufs Feld gebracht. → Håwerheim

Das Verb zur Ernte lautet **ààna** (ernten), früher hieß es „eiàànà“ (einernten, die Ernte einbringen). Ist die Ernte abgeschlossen, dann ist „eigàànt“.

àrschlings / früher: **ààschlèn**: in Richtung Hinterteil; rückwärts, retour, zurück, verkehrt herum, auch: schlecht

In tautologischer Verbindung: „àrschlings retour“. → hizruck

auf: auf

Die Bedeutung dieser Präposition geht im Bairischen über die im Schriftdeutschen weit hinaus:

* auf d`Nacht: nachts, abends
* auf d`Letzt: zu guter Letzt, am Schluss
* auf Gànt kemà: Bankrott gehen
* auf Mingà: nach München
* auf und auf: lückenlos, auch: am ganzen Körper

„Der is` auf und auf voi Dreeg.“ (Der ist am ganzen Körper voller Dreck.)

aufarwàn: aufarbeiten; sehr strapazieren, kaputt machen

„Wer håt denn den Motor wieder aufgarwàt?" (Wer hat denn den Motor wieder kaputt gemacht?) Über jemanden, der eine ungeheure Kondition hat, sagt man: „Der is net zon aufarwàn." (Der ist nicht kaputtzukriegen.)

Aufbesserung: Lohnerhöhung

aufbrennà: aufbrennen

1) einen Sonnenbrand bekommen

Üblich ist dabei vor allem die Verbindung: „D`Sunnà håt me aufbrennt." (Ich habe einen Sonnenbrand.)

2) infolge eines Brandes wirtschaftlich nach oben kommen

Das Präfix „auf-" zeigt klar die Richtung (nach oben) an. Ging es einem Bauern wirtschaftlich schlecht und brannte sein Anwesen nieder, sodass er eine stattliche Versicherungssumme kassierte, sagte man, dass er „aufbrennt" (aufgebrannt) war, was das Gegenteil von „åbbrennt" (abgebrannt, pleite) ist (→ Åbbrennter). In dieser Formulierung schwang auch meist der Verdacht der Brandstiftung mit.

aufdàckln: sich auftakeln, übertrieben herausputzen bzw. aufhübschen

Eine Frau, die sich übertrieben auffällig kleidet oder schminkt, nennt man „à aufdàcklte Henà" (ein aufgetakeltes Huhn). Das Wort ist abgeleitet vom Auftakeln, dem Setzen der Segel auf Schiffen, die so ein besonders prächtiges Bild abgeben. Obwohl man das Wort auf Bairisch wie den Dackel, also mit weichem „d", kurzem „a" und hartem „k" ausspricht, hat es mit diesem nichts zu tun. → aufschwànzn 2), aufzàmà, nåchdàckln

aufdràhn: aufdrehen

1) besonders auffallen

Eine Person, die wegen ihres ungewohnt positiven, eventuell sogar mit erheblichen Kosten verbundenen äußeren Erscheinungsbildes (exklusive Kleidung oder extravagante Frisur) besonders auffällt, die „dràht auf".

2) in einer Diskussion laut, heftig, gegebenenfalls auch aggressiv auftreten

In beiden Fällen sagte man früher: „Der/De dràhnt aber auf!" (Der/Die dreht aber auf!) → aufgeh 2), aufmàndln

aufdreim / früher: **aufreim**: auftreiben

1) nicht einfach zu beschaffende Dinge (auch Geld) besorgen

2) aufdrehen, andrehen, anmachen, einschalten

„Håst `s Wasser aufdriem?" (Hast du das Wasser aufgedreht?) „Dreim" (treiben) drückt eine Drehbewegung aus, die an früher üblichen Drehschaltern für die Beleuchtung oder auch heute noch an Wasserhähnen ausgeführt werden muss, um den gewünschten Effekt zu erzielen. → zuàdreim

Aufdreiwàdà: Auftreibender; Treibauf

Eine Person, die für Stimmung sorgt, Leben in die Bude bringt, die unruhig ist, schreit, gestikuliert, singt, schunkelt und in Feierlaune auf Bank und Tisch steigt.

Auch als Adjektiv: **aufdreiwàd** (auftreiberisch, aufgekratzt, kaum zu bändigen, sehr dynamisch) → stààdlustig

aufdriàwèn: auftrübeln (schriftbair.); trüb machen, aufwühlen, Abgesenktes wieder nach oben bringen

Um den Bodensatz, der sich am Grund eines Gefäßes abgesetzt hat, wieder mit der Flüssigkeit zu vermischen, in der er ursprünglich gelöst war, muss man das Gefäß schütteln oder das Gebräu gründlich umrühren. Wird auf diese Weise „aufdriàwet", dann erhält die Flüssigkeit wieder ihr ursprüngliches, trübes Aussehen. Auch wenn man unangenehme Dinge, die eigentlich schon längst vergessen waren, wieder zur Sprache bringt, werden sie dadurch „aufdriàwet". Muss der Arzt eine noch nicht ganz verheilte Wunde nochmals öffnen, so werden die Schmerzen erneut größer, weil die Wunde neu „aufdriàwet" ist.

auffickln: aufwetzen, aufreiben, durch ständiges Reiben an einer bestimmten Stelle einen Schaden, eine Wunde oder Hautblase erzeugen – vor allem an den Füßen

Sind Schuhe zu klein oder zu groß, dann wetzen die Füße bei jedem Schritt am Innenmaterial mit der Folge, dass man sich die Füße „auffickIt", also Blasen oder sogar offene Wunden bekommt. → aufgeh 3), geigen

aufgeh: aufgehen

1) nach oben hin an Volumen gewinnen

„Dà Kuàchà is aufgangà." (Der Kuchen ist aufgegangen.)

2) aufbrausen, toben, wütend werden

Wer in einer Diskussion plötzlich zu schreien anfängt, aggressiv wird, außer sich gerät, dabei oft andere beschimpft, über den sagt man: „Der is aufgangà!“ (Der ist aufgegangen, der ist hochgegangen!) Oder: „Der geht auf wià-r-à Bigaudàrà.“ (Der wird aggressiv wie ein Truthahn.) → aufdràhn, aufmàndln, Bigaudàrà

3) **sich aufgeh**: sich aufgehen, sich die Füße wund reiben
„Seine Schuàh warn vui z`kloà, der håt se scho nåch oàm Kilometer aufgangà.“ (Seine Schuhe waren ihm viel zu klein, er hat sich seine Füße schon nach einem Kilometer wundgerieben.) → auffickln

aufgsetzt: aufgesetzt; vorherbestimmt

Ist jemand völlig unerwartet verstorben, so gibt es dafür weder Trost noch eine Erklärung, und man muss das Schicksal zur Begründung anführen: „Des war eàm so aufgsetzt.“ (Das war ihm so vorherbestimmt.)

aufhem: aufheben

1) einen Gegenstand anheben oder hochheben → aufklaum 1)
2) aufbewahren, reservieren, zurücklegen
„Des is à Hochzeitsgschenk von deiner Urgroßmuàtter, des muàßt fei aufhem, des derfst net wegschmeißn.“ (Das ist ein Hochzeitsgeschenk deiner Urgroßmutter, das musst du unbedingt aufbewahren, das darfst du nicht wegwerfen.)
3) den Dachstuhl eines neu errichteten Gebäudes aufstellen, d.h. ihn hoch- bzw. aufheben (Richtfest) → Hebauf
4) beim Kartenspiel als Aushilfe für einen Spieler einspringen
Wenn einen aus der Runde ein menschliches Bedürfnis plagt und er kurz mal raus muss, dann muss mit einem einspringenden Ersatzmann, dem „Aufheber“, der Spielbetrieb nicht unterbrochen werden. Besteht hierfür Bedarf, so wird gerufen: „Àn Aufheber brauchàd mà!“ (Einen Aufheber bräuchten wir!)

aufkemà: aufkommen; bekannt werden

Eine Missetat bzw. der dafür Verantwortliche, der seine Täterschaft bislang verheimlichen konnte, kommt an die Öffentlichkeit, worauf man z. B. sagen kann: „Der Sepp is aufkemà.“ (Es wurde bekannt, dass der Sepp der Übeltäter war.)

aufklaum: aufklauben

1) aufheben, hochheben → aufhem 1)
2) aufsammeln
Wenn ein Mädchen seinen Eltern den neuen Freund vorstellt,

der diesen nicht gefällt, dann muss es mit der Frage rechnen: „Wo håst`n den aufklaubt?" (Wo hast du denn den aufgesammelt?)

3) sich anstecken

„Wo håstn de Gripp wieder aufklaubt?" (Wo hast du dich denn mit dieser Grippe wieder angesteckt?)

→ klaum

aufleng: auflegen; aufladen

Der Begriff fand sich früher z. B. in der Verbindung „Mist aufleng" (Mist auf den Mistwagen aufladen).

aufmàndln: sich aufmandeln; sich aufspielen, den Starken markieren, auch: lautstark eine Forderung erheben, die sich nicht ziemt

Das Wort ist von „Màndl" (Männlein) abgeleitet. Hier schwingt einerseits mit, dass es sich um ein kleines Licht handelt, das man nicht ernst zu nehmen braucht, andererseits bringt das Präfix „auf-" die aufrechte, drohende Haltung des Möchtegerns zum Ausdruck. → aufdràhn, aufgeh 2)

aufrogln: auflockern, lockern, locker machen

Man gräbt z. B. Erde um und lockert sie dadurch, bevor im Frühjahr der Gemüsegarten mit neuen Samen und Setzlingen bestückt wird. → rogle

aufrumpèn: aufrumpeln; hastig aufspringen

aufschaung: aufschauen; beaufsichtigen, auf jemanden oder etwas aufpassen

Kinder oder „Gäns" muss man „aufschaung", damit sie ohne Aufsicht nicht außer Rand und Band geraten.

aufschmeckà: aufschmecken; einatmen

Im bairischen Dialekt wird das Wort „schmecken" als Synonym für „riechen" verwendet. Dies gilt auch hier: Gemeint ist eigentlich „aufriechen", also durch Einatmen einen unangenehmen Geruch beseitigen, z. B.: „Håst du gmoànt, dass mir dein ganzn Gstank aufschmeckà?" (Hast du gedacht, dass wir deinen gesamten Gestank einatmen?)

aufschmoizn: aufschmalzen

Eine Speise durch die Zugabe von – früher nur begrenzt vorhandenem – Fett nahr- und schmackhafter machen; so entsteht z. B. eine „aufgschmoizne Brotsuppm" (aufgeschmalzene Brotsuppe). → åbschmoizn

aufschreim: aufschreiben

1) Anzeige erstatten

Dieses Wort wird nur bei Ordnungswidrigkeiten oder kleineren

Vergehen gebraucht, bei denen man zufällig erwischt wird. Notiert z. B. ein Polizist den Namen eines Übeltäters und erstattet Anzeige oder fordert sofort das Bußgeld ein, dann hat er ihn „aufgschriem“. Dieser klagt dann z. B.: „Der Schandàm håt me aufgschriem, weil i mi`m Ràdl ohne Liàcht gfahrn bin.“ (Der Polizist hat mich aufgeschrieben, weil ich mit dem Fahrrad ohne Licht gefahren bin.)

2) Schulden anschreiben lassen
„I håb mein Geldbeitl vergessn, schreim S´ es auf.“ (Ich habe meinen Geldbeutel vergessen, schreiben Sie`s auf.)

aufschwànzn: aufschwänzen

1) der Kuh beim Melken den Schwanz hochbinden
2) sich herausputzen, aufhübschen → aufdàckln, aufzàmà
3) Mopeds bzw. Motorräder auffrisieren (heute: tunen)

aufstöin: aufstellen

Bevor es Zentrifugen gab, wurde die Milch „aufgestellt“, d.h. in einen → Weidling gegeben und zugedeckt, um dann den Rahm, aus dem anschließend Butter gemacht wurde, abzublasen.

aufstrickà: aufstricken; hochkrempeln

Z. B. „strickt mà seine Ürwe auf“ (krempelt man seine Ärmel hoch), wenn eine Rauferei beginnt.

auftrång: auftragen; nach oben tragen

Die Getreidekörner liefen beim Dreschen mit dem → Dreschwång in Säcke, die je zwei Zentner Getreide fassten. Diese schweren Säcke mussten von kräftigen Männern auf den Dachboden des bäuerlichen Wohnhauses getragen werden, wo das Getreide getrocknet wurde. Diese Aufgabe, das „Auftrång“, war die schwerste Arbeit beim Dreschen. Dabei musste man auch schnell auf den Beinen und beim Tausch der Säcke sein. Brauchte man zu lange für den Weg, lief womöglich der nächste Getreidesack schon über, was zusätzliche Arbeit bedeutete.

aufzàmà: aufzäumen; sich herausputzen, sich besonders hübsch machen

Zur Teilnahme an der Fronleichnamsprozession haben sich Frauen und Mädchen früher besonders „aufzàmt“. Auch heute sind solche Prozessionen auf dem Land noch ein beeindruckender Anblick. → aufschwànzn 2)

aufzindn: aufzünden; prahlen, angeben, es krachen lassen

Gibt eine Personengruppe mit teuren Gegenständen oder durch üppige, übertriebene Ausstattung ordentlich an, wird dies mit dem Satz kommentiert: „De ham vielleicht aufzundn!“ (Die haben vielleicht angegeben, die haben weder Kosten noch Mühen gescheut!)

aufzwickà: aufzwicken; hänseln, necken

→ ausbläckà, bläckà 3), dàbläckà, hànsln, naufschiàssn

Aungdeckl: Augenlid

Wenn jemand sehr müde ist, dann „haut`s eàm d`Aungdeckl runter“ (dann fallen ihm die Augendeckel zu).

ausànander (auch: **ausànand**): auseinander

1) **ausànander sei**: auseinander sein; aufgeregt, durcheinander, verrückt, geisteskrank, verwirrt sein → spinnà 2), recht 3)

2) **ausànand geh**: auseinander gehen; vorankommen, kurz vor der Lösung eines Problems oder vor der Entscheidung stehen, auch: an Umfang zunehmen

Befindet man sich in einer entscheidenden Phase eines Projekts, dann sagt man: „Jetz geht wås ausànand!“ (Jetzt geht etwas auseinander, jetzt werden wir bald Klarheit haben!) Auch wer aufgrund übermäßiger Kalorienzufuhr an Leibesumfang zunimmt, der geht „ausànander“ (in die Breite).

ausbabbierln: auspapiereln (schriftbair.); Verpackungspapier entfernen

Das Gegenteil davon lautet „eibabbierln“.

ausbachà: ausbacken

1) fertig backen

2) ausschlafen

Sind Kinder morgens im Bett noch recht müde, dann lässt sie die Mutter noch „ausbachà“, sofern dem nicht die Schule oder andere Verpflichtungen entgegenstehen. → ausdullèn

ausbeißn: ausbeißen

1) es geht nicht mehr, es reicht nicht, es wird knapp

„In Lesen und Schreim is à guàt, aber beim Rechnen beißt`s aus.“ (Im Lesen und Schreiben ist er gut, aber beim Rechnen schlecht.)

2) **Zähn ausbeißn**: sich die Zähne an etwas ausbeißen

„Bei derà Sach werd à se` Zähn ausbeißn.“ (Bei dieser Sache wird er sich die Zähne ausbeißen.) Das anstehende Problem ist unlösbar.

→ nausbeißn

ausbläckà: ausblecken

1) verspotten → aufzwickà, bläckà 3), dàbläckà, hànsln, naufschiàssn

2) **d'Zungà ausbläckà**: die Zunge herausstrecken
Eine Geste, die deutlich Abneigung bekundet oder mit der man den anderen ordentlich provozieren kann. → Bläschl

ausbriàtn: ausbrüten

1) etwas Schlimmes planen

2) erkranken
Wenn sich eine nahende Krankheit andeutet, sagt man: „I glààb, der briàt wås aus.“ (Ich glaube, der brütet etwas aus, der wird krank.)

3) Eier ausbrüten

ausdeitschn: ausdeutschen
Einem des Dialekts nicht mächtigen Norddeutschen oder ausländischem Touristen etwas so auf Hochdeutsch erklären, dass er es versteht, also in leicht verständlichen Worten und Schritten.

ausdiftln: austüfteln; sich etwas ausdenken, nachdenken, berechnen, alle Seiten sowie alle Vor-und Nachteile bedenken → ausdipfèd

ausdipfèd: ausgedipferlt (schriftbair.); spezialisiert, mit den kleinsten Details vertraut, sämtliche Kleinigkeiten bedenkend
Das Wort ist verwandt mit dem „i-Dipferl“ (i-Tüpfelchen), dem sprichwörtlichen Punkt auf dem Buchstaben „i“, dessen Beachtung als Beweis für absolute Genauigkeit, für gewissenhaftes, genaues, akkurates Arbeiten gilt. Ein „ganz à ausdipfèdà“ Rechtsanwalt kennt z. B. alle Schliche und Winkelzüge der Juristerei. → àgràtt, ausdiftln, Dipfàlscheißer

ausdullèn: nach dem Aufwachen am Morgen noch etwas liegen bleiben
Ein Ausdruck aus der Kindersprache. → ausbachà

ausfrànschln: indiskret bzw. hinterlistig ausfragen, aushorchen
Vor allem listigen Frauen wird die Fähigkeit nachgesagt, besonders geschickte Fragen stellen zu können, um eine bestimmte Information zu erhalten. → dàgrànschn, ospitzn

ausgfuchst: ausgefuchst; mit allen Wassern gewaschen
„Des is à ganz à Ausgfuchsdà.“ (Das ist ein ganz Ausgefuchster.)

ausgnastn (auch: **ausnastn**): ausasten
Bäume und Sträucher ausschneiden, Äste ausdünnen und Äste von gefällten Bäumen entfernen.

ausgschàmt: unverschämt, in übertriebener Weise auf den eigenen Vorteil bedacht

„Ausgschàmt“ ist z. B. ein Händler, der total überzogene Preise verlangt und sich seiner unmoralischen Vorgehensweise aufgrund langjähriger Praxis auch nicht mehr schämt. In so einem Fall kann man über die Auszeichnung der Waren auch sagen: „De Preise sàn ausgschàmt.“ (Diese Preise sind unverschämt.) → schàmmà

ausgschissn: ausgeschissen; chancenlos sein, außen vor sein

„Du hast ausgschissn.“ bedeutet: Du hast keine Chance mehr, du wirst nicht mehr berücksichtigt. Damit gleichbedeutend ist „verschissen“.

ausgstochà: ausgestochen; wählerisch

Wer „ausgstochà“ ist, sticht sich aus dem vorhandenen Angebot nur die guten Stücke heraus, der isst nur das Beste.

Substantiv: **à-n Ausgstochànà** (ein Ausgestochener)

→ extrig, gnàschig, gschleggàd, gschmansert, hoàklig

auskemà: auskommen

1) etwas Wichtiges nicht hören

In diesem Fall stellt man fest: „Des is mà auskemà.“ (Das ist mir ausgekommen, das habe ich nicht gehört.) Über eine Person, die dagegen alles hört, vor der kein Geheimnis sicher ist, sagt man: „Derà kimmt nix aus.“ (Der kommt nichts aus.)

2) entkommen, entwischen

Ist einem unkontrolliert ein Darmwind entkommen, so gibt man zu: „Jetz is mà oànà auskemà.“ (Jetzt ist mir einer ausgekommen.)

ausklaum: ausklauben; mit den Händen Gutes und Schlechtes trennen, aussortieren

Lagern z. B. Äpfel längere Zeit, so beginnen manche naturgemäß zu faulen. Damit die Fäulnis nicht auf andere übergeht, muss man den Bestand „ausklaum“, also die befallenen Äpfel heraussuchen und entfernen. Oder war man am Wühltisch im Schlussverkauf nicht schnell genug, findet man nur noch minderwertige Ware, weil sich schnellere Kunden bereits die guten Stücke ausgesucht und herausgenommen haben – das restliche Angebot ist „ausklaubt“. → klaum, rausklaum

auslassn: auslassen; loslassen, aufgeben

Befindet sich jemand zielstrebig auf einem guten, aber anstrengenden

Weg und gibt unerwartet auf, dann „håt er auslassn". Man kann sich hierzu einen Menschen vorstellen, der eine Last an einem Seil nach oben zieht, doch kurz vor dem Ziel verlassen ihn die Kräfte, er lässt das Seil aus und die Last fällt wieder nach unten. Mit dem Spruch „Bloß net auslassn!" (Nur nicht auslassen, nur nicht aufgeben!) versucht man verzweifelte Mitmenschen aufzumuntern, die an Krankheit oder ihrem Alter leiden oder sich in einer schwierigen Lage befinden.

ausmaschin: ausmaschinen; Getreide mit der Dreschmaschine dreschen

Das Präfix „aus-" zeigt die Richtung des Vorgangs an: Die Körner werden aus der Hülle heraus gedroschen. → maschien`

ausrichtn: ausrichten; übel nachreden

Redet man über andere abfällig oder verbreitet negative Gerüchte, Halbwahrheiten oder gar Lügen über sie, dann „richt`mà d`Leit aus". → durchlassn 2), ràtschn 1)

aussàckèn: aussackeln; ausnehmen, ausbeuten, schröpfen

Der Ursprung des Begriffs liegt in einer kleinen, hinterhältigen Räuberei: Jemandem das Geld aus dem Hosensack ziehen. Heute schließt die erweiterte Bedeutung das allgemeine Ausbeuten eines anderen mit ein.

aussång: aussagen; ein Geheimnis verraten

Konfrontiert mit einem preußischen Spion, gibt der treue Bayer auch in höchster Bedrängnis auf die Frage nach Freistaatsgeheimnissen die Antwort: „Då werd nix ausgsågt!" (Da wird nichts verraten!)

ausschmiern: ausschmieren; betrügen, übervorteilen, übers Ohr hauen, prellen, hereinlegen

Über einen Mann, der den Frauen vollmundig den Himmel auf Erden verspricht, um mit seinen amourösen Absichten zum Ziel zu kommen, aber nicht im Traum daran denkt, seine Versprechungen einzuhalten, sagt man: „Der håt de Weiber sauber ausgschmiert." (Der hat die Frauen sauber hereingelegt.) → åbschmiàm, pràtzln

ausschoppm: ausschoppen (schriftbair.); ausstopfen, auspolstern

Hierfür wird bevorzugt weiches Material verwendet, z. B. Heu, Stroh, Lumpen oder Zeitungspapier, um eine weiche, angenehme Oberfläche zu erreichen oder um aus optischen Gründen eine größere Fülle vorzutäuschen. Die Maßnahme kann aber auch die Isolierung vor Kälte oder Hitze zum Ziel haben. → schoppm

ausschwoàm: ausschweiben (schriftbair.); ausspülen, ausschwemmen

Bei der Reinigung von Gläsern oder auch von Handwäsche wird klares Wasser verwendet, um die Reste des Reinigungswassers bzw. Reinigungsmittels abzuwaschen und herauszuspülen. → schwoàm

aus sei: aus sein

1) weg sein, abwesend sein
„Warum warst`n so lang aus?" (Warum warst du denn so lange weg?)

2) **ganz aus sei** („... dass` ganz aus is"): besonders schlimm, besonders gut, außerordentlich viel oder stark
„De håt ja ihrn Buàm à so globt, dass ganz aus is." (Die hat ihren Sohn so gelobt, dass es nicht mehr stärker geht.)

3) **net so aus sei** („Is net so aus."): nicht so schlimm, nichts Besonderes, nicht so toll wie behauptet
Verbreitet jemand z. B. fälschlicherweise, eine bestimmte Person sei sehr reich, widerspricht man mit den Worten: „Is net so aus!" (So reich ist er auch wieder nicht!)

aussingà: aussingen; über jemanden ein Spottlied singen

Bei Hochzeitsfeiern war es früher üblich, dass der „Hochzeitslåder", quasi der Zeremonienmeister einer jeden Hochzeitsfeier, der von der Einladung der Gäste bis zur Moderation des Fests zahlreiche Aufgaben innehatte, alle wichtigen Familienmitglieder in der Reihenfolge ihrer Bedeutung und Nähe zum Brautpaar „ausgsungà" hat – zur Freude und Belustigung aller Anwesenden. → Gstànzl

ausspinnà: ausspinnen; sich wieder beruhigen, wieder vernünftig werden

Nachdem jemand zunächst völlig außer sich war und sich nun offensichtlich wieder beruhigt hat, kann man ihm, um wieder ein normales Gespräch aufzunehmen und ihm vielleicht dazu noch sein überzogenes Verhalten ein bisschen unter die Nase zu reiben, die Frage stellen: „Håst de wieder ausgspunnà?" (Hast du dich wieder ausgesponnen, bist du jetzt wieder normal, kann man mit dir wieder vernünftig reden?) → spinnà

aussteh: ausstehen; kündigen, aus dem Dienst bei einem Bauern ausscheiden

An Maria Lichtmess (2. Februar à Liàmessn) konnten früher die Dienstboten ihre Arbeitsstelle wechseln. Nahmen sie diese offiziell einzige Gelegenheit im Jahr wahr, sind sie „ausgstanà" (ausgestanden).

Auswärts, *der*: Frühling

ausweichà: ausweihen; jemanden zum Priester weihen

„Der Sepp studiert no, aber nächsts Jahr werd à ausgweicht." (Der Josef studiert noch, aber nächstes Jahr wird er zum Priester geweiht.)

Auszongne, *die* / früher: **Auszonge**: Ausgezogene

Es handelt sich um einen „Schmoizkiàche" (Schmalzküchel, der) in runder Form, der auch „Fensterkiàche" (Fensterküchel, der) genannt wird. Durch Auseinanderziehen des Teigs ist der fertige „Kiàche" innen sehr dünn (beinahe durchsichtig wie ein Fenster) und weist außen einen wulstigen Rand auf. In Zucker gewendet , schmeckt die „Auszongne" heiß und frisch am besten. → Kiàche

auszuzln / früher: **aussuzln**: aussaugen

Eine traditionelle Art, die wohl berühmteste bayerische Wurst, die Weißwurst, zu essen. Es ist allerdings selbst unter Kennern umstritten, ob man eine Weißwurst wirklich „auszuzln", den Inhalt also eher mühselig durch ein Loch in der Haut saugen muss oder ihr nicht auch einfach diese Haut abziehen kann, um an ihr feines Brät zu kommen.

åwe: abwärts, hinunter, hinab → à nå, rå

àwo: ach wo, ach woher denn, nein, im Gegenteil, ach was

B WIE BOÀNDLKRAMER

Bääl, *der*: Bettel; das Erbettelte

Der „Bääl" steht für das Erbettelte und bezeichnet etwas Wertloses, auf das man auch verzichten kann. Jemandem „àn Bääl hiwerfà" (den Bettel hinwerfen) bedeutet, dass man nicht mehr bereit ist, zu den bisherigen schlechten Konditionen weiterzuarbeiten: So kann man auf die paar hart verdienten Kröten auch verzichten. Das Wort „Bääl" gibt es auch noch in folgenden Verbindungen:

* Bäälmo: Bettelmann
* Bäälwei: Bettelweib

* Bäälleit: Bettelleute

* bäälmànisch: bettelmannisch (wie ein Bettelmann)

Wer „bäälmànisch“ daherkommt, ist ärmlich gekleidet, wie ein Bettler.

bààmà: bäumen; verrotten

Das Wort bedeutet „durch Feuchtigkeit verderben“ (Schmeller I 241). Legt z. B. jemand die Wäsche feucht in den Schrank, wird er von der erfahrenen Hausfrau gewarnt: „So bààmt dei Wäsch zam.“ (So wird deine Wäsche verrotten.)

bààmfest: baumfest; standfest, nicht umzuwerfen, unbeugsam, widerstandsfähig

Bààmhàckl: Baumhackl (schriftbair.); rissige, schmutzige, evtl. auch entzündete Haut, an Füßen und Händen

Das Wort beschreibt die von Nässe und Kälte sowie schwerer Arbeit und teilweise auch mangelnder Hygiene geschundene Haut an den Beinen, auf der sich Entzündungen oder Schuppen bilden können. Die unebene Haut wird dabei mit einer rissigen Baumrinde verglichen. Wenn sich jemand die Füße lange nicht gewaschen hat, sagt man z. B.: „Dir wachsen ja scho Bààmhàckl!“ (Dir wachsen ja schon Baumhackl!)

Bààtz: Schlamm, Dreck, Morast; auch: weiche, knetbare Masse

Im übertragenen Sinn ist damit auch Geld bzw. Reichtum gemeint.

Als Adjektiv: **bàtzig** (**bàtze**): schlammig, schmierig, breiig → bàtzn, Lättn

Bàbbm: verdrießliche, traurige Miene → Mai

Båchratz: Bachratte (Schimpfwort)

Es handelt sich um eine am bzw. im Bach lebende Wasserratte, die aufgrund ihres meist nassen Fells und glatten, nackten Schwanzes durch ihr ekelhaftes Aussehen auffällt. Letzteres gilt auch für jemanden, der mit diesem Begriff bedacht wird.

Bàck: Packungen; große Mengen, ganze Stöße oder Stapel

Das Wort kommt nur im Plural vor. Bei einem Poststreik werden z. B. „ganze Bàck Briàf net austrång“ (große Mengen an Briefen nicht ausgetragen). Das Adjektiv dazu lautet **bàckweis** für „in großen Mengen, stapel- oder stoßweise“.

Backà, *der*: Backe, die

Das Wort ist im Bairischen auch als „Årschbackà“ (Pobacke) oder „Kietzbackà“ (Kinn) zu finden.

Bàckeleit: Päcklein-Leute; Pack, Gesindel

Der Begriff spielt auf sehr arme Personen ohne Haus und Heimat an, die ihre gesamte Habe in einem Päcklein mit sich herumtragen – ein Personenkreis, mit dem man nichts zu tun haben möchte. → Bàgààsch, bàckèn 3)

bàckèn: packeln (schriftbair.)

1) streng riechen, stinken

In diesem Sinn wird das Wort vor allem bei Körpergeruch oder unangenehmem Geruch der Kleidung, z. B. nach Zigarettenrauch, verwendet (→ Schwoàß). Auch bei speziellen Käsesorten passt es, vermutlich hat es sogar einen Bezug zum bekannterweise stinkenden Backsteinkäse.

2) heimliche Abmachungen treffen, auch: mit anderen reden, ohne dass es die übrigen Anwesenden hören können

3) sich nach einem Streit wieder vertragen

Hier ist eine Verwandtschaft zu „Pack" anzunehmen (ähnlich: „Pack schlägt sich, Pack verträgt sich" → Bàckeleit).

Bädleiter: Gebetläuter

In katholischen Gemeinden wird auch heute noch morgens, mittags und abends eine Kirchenglocke zum Gebet geläutet (Angelusläuten). Während dieses Läuten inzwischen über eine elektronische Steuerung automatisch abläuft, erledigte früher der „Bädleiter" oder die „Bädleiterin" diese Aufgabe durch Ziehen an den Glockenstricken im Läuthaus von Hand. Der „Bädleiter" musste deshalb auch als Erster im Dorf aus den Federn. Für die übrigen Dorfbewohner war das morgendliche „Bädleitn" das Zeichen zum Aufstehen. Abends markierte es den Zeitpunkt, zu dem die Kinder zu Hause sein mussten. Um die zeitige Heimkehr vom Spiel zu garantieren, machte man ihnen damit Angst, dass sie andernfalls der „Bädleiter" mitnehmen würde. Noch mehr ängstigen konnte man den Nachwuchs, wenn man ihm mit dem → Nàchtgloà drohte.

Bàgààsch, *die*: Gesindel

Das Wort kommt vom französischen „bagage" für „Koffer, Gepäck" oder auch „Kenntnisse, Rüstzeug" – wobei die erste Bedeutung hier wohl dem bairischen „Bàgààsch" näher kommt. Im 16. und 17. Jahrhundert bezeichnete man damit umgangssprachlich den Heerestross eines Landsknechtheeres und vor allem das ihm unweigerlich auf dem Fuße folgende Gesindel – Gaukler, Bettler, Marketender –, das samt beachtlichem Gepäck mit ihm durch die Lande zog. → Bàckeleit, Gschwerl

Bäggà, *der*: Pecker; Picker

Wenn ein Gegenstand einen „Bäggà" hat, dann hat er einen kleinen Fehler (Beule oder Kratzer), z. B.: „Der Kühlschrank håt bloß à dà hintern Seitn àn kloànà Bäggà." (Der Kühlschrank hat lediglich an der hinteren Seite einen kleinen Fehler.) Von einem „Bäggà" spricht man auch, wenn etwas „åbbletzt" (abgeplatzt) ist. Ist jemand im Kopf nicht ganz richtig, findet das Wort ebenfalls Verwendung: „Der håd àn Bäggà." (Der ist blöd, weil sein Hirn angepickt wurde.) → recht 3

Verb: **bäggà**: pecken; picken, aufeinander einhacken, streiten

„De zwoa bäggà oft àn ganzen Dåg aufànander ei." (Die zwei picken oft den ganzen Tag aufeinander ein.)

Beim → Wàttn sagt man gelegentlich: „Tuà àn kloànà Trumpf raus, då kenna`s nachà hibäggà." (Spiele einen kleinen Trumpf aus, da können sie dann hinpicken, da müssen die Gegner einen größeren Trumpf oder sogar mehr opfern.)

Bàlier: Polier; Maurer-Vorarbeiter

Das Wort kommt vom französischen Verb „parler" für „sprechen". Der „Bàlier" ist einer, der das Wort führt, der die Weisungen erteilt.

Bàmpàl-: Mini-, klein (abfälliges Präfixoid)

Etwas Kleines bzw. die kleine Ausgabe eines sonst beachtlichen Gegenstands wird mit diesem Präfixoid größentechnisch eingeordnet, z. B.: „Bàmpàlhüttn" (kleines Wohnhaus), „Bàmpàlepfe" (besonders kleine Äpfel) oder: „Wås mächstn mit deim Bàmpàlauto?" (Was möchtest du denn mit deinem kleinen Auto? Das verdient doch die Bezeichnung „Auto" nicht.) Eine Verwandtschaft des Wortes mit den italienischen „bambino" (Kind) und „bambola" (Puppe) ist anzunehmen.

Bamps (Bams): Kleinkind (eher abfällig)

Das Wort kommt meistens im Plural und zur Verstärkung in der tautologischen Form „kloàne Bampsn" (kleine Bampsn) für lästige oder schreiende Kinder zur Anwendung.

Bànde, *die*: Gegenstand von schlechter Qualität → Glump, Gràffe, Zeig

Bändder: Bänder

Bei der Getreideernte wurden früher die → Beische (Garben) mit aus Stroh gefertigten „Bänddern“ zusammengebunden. Diese „Bändder“ wurden im Winter nach dem Dreschen von den Frauen aus Stroh gefertigt. Dafür verwendete man das Stroh des Korns (Roggen), weil es länger ist als das anderer Getreidesorten, und bevorzugte Stroh vom handgedroschenen Getreide, da die → Drischl (Dreschflegel) das Stroh schonender behandelten als die Dreschmaschine. Jeweils 60 „Bändder“ bildeten einen → Schober. → Kornmàndl

Bangert, *der*: Bankert; missliebiges, lästiges Kind

Dabei kann die Missliebigkeit zwei Ursachen haben: Es kann sich um ein uneheliches und damit zu früheren Zeiten unerwünschtes Kind oder um ein unartiges, freches Kind handeln. Mehrere Kinder dieser Art sind „Bangertn“. Das Wort ist abgeleitet von der Bank, auf der das Kind – im Gegensatz zum Ehebett – nach der Vorstellung der den Vorgang missbilligenden Dorfgemeinschaft gezeugt wurde. Ob es sich dabei um die Schlafbank der Magd oder die in jeder Stube vorhandene Sitzbank handelt, sei dahingestellt.

Bankàl, *das*: Fingernudel, die

Dabei handelt es sich um eine Mehlspeise, die in Form eines Fingers gerollt und herausgebraten wird. Besteht der Grundstoff aus gekochten Kartoffeln, nennt man das Endprodukt „Kadoffebankàl“, zu denen früher Apfelmus oder Kraut serviert wurde. Das Wort wird meist im Plural verwendet. Übrigens nicht zu verwechseln mit „Bànkàl“ für „kleine Bank“.

Bansen: Dampfnudeln → Nuul, Ràmme 1), Scheil 2)

Banzn: Banzen; Fass, Bierfass

Beim Einzug der Wiesnwirte auf dem Münchner Oktoberfest sind die Pferdefuhrwerke mit großen hölzernen Bierfässern, den „Banzn“ beladen.

Bapp: Klebstoff

Der bekannteste Klebstoff war in der 1950er Jahren der Uhu-Alleskleber, der „Uhubapp“.

Das Wort gibt es auch als Verb: **bappm** (pappen, kleben), nicht zu verwechseln mit der → Bàppm. Wollte man eigentlich nur kurz auf einer Feier, im Wirtshaus, bei Freunden bleiben, ist aber doch länger sitzen geblieben, dann ist man „bappm bliem“ (kleben geblieben).

Das Adjektiv **babbàd** bedeutet „klebrig". Z. B. sagt ein Kind, für dessen kleine Händchen der Verzehr eines Marmeladenbrots noch eine jongleurhafte Herausforderung ist, nach dem Essen: „Meine Händ sàn ganz babbàd." (Meine Hände sind ganz klebrig.)

Bàpp: Papa, Vati → Màmm, Obàpp

Bàppm: Mund, auch: verdrieslicher, mürrischer Gesichtsausdruck

„Hoit dei Bàppm!" (Halte deinen Mund!) Oder: „Mach net à so à Bàppm her!" (Mach nicht so ein mürrisches Gesicht!) → Fotzn 1), Goschn, Lätschn, Mai

Bår: Empore

Damit wird das in der Regel im hinteren Bereich einer Kirche liegende Obergeschoß beschrieben, zu dem man „empor" gehen muss, um es zu erreichen. Kirchenbesucher, deren Stammplatz sich dort befindet, sagen: „I bin öiwei dà Bår dram." (Ich bin immer auf der Empore.)

Bàr<u>à</u>wà: Barbaren, unkultivierte bzw. ungebildete Menschen → Bàgààsch, Gschmoàß, Gschwerl

Barchàt: Barchent

Innenstück des → Blümos, also die Hülle aus festem Stoff, in der sich die Federn für Kopfkissen und Bett befinden.

bàrdd<u>u</u>: absolut, um jeden Preis, auf jeden Fall, unbedingt

Das Wort stammt vom französischen „partout" (überall).

„Der Buà mächt bàrdd<u>u</u> net in d`Schui geh." (Der Bub möchte auf keinen Fall in die Schule gehen, er sträubt sich mit Händen und Füßen.)

bàriern: parieren; gehorchen → foing

bärig / früher: **bäre**: ausgezeichnet, großartig, schön, wunderbar, toll

Bauern bezeichnen damit auch die Bereitschaft des weiblichen Schweins zur Paarung. Es weist damit eine gewisse Parallele zu dem in den 90er Jahren in der Jugendsprache aufgekommenen „geil" auf. → pfundig

bårkopfàd: barhäuptig, ohne Kopfbedeckung

bärndàtzig / früher: **bärndàtze**: bärentatzig; schlapp, faul, ohne Antrieb

Das Wort kommt von der „Tatze", also der Pranke des Bären. Man bezeichnet damit auch eine Fehlstellung der Beine bei Pferden, die der Form einer Bärenpranke ähnelt. Solche Pferde sind „durchtrittig" und in ihrer Bewegungsfähigkeit eingeschränkt. Im übertragenen Sinn wird dieser Mangel an Beweglichkeit auch auf träge Menschen bezogen.

„I bin no ganz bärndàtze", sagt man z. B. beim Frühstück, nachdem das morgendliche Weckerklingeln einen viel zu früh erwischt hat – man befindet sich noch fast im Schlaf und möchte sich am liebsten gar nicht bewegen. „Bärndàtze" bedeutet nicht, dass man sich vor der Arbeit drücken möchte.

Bärndreeg: Bärendreck; Lakritze

„Um à Fünferl àn Bärndreeg" (um fünf Pfennige Lakritze) kauften die Kinder in den 1950er Jahren beim → Kramer, wo es nur eine sehr begrenzte Auswahl an Süßigkeiten gab.

bàrstig (**bàrschtig**) / früher: **bàrschde**: barstig (schriftbair.); hölzern

Dieses Adjektiv dient in erster Linie der Beschreibung der nicht mehr optimalen Konsistenz eines Rettichs. Ein „barstiger" Rettich (→ Ràdi) besitzt einen in der Mitte eingetrockneten Bereich, der optisch an die Struktur von Holz erinnert, weshalb ein solcher Rettich auch als „holzig" bezeichnet wird – von seinem Verzehr ist abzuraten. Wie viele andere Wörter wird „bàrstig" auch auf Menschen bezogen, die die entsprechenden Eigenschaften aufweisen. Behauptet man, ein Mann sei „à Kerl wià-r-à bàrstiger Ràdi" (ein Kerl wie ein barstiger Rettich), so handelt es sich um einen ungenießbaren und deshalb auch unfähigen, unbrauchbaren Zeitgenossen. Dieses Adjektiv hat einige Veränderungen hinter sich. Es hieß ursprünglich „bàschde" (schriftbairisch: bästig), was wörtlich „aus Bast" bedeutet und insoweit auch schon auf die holzige Stelle hindeutet. Bereits Schmeller hat es in Bezug auf Rüben und Rettiche mit „zähe, saftlos" (Band I 299) und unter „bamsti" als „pelzig, von Wurzeln, meistens von Rettig gebraucht" beschrieben (Band I 241). Das „r" wurde wohl im Laufe der Zeit volksetymologisch eingefügt, weil man einerseits den „Bast" kaum noch kennt und andererseits mit der lautmalerischen Nähe zu „garstig" die Ungenießbarkeit eines solchen Rettichs zum Ausdruck bringen kann.

barterr: parterre; im Erdgeschoß

Das Wort stammt vom französischen „par terre" (wörtlich: „auf der Erde"; auf dem Boden). Es wird im Bairischen nicht wie im Hochdeutschen substantivisch, sondern als lokales Adverb verwendet. Liegt eine Wohnung im Erdgeschoß, so wohnt man „barterr".

Baruckà: Perücke

Auch besonders üppiges oder langes natürliches Haar nannte man früher eine „Baruckà". → Buul, Woe

Bäschdà: Biester

So bezeichnet man insbesondere Kopfhaare, die sich nicht so legen, wie man es zur Vervollständigung der Frisur oder auch überhaupt gerne hätte, sondern sehr widerspenstig sind.

Bàtschàl: Händchen

„Mei, håt des Kind kloàne Bàtschàl." (Ach, hat das Kind kleine Händchen.)

bàtschàlnååß: patschnass, tropfnass → dàffà, soàchnååß, waschnååß

båtschert: unbeholfen, ungeschickt, tollpatschig

Ist man einer „båtscherten" Frau oder einem „båtscherten" Kind freundlich gesonnen, so nennt man sie bzw. es liebevoll ein „Båtschàl".

Batschn: Hausschuh, Pantoffel

Nachdem Schuhe in der Regel paarweise eine Einheit bilden, kommt dieses Wort meist nur im Plural vor. Das Substantiv ist vom Verb → batschn abgeleitet, das u. a. das Geräusch beim Gehen mit Pantoffeln beschreibt.

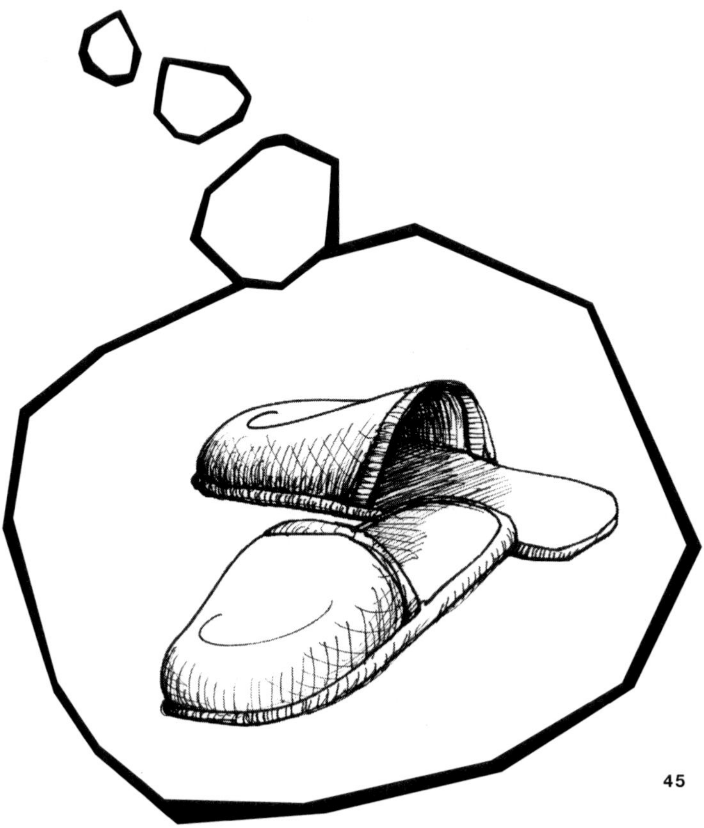

batschn: klatschen, ein klatschendes Geräusch erzeugen, applaudieren

Bätzàl: Lamm → Làmpe

Bàtzlaung: hervortretende Augen

Ursache von aus ihren Höhlen deutlich hervortretenden Augen kann die Basedowsche Krankheit sein.

Bàtzlruàm: Stoppelrüben

Diese Rübensorte ist weiß, oben am Krautansatz kann sie auch violett sein. Sie wurde nach der Getreide- oder Kartoffelernte als Zwischenfrucht zwischen den Getreidestoppeln ausgesäht und konnte bereits ab Ende Oktober geerntet werden. Das war ein arbeitsintensives Unterfangen, weil jede dieser länglichen, weißen Rüben einzeln aus dem Boden gezogen werden musste. Bei diesem „Bàtzlruàm Ziàng“ (Stoppelrüben Ziehen) mussten auch die Kinder helfen. War die Ernte einmal geschafft, wurden diese Rüben entweder als Viehfutter verwendet, roh gegessen oder aufgerieben und wie Sauerkraut haltbar gemacht: Man ließ sie in kleinen Steintöpfen gären und erzielte dadurch einen säuerlichen Geschmack. Die Ähnlichkeit zum Sauerkraut gab dem aus den vergorenen Rüben gekochten Gericht auch den Namen „Bàtzlkraut“.

Einen speziellen → Dauch (Tunke) gab es zum „Bàtzlkraut“ nicht. Vielmehr bezeichnete man den „Dauch“ sämtlicher anderen Rübensorten als „Bàtzldauch“, weil er kleine Rübenstückchen, sogenannte „Bàtzl“ enthielt. Dass dies zu Irritationen bei der Unterscheidung der übrigen Rübensorten von den „Bàtzlruàm“ führen musste, liegt auf der Hand. Aufgrund ihres geringen Nährstoffgehalts und der aufwendigen Ernte werden die „Bàtzlruàm“ inzwischen nur noch ganz selten angebaut. → Ruàm 1)

bàtzn: kneten, drücken

1) kneten, mit → Bààtz umgehen

„De Kinder deàn gern Dreegbàtzn.“ (Die Kinder spielen gern im Schlamm.)

2) drücken, zerdrücken

* Wird eine weiche, breiartige Masse verrührt, so wird sie „**åb**bàtzt“ (zerdrückt und abgemischt → Åbbàtzdà).

* Ein Furunkel kann man „**aus**bàtzn“ (ausdrücken).

* Weiches Obst kann man „**dà**bàtzn“ (zerdrücken, zerquetschen).

* „Då konnst de scho no **her**bàtzn.“ (Da kannst du dich schon noch herdrücken. Wenn`s auch eng wird, für dich haben wir noch Platz.)
* „Då kemmà uns scho no **hi**bàtzn.“ (Da können wir uns schon noch hindrücken, also dazusetzen, obwohl es schon sehr eng ist.)
* Wird es beim Kofferpacken eng, muss man die letzten Stücke noch etwas „**nei**bàtzn“ (schriftbairisch: hineinbàtzn), also hineindrücken.

Batzn: Batzen

1) unregelmäßig geformter Brocken, z. B. aus Erde („Dreegbatzn“)
2) Tintenklecks im Schulheft
3) viel Geld (ein Batzen Geld)

Das Diminutiv heißt „Bàtzàl“ oder „Bàtzl“ und ist in seiner Bedeutung eingeschränkter: Er bezeichnet eine kleine Menge von einer zähflüssigen Masse, z. B. „à Bàtzàl Semft“ (ein bisschen Senf). → Semft

Verb: **batzn**:

1) einen Tintenklecks ins Schulheft machen
2) jemandem eine „batzn“, ihm eine Ohrfeige geben → durchlassn 1), duschn 2), eischengà 2), neihaun 1), råziàng, schmiern 2), umànandlassn, wàchèn, wàssern 2), wischn, zammruckà 2)

Adjektiv: **batzàd** (unschön geformt, klobig)

Die Produkte grobschlächtig veranlagter Handwerker waren früher oft „batzàd“. → beìchàd

Bauchàrà: Bauchplatscher

Ein halbwegs artistischer Vorgang, der als Kopfsprung ins Wasser gedacht war, bei dem der Springer aber ungewollt mit dem Bauch aufplatscht. Je nach Sprunghöhe kann dies mehr oder weniger schmerzhaft sein, worüber im Anschluss auch der Grad der Rötung von Brust und Bauch Auskunft gibt.

Baumoàster: Baumeister; Verwalter eines Guts oder eines Bauernhofs

Diese alte Berufsbezeichnung hat nichts mit dem Bau eines Gebäudes zu tun. Aufgabe des „Baumoàsters“ war vielmehr die Leitung eines Bauernhofs, wenn z. B. der Bauer ohne bzw. mit nur minderjährigen Erben verstorben war, oder eines großen landwirtschaftlichen Guts, das z. B. einem Nonnenkloster angeschlossen war und dementsprechend über keine bäuerliche Fachkraft zur Verwaltung des Hofs verfügte. Bei Letzterem trug der Verwalter die Bezeichnung „Klosterbaumoàster“.

Unter dem „Baumoàster" oder natürlich unter dem Bauern rangierte der „Oberknecht", bei großen Höfen folgten unter diesem auch noch ein „Mitterknecht" und weitere Knechte. Daneben gab es spezielle Funktionsbezeichnungen: Der → Schweizer war für sämtliche Arbeiten im Kuhstall verantwortlich. Für alle im Zusammenhang mit den Pferden anfallenden Aufgaben (Füttern, Putzen, Ein- uns Ausspannen, Stall Ausmisten) war der „Fuhrknecht" oder „Roßknecht" zuständig. Er wurde unterstützt vom „Buà" (Bub), der als „Lehrbub" (Auszubildender) sämtliche landwirtschaftlichen Arbeiten kennenlernen und zunächst die einfacheren Tätigkeiten übernehmen musste. Ihn nannte man auch → Stangàreiter bzw. scherzhaft „Roßboinschiller" (Rossbollenschüttler). Die einfachen Dienste im Haus erledigte der „Hausknecht". → Hausl, Dirn

baun: bauen; anbauen, säen, aussäen

Wegen des sehr niedrigen Weizenpreises sagt heute so mancher Bauer: „I bau koàn Woàz nimmer." (Ich säe keinen Weizen mehr.)

Unter „**zuà**baun" (zubauen) versteht man das Ausbringen der Saat für das Wintergetreide. Dies sollte spätestens an Kirchweih (in der Regel am dritten Sonntag im Oktober) erledigt sein, damit sich noch rechtzeitig vor dem Winter Wurzeln bilden können.

Baun-: Bauern- (Landwirts-)

Als Präfixoid in verschiedenen Verbindungen:

* Baunknecht: Bauernknecht

  Ein Mitarbeiter in der Landwirtschaft.

* Baunschäl: Bauernschädel (Schimpfwort)

  Ein dickköpfiger Landwirt, ähnlich z. B. dem „Baunbiffe" (Bauernbüffel), „Baunbummàl" (ein → Bummàl ist ein junger Stier) „Baunstier" (Bauernstier) oder, etwas moderner, „Bauernfünfer" (derber, ungehobelter, ungebildeter Mensch).

* Baunstoiz: Bauernstolz

  Eine Eigenschaft, die man vor allem Großbauern nachsagte, die sich teils sehr hochnäsig verhielten.

* Baunsuh: Bauernsohn, Sohn eines großen Bauern

  Die Mutter meines Vaters stammte von einem großen Bauernhof, man vermutete in ihrem Sprössling also gelegentlich den „Baunsuh", als nichteheliches Kind erreichte er diesen Stand aber nie.

Bauschn: Bündel aus getrockneten Ästen und Zweigen (Heizmaterial)

Reisig, → Dàxn und anderes Kleinmaterial, das beim Fällen von Nadelgehölzen im Wald nicht anderweitig verwendet werden konnte, wurde früher beim → Klauhoiz Hacken auf gleiche Länge gehackt, zu „Bauschn“ gebündelt, gelagert und später im Herd verheizt. „Bauschn“ eignen sich besonders gut zum Anheizen.

bàwoie: baumwollen

Ein wegen seiner vier Vokale bei insgesamt nur sechs Buchstaben typisch melodiöses bairisches Wort. „Bàwoiàne Sockà“ sind baumwollene, also besonders warme und wintertaugliche Socken.

Bàzi / früher: **Bàze**: Schlitzohr, Filou, Lump, Gauner

Das Wort wird häufig scherzhaft gebraucht, oft schwingt sogar eine gewisse Anerkennung mit. → Schlàwàck, Strieze

beìchàd (auch: **bèchè**): pechig; aus grobem Stoff, derb, hart, nicht elastisch; bei Personen auch: schwerfällig, korpulent

Das „e“ und das „i“ werden bei diesem Wort getrennt ausgesprochen, also nicht zum Diphthong zusammengezogen.

Es entspricht dem hochdeutschen „pechig“ in der Bedeutung „harzig“. Diese Eigenschaft traf vor allem auf die Arbeitskleidung der Waldarbeiter zu, aus der das Baumharz nur sehr schwer zu entfernen war: Der hartnäckige Baumsaft führte im Laufe der Zeit zu einer dicken Harz- und Schmutzschicht, die die Kleider, früher bevorzugt Lederhosen, überzog. Die einstige Elastizität des Materials war so natürlich dahin (→ bockstààr). Abgeleitet hiervon, beschrieb man schließlich auch andere starre, wenig nachgiebige Kleidungsstücke mit diesem Adjektiv.

Im übertragenen Sinn findet es ebenso Anwendung: Ein „beìchàdà“ Kerl ist ein grober oder „gscherter“ → Làckl, es kann sich aber auch um eine schwerfällige Person mit Übergewicht handeln.

Beichtzèèl: Beichtzettel

Nach der Osterbeichte erhielt man früher ein kleines Bildchen mit religiösem Motiv, das man als Bestätigung für die eben abgelegte Beichte vom Pfarrer im Beichtstuhl zugeschoben bekam. Vor dem 2. Weltkrieg war es noch üblich, dass der Pfarrer oder der Mesner seine Runde durch die Bauernhöfe und Häuser der Gemeinde machte, um die Beichtzettel wieder einzusammeln und damit einen Überblick zu erhalten, ob auch alle ihrer Beichtpflicht nachgekommen waren, sprich ihren Zettel vorweisen konnten. Dabei wurde auch der übliche Obolus – ein Stück Geselchtes, Eier oder Butter – in Empfang genommen.

beiddln / früher: **beiln**: beuteln → åbbeiddln, Beilmöi

1) an den Ohren ziehen

2) schütteln

„Auf derà schlechtn Straß beiddld`s dei Auto gscheit her." (Auf dieser schlechten Straße wird dein Auto kräftig geschüttelt.)

beìfern: belfern, pulvern, schimpfen, keifen

Das „e" und das „i" werden getrennt ausgesprochen, also nicht als Diphthong. Dieselbe Bedeutung hat „buifern" (bairisch für „pulvern").

beikemà: beikommen; verunglücken, sich etwas zuziehen

Z. B. fragt man einen Bekannten, den man mit einem Gipsbein antrifft: „Wo bist`n du beikemà?" (Wie hast du dir denn diesen Bruch zugezogen?) Das Wort ist gleichbedeutend mit → zuàrekemà.

Beilmöi: Beutelmehl; feines Roggenmehl

Aus diesem Mehl werden z. B. „Beilmöinuul" (Beutelmehlnudeln – kleine, bis zu zehn Zentimetern lange Nudeln, ähnlich den Schupfnudeln, aber etwas dünner) und → Riemische hergestellt. Die Bezeichnung geht darauf zurück, dass dieses feine Roggenmehl bei seiner Herstellung stärker geschüttelt (gebeutelt) und damit mehr Kleie aus der Masse entfernt wird als beim normalen Roggenmehl. Das dadurch hochwertigere Mehl ist auch heller als sein etwas gröberer Verwandter.

Beische: Büschel; Bündel

So nannte man die Getreidegarben aus Roggen und Weizen, die bei der Ernte auf dem Feld mit Bändern aus dem soeben geschnittenen Getreide oder mit den im Winter vorbereiteten → Bänddern zusammengebunden wurden. Hierfür wurden die Bänder – meist von den Kindern – nebeneinander ausgelegt: „Bändder broàtn" (Bänder breiten). Ein Büschel Getreide kam auf je ein Band und wurde damit zusammengebunden. Die so entstandenen „Beische" wurden schließlich zu → Kornmàndln aufgestellt. Beim Dreschen mussten diese wieder aufgeschnitten werden. → Bischl

beißen: Das Wort hat zwei völlig unterschiedliche Bedeutungen:

1) beißen

Sucht jemand etwas, das sich ganz in seiner Nähe bzw. sogar in seinem Gesichtsfeld befindet, und tut sich trotzdem schwer, so sagt man: „Dass`s de fei net beißt!" (Dass es dich nur nicht beißt!)

2) jucken („es beißt einen")
Klagte jemand darüber, dass ihn etwas „beißt" (juckt), dann sagte mein Vater: „Dann beißt à`s hoit à." (Dann beißt du`s einfach auch.) Gegen Jucken hilft Kratzen. Kratzt sich jemand, weil es ihn juckt, so bekommt er allerdings zu hören: „Net kratzen. Waschen!" (Nicht kratzen. Waschen!)
Substantiv: **Beiß, *der***: Juckreiz, Ekzem
„Der håt àn Beiß." (Der leidet unter krankhaftem Juckreiz.)

→ ausbeißn, nausbeißn

Beißzangà: böse, zänkische, bissige Frau → Bissgurrn

Beitlschneider / früher: **Beilschneider**: Beutelschneider
Ein „Beitlschneider" ist eine Person, die überhöhte Preise verlangt bzw. in erster Linie auf das Geld anderer aus ist. Auch politische Entscheidungen, deren Sinn vielen nicht einleuchtet und die die Bevölkerung Geld kosten, werden manchmal als „Beitlschneiderei" bezeichnet.

Belle:

1) Kopf, Schädel
Ein großer Kopf ist ein „Trumm Belle" und wird folgendermaßen kommentiert: „Der håt vielleicht àn Trumm Belle auf!" (Der hat aber einen großen Kopf!) → Bims

2) zweithöchste Karte beim altbayerischen Kartenspiel → Wàttn

Bembsl: Pinsel
Aus dem schriftdeutschen Weihwasserpinsel, der jedem Pfarrer bei Segnungen gute Dienste leistet, wird so im Bairischen der „Weihwasserbembsl".
Verb: **bembsln** (pinseln)

Bene: Koseform für Benedikt oder Benno
Der Name wird oft als Synonym für den Mann an sich bzw. auch als Suffixoid in negativem Sinn gebraucht:
* Glätznbene: unbeholfener, ungeschickter, langweiliger Mann → Glätzn
* Lätschnbene: Langweiler → Lätschn
* Schmarrnbene: Schwätzer
Jemand, der zwar grundsätzlich viel, aber wenig Sinnvolles von sich gibt. → Schmarrn 2)

Zum Ausgleich gibt es aber auch einen netten, positiven Spruch:

Hans und Sepp	Hans und Sepp
Hoàsst jeder Depp,	Heißt jeder Depp,
Aber Bene	Aber Benno
Hoàssn wene.	Heißen wenige.

Bengl: Holzprügel

Anders als ein „Rundling" oder ein „Woigler", die aus einem Baumstamm geschnitten werden, ist der „Bengl", der Teil eines relativ dicken Asts, in der Regel unregelmäßig gewachsen.

benzn: jemanden aufdringlich bedrängen, unaufhörlich bitten oder betteln, dauernd an jemanden hinreden, um ihn umzustimmen, penetrant nörgeln, kritisieren

Taucht dabei die Person, die so unangenehm bedrängt wird, im Satz auf, so kann man das Verb auf „hibenzn" (hinbenzen) erweitern, z. B.: „Sie håt so lang à mi hibenzt, bis i ihrà den Ring kàfft håb." (Sie hat mich so lange bedrängt, bis ich ihr den Ring gekauft habe.) → nàggln

Berl (auch: **Birl**, **Bürl** und **Büür**): kleine Beere

Dieses bairische Diminutiv von Beere gilt für alle kleinen, kugelförmigen Beeren und Früchte, und zwar auch im Plural. Als „Weibürl" haben meine Eltern sowohl die getrockneten Weintrauben (Weinbeeren, Rosinen) als auch die Johannisbeeren bezeichnet. Die Heidelbeeren nannten sie → Aiglbüür, die Brombeeren → Bràbüür. Eine Besonderheit sind die Erdbeeren, die → Ànànàs hießen. Am sommerlichen Anblick schöner, reifer „Berl" erfreute man sich mit dem Satz: „Schaug, wås då für scheene roude Berl drohengà!" (Schau, was dort für schöne rote Beeren dranhängen!) „Berl" und „Büür" wurden und werden – spätestens auf diesen Ausspruch hin – „gebrockt" (gepflückt). → brockà, Weiberl

besser: stärker

„Jetz regnt`s scho besser." (Jetzt regnet es schon stärker.)

bettàd: betend; viel betend, bigott, frömmlerisch

„Bettàde" Mitmenschen sind sehr darauf bedacht, alle äußerlichen Vorgaben von Kirche und Pfarrer zu erfüllen, ohne aber die eigentlich wichtigen Inhalte der Religion verinnerlicht zu haben.

Bettschwààrn: Bettschwere

Wer genug gegessen und/oder getrunken hat, der „håt die richtige Bettschwààrn beinand" (der verfügt über das richtige Gewicht, um gut schlafen zu können).

Bettstàdl / früher: **Bettstààl**: kleine Bettstatt, Kinderbett

Bettziàch, die: Bettbezug; Betttuch, Bettlaken

Bier: Wirtshausbesuch

Wenn die Männer früher „zum Bier" gegangen sind, dann gingen sie ins Wirtshaus. Beim Verlassen des Wirtshauses waren die Männer dann meistens – das dazugehörende Adjektiv – **biere** (bierig), also mehr oder weniger angetrunken. In diesem Zustand waren sie in der Regel sehr gesprächig. Man sagte dann: „`S Bier redt." (Das Bier redet.)

Bierdimpfe: ungebildeter, stumpfsinniger Biertrinker

Bierfuizl: Bierfilzl (schriftbair.); Bierdeckel

Dieser meist runde oder quadratische Untersetzer für Bier- und andere Trinkgläser war früher aus Filz, heute wird er aus Pappe gemacht.

Biergriàgl: Bierkrügerl; kleiner Bierkrug

Diminutiv von Bierkrug, der als „Masskrug" ein Volumen von einem Liter besitzt und aus Ton oder Glas gefertigt ist, während das aus dem gleichen Material bestehende „Biergriàgl" nur einen halben Liter fasst – beide weisen einen Henkel für den sicheren Griff des Bierkonsumenten auf.

Gläserne Trinkgefäße ohne Henkel mit einem Fassungsvermögen von einer „Halben" Bier heißen „Bierglàsl".

Biersiàder: Biersieder

Darunter versteht man einen Biertrinker, der es fertig bringt, lange Zeit vor seinem Krug oder Glas Bier zu sitzen, ohne es auszutrinken bzw. ein frisches zu bestellen. Die Folge ist ein schon warm gewordener und kaum noch genießbarer Gerstensaft (das Bier „siedet"). „Biersiàder" erfreuen sich vor allem bei Gastwirten besonderer „Beliebtheit", weil sie zwar die warme Stube und die gute Unterhaltung in Anspruch nehmen, den Wirt aber nichts verdienen lassen wollen.

bieslns: urinieren

Sehr derb sind die Synonyme → soàchà und → brunzn, norddeutsch heißt es „pinkeln". Deutlich netter kommt das Wort in der Kindersprache daher: „Jetz duà schee bisèn!" (Jetzt tu schön biesi-biesi machen.)

Biewàl: Biberl (schriftbair.); Küken

Als Synonym ist auch „Singàl" gebräuchlich. → grusàlgoib

Bife: Bifang

Damit wird das zwischen zwei Furchen liegende, beim Pflügen so aufgeworfene erhöhte Ackerbeet für Kartoffeln oder Rüben bezeichnet. Das Wort setzt sich zusammen aus dem Präfix „bi-" (lat. „zwei") und dem Wort „fang": Das Beet liegt zwischen zwei tieferen Furchen und seine Erde wurde für die erhöhte Anpflanzreihe gesammelt (gefangen). Der bairische Plural lautet „Bifèn", z. B. „Kadoffebifèn" (Kartoffelbifänge).

Biffe: Büffel; grober, rücksichtsloser, ungehobelter, sturer Mann → Gloiffe, Làckl

Bigaudàrà: männlicher Truthahn

Das weibliche Pendant ist die „Bihenà". „Bigaudàrà" können sehr aggressiv werden, wenn man sie ärgert oder ihnen schlicht zu nahe kommt. Analog sagt man über leicht aus der Haut fahrende und aggressiv werdende Mitmenschen: „Der geht auf wià-r-à Bigaudàrà." (Der wird laut wie ein Truthahn.)

Biläädd: Billett; Fahrkarte, Eintrittskarte, Ticket

Das Wort stammt vom französischen „le billet" (Eintrittskarte, Fahrschein, auch: Los, Zettel, Geldschein). Früher wurden Fahrkarten der Eisen- und Trambahn, die aus festem Karton bestanden, mit einer speziellen „Zwickzange" entwertet, d. h. es wurde ein Loch in die Karte gestanzt und sie so für weitere Einsätze unbrauchbar gemacht. Anders dagegen das „Fleißbiläädd": Als Anerkennung guter Leistungen bekam man früher in der Schule für seinen Fleiß ein Bildchen oder einen Sammelgutschein.

Bims: Kopf

Dieses Synonym benutzt man vor allem für einen „rotn Bims" (roten Kopf). Eine Abwandlung davon ist der „Bimbus". → Belle

Verb: **bimsn** (rot anlaufen)

„Der bimst glei vor lauter Zorn." (Der bekommt vor lauter Zorn sofort einen roten Kopf.)

Binkl: Binkel; Erhebung auf der Haut, Beule, kleine Geschwulst → Oàß

Bipp: Tabakspfeife

Bischl, *der*: Büschel; Bündel

Das beim Dreschen entstandene Stroh wurde früher zu „Bischl" zusammengebunden, in der Scheune gelagert und im Laufe des Jahres im Stall als Streu verwendet oder dem → Gsott als Viehfutter beigemischt. Die

Sträuße aus Kräutern und Blumen, die am katholischen Festtag Mariä Himmelfahrt gebunden und gesegnet werden, nennt man „Kreiterbischl" (Kräuterbüschel)→ Beische

Bissgurrn: böse, bissige, streitsüchtige Frau

Die „Gurre" bzw. „Gurrn" ist eine alte, für die Arbeit auf dem Hof oder auch den Reitsport nicht mehr brauchbare Stute, die „Bissgurrn" dementsprechend eine alte, bissige Stute. Nachdem das Wort „Gurrn" in Vergessenheit geriet, wurde es auf volksetymologischem Weg zur ähnlich klingenden „Gurke" weiterentwickelt, sodass heute der Begriff „Bissgurkn" zwar ohne logischen Inhalt und von seiner eigentlichen Herkunft gelöst, aber dennoch weit verbreitet ist. → Beißzangà, Zwiderwurzn

Biwe (Biwi): Bübchen, ein für sein Alter kleines Kind

Bixlmàdàm: Büchselmadam

Hierfür gibt das Präfixoid „Bixl-" die Erklärung: Früher hat man sein Geld daheim in Bixn (Büchsen) aufbewahrt. Die reichen Leute brauchten dafür große Bixn, bei den armen Leuten reichte ein kleines Bixl (Diminutiv von Bixn). War eine Frau besonders schön gekleidet, wie eine feine „Màdàm", obwohl allgemein bekannt war, dass sie nur über ein kleines Budget verfügte – eben ein Bixl statt einer Bixn – nannte man sie „Bixlmadam. Ein zusätzlicher Witz liegt in der Doppeldeutigkeit dieses Wortes. Bixn sagt man auf Bairisch auch zur weiblichen Scham. Auch

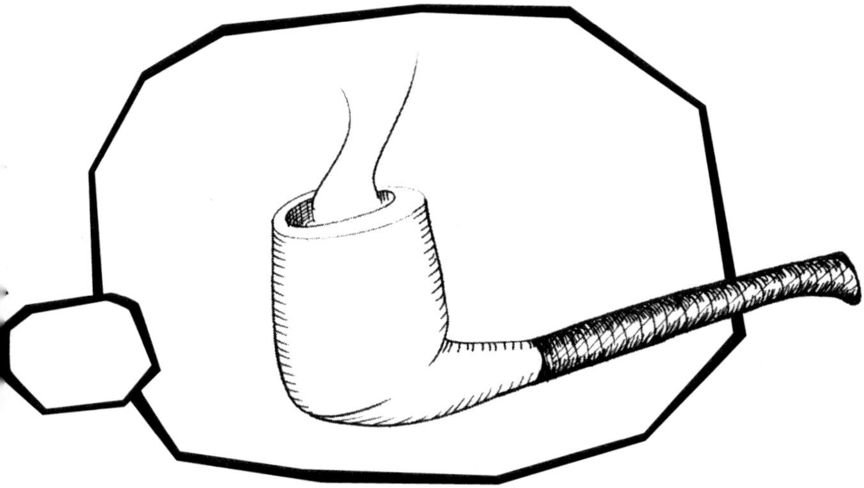

beim Bixl denkt deshalb der Bayer sofort an einen erotischen Zusammenhang, nämlich dass sich die scheinbar feine Dame ihr ungewöhnliches Outfit vielleicht auf nicht ganz saubere Art finanziert hat.

bixln: büchseln; zahlen

Wer zahlt oder große Ausgaben hat, muss seine (Spar-) Büchse aufmachen.

Bixn: Büchse; kleines Mädchen

Das Wort ist ein Synonym für die weibliche Scham oder – als Pars pro Toto – für das Mädchen als Ganzes. Es ist deshalb ein bayerischer Brauch, bei der Geburt eines Mädchens das Haus der Eltern mit einem Schild mit der Aufschrift „Bixnmacherei“ zu „schmücken“, an das mehrere leere Büchsen gehängt werden. Den Vater (mindestens) einer Tochter nennt man auch konsequenterweise „Bixnmacher“.

Blåchà: Plane, großes Tuch

Nachdem die von Pferden gezogenen Wägen der nomadisierenden Sinti und Roma früher mit einer Plane vor Wind und Wetter geschützt waren, nannte man sie „Blåchàwàng“ (Planwägen). Diese Wägen beherbergten den gesamten Hausstand, sie wurden auch als „Karrn“ (Karren) bezeichnet. Ungepflegte Zeitgenossen verglich man mit dem fahrenden Volk, das es auch mit der Hygiene nicht so genau nahm, und sagte: „Wià von Karrn raus!“ (Wie aus dem Karren heraus.)

Bläckà: Bleckern (schriftbairisch); große Blätter

Das Wort tritt nur in der Pluralform auf. Damit bezeichnete man vor allem die Blätter von Rhabarber oder Rüben. Ein Synonym ist das Wort „Blädschn“ (Singular und Plural). → Gflichtàd

bläckà: blecken

1) weinen, heulen → zahnà
2) spöttisch grinsen
3) spotten, verspotten → aufzwickà, ausbläckà, dàbläckà, hànsln, naufschiàssn

Blådern: Blattern; Blase

„Blattern“ sind an sich ein Synonym für Pocken, eine gefährliche Infektionskrankheit, bei der sich u. a. Bläschen auf der Haut bilden. Im Bairischen bezeichnet man davon abgeleitet verschiedene Objekte, bei denen Blasen oder Ausbuchtungen zu verzeichnen sind, als „Blådern“:

1) Hautblase unter der Oberhaut infolge Reibung oder Quetschung
Nachdem eine solche Blase meistens mit Blut oder Wasser gefüllt ist, nennt man sie auch „Bluàt-" oder „Wasserblådern". Sie entsteht z. B. beim Tragen zu enger Schuhe, die einen → auffickln. Ist die Blase Folge einer Verbrennung, ist sie folgerichtig eine „Brandblådern".
2) Ausbuchtung
„Der neie Teppichbodn wirft Blådern." (Der neue Teppichboden wirft Blasen, ist uneben.)
3) **Saublådern**: Harnblase des Schweins
Sie wurde früher wegen ihrer Dichte zur Aufbewahrung von Flüssigkeiten verwendet. In der Anfangszeit des Fußballs um 1900 wurden dann die Leder- bzw. Gummibälle mit einer „Saublådern" gefüllt, aufgeblasen und zugeknotet. → Blunzn

Das Diminutiv lautet „Blàdàl" (Bläschen). → Blàsàl, Blåsn, Suiàl, Wimmàl
Auch als Verb: **blådern** (Blasen werfen, aufgeblasen sein, flattern)

Blàdschàre, *der* (Bladschari): überdimensioniertes, riesiges, evtl. auch unförmiges Stück
Das Wort ist verwandt mit → Bläckà (große Blätter). Es kommt häufig in der Frage vor: „Wås håstn då für àn Blàdschàre?" (Was hast du denn da für ein riesiges Stück?)

Blädschn: große Blätter → Bläckà

Blàfon: Plafond; Zimmerdecke
Das Wort stammt vom französischen „plafond" (Zimmerdecke, Deckengemälde, (Ober-) Grenze). Beim altbayerischen Kartenspiel → Wattn kann man seinem Mitspieler mit einem kurzen Blick an die Zimmerdecke – ohne dass es die Gegner merken – mitteilen, dass man keinerlei Trumpfkarte in seinem Blatt besitzt; dies wird als „Blàfon deuten" bezeichnet.

Blàmàsch: Blamage; beschämender, peinlicher Vorfall, auch: Bloßstellung
Das Wort ist aus dem französischen „blâmer" (tadeln, jemandem die Schuld an etwas geben) entlehnt.

blärràd: plärrend; brüllend, schreiend, schimpfend, keifend, mit lauter Stimme
Z. B. ist „à blärràdà Stier" (ein brüllender Stier) ein Mann mit ausgesprochen lauter Stimme, gegen den andere in einer Diskussion mit ihren Argumenten kaum noch durchdringen können.

Blàsàl: Bläschen auf der Haut → Suiàl, Wimmàl

Bläschl, *der*: Zunge, die

Zeigt jemand einem anderen seine Zunge, so sagt man, dass er ihm seinen „Bläschl rausstreckt" – eine Geste, die bei streitenden Kindern sehr beliebt ist. Damit bekundet man unmissverständlich seine Abneigung bzw. will den anderen provozieren. → ausbläckà 2), bläckà 2) u. 3)

Blåser: dicke Backen

Menschen mit dicken Backen sehen oft aus, als ob sie sie wie zwei Ballons aufgeblasen hätten. Wenn jemand gut genährt ist, sagt man also: „Der håt vielleicht so Blåser her!" (Der hat aber große, dicke Backen!)

Blåsn: Blase

1) Gruppe mit gleichgelagerten Interessen, Clique
   „Mir sàn à lustige Blåsn." (Wir sind eine lustige Gruppe.)
2) Harnblase
   Man unterscheidet scherzhaft die kleinere „Werdàblåsn" (Werktagsblase) und die größere „Sundà-" oder „Feirdàblåsn" (Sonntags- oder Feiertagsblase). Letztere war wegen des an Sonn- und Feiertagen ausgeprägteren Biergenusses scheinbar aufnahmefähiger. Statt „-blåsn" verwenden derbere Zeitgenossen gern das Suffixoid → -blådern.
3) Hautblase unter der Oberhaut
   Das Wort ist gleichbedeutend mit → Blådern. Die dort genannten Unterarten gibt es ebenso als „Bluàt-", „Wasser-" und „Brandblåsn".

Blàss, *der*: Blesse, die; Pferd oder anderes Haustier mit weißem Fleck auf dem Stirnfell

In der Regel bekamen solche Haustiere im Sinne des Pars pro Toto auch den Rufnamen „Blàss" – die Blesse stand für das ganze Tier.

blàtschgèn: einen Stein auf Wasser springen lassen

Am besten funktioniert es mit einem möglichst flachen Stein, den man so knapp über eine stille Wasseroberfläche wirft, dass er von ihr mehrfach abprallt und aufspringt („aufplatscht") anstatt sogleich unterzugehen. Der Trick ist dabei, dem Stein mit einer schnellen, schnalzenden Bewegung aus dem Handgelenk einen ordentlichen Dreh mitzugeben.

Blattn: Platte; Glatze

Der Besitzer einer „Blattn" ist ein „Blattàdà" (Kahlköpfiger). Der Plural lautet „Blattàde". → Schnàckler 1)

Als Adjektiv: **blattàd** (glatzköpfig)

Bleàme: Blumen

Bairische Bezeichnungen für Blumen sind z. B.:

* Boimkàtzàl: Palmkätzchen (Weiden)
* Gensebleàme: Gänseblümchen
* Kounbleàme: Kornblumen
* Nàgàl (Buschnàgàl): Nelken (Buschnelken)
* Schnägleggàl: Schneeglöckchen
* Veichàl: Veilchen

Blechmuse: Blechmusik; Blasmusik, Blaskapelle

Die meisten Instrumente, die in der Kapelle eines typischen bayerischen Musikvereins gespielt werden, sind bezeichnenderweise aus Blech.

Blembbe:

1) schlechtes Bier → Arnt (Arntbier), Schäps
2) wertloser Kram

Bletzn, *der*: Bletze, die

1) Schorf oder Fleck auf der Haut → Rufern
2) schadhafte Stelle auf einer Oberfläche → Bäggà, obletzn, Rufern

blitzn: blitzen

Es handelt sich um das von dem Substantiv „Blitz" abgeleitete Verb, das verschiedene Bedeutungen hat:

1) prellen, betrügen, hereinlegen, übervorteilen, übertölpeln
   „Den hamma gscheit blitzt." (Den haben wir sauber hereingelegt.) Oder: „Då ham`s de blitzt." (Da hat man dich betrogen.) Ein Blitz blendet – ebenso wie ein Betrüger den Betrogenen.
2) glänzen
   „Schaug, wià des Gwand blitzt." (Schau nur, wie dieses Kleid glänzt – hell wie ein Blitz.)
3) Aufleuchten des Blitzes bei Gewitter; auch: Foto-Blitz, Blitz bei ausgelöster Radarfalle
   „Beim Hoàmfahrn ham`s me heit blitzt." (Auf der Heimfahrt wurde ich heute von der Polizei geblitzt, also bei einer Geschwindigkeitsübertretung erwischt.)

→ verblitzn

Bloh: oberer Boden in der Scheune eines Bauernhofs

Die „Bloh" konnte sich über die gesamte Scheune erstrecken oder auch nur den Zwischenboden über der Tenne bezeichnen. Sie bestand aus dicken Brettern (→→Låån 2), die auf starken Balken (→ Brättn) lagen. Wies die Scheune nicht nur zwei, sondern drei Stockwerke auf, so gab es dort in der Regel eine zweite „Bloh", die „Überbloh", von der aus man die oberste Etage erreichen konnte.

Bluàds-: verstärkendes negatives Präfixoid

* Bluàdshitz (nicht Bluàtshitzn!): schier unerträgliche Hitze
* Bluàdssauerei: arge Sauerei
* Bluàdshund: besonders abgefeimter Kerl

Der Begriff ist ein altes Tabuwort, da er einerseits die so lebensnotwendige Körperflüssigkeit bezeichnet und der katholische Bayer damit andererseits das Blut Christi verbindet. Beides sollte man nicht zu schimpflichen Zwecken in den Mund nehmen.

bluatn / früher: **bliàtn**: bluten

Blümo̲ (Plümo): Federbettdecke

Im „Blümo̲" befindet sich der → Barchàt, der wiederum mit den weichen Federn gefüllt ist. Das Wort stammt vom französischen „plumeau" für „Staubwedel, Flederwisch".

Blunzn, *die*: Harnblase des Schweins; Blutwurst, auch: dicke Person

Das Wort wird heute vor allem als unschmeichelhafte Bezeichnung für eine sehr dicke, meist auch ungepflegte Frau verwendet. Der Vergleich liegt nahe, betrachtet man die Unförmigkeit, Dicke und spezielle „Ästhetik" einer Blutwurst, zusammen mit der Tatsache, dass die Fettpolster üppiger Frauen üblicherweise über ihren Gürtel bzw. Hosenrand herausquellen und damit an die beiden Enden einer Blutwurst erinnern. → Blådern, Brei (Breiroß), Brentn, Dotschn 2), Moin 2)

Als Adjektiv: **blunzert** (dick, fett)

Boà: Bein; Knochen

Bayern haben eine teils spezielle Beziehung zu ihrer irdischen Hülle, die sich auch in den Bezeichnungen für diverse Körperteile spiegelt. Die Beine eines Menschen werden so nicht „Boànà", sondern „Fiàss" genannt, womit wirklich die Beine in ihrer gesamten Länge und nicht nur die Spanne von den Zehen zur Ferse gemeint ist. Das knöcherne Grundgerüst in den Beinen sind dagegen die „Boànà".

Wenn es einen „vom Boà weg hat", dann ist er „bis auf den Knochen" durch und durch verrückt. Wenn es bei einem „vom Boà weg“ fehlt, dann besteht vor allem ein Mangel an Intelligenz, es kann sich aber auch ganz allgemein um einen ziemlich aussichtslosen Fall handeln. Ist jemand total abgemagert, so sagt man: „Der håt bloß no Haut und Boànà.“ (Der besteht nur noch aus Haut und Knochen.) → fein 2)

Boàndlkramer: der personifizierte Tod, der Sensenmann

„Boàndl“ ist das Diminutiv von „Boà“, bedeutet also „Knöchelchen, kleine Knochen“. Der → Kramer ist ein Händler. Übersetzt man den „Boàndlkramer“ also wörtlich, dann erhält man einen Händler, der mit kleinen Knochen sein Geschäft betreibt. → Boà, Doud

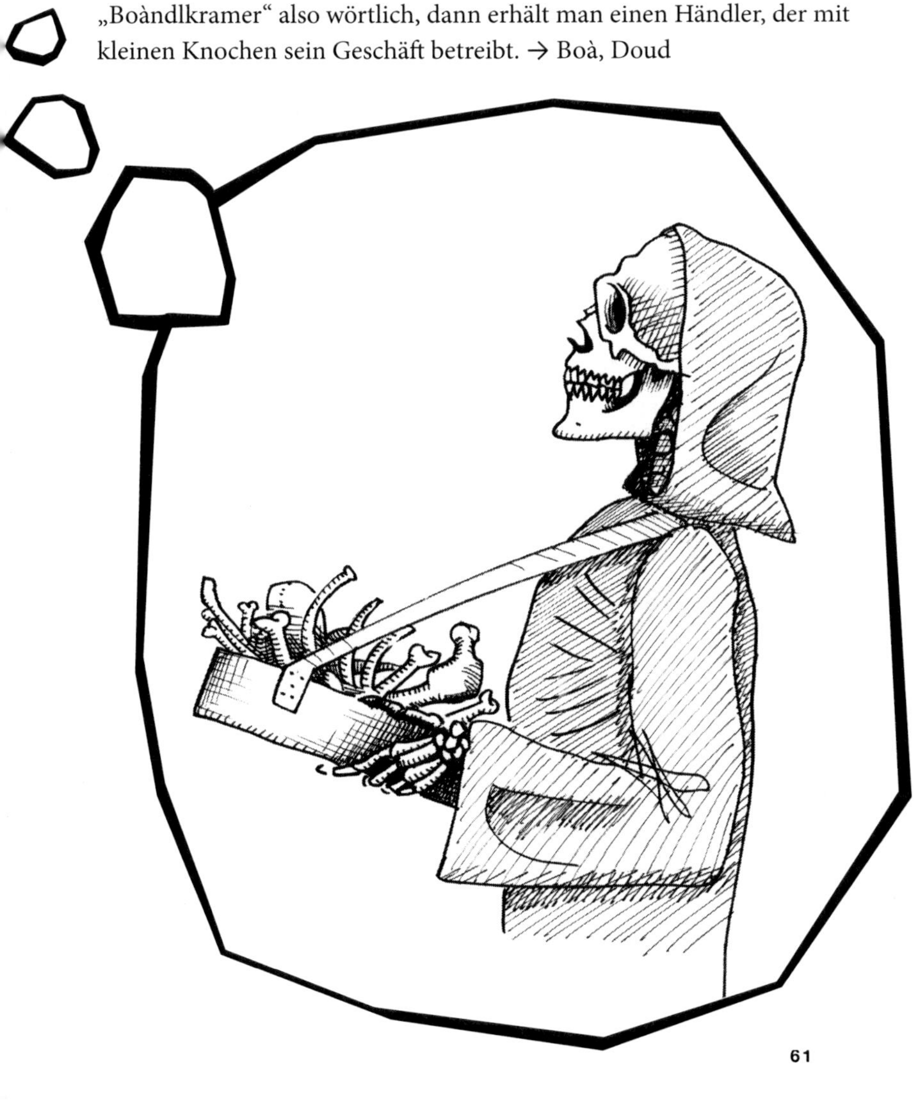

boànig / früher: **boàne**: beinig; knochig, mager

Mit diesem Adjektiv werden Personen bezeichnet, die so mager sind, dass ihre Knochen (→ Boà) hervortreten. → gspitze

Boàrische Ruàm: Bayerische Rübe, Rübensorte

Diese Rübensorte hieß früher „Barschen" (Schmeller I 280). Es handelt sich um eine fast ausgestorbene, etwa fingerlange und nur drei bis fünf Zentimeter dicke Speiserübe mit weißem Fleisch und sehr würzigem Geschmack. Ihre Schale variiert farblich von schwarz über braun bis weiß. Sie wurde nach der Getreideernte als Zwischenfrucht zwischen den Getreidestoppeln ausgesäht und konnte – wie die → Bàtzlruàm – bereits ab Ende Oktober geerntet werden. Noch um 1900 war sie über ganz Bayern verbreitet und kam regelmäßig auf den Tisch. Nahezu täglich gab es abwechselnd „Ruàm" oder Sauerkraut zu essen, zur Abwechslung auch gelegentlich einen Eintopf – aus Kraut und Rüben.

Zu den Rüben wurden → Kiàche (Küchel) oder „Schmoiznuul" (Schmalznudeln) serviert, die man in den „Ruàmdauch" (Rübentauch) eintunkte. Der → Dauch aus den „Boàrischn Ruàm" wird auch als „Bàtzldauch" bezeichnet, weil er kleine Rübenstückchen enthält, sogenannte „Bàtzl". Daraus wird gelegentlich irrtümlich der Schluss gezogen, dass „Bàtzlruàm" lediglich eine andere Bezeichnung für „Boàrische Ruàm" ist. Beginnend im 19. Jahrhundert setzte sich zusehends die aus Amerika eingeführte Kartoffel als wichtiges Nahrungsmittel durch und verdrängte die Rüben schließlich immer mehr. → Ruàm 1)

Boàzn: Kneipe

Bierlokal – meist sehr klein, urig und vor Einführung des Nichtraucherschutzgesetzes üblicherweise komplett verraucht.

boàzn: beizen; warten

Jemanden „boàzn lassen" bedeutet, ihn ohne Grund über Gebühr warten zu lassen. Das Wort kommt vom Beizen (Einlegen), denn auch den in eine Beize eingelegten Produkten muss man eine angemessene Zeit geben, bis sie die Inhaltsstoffe der Beize aufgenommen haben.

bockà: bocken; bockig sein, stur sein, schmollen

Als Adjektiv: **bocke** (bockig) → Bockàl 1)

Bockàdusch!: scherzhafter Spruch zum dazugehörigen spielerischen Verhalten

Stoßen zwei Kinder oder ein mit einem Kind spielender Erwachsener im Spaß mit ihren Köpfen zusammen wie zwei kämpfende Böcke, dann gehört zum dumpfen Geräusch des – hoffentlich nicht allzu festen – Aufpralls auch dieser Spruch. Man kann auch „Bockàbockàdusch!" sagen – doppelt hält besser. Die Köpfe stoßen immer auf „-dusch" zusammen.

Bockàl, *das*: kleiner Bock

1) schmollendes Kind

Das Wort wird hier im Sinne von „kleiner (Ziegen-)Bock" gebraucht, der sprichwörtlicherweise auch sehr störrisch sein kann und – ebenso wie schmollende Kinder – auf Zuspruch nicht reagiert. Um diese wieder zum Lachen zu bringen, sagt man folgenden Spruch:

Bockàl, Bockàl, mågst à Hei?	Bockerl, Bockerl, magst ein Heu?
Wart à bissl, kriàgst às glei.	Warte nur, du bekommst es gleich.

2) kleine Lokomotive oder langsamer Zug

Die Lokalbahn Dachau-Altomünster ist z. B. so eine kleine „Bockerlbahn". In den 1920er Jahren hat ein Verwandter von mir bei der Regulierung des Flusses Glonn mitgearbeitet und dabei einen kleinen Zug mit Loren zum Transport der Erdmassen gesteuert. Man nannte ihn deshalb den „Bockàl-Max".

bockboàne (**boogboàne**): bockbeinig; hartnäckig, stur, widerspenstig, nicht zum Nachgeben zu bewegen

Wer „bockboàne" ist, der verhält sich wie ein sturer Bock.

bockdürr (**boogdürr**): schlank wie ein Bock

Der Bock hat den Ruf, aufgrund seiner sexuellen und damit körperlichen Aktivitäten kein Fett anzusetzen.

bockstààr (**boogstààr**): bockstarr (schriftbair.); hart, unflexibel, steif, nicht geschmeidig

Auch bei diesem Wort stand die Sturheit und damit die Starre des Bocks Pate. Eine Jacke wird z. B. „bockstààr", wenn sie nass war und dann steifgefroren ist. Auch eine alte, stark verschmutzte Lederhose kann „bockstààr" sein. → beìchàd, gschdàràd, prieglstààr

bocksteh (boogsteh): bockstehen; sich wie ein sturer Bock hinstellen und nicht von der Stelle weichen

Das Verb wird vor allem im Zusammenhang mit einer Sicherungsmaßnahme beim Besteigen einer Leiter verwendet: Dabei stellt sich eine zweite Person an das untere Ende der aufgestellten Leiter, drückt ihre Füße gegen die Leiterenden und stellt damit sicher, dass sie festen Halt hat und nicht unter dem Gewicht des Emporsteigenden wegrutscht.

Böfflàmott: Sauerbraten nach Münchner Rezept

Es handelt sich um die bairische Aussprache des französischen „Boeuf à la mode". Für dieses äußerst schmackhafte Gericht wird Rindfleisch erst in Rotwein gebeizt und dann langsam zart geschmort.

boi:

1) wenn
   „Boist net glei kimmst, na hoi i di!" (Wenn du nicht gleich kommst, dann hol ich dich!)
2) sobald
   „Boi i mit dà Arwàt im Saustoi fürdde bi, na geh i à`s Hoiz naus." (Sobald ich mit der Arbeit im Schweinestall fertig bin, gehe ich in den Wald hinaus.)
3) bald
   „Jetz miàssbmà boi geh, sunst gibt`s dàhoàm àn Vodruuß." (Jetzt müssen wir bald gehen, sonst gibt es zu Hause Ärger.)

Boin: Bollen

1) kugelförmige Masse
   „Boin" gibt es von unappetitlich – „Roßboin" (Kot der Pferde) – bis hin zu äußerst appetitlich – „à Eisboin" (eine Kugel Eis). Das Diminutiv lautet „Boitàl" und kommt meist in der Beschreibung des Kots von kleineren Tieren (z. B. „Hasen-" oder „Rehboitàl"), aber auch beim Menschen zur Anwendung. Früher sagte man auch „Böiàl" oder „Böiàle" (schriftbairisch: Böllerl).
2) Schiss, Angst
   „Da hammà ganz sche Boin ghabt." (Da hatten wir ziemlich große Angst.) Einer, der sich leicht fürchtet, ist ein „Boinbruàder" (Bollenbruder), ein Angsthase, einer der → Manschettn hat.

böin: bellen

Das Wort wird auch als Synonym für lautes Husten verwendet, z. B.: „Der böit wieder!" (Der bellt, also hustet wieder!)

böizn: pelzen; auf dem Pelz liegen

Das Wort kommt von dem lateinischen Wort „pellis" für „Haut, Pelz,

Rinde". Als Reflexivverb hat es folgende Bedeutungen:

* sich böizn: sich vor der Arbeit drücken

Die Verwandtschaft mit dem Substantiv „Faulpelz" ist deutlich.

* sich (nicht) böizn kenà: es (nicht) aushalten können

Z. B. rechtfertigte eine Dirn, die sich mit dem Bauer eingelassen hatte, dies mit: „Anderst håst de ja bei dem Sauhund net böizn kennà." (Wenn du dich mit ihm nicht eingelassen hast, hast du es bei ihm nicht aushalten können, so hat er dich schikaniert.)

→ åbböizn

Bolààsch: Lenker bzw. Lenkstange des Fahrrads

Das Wort kommt vom französischen „balance" (Waage, Gleichgewicht).

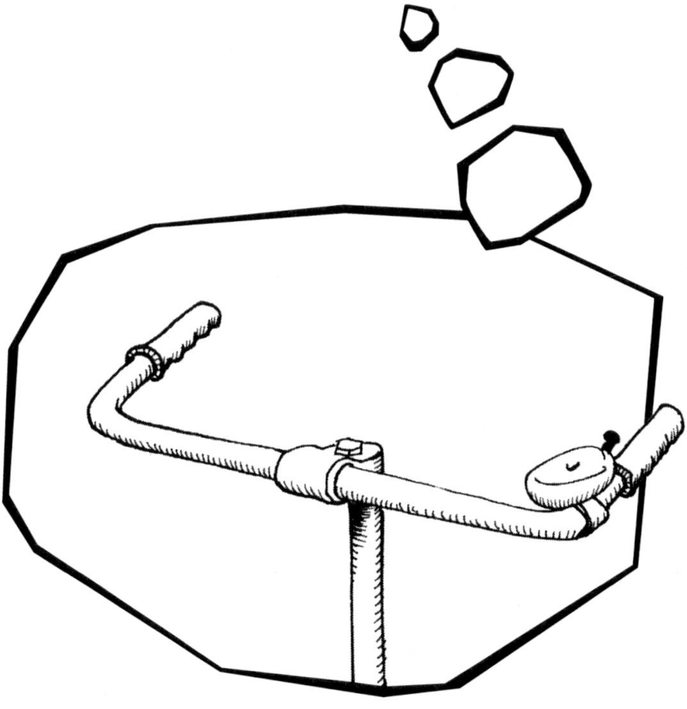

bolisch (auch: **bollisch**): bockig, störrisch, widerspenstig

Das Wort ist von „polnisch" für „ausländisch, fremdartig, ungewohnt" abgeleitet.

Bombardon, *der*: Bombardon, das; Basstuba

Der Bombardon ist das tiefste der gängigen Blechblasinstrumente. Das Wort ist über das französische „bombarder“ für „bombardieren, etwas mit etwas beschießen“ ins Bairische gelangt. Die Ursprünge des Begriffs sind aber schon im Griechischen und Lateinischen zu suchen, seine Bedeutung bewegt sich stets im Bereich der militärischen Auseinandersetzung: Der tiefe, brummende Klang der Basstuba erinnert wohl an das dunkle Dröhnen von Kanonenschüssen.

Boonruàm: Bodenrübe; Kohlrübe, Steckrübe

„Boonruàm“ werden auch als → Dotschn bezeichnet, sie werden gesteckt, nicht gesäht. Sie haben eine annähernd runde Form, eine grüne bis gelbliche, manchmal auch rötliche Schale und weißliches bis gelbes Fleisch mit einem herbsüßen, an Kohl erinnernden Geschmack. Sie werden geschält, klein geschnitten, gekocht, als „Ruàmdauch“ serviert und – wie auch andere Rübensorten – zusammen mit → Kiàche (Kücheln) gegessen. Heute werden sie kaum noch angebaut. → Ruàm 1)

Boppm: Puppe

Eine kleine Puppe ist ein „Boppàl“. Süße kleine Mädchen wurden gelegentlich „Boppe“ bzw. „Boppi“ genannt und behielten diesen Kosenamen zum Teil auch noch als Erwachsene. Ein „Herzeboppàl“ (Herzenspüppchen) ist jemand, den man besonders gerne mag, ein Liebling, der gegenüber anderen bevorzugt und daher nicht selten von diesen beneidet wird.

Bortn, *die*: Schaum, Bierschaum → Foàm

Boscheißer: Bahnscheißer; Hindernis

Grundsätzlich sind damit Personen gemeint, die in der Schlitten- oder Skiabfahrt stehen oder liegen bleiben und so ein Hindernis für die nachfolgenden Wintersportler darstellen. Bleibt ein Eisstock beim → Eisschiàssn so ungünstig stehen, dass er den weiteren Eisstockschützen und ihren Geräten den Weg versperrt, so spricht man von einer „Boscheißn“.

bositiv: positiv; total, unbedingt

„Der håt se bositiv eibuit, dass mir heit à Minga fåhn.“ (Der hat sich unbedingt eingebildet, dass wir heute nach München fahren.)

Botschàmpàl: Nachttopf

Das Wort basiert auf dem französischen „pot de chambre“ (Nachttopf) samt der Diminutivendung „-àl“ (-erl). → Hàfàl, Soàchhàfe

Bràbüür: Brombeere → Berl

Brachwurz: Brachwurzel; widerstandsfähige Grassorte

So nannte meine Mutter eine Grasart, die kräftiger und widerstandsfähiger als der typische Zierrasen ist und sich oft – zunächst unmerklich – im Rasen im wahrsten Sinn des Wortes „breit macht", weil sie weniger in die Höhe, aber stark in die Breite wächst. Beim Rasenmähen bleibt dieses Gras so größtenteils unterhalb der Schnitthöhe und verdrängt damit den ursprünglichen Rasen auf einer ständig wachsenden Fläche. Aufgrund ihrer geringen Ansprüche dürfte die „Brachwurz" vor allem auf brach liegenden Flächen natürlich vorkommen und davon ihren Namen haben. Der Plural lautet „Brachwürz".

Bràcke, *der*: Bràckl bzw. Pràckl (schriftbair.); großes, stattliches Stück

Z. B. ist ein „Bràcke Mannsbuid" ein großer, stattlicher, kräftiger Mann. → Brootz

bràckèn: stürzen, zu Boden fallen

Das Wort ist abgeleitet von „Bràckeln", einem früheren Wurfspiel der Kinder auf der Straße, bei dem flache Steine oder Münzen auf den Boden geworfen wurden. Die beste Ausgangsposition hatte der Werfer, dessen Stein oder Münze einem mit Kreide auf die Straße gezeichneten Zielstrich am nächsten kam. Einer, den es „bràcked", stürzt ebenso mit Karacho zu Boden wie die Steine bzw. Münzen des Spiels. → dàkeàwèn, strààn, zammfoin

Brådàrà, *der*: Gerät mit ausgefeilter Mechanik, bei dem sich etwas dreht

Das Wort ist abgeleitet vom „Prater", dem Wiener „Wurstelprater", dessen bekanntestes Symbol das Riesenrad ist – ein sich drehendes mechanisches Kunstwerk. Es ist ein Synonym für folgende Begriffe:

1) Karussell

   Auf dem Volksfest fragte man die Kinder: „Mächts à Brådàrà fåhn?" (Wollt ihr auch Karussel fahren?)

2) Taschenuhr minderer Qualität

   Eine Taschenuhr, die die Zeit falsch oder sehr ungenau anzeigt. Zum Besitzer einer solchen Uhr sagt man abschätzig: „Wås mägstn mit deim Brådàrà, der geht ja nach der Giàsinger Heiwååg." (Was möchtest du denn mit deiner Uhr, die nicht richtig funktioniert, die geht ja nach der Giesinger Heuwaage – welche bekannt dafür war, sehr ungenaue Wiegeergebnisse zu erzielen.)

Brand: großer Durst nach zu ausgiebigem Alkoholgenuss

Der Morgen nach einer ausschweifenden feucht-fröhlichen Feier ist meist durch einen ordentlichen „Brand" gekennzeichnet.

Als Adjektiv: **brànte** (brandig, sehr durstig)

bràntln: nach Rauch oder Verbranntem riechen → Ràch

brànxn: zögern, sehr langsam arbeiten, nicht weitermachen

Einen behäbigen Menschen nennt man deshalb „Brànxer".

Bràt: Brät

Breiige Fleischmasse, aus der in der Metzgerei, dem Restaurant oder auch in der Privatküche je nach Ausgangsmaterial und Zutaten verschiedene Endprodukte hergestellt werden: Aus „Bràt" macht man z. B. verschiedene Würste (→ Wurscht), Leberkäse (aus „Leberkàsbràt"), Kalbskäse (aus „Kalbsbràt"), eine „Bràtspàtzl-" oder „Leberspàtzlsuppm" (Brätspätzle-, Leberspätzlesuppe).

Wichtig ist auch folgende Unterscheidung in der Aussprache (man beachte das unterschiedliche „a"): „Bråtwürstl" sind dünne Würste, die in der Pfanne gebraten werden. „Kalbsbràtwürstl" sind dünne Würste, die aus „Kalbsbràt", also Brät, hergestellt werden. Da sie ebenfalls in der Pfanne zubereitet werden, werden sie im Laufe des Bratvorgangs zu „Kalbsbråtwürstl". Mit der Frage nach der richtigen bairischen Bezeichnung kann man so manche Fleischereifachverkäuferin in Verlegenheit bringen.

Bràtschlegel: Holzhammer zum Fleischklopfen

Dieses Gerät eignet sich, einem bairischen Sprichwort zufolge, auch dazu, den Mund besonders gesprächiger Mitmenschen nach ihrem bereits erfolgten Ableben durch einen zusätzlichen Schlag endgültig zum Schweigen zu bringen.

Brätschn, *die*:

1) gefächertes Schlaginstrument des Kasperl im Puppentheater
2) Schlag

   „Jetz wennst koà Ruàh net gibst, nachà kriàgst à Brätschn." (Wenn du jetzt keine Ruhe gibst, dann bekommst du einen Schlag, eine Ohrfeige versetzt.)

Brättn: starker Balken

Der Zimmermann bezeichnet damit die dicken Balken, deren Enden auf den Mauern von Gebäuden in einem bestimmten Abstand voneinander liegen und so als „Balkenlage" die Basis für den Fußboden bilden. Ein Synonym dazu ist „Tràm", die „Balkenlage" heißt deshalb auch „Tràmlager".

brauchà: sich brauchen; prahlen, angeben

„Der braucht se." (Der gibt an, der prahlt.) → brogln, brootzn, groß doà, sprechà

Bràxer: Viehhändler

Man unterscheidet Kleinvieh- und Großvieh-„Bràxer", die früher mit ihren Agenturen z. B. in München Viehhandel betrieben haben.

Breel: Brett

Der Plural lautet im Bairischen gleichfalls „Breel". Das Diminutiv „Breele" (Brettchen, kleine Bretter) existiert allgemein nur im Plural. Ist der Singular partout gewünscht, muss gegebenenfalls ein passendes Adjektiv ergänzt werden, um die Verkleinerung zum Ausdruck bringen zu können, also „à kloàns Breel" (ein kleines Brett). Das Wort „Brettl" für ein kleines Brett hat sich im Bairischen erst durch den Einfluss des Hochdeutschen etabliert.

breelbroàt: brettelbreit (schriftbair.); breit wie ein Brett

Mit diesem Adjektiv beschreibt man z. B. Personen, die sich egoistischerweise sehr breit machen und zulasten der übrigen Anwesenden mehr Platz in Anspruch nehmen als ihnen zusteht.

breeleem: bretteleben (schriftbair.); eben wie ein Brett, total eben, flach

Bregge (auch: **Breckàl**): Bröckerl; ein kleines Stück, eine kleine Menge

Es handelt sich um das bairische Diminutiv von Brocken.

Brei: Bräu

Das Wort bezeichnet sowohl den Brauereibesitzer, einen zu jeder Zeit sehr wichtigen und meist auch gewichtigen Mann im Ort, als auch die Brauerei einschließlich ihrer Gebäude und der dazugehörigen Gastwirtschaft. Brauereien und Wirtshäuser tragen oft den Zusatz „-bräu", z. B. Auerbräu, Löwenbräu oder Spatenbräu.

Der wichtigste Mitarbeiter des „Brei" ist der „Breimoàster" (Braumeister), der für die Qualität des Bieres verantwortlich zeichnet. Zu einem Brauereipferd sagt man „Breiroß" (Brauereiross); das sind meistens unaufgeregte Kaltblüter mit kräftiger Statur, deren ebenfalls kräftiges Hinterteil gerne zum Vergleich mit entsprechend ausgestatteten Frauenhintern herangezogen wird. → Blunzn, Brentn

Bremà: Bremse; Stechfliege

Es handelt sich um Insekten, die Mensch und Tier im Sommer belästigen, indem sie sie umschwirren und stechen. Der teils schmerzhafte Stich führt zu unangenehmem Juckreiz. Um dies zu vermeiden, bemüht man sich, die Bremsen zu erschlagen, bevor sie die Chance zum Stich haben („Bremà dàschlång"). Um Pferde, Ochsen und Kühe vor den umhersurrenden Biestern zu schützen, hat man sie früher mit unangenehm riechendem „Bremàòi" (Bremsenöl) eingerieben. Ist es im Winter extrem kalt und sticht die Eisekälte auf ungeschützter Haut geradezu, sagt man scherzhaft: „Heit sàn aber ` Bremà wieder arg." (Heute sind aber die Bremsen wieder arg.) → oànegln, Schnaggn, Stànzn

brennà: sich brennen; nicht den erwarteten Erfolg haben, sich irren, sich täuschen

Wer am Tisch ein wohlschmeckendes Gericht erwartet, in seiner Vorfreude aber nicht die hohe Temperatur des frisch servierten Gaumenschmauses bedacht hat, wird in der Folge nicht mehr viel schmecken, da er sich ordentlich die Zunge verbrannt hat. Im übertragenen Sinn wird „brennà" immer dann verwendet, wenn jemand nicht den gewünschten Erfolg erzielen konnte. Dann sagt man: „Då håst de sauber brennt." (Da hast du dich aber schwer getäuscht, der Schuss ist nach hinten losgegangen.) Im Vorfeld einer Angelegenheit warnt man auch mit den Worten: „Wennst de då bloß net brennst!" (Wenn du dich da nur nicht täuschst!)

Brennsuppm: Einbrennsuppe

Ein Arme-Leute-Essen mit wenigen Zutaten (Mehl und – meist nur ein kleinstes Stückchen – Fett, sogar simple Gewürze wie Salz oder Zucker waren oft zu knapp) und der einzigen Aufgabe, den Magen zu füllen. Oftmals schauten in Familien, in deren Küche die „Brennsuppm" die Regel war, mehr Augen in die Suppe hinein als Fettaugen aus dieser heraus.

Brentn: Breite; der breite Hintern einer Frau

„De håt vielleicht à so à Brentn." (Die hat vielleicht eine Breite.) Nicht zu verwechseln mit der → Broàtn. → Brei (Breiroß), Blunzn

bresthaft: körperlich beeinträchtigt, behindert

Breznsoizer: Brezensalzer (moderates Schimpfwort)

Wer nur zu einfachen Arbeiten wie dem Salzen von Brezen taugt, ist eine einfältige, mit wenig Intelligenz ausgestattete Person. → Gàndi

briàhwarm: brühwarm; hochaktuell

Das Wort wird im übertragenen Sinne verwendet für Neuigkeiten, die man soeben erfahren hat und umgehend weiterträgt, sodass sie im übertragenen Sinn noch „warm" sind, wenn sie von der nächsten „Ràtschkàthl" (→ ràtschn 1) goutiert werden. Dabei geht es häufig um Nachrichten, die man besser gar nicht wissen bzw. für sich behalten sollte, aber echte Geheimniswahrer sind selten: „Er håts natürlich briàhwarm der Anne vozöit." (Er hat es natürlich umgehend der Anni weitererzählt.)

britschln: mit Flüssigkeit (meist Wasser) unachtsam umgehen, im bzw. mit Wasser spielen, es verspritzen oder verschütten, stark regnen, plätschern

Wenn Kinder mit Wasser „britschln", also mit Wasser spielen, und es dabei verschütten („wasserbritschln"), dann sind sie hinterher „britschàlnååß" (patschnass).

Britschn, *die*:

Das Wort bezeichnet grundsätzlich die weibliche Scham. Wird es als Synonym für eine Frau (Pars pro Toto) verwendet, so impliziert es negative Charaktereigenschaften:

1) Frau, die Geheimnisse ausplaudert

   Dieses Wort findet bei grober Verletzung der Geheimhaltungspflicht Anwendung. Wenn es sich um einen leichteren Fall des Vergehens handelt, vor allem auch bei Kindern, spricht man von einem „Brietschhàfàl" (hier als Sonderfall mit langem „i").

2) klatschsüchtige, böse Frau

   Ein Synonym für die „Britschn" in diesem Sinn ist die → Ràtschn. Nachdem die von der Lieblingstätigkeit der Klatschbase Betroffenen von deren Aktivitäten meist nicht begeistert sind, steigert man die eh schon unschmeichelhafte Bezeichnung noch auf „oide (alte) Britschn" oder „gschdingàde (stinkfaule) Britschn". Der Plural lautet „Britschnà". → durchlassn 2)

Als Verb: **britschn**: Gerüchte und Geheimnisse ausplaudern und verbreiten

Der daheimgebliebene Ehemann beklagt sich darüber mit dem Satz: „Sie is scho wieder beim Britschn!" (Sie ist schon wieder beim Ratschen!) → verbritschn

Broàddrescher: Breitdrescher; Vorgänger der Dreschmaschine

Die erste maschinelle Unterstützung beim Dreschen des Getreides hatte in den 1920er Jahren der Hakenzylinder gebracht. Dabei drehte sich in einem Stahlmantel ein Metallzylinder, der mit fingerlangen Haken versehen war. Am Gehäuse selbst befanden sich an der Innenseite ebenfalls solche Haken, die zum Zylinder hin ausgerichtet waren. Zwischen Haken und Gegenhaken wurden die Getreidekörner durch Rotation aus der Ähre herausgeschüttelt. Dabei mussten die Getreidehalme der Länge nach mit der Ähre voraus in den Hakenzylinder eingeführt werden. Der „Broàddrescher" war die Weiterentwicklung dieser Technik. Dabei konnte man im Gegensatz zu seinem Vorgänger die Ähren der Breite nach → eilassn, was den Arbeitsgang deutlich vereinfachte. Allerdings war nach wie vor keine Trennung von Spreu und Körnern möglich, dafür war weiterhin als gesonderter Arbeitsgang das „Aufputzn" mit der → Windmui (Windmühle) erforderlich.

Broàtn: Breite; besonders großer Acker

Nicht zu verwechseln mit der → Brentn.

brockà: brocken; einzeln pflücken

Äpfel, Birnen, Beeren oder Kirschen werden einzeln gebrockt, also Frucht für Frucht von Hand geerntet. Beeren, wie Heidel-, Johannis- oder Stachelbeeren, sammelte man beim „Brockà" im „Brockhàfàl". Dieses kleine Gefäß war meist aus Blech, oft benutzte man ein umfunktioniertes „Milchhàfàl". Findige Sammler banden es sich an den Gürtel, um beide Hände zum Pflücken frei zu haben. Wenn es voll war, wurde sein Inhalt in einen größeren Behälter umgefüllt. So hatte man schneller einen „gefühlten" Sammelerfolg im Vergleich zu einem großen Eimer, bei dem es lange dauert, bis allein der Boden mit kleinen Beeren bedeckt ist. Außerdem war das „Brockhàfàl" nicht so schwer, und wenn man es versehentlich ausschüttete, war der Verlust nicht so groß. → Berl, eibrockà, Weiberl

brogln: sich brogeln (schriftbair.); prahlen, angeben

Herkunft: vermutlich von „prangen" (schmücken, sich besonders schön kleiden). Weil an Fronleichnam der gesamte Ort festlich geschmückt wird und auch die Menschen sich besonders herausputzen, nennt man diesen Feiertag auch „Prangertag". → brauchà, brootzn, groß doà, sprechà

Brootz, *der*: große Kröte

Im übertragenen Sinn ist ein „Brootz" ein behäbiger, meist wohlbeleibter Mann, der stumm und stoisch dasitzt – wie eine Kröte, mit der er deshalb verglichen wird: „Der hockt då wià-r-à Brootz." (Der sitzt da, fett und behäbig wie eine Kröte.)

brootzn: protzen; prahlen, angeben → brauchà, brogln, groß doà, sprechà

Als Adjektiv: **brootzàd**: protzig, prahlerisch, angeberisch, überheblich, eingebildet, stolz

„Der is so brootzàd worn, der griaßt mi går nimmer." (Der ist so eingebildet geworden, der grüßt mich gar nicht mehr.)

Brotlåån: Brotladen; Schublade zur Aufbewahrung von Brot

Das Wort ist als scherzhaftes Synonym für den Mund des Menschen bekannt, schließlich wird auch in diesen regelmäßig Brot hineingeschoben. Vor allem der folgende Imperativ war früher sehr geläufig: „Mach dein` Brotlåån zuà!" (Schließe deinen Mund, sei still!)

brotneide: brotneidig; futterneidig

Diese Eigenschaft besitzt jemand, der seinen Mitmenschen das Essen nicht gönnt oder am Tisch fürchtet, er könnte bei den Portionen zu kurz kommen oder die anderen könnten z. B. von den begehrten Süßigkeiten mehr bekommen als er. → gniggàd, hungre, loàde

Bruadà: Bruder

Man trifft das Wort auch in diversen Kombinationen an, z. B.:

* staubiger Bruàdà: unehrlicher, gerissener, unzuverlässiger Kerl
* wähleidiger Bruàdà: Jammerlappen, überempfindlicher Mensch, der schon bei kleinen Beschwerden oder Belastungen zu klagen anfängt
* warmer Bruàdà: Homosexueller

Bruàdàhàcke!: Ausruf des Erstaunens bzw. der Überraschung

Das Wort ist zusammengesetzt aus „Bruàdà" (Bruder) und „Hàcke" (kleines Beil). Ein besonderer Sinn des Ausrufs erschließt sich daraus nicht. Es wird verwendet wie: „Mein lieber Schwan!"

Bruàdhenà: Bruthenne

1) Eier ausbrütende Henne

   Das Tier sitzt in diesem Fall also den ganzen Tag nur auf den Eiern und bewegt sich nicht.

2) langsame, antriebslose Person

   Meistens ist hier eine Frau gemeint, die kaum zu irgendwelchen Aktivitäten zu bewegen ist, als ob auch sie Eier in möglichst großer Reglosigkeit ausbrüten müsste.

Bruàtt: Brut; abwertende Bezeichnung für eine Personengruppe oder Familie
„Des werd` à so à Bruàtt sei!" (Das wird so eine Brut sein!) Als „schwarze Bruàtt" werden hin und wieder auch Gruppen von CSU-Mitgliedern oder katholischen Klerikern von ihren Gegnern bezeichnet.

Bruch: Gebrochenes, Zerbrochenes

1) Viehfutter aus gebrochenem (geschrotetem) Getreide
„Bruch" bekamen früher insbesondere Schweine, zum Teil auch Kühe zum Fressen. Zum Schroten, also zum Zerkleinern der Getreidekörner, verwendete man eine „Bruchmui" (Bruchmühle). Dafür in Frage kamen grundsätzlich alle Getreidesorten, für Pferde bevorzugt der „Håwerbruch" (Haferbruch), für Enten der „Woàzbruch" (Weizenbruch). Als „Bruch" wurde dabei in der Regel nur das „hintere Droà", also minderwertiges Getreide verwendet, weil das Getreide der besseren Qualität dafür zu wertvoll war und verkauft werden konnte. Bei den kleinen Bauern wurde der „Bruch" mit minderwertigem Material gestreckt, z. B. mit Essensresten, ganz kurz geschnittenem Stroh oder → Ång (Spreu). Im Gegensatz dazu mischt man heute zugekauftes Kraftfutter unter, um durch die noch höhere Kalorienzahl das Wachstum der Tiere zu fördern. → Droà

2) missliche Situation
Wenn alles schief gegangen ist, sagt man: „Jetzt is oiss Bruch." (Jetzt ist alles zusammengebrochen, jetzt ist alles dahin.)

Bruckenwång: Brückenwagen; Anhänger mit planer Ladefläche und in der Regel ohne Bordwände
Dieser Wagen wurde vor allem zum Transport von Säcken benutzt. In erster Linie besaßen große Bauern, die Pferde hatten, ein solches Spezialfahrzeug. → Kammerdwång

brunzn: urinieren
Ein relativ derbes, ordinäres Wort für einen nur allzu menschlichen Vorgang. → biesln, Kuttenbrunzer, soàchà

bschàndln: verunstalten, verunzieren
Des Wort ist gleichbedeutend mit „verschàndln". Beide Wörter enthalten die „Schande", die mit einer Verunzierung verbunden ist. Stellt man z. B. eine moderne Skulptur in einen historischen Bauerngarten, so ist so mancher Purist der Meinung, dass man damit den ganzen Garten

„bschàndlt" hat. Sollen zwei hübsche Mädchen fotografiert werden und fordern diese den Opa auf, mit aufs Bild zu kommen, so sagt der Opa: „Nà, ohne mi – sunst bschàndlt i des ganze Buidl." (Nein, ohne mich – sonst verunziere ich das ganze Bild.)

Bschoàd, *der/das*: Mitbringsel von Hochzeits- und Tauffeiern

Wörtlich bedeutet „Bschoàd": „das, was einem beschieden ist". Meistens wurde bei solchen Feierlichkeiten so viel aufgetischt, dass die Gäste unmöglich alles aufessen konnten. Insbesondere das nicht verzehrte Fleisch und den übrig gebliebenen Kuchen nahm man für diejenigen Familienmitglieder, die nicht auf die Feier gehen konnten oder durften, mit nach Hause. Zum Transport wurden diese Speisen in das extra mitgebrachte „Bschoàddiàche" (Tuch für den „Bschoàd") eingepackt.

Büàschàl: Bürschchen; junger Kerl, Halbstarker → Duddàrà, Hupfer, Kàmpe 2), Spritzer

Buckl: Buckel; Rücken, Bergrücken, Unebenheit

Auch Menschen mit einem verkrümmten Rücken haben einen „Buckl". Ein unfreundliches Angebot lehnt man ab mit den Worten: „Steig mà doch àn Buckl nauf!" (Steig mir doch den Rücken hinauf!) Oder: „Rutsch mir doch àn Buckl runter!" (Rutsch`mir doch den Rücken herunter!) In beiden Fällen handelt es sich um eine moderatere Form des bekannten Götz von Berlichingen-Zitats.

Wenn jemand nicht auf eine aufrechte Körperhaltung achtet, wird er kritisiert mit den Worten: „Stöi dein Buckl net à so auf!" (Stelle deinen Buckel nicht so auf, stell dich doch gerade hin!)

buckld: buckelt; buckelig

1) krumm, schief

   „Is des de mit de buckldn Fiaß?" (Ist das die mit den krummen Beinen?) Oder: „Då lach i mi ja krumm und buckld." (Da lach ich mich ja schief.)

2) hügelig

   „À bucklde Gegend" ist z. B. eine Ecke der Welt, die sich durch sanftes, aber häufiges Auf und Ab der Landschaft auszeichnet.

3) nicht wohlgeraten, unbeliebt

   „De bucklde Verwandtschaft" (die mittellose oder unbeliebte Verwandtschaft) ist Teil fast jeder Familie.

4) in Kurvenlinien, kurvig

Z. B. waren viele bayerische Flüsse bis zu ihrer Regulierung in den 1920er Jahren „buckld", weil sie nicht wie heute in einem begradigten, breiten Flussbett, sondern in den Kurvenlinien dahinflossen, die ihnen die Landschaft vorgab, und in der gesamten Breite ihres Flusstals mäanderten.

Das Verb **buckln** bedeutet an sich „mit gekrümmtem Rücken, in unangenehmer, belastender Haltung arbeiten", ist aber auch generell ein Synonym für das Verrichten jeglicher schwerer Arbeit. → buln, verbuckld

bucklkràx: huckepack

In der Regel werden Kinder von den Eltern „bucklkràx" getragen, nämlich auf dem Rücken (→ Buckl) wie eine → Kràxn.

Buffer: stumpfes Messer

„Wås mächstn mit dem Buffer, der schneidt ja nix." (Was willst du denn mit dem stumpfen Messer, das schneidet ja nichts.)

buln: knittern, verbeulen, Falten verursachen

Das Wort kommt von „verbuckeln" (als Adjektiv → verbuckld), das sich zum Verb „buln" weiterentwickelt hat, allerdings inzwischen kaum noch bekannt ist. „Der Fràck is dàbult." (Die Jacke ist verknittert, sie besitzt Falten.) Eine unvermeidliche Frage des Kunden an den Verkäufer beim Anprobieren einer Jacke oder Hose lautete früher: „Bult de?" (Knittert die?)

Adjektiv: **dàbult** (**derbuckld**): verknittert, verbeult

Bummàl:

1) junger Stier

2) junger, kräftiger Mann

Der Betreffende ist stark wie ein junger Stier oder auch ein besonders sturer Mensch, der immer mit dem Kopf durch die Wand will. Hat dieser noch dazu kein Benehmen, so nennt man ihn „Moosbummàl", weil sein Mangel an Umgangsformen offenbar an seiner Herkunft aus einer ärmlichen, wenig kultivierten Gegend liegt.

3) große, rundliche Steine

Sie haben diesen Namen wohl deshalb erhalten, weil sie beim Rollen → bumpern.

bumpàlgsund: kerngesund, frisch und munter

Wer kerngesund ist, hat vor allem ein gesundes Herz, zu dem dieses Wort einen doppelten Bezug hat: Zum einen bezeichnet man das Herz auch als „Pumpm“ (Pumpe), zum anderen hört man den Schlag eines Herzens → bumpern.

bumpern: klopfen, pochen, ein hämmerndes Geräusch erzeugen

Dieses Wort steht z. B. für das Pochen des Herzens, ein kräftiges lautes Klopfen an der Tür oder das Motorengeräusch des früheren Lanz-Bulldogs, bei dem jeder einzelne Kolbenhub ein Geräusch verursachte, das man am besten mit „Bumm!“ beschreiben kann. → bumpàlgsund

bumsde: Füllwort, das in etwa dem schriftdeutschen „rums“ entspricht

„Er is aufs Eis gangà, und – bumsde – scho is er dågleng.“ (Er ist aufs Eis gegangen und – rums – schon lag er da.)

Bürschtn / früher: **Büàschn**: Bürste; Haar, Haare

Ob das Haupthaar seidig und glänzend ist oder eher den härteren Borsten einer Bürste gleicht: „Bürschtn“ wird als Synonym für das Haar gebraucht, da auch eine Bürste aus vielen einzelnen Haaren besteht. Kurz vor einem handfesten Streit konnte es z. B. heißen: „De pack e bei der Bürschn.“ (Die packe ich an den Haaren → schopfà.)

Die „Bürschtn“ ist dabei auch ein Synonym für die Frau im Allgemeinen, schließlich unterscheiden sich die Mitglieder des „schönen Geschlechts“ von den Männern u. a. durch ihr volleres Haar und zum Teil kunstvolle Frisuren. Eine „oide Bürschtn“ ist ein Schimpfwort für Frauen in fortgeschrittenem Alter. Das Diminutiv lautet „Bürschtàl“.

Als Verb: **bürschtln**: bürsteln, bürsten; auch: mit einer Frau Sex haben

„De håwe bürschtlt.“ (Die habe ich „gebürstet“.)

Bürschtnbinder: Bürstenbinder

Bürstenbinder, ein Berufsstand, der durch die maschinelle Fertigung quasi ausgestorben ist, mussten beim Binden der Haarbüschel zu verkaufsfertigen Bürsten immer wieder ihre Finger durch Ablecken befeuchten, was angeblich einen höheren Flüssigkeitsbedarf zur Folge hatte. Den Ruf, eine ausgesprochen durstige Berufsgruppe zu sein, wurden sie nicht mehr los. Wer gerne und oft dem Alkohol zuspricht, wird gern mit einem Bürstenbinder verglichen.

Bussàl: Küsschen

Als Verb: **busseln** (auch: **åbbussln**): küssen

bussiern: küssen, knutschen, schmusen

Butzàl: Baby, noch sehr kleines Kind

„À so a netts Butzàl!" (So ein nettes kleines Kindlein!)

Butzkiàh: Butzkühe (schriftbair.); Fichten-, Föhren- oder Tannenzapfen

Das Wort kommt nur im Plural vor. Nach dem Einsammeln der Zapfen, dem „Butzkiàhklaum" (Butzkühe Klauben), wurden die „Butzkiàh" zu Hause getrocknet und dienten als Heizmaterial. „Butz" bedeutet „kleines Menschlein"; siehe auch das Kosewort → Butzàl und den Bi-Ba-Butzemann. Sicherlich haben Kinder früher mit den Zapfen gespielt und ihnen dabei auch die Rolle kleiner Kühe übertragen.

Butzn und Stingl: Butzen und Stiel

Der Ausdruck entspricht der Wendung „mit Haut und Haar". Wenn etwas „mit Butzn und Stingl" gegessen wird, dann wird es ohne jeden Rest aufgegessen. Der Ausdruck stammt vom Essen eines Apfels oder einer Birne: Das feine süße Obst wurde früher üblicherweise samt Kernhaus, manchmal sogar auch mit dem Stiel gegessen – verschwendet wurde nicht das kleinste Stückchen dieser Leckerei. → Apfebutzn, ràdebutz

Buul: Pudel; üppiges, toupiertes Haar

Wer üppiges Haupthaar besitzt oder sein Haar zu scheinbarer Fülle toupiert, wird einem Pudel gleichgestellt, der ebenfalls ein typisch dichtes, voluminös gekräuseltes Fell besitzt. Wer sich so der Öffentlichkeit präsentiert, über den sagt man: „Der håt vielleicht àn Buul auf!" (Der hat vielleicht einen Pudel auf!) Die „Buulhaum" (Pudelmütze) aus Wolle kommt an eisigen Wintertagen zum Einsatz. Dann sagt die Mutter: „Setz dei Bulhaum auf!" (Setze deine warme Pudelmütze auf!) → Baruckà, Woe

buulnackert: pudelnackt; nackt von Kopf bis Fuß

C WIE CHRISTKINDL

Christkindl: Christkind

1) Jesuskind in der Krippe, auch als Krippenfigur
2) Jesuskind als Bringer der Weihnachtsgeschenke

Immer mehr macht allerdings der Weihnachtsmann dem Christkind Konkurrenz. Nach wie vor schreiben aber die Kinder gerne ihren Wunschzettel an das „Christkindl".

3) Weihnachtsgeschenk(e)
Wünscht sich die Ehefrau einen schönen Schmuck, sagt der Ehemann: „Den kriàgst ois Christkindl." (Den bekommst du als Weihnachtsgeschenk.)

4) **gschlamperts Christkindl**: unordentliche Person

D WIE DRÀHDEWIXPFEIFÀL

daarn:

1) donnern
„Es daart scho." (Es donnert schon.) → Wedà

2) dörren, dürren
Die Grundform „daarn" ist hier kaum üblich, das Wort wird vor allem in Verbindung mit einem Präfix benutzt: „Neidaarn" bedeutet wörtlich „hineindörren", z. B. wenn eine ursprünglich breiige Masse in einem Gefäß eingetrocknet ist, sodass man sie nur mit Mühe von dort wieder entfernen kann. Gleiches bedeutet „hidaarn" (hintrocknen). → dürrn

dàarwàn: erarbeiten
Man kann sich Geld und Gut entweder erarbeiten oder erheiraten. Das Erheiraten ist die einfachere Art, das Erarbeiten die beschwerlichere. Deshalb sind reiche Bräute so gefragt. → dàheiràn

dàbaggà: derpacken (schriftbair.); packen, ertragen, aushalten
Hat ein Zustand die Grenzen des Erträglichen erreicht, so sagt man:

„Des konn e nimmer dàbaggà." (Das kann ich nicht mehr ertragen, das halte ich nicht mehr aus.)

dàbläckà: derblecken; sich über jemanden lustig machen, jemanden durch den Kakao ziehen, verspotten, hänseln

Das wohl bekannteste „Dàbläckà" findet alljährlich zum Starkbieranstich auf dem Münchner Nockherberg statt. → aufzwickà, ausbläckà, bläckà 3), hànsln, naufschiàssn

dàbräsld: zerbröselt; erschöpft, ermattet, körperlich fertig, gestürzt, umgekommen, ums Leben gekommen

Das Wort beschreibt von seiner wörtlichen Bedeutung her, wie ein einheitliches, funktionsfähiges Ganzes zu Brösel zermahlen und damit unbrauchbar wird. Hier wird Energie durch harte Arbeit Stück für Stück aufgebraucht bzw. ein gesunder Körper in der Regel durch einen Unfall ins Jenseits befördert: „Den hat`s dàbräsld." (Der ist tödlich verunglückt.) Begegnet man z. B. einer Hochzeitsgesellschaft, so sagen oft die Männer mit bedauerndem Blick auf den Bräutigam: „Då håts wieder oàn dàbräsld." (Da hat es wieder einen erwischt.) → dàloàwed

dàchèn: stehlen → dàmisch haun, kràmpfèn

dàdådàt: verdattert, verunsichert, ängstlich, verängstigt, kleinlaut

„Wià `s blitzt und kracht håt, då war er ganz dàdådàt." (Als es geblitzt und gedonnert hatte, war er total verängstigt.) → dàkemà

dàdappm: dertappen (schriftbair.); Fuß- oder Fingerabdrücke an unerwünschten Orten hinterlassen

Auf glatten, glänzenden Oberflächen sind die Abdrücke von Füßen oder Fingern der emsigen Hausfrau bzw. dem Sauberkeit liebenden Hausmann ein besonderer Dorn im Auge.

Als Adjektiv: **dàdappt**: mit Fuß- oder Fingerabdrücken versehen

Die verärgerte Hausfrau fragt: „Wer håt`n de Fenster à so dàdappt?" (Wer hat denn diese vielen Fingerabdrücke auf den Fenstern hinterlassen?) → dappm

dàdàtschn: zerquetschen, zerdrücken, platt drücken, zermantschen

Auch als Adjektiv: **dàdàtscht**

„I håb àn Frosch zamgfåhn, der war ganz dàdàtscht." (Ich habe einen Frosch überfahren, der war total platt gedrückt.)

dàfeit: verfault

dàffà: taufen

Die Taufe ist nicht nur das entsprechende Sakrament der christlichen Kirchen, sondern bezeichnet im übertragenen Sinn auch andere Situationen, bei denen Wasser im Spiel ist. Wird man z. B. unterwegs vom Regen überrascht und besitzt keinen Regenschutz, so sieht man anschließend wie eine „dàffte Maus", also wie eine getaufte Maus, aus.

dàfoin: hinfallen; stolpern und stürzen

Das Verb enthält gleichzeitig das Stolpern und das unmittelbar darauf folgende Stürzen, z. B.: „Der håt se dàfoin." (Der ist gestolpert und dadurch gestürzt.)

dàgàrm: dergarmen (schriftbair.); erwürgen, erdrosseln, umbringen

Wenn jemand einen groben Fehler gemacht hat, schimpfen die Betroffenen, die das Schlamassel mitausbaden müssen: „I kànnt`n dàgàrm." (Ich könnte ihn erwürgen.) → dàwuzln

Dågblààl:

1) Tagblatt, Tageszeitung
2) Bezeichnung für eine Person, die einen Großteil ihrer Zeit damit verbringt, Neuigkeiten im Dorf zu verbreiten

   So ein Zeitgenosse ersetzt theoretisch die regionale Tageszeitung, hat aber die Tendenz, sich eher auf die kleinen Skandale und das Unglück seiner Mitmenschen zu stürzen und über andere schlecht zu reden. → ausrichten, Britschn, ràtschn 1)

dàgem: dergeben (schriftbair.); ausgeben, große Wirkung haben

Wenn man z. B. zunächst mit dem Gartenschlauch und viel Geduld Wasser in einen Gartenteich füllt, anschließend aber mit dem Feuerwehrschlauch, dann sagt man bewundernd: „Des dàgibt!" (Das gibt aus, da sieht man einen schnellen Fortschritt!)

Dägl: Tiegel

Das Diminutiv lautet „Dägàl" (Tiegelchen).

dàgràntschn (auch: **dàgrànschn**): erfragen, durch Ausfragen bzw. intensives Nachfragen etwas in Erfahrung bringen

Das Wort enthält einen guten Schuss Hartnäckigkeit und die Bereitschaft, wenn nötig alle potenziellen Informanten abzufragen, bis man die gewünschte Information erhalten hat. Z. B. sagt die „Dorfràtschn", die in einer bestimmten Angelegenheit noch nicht alle Details zufriedenstellend ausgekundschaftet hat: „Des wer` e scho no dàgrànschn." (Das werde ich schon noch erfragen.) → ausfrànschln, ospitzn, ràtschn 1)

dàheiràn: erheiraten; durch Heirat bekommen bzw. gewinnen

Alles, was man durch eine Heirat erhält, hat man sich „dàheiràt". Das kann Reichtum und Besitz sein, aber auch die Kinder des Ehepartners gehören dazu. → dàarwàn

dàherfoin: daherfallen

Geht jemand gebückt, betont langsam und mit schweren Schritten, so sagt man: „Ja wià foit denn der daher?" (Ja wie fällt denn der daher?)

dàhigeh: dahingehen; sterben

„Mit dem geht`s dàhi." (Mit dem geht`s dahin.) Oder: „Jetz`gehts dàhi – mi`m Sålåd à d`Stååd" (Jetzt geht's dahin, so wie mit dem Salat, der in die Stadt geliefert wird.) Befürchtete man schon, dass einem selber das letzte Stündlein geschlagen hat, so sagt man: „I håb gmoànt, jetz geht's dahi mit mir." (Ich dachte schon, jetzt gehts dahin mit mir.)

Dähnà: Dornen

dàkeàwèn: zerkörbeln (schriftbair.); zu Boden stürzen, sich überschlagen

„I bin beim Ràdlfåhn an àm Ast hängàbliem, då håts me dakeàwet." (Ich bin beim Fahrradfahren an einem Ast hängengeblieben, da hat`s mich auf den Boden geschmissen.) – und zwar wie einen „Keàwe", also einen Korb, der zu Boden fällt. → bràckèn, strààn

dàkemà: zerkommen (schriftbair.); benommen, geknickt, erschrocken, verdattert

Das Wort beschreibt die Gefühlslage bei belastenden Vorfällen, vor allem wenn sie ganz plötzlich und unerwartet eingetreten sind. Man sagt dann: „Er is ganz dàkema." (Er ist total geknickt.) → dàdådàt

dàkenà: erkennen; anerkennen

Wird die Mühe, die man aufgewendet hat, von demjenigen, der davon profitiert, nicht anerkannt, beschwert man sich mit den Worten: „Nix is dàkennt." (Nichts wird anerkannt, nichts findet Anerkennung, der Nutznießer würdigt den Einsatz überhaupt nicht.)

dàläxnd (auch: **derlexen**): durstig, völlig ausgetrocknet

Fässer und andere hölzerne Behälter für Flüssigkeiten werden undicht, wenn sie längere Zeit im Trockenen stehen. Früher sagte man, dass sie „derlexen" sind. Dieses Wort wurde auch auf den Menschen übertragen, der einen großen Bedarf an Flüssigkeit, also Durst hat.

dàlein: erleiden; ertragen, erdulden

Bei Erkältungskrankheiten legte man früher dem Kranken ein mit flüssigem Schweinefett getränktes Tüchlein auf die Brust, das so heiß sein musste, wie der Erkältete es „dàlein" (ertragen) konnte. → Schweifettn

dàlempert: verwahrlost, verkommen, heruntergekommen

Ein Bauernhof, bei dem z. B. Fensterscheiben fehlen, die Fassade grau bis schwarz ist, verrostete Maschinen im Hof stehen und die Kühe verdreckt herumlaufen, ist total „dàlempert".

Selten als Verb: **dàlempern**: verwahrlosen, verkommen lassen

dallèn: sich hinlegen, ausruhen, schlafen, kuscheln

Ein Wort aus der Kindersprache. Wenn sich ein Kind an eine vertraute Person kuschelt, spricht man vom „Hidallèn" (Hinkuscheln).

dàloàwed: erschöpft, ermattet, körperlich fertig, umgekommen, ums Leben gekommen

Das Wort bezieht sich auf die weiche Konsistenz des → Loàwe (der Semmel), das man leicht eindrücken und dessen Teig man kneten kann. Auch ein Mensch, den es „dàloàwed" hat, war einem entsprechenden Druck ausgesetzt, dem der Körper gerade noch oder auch nicht mehr standgehalten hat. Dieses Wort wird daher meistens im Zusammenhang mit einem Unfall verwendet. → dàbräsld

dàmachà: dermachen (schriftbair.); bewältigen, schaffen, aushalten, durchhalten

„Mit dem konn e`s nimmer länger dàmachà." (Mit dem halte ich es nicht mehr länger aus.) → dàbaggà

Dàmàling (auch: **Dàmà**): Daumen, Däumling

Ein Ausdruck für eine sehr kurze Zeitspanne ist „oi Dàmà lang" (alle Daumen lang) und bedeutet: „sehr häufig, in kurzen Abständen, alle Augenblicke, lästig oft".

dàmisch: dämlich, dumm, blöd, verrückt, benommen, schwindlig

Wer in höchstem Grad verrückt ist, der ist „stockdàmisch", Pferdenarren sind „roßdàmisch", Frauen, die nach Männern verrückt sind, sind „manàdàmisch" und umgekehrt gibt's „weiberdàmische" Männer, die dem schönen Geschlecht mit Haut und Haar verfallen sind. → dàppig

dàmisch haun: dumm hauen; stehlen, entwenden → dàchèn, kràmpfèn

Dampf: Rausch

Hat jemand viel zu viel Alkohol getrunken, sagt man über ihn: „Der hàt àn saubern Dampf." (Der hat einen großen Rausch.) → Dàmpfe 2), Häpfà, Preller

Dàmpfe:

1) Vorteig
Hefe-Mehl-Gemisch beim Backen von Brot, Kirchweihnudeln oder anderem Hefegebäck: Zuerst muss das „Dàmpfe" gehen, also seine Wirkung entfalten, dann folgen erst die nächsten Arbeitsgänge.

2) kleiner Rausch → Dampf

Als Verb: **dàmpfèn** (stinken, schweißeln)

Wer „dàmpfèt", der riecht übel, der stinkt, schwitzelt. → bàckèn, Schwoàß

Als Adjektiv: **dàmpfig** (**dàmpfe**): stickig, feuchtheiß, schwül

Dànddlà: Tändler; Trödler, Händler

Diese Berufsgruppe handelte ursprünglich mit Tand bzw. Trödel, heute mit allen Waren. Wer mit Eiern handelt, ist ein „Oàrdànddlà". Auch der Sammelbesteller von Heizöl wird als „Heizöldànddlà" bezeichnet.

Als Verb: **dànddln** (handeln, spielen)

„So lang dànddlst rum mit dem Glàsl, bis` dàbricht." (So lange spielst du mit dem Glas herum, bis es zerbricht.)

Beim Fußball spricht man von „dànddln", wenn der Spieler im Training den Ball allein mit den Füßen und dem Kopf möglichst lange in der Luft hält. → verdànddln

dànschig / früher: **dànsche**: nett, niedlich, liebreizend, anmutig, geschickt

Das Wort passt vor allem auf kleine, süße Mädchen. Ein „dànschiges" Mädchen ist meistens adrett gekleidet und kümmert sich um alles wie eine Erwachsene en miniature.

dànt: unmittelbar, direkt, frontal

In der Regel wird das Wort in Verbindung mit „nehmen, packen" o. Ä. verwendet. Man nimmt z. B. einen Fußball „dànt", wenn man ihn mit dem Fuß aus der Luft pflückt und, ohne ihn zu stoppen, direkt aufs Tor schießt. „Den nimme dànt" (Den nehme ich frontal) kann auch bedeuten, dass man glaubt, mit jemandem leichtes Spiel zu haben. Um zu vermeiden, dass einen der entgegenkommende LKW „dànt packt" (frontal niederfährt), empfiehlt es sich, beim Befahren kurviger Landstraßen mit geringer Sicht auf das Überholen des vorausfahrenden Fahrzeugs zu verzichten. Sticht man beim Kartenspielen mit einer höheren Karte derselben Farbe (nicht Trumpf, also mit einer Karte von geringem Wert), so sticht man „dànt". Man spricht dann auch von einem „Dàntstich". Sticht man „dànt", ohne dass einem der Stich bereits endgültig gehört, so spricht man vom „Aufdàntn". Damit hat man im Moment das Recht am Stich, die weiteren Spieler der Runde werden aber den Stich in der Regel mit einer höheren Karte übernehmen.

dàppig / früher: **dàppe**: dämlich, dumm, blöd

Als Substantiv: **Dàppiger**: dämlicher, dummer Mensch

Ein alter Reim dazu lautet: „De mi`m Kàppe, de sàn dàppe, de mi`m Huàt, de sàn guàt." (Die mit der Mütze, die sind dumm, die mit dem Hut, die sind gut.) → dàmisch

dappm: tappen; sich unbeholfen bewegen, etwas unerlaubt anfassen, Finger- oder Fußabdrücke hinterlassen

„Neidappm" (hineintappen) bedeutet: einen Fehlgriff getan haben. In der Retrospektive sagt man dann: „Oámoi neidappt glangt." (Ein Fehlgriff reicht.) Es kann aber auch konkret den unerlaubt erfolgten Kontakt mit Gegenständen oder Personen bedeuten, z. B. das Anfassen einer frisch gestrichenen Wand.

Als Substantiv: **Dappàdà**: Grapscher

Eine Person, die in unerlaubter Weise etwas berührt bzw. ihre Fingerabdrücke dort hinterlässt, wo sie nicht erwünscht sind. In erster Linie ist damit der klassische Grapscher (Busengrapscher) gemeint, der besonders in alkoholisiertem Zustand seine Finger nicht von den Frauen in seiner Reichweite lassen kann. Diese wehren sich gegen diese Spezies mit dem Spruch „Lieber zehn Deppàde ois oà Dappàdà." (Lieber zehn Depperte als ein Grapscher.) Ein „Dappàdà" hinterlässt „Dapper" bzw. „Dappàrà", also Tritte, Fußspuren, Fuß- oder Fingerabdrücke, z. B. auf dem frisch gewischten, noch feuchten Fußboden. → dàdappm, Dappnachàre

Dappnachàre: Tapp-nach

Nomen est omen: Mit „Dappnachàre" bezeichnet man scherzhaft eine Person, die immer „nach tappt", also einer anderen Person oder Gruppe hinterher läuft, ohne sich eigene Gedanken über das Wohin und Warum zu machen. Der Ausdruck wird bevorzugt auf unselbständige Ehemänner angewendet, die ihre Meinung an ihre Gattin abgegeben haben. → Lalle, Lapp, Lattirl, nàchdàckln, Zàmpàl 2)

dàråån:

1) erraten
2) es bzw. etwas (gut oder schlecht) erwischen, Glück oder Pech haben
   Hat man etwas „guàt dàråån“ (gut erraten), hat man Glück gehabt. Hat man etwas nicht „guàt dàråån“, hat man Pech gehabt. Eine geglückte Wanderung bei schönem Wetter verdient den Ausspruch: „Des hamma heit guàt dàråån.“ (Das haben wir heute gut erwischt.)

dáreitn / früher: **dàrein**: derreiten (schriftbair.); die Oberhand über einen Menschen behalten

Wer ein Pferd „dàreit`“, der ist ein sicherer Reiter, der sein Tier beherrscht ohne abgeworfen zu werden. Der Ehemann dagegen, der unter der Fuchtel seiner Frau steht, wird mit folgendem Satz beschrieben: „Der dàreit` de net.“ (Der beherrscht die nicht.)

dàrennà: derrennen (schriftbair.); wegen zu hoher Geschwindigkeit verunglücken

Verunglückt jemand wegen überhöhter Geschwindigkeit mit dem Auto tödlich, dann hat er sich „dàrennt“. Wer sich bei der Arbeit nicht antreiben lassen will, sagt zum Kollegen: „Wegà dir dàrenn i mi fei net.“ (Wegen dir werde ich nicht schneller arbeiten.) Will man jemanden vor zu hohem Tempo warnen, sagt man: „Dàrenn de fei net!“ (Nicht so schnell, sonst passiert dir noch etwas!). Das kann auch ironisch gemeint sein, wenn ein gemächlicher Zeitgenosse plötzlich schnell wird, weil der Chef ihn gerufen hat. Muss man den groben Fehler eines anderen ausbaden, macht man sich Luft: „I kännt `n dàrennà!“ (Ich könnte ihn niederrennen!)

Dàrm: langer, sehr schmaler Raum

dàschmeckà: erschmecken; erkennen, Gefallen an etwas finden

Hat es einer „dàschmeckt“, dann hat er erkannt, dass es sich lohnt, seine Zeit und Kraft für angenehmere Ziele als bisher einzusetzen. So reduziert z. B. manch strebsamer Schüler seinen ursprünglichen Lerneifer, wenn er ein nettes Mädchen kennenlernt und lieber mit diesem seine Zeit verbringt. Besonders bei den Angehörigen katholischer Priesterseminare soll das früher öfter vorgekommen sein.

dàsig / früher: **dàse**: kleinlaut, ruhig, niedergeschlagen, schüchtern, wortkarg

dàsoi / früher: **dàsöi**: derselbe; derjenige, ein gewisser, jener

Weiblich: „desoi“ (dieselbe). Sächlich: „dessoi“ (dasselbe).

Dàtsche (**Dàtschi**): Datschi; Blechkuchen aus Hefeteig mit Obstbelag

Belegt mit entkernten Zwetschgen wird daraus ein „Zweschndàtsche".

Dattàrà: Tattergreis

Meist in Verbindung mit „oidà" (alter): Ein „oidà Dattàrà" ist ein unsicherer, unselbständiger, zittriger alter Mann (→ dàdå̱dàt). Bei dem davon abgewandelten Synonym „Dàttl" schwingt eine gewisse Nachsicht und Freundlichkeit mit.

Dauch: Tauch; Tunke, eingeweckte Früchte (bzw. Gemüse) samt deren Saft

Es handelt sich um eine meist süße Beilage zu Mehlspeisen, die in den „Dauch" eingetunkt oder mit ihm zusammen gegessen werden, z. B.:

* Aiglbüürdauch (Heidelbeertauch)
* Birndauch (Birnentauch)
* Hoiàdauch (Hollundertauch)
* Zweschendauch (Zwetschgentauch)
* Ruàmdauch (Rübentauch)

Daug: Taug; Sinn, Zweck

Das Wort kommt nur in der Verbindung „Des håt koàn Daug" vor (wörtlich: Das hat keinen Taug; das taugt nicht, das sollte man unterlassen, das macht keinen Sinn, das führt nicht zu dem gewünschten Ergebnis).

Daum:

1) Taube
2) Daube

   Rechteckiges Holzstück als Zielpunkt beim → Eisschiàssn.

Daumdreeg: Taubenkot

Um den männlichen Bartwuchs zu fördern, empfiehlt ein unappetitlicher Ratschlag, die entsprechenden Flächen auf den Backen außen mit Honig und innen mit „Daumdreeg" einzureiben, weil angeblich der Honig (die Barthaare) zieht und der „Daumdreeg" schiebt. → Dreeg

Daumschlåg: Taubenschlag; Taubenkobel, auch: Hosenstall

Wer seinen Hosenstall nicht geschlossen hat, hat den „Daumschlåg" offen.

dàvodeifèn: davonteufeln; verjagen → nausdeifèn

Dåwà: Tagwerk

Das Tagwerk ist ein deutsches Flächenmaß. 1 Tagwerk = 100 Dezimal = 40.000 Quadratfuß = 3.407,27 Quadratmeter (der Fuß zu 0,291859 Meter). Ein Hektar sind daher etwa drei Tagwerk. Ein Tagwerk entspricht in etwa der Größe eines Ackers, den eine Person an einem Tag bearbeiten kann. Man sagt z. B.: „Oà Dåwà Acker, oà Dåwà Hoiz." (Ein Tagwerk Acker, ein Tagwerk Wald.) → Däzemei

dàwei: derweil

1) derweilen, bis dahin

„Bis du mir nåchkimmst, dàwei ràch i no oàne." (Bis du mir nachkommst, bis dahin rauche ich noch eine.)

2) dabei

„Er håt gsagt, er kimmt mi`m Mercedes, dáwei håt er net àmoi à Motorràdl." (Er sagte, er kommt mit dem Mercedes, dabei hat er nicht einmal ein Motorrad.)

3) inzwischen, mittlerweile

„I såg`s dàwei àn Sepp." (Ich sag`s inzwischen dem Sepp.)

4) stattdessen

„À Hells håwe bstoit, dàwei håt mà dà Wirt à Dunkls bråcht." (Ein helles Bier hatte ich bestellt, stattdessen brachte mir der Wirt ein Dunkles.)

5) sich Zeit lassen

„Lass dà dàwei!" bedeutet: Lass dir Zeit! Die Anglisierung der deutschen Sprache hat in der zweiten Hälfte des 20. Jahrhunderts in der Jugendsprache das benglische„Lass dir dàtime!" (vom bairischen „dàwei" und englischen „time" für „Zeit") hervorgebracht.

dàwischn: erwischen

Wenn jemand seine Pläne zu einer Untat verrät oder etwas Übles androht, so sagt man: „Då lass de dàwischn!" (Da lasse dich erwischen!) – was soviel bedeutet wie: „Wage es bloß nicht!"

dàwuzln: unter den Fingern hin und her rollen

„Dàwuzln" kann man Insekten, aber auch Menschen – Zweiteres ist allerdings nicht vollkommen ernst gemeint. „Dàwuzlt" wird z. B. ein Floh, den man gefangen hat und zwischen den Fingern zerdrückt und zerreibt. Das „Dàwuzln" eines Menschen beinhaltet eine freundliche Komponente, im Gegensatz zum böse ausgesprochenen → Dàgàrm, dem eine starke, unverzeihliche Verärgerung zugrunde liegt. „I kànnt de dawuzln" bedeutet zwar, dass jemand einen groben Fehler gemacht hat und deshalb Strafe verdient hätte, nämlich dass er „dàwuzlt" wird. Man sieht aber ausnahmsweise davon ab, weil man dem Übeltäter grundsätzlich wohlgesonnen ist.

Dàxn: abgeschnittene Zweige von Nadelgehölzen, insbesondere Tannen und Fichten

Waren diese Zweige getrocknet und die Nadeln abgefallen, dann wurden sie früher – meistens von den Mägden – zu → Bauschen verarbeitet, d. h. auf gleiche Länge gehackt und gebündelt. In geringer Zahl werden sie auch heute noch im frisch abgeschnittenen Zustand vor dem Einbruch des Winters zum Abdecken von Pflanzen im Ziergarten zum Schutz vor Frost verwendet. Pluralwort!

Däzemei: Dezimal

Ein Dezimal ist ein altes bayerisches Flächenmaß, das ca. 34 Quadratmeter umfasste. → Dåwà

dàzuàdoà: dazutun; sich anstrengen, sich bemühen, sich beeilen

Wenn einer mit seiner Arbeit nur langsam vorankommt, spricht man ihn darauf mit den Worten an: „Derfst scho dazuàdoà, wennst heit no fürte wern mägst." (Du musst dich schon etwas mehr anstrengen, wenn du heute noch fertig werden willst.)

deànà (auch: **deàn**): dienen; als → Ähoitn arbeiten, in Diensten stehen

Meine Mutter sagte z. B.: „Drei Jåhr håwe beim Zemer z`Allershausen deànt." (Drei Jahre habe ich beim Zemer in Allershausen gedient, drei Jahre war ich dort Magd.)

Deed (Firmdeed): männlicher Firmpate

Die Firmung zählt in der katholischen Kirche zu den Sakramenten und wird in einer feierlichen Messe begangen. Der „Deed" begleitet dabei seinen Schützling im entscheidenden Moment zum Altar, lädt ihn nach der Messe in der Regel zum Essen ein und macht mit ihm einen Ausflug. Besonders wichtig ist dem Firmling aber natürlich das Geschenk des „Deed", früher meistens traditionell die erste wertvolle Armbanduhr. Der „Deed" kam in der Regel aus der eigenen Verwandtschaft, es gab aber auch spendable Mitbürger, die Patenschaften übernahmen. → Dool

Dehnà, *der*: Tenne

Der „Dehnà" ist die freie Fläche in der Scheune, die der Ein- bzw. Durchfahrt dient und auf der früher im Winter das Getreide gedroschen wurde – ursprünglich mit Dreschflegeln und Manneskraft, ab den 1920er Jahren mit der Dreschmaschine. Die bairische Bezeichnung für die Scheune ist → Ståål (Stadel), der „Dehnà" heißt deshalb auch „Stååldenà".

Links und rechts des „Dehnà" befanden sich die Lagerflächen für Getreidegarben, Stroh und Heu, die man „Viertel" nannte, weil sie in sich nochmals durch die Pfosten, auf denen das Dach ruhte, in zwei Hälften geteilt waren. Die „Viertel" waren gegenüber dem „Dehnà" mehr oder weniger stark abgesenkt. Dies erleichterte das Abladen der Fuhren, weil das Herunterwerfen wesentlich weniger Kraftaufwand erforderte als das mühsame → Naufspitzn.

Da der Hausflur im Wohnhaus großer Bauern ebenfalls sehr ausladend war, nannte man ihn „Hausdehnà".

deier / früher: **deir**: teuer

Ist etwas außerordentlich teuer, so ist es „saudeier" (sauteuer) oder auch „sinddeier" (sündteuer). Synonyme sind „wàx" (unangenehm rau), „gsoizn" (gesalzen), „gschmoizn" (geschmalzen) oder „pfeffert" (gepfeffert). Hohe Preise werden ironisch mit dem Spruch kommentiert: „Von de Lewendign muàß mà `s nehmà." (Von den Lebenden muss man es nehmen – weil bei den Toten nichts mehr zu holen ist.) → Abodäggàpreise, Beitlschneider

Deife: Teufel

Der „Deife" muss im Bairischen für einiges herhalten, so auch zur Beschreibung von Menschen in unterschiedlichsten Situationen: Ein „armer Deife" (armer Teufel) kann ein mittelloser oder auch ein bedauernswerter Mensch sein, vom Mann, der unter dem Kuratel seiner Frau steht, bis zum Behinderten oder sogar Todkranken. Ein „bäser Deife" (böser Teufel) ist ein böser Mensch und wer einen „bäsn Deife" als Frau hat, dem sagen seine Freunde: „De hätt i scho längst zum Deife g`haut." (Die hätte ich schon längst zum Teufel gejagt.) Ein „dummer Deife" (dummer Teufel) wird bemitleidet, weil er für seine Dummheit nichts kann. Wenn man etwas nicht weiß, sagt man: „À woàß dà Deife." (Ach weiß der Teufel.)

dengerscht (dengàscht): doch, doch schon, doch wohl, dennoch, dann, dann doch, denn doch

„Des werst nachà dengerscht kinà." (Das wirst du dann doch schon können.) Oder: „Es werd na dengerscht s`Rengà àmoi wieder aufhern." (Es wird dann doch wieder einmal aufhören zu regnen.)

dengln (auch: **dàngln**): die Sense schärfen

Diese Arbeit wurde mit rhythmischen Hammerschlägen meist nach Feierabend auf der „Denglbank" verrichtet, oft von den Altbauern.

Als Adjektiv: **dàdenglt**: zertrümmert, zerlegt, wie mit vielen Hammerschlägen malträtiert

Wenn jemand einen schweren Unfall hatte, dann „håts`n dàdenglt" (hat es ihn zerlegt). Wurde eine Person gleichzeitig mehrfach von Insekten gestochen, dann wurde sie ebenfalls „dàdenglt" – in diesem Fall mit zahlreichen juckenden bis schmerzhaften Stichen malträtiert.

Denker: Linkshänder

„Denk" bedeutet „links", die „denke" Hand ist also die linke Hand. Meine Mutter nannte einen Linkshänder früher noch spöttisch „Denkàwàtsch".

Deufàrà: Dampfplauderer

Einer, der viel redet, dabei aber wenig Sinnvolles von sich gibt. → Bene, Schmarrn 2), Seumer

Als Verb: **deufern**: viel reden ohne Sinn, quatschen

Dez:

1) Kopf → Belle
2) auffälliger Hut

diàmoi / früher: **diàm**: manchmal, gelegentlich

In manchen Gegenden sagt man anstelle von „diàmoi" auch „àdiàmoi" (scherzhaft übersetzt mit „ein Dirmal").

Dieschzeig, *der*: Tischzeug; Besteck

In manchen, vor allem vornehmeren Haushalten gehört zum „Dieschzeig" auch die Tischdecke. → Schulåån

Dietsche: flacher Frauenhut

Bei dem Wort schwingt eine abschätzige Bewertung mit. Die Lautung erinnert an den „Deckel".

Diezl (**Dietze**): Sauger für Kleinkinder, Schnuller

Der Schnuller wurde früher gerne in Honig, manchmal zur Förderung des Einschlafens auch in Bier getaucht. Synonyme sind „Didde" bzw. „Diddi".

Dipfàlscheißer: Pedant, Korinthenkacker

Wer mit diesem Ausdruck belegt wird, nimmt alles sehr genau, achtet auf jedes i- oder auch sonstiges Tüpfelchen und kritisiert gerne Belanglosigkeiten. Die Süddeutsche Zeitung bietet in ihrer wöchentlichen Kolumne „Sprachlabor“ den sprachlichen „Dipfàlscheißern“ eine Plattform. → ausdipfèd, Fiesler, Någl Àgràtt

dipfèn: tüpfeln

1) besiegen
   Wurde eine Person von einer anderen „dipfèd“, dann wurde sie von ihr besiegt. Damit kommt gleichzeitig eine gewisse Schadenfreude über die Niederlage zum Ausdruck. → dupfà

2) intim werden
   Erzählt ein Mann, er habe eine bestimmte Frau „dipfèd“, dann spielt er damit sehr direkt auf den erfolgten Geschlechtsverkehr an und beweist, dass er leider nicht zum Gentleman taugt, der genießt und schweigt.

Diredàre, *der* (Diridàri): Geld → Flins

Dirn: Bauernmagd

Die Dirn gibt es in verschiedenen Funktionsbezeichnungen, z. B. „Kindsdirn“ (Kindsmagd, Babysitterin), „Stoidirn“ (Stalldirn), die die anstrengende Stallarbeit machen muss, „Hausdirn“ (Hausmagd), der die angenehmere Hausarbeit übertragen ist. Die mit landwirtschaftlichen Aufgaben betraute Dirn gibt es in den hierarchisch absteigenden Funktionen „Oberdirn“, „Mitterdirn“ (auch: „Mitteldirn“) und „Niederdirn“. → Baumoàster

dischgriern: diskutieren, sich angeregt unterhalten

Dischl: Distel

Vor der Verbreitung der chemischen Mittel zur Unkrautbekämpfung in der Landwirtschaft mussten die → Ähoitn im Frühsommer auf die Felder zum „Dischlstechà“ (Distelstechen) – eine mühsame, den Rücken belastende Tätigkeit. Als Werkzeug diente dabei der „Dischlstechà“ (Distelstecher), eine kleine längliche Schaufel, an deren vorderem Ende sich eine Schnittfläche befand, mit der die Wurzeln der Disteln und anderen Unkrauts abgeschnitten wurden.

Diwån, *der*: Diwan; Sofa, Couch

Es handelt sich um ein Sitz- und Liegemöbel, das sich auch für den kurzen Mittagsschlaf eignet, gleichzeitig aber hohen Sitzkomfort bietet. Die Unterschiede zu → Kannàbä, → Oddàmàn und → Schäslo sind gering.

Doàgaff: Teigaffe; Tölpel, Depp, dummer, willensschwacher Mensch

So bezeichnet man eine Person, die keinen eigenen Willen bzw. keine eigene Meinung hat und – wie eine aus Teig geformte Figur – alles mit sich geschehen lässt, was andere vorgeben. → Apruiaff, Maiaff

doàgig / früher: **doàge**: teigig; weich wie Teig

Z. B. sind überreife Birnen, aber auch neugeborene Kinder „no ganz doàge" (noch ganz teigig). „À doàgigà Kerl" (ein teigiger Kerl) ist ein Weichei. → mår

Doidde: unbeholfener Mann, Tölpel, Tollpatsch

doiggàd: dalkert; ungeschickt, unbeholfen, tollpatschig

Das Substantiv „Doigg" (Dalk, also Tollpatsch) zählt zu den besonders alten bairischen Begriffen und gehörte bereits nicht mehr zum Wortschatz meiner Eltern. Das Diminutiv von „Doigg" lautet „Doiggàl" (kleiner Tollpatsch). Er ist gelegentlich noch zu hören. Bei ihm schwingen Verständnis und Nachsicht für die Unbeholfenheit mit.

Dool, *das* (Firmdool): Firmpatin

Das „Dool" ist das weibliche Pendant zum → Deed und hat dieselben Aufgaben.

doppèn: doppeln; aufdoppeln, besohlen

Wenn der Schuster abgelaufene Schuhe „doppèd", versieht er sie mit neuen Sohlen. → Schlåfhaum 2

doppm: toben

Hat man sich in den Finger geschnitten und fühlt man an der verletzten Stelle das rhythmische Schlagen des Herzens, dann „doppt" der Finger.

doràt / früher: **douràd** (auch: **doàràd**): schwerhörig, taub, auch: begriffsstutzig

Das Wort hieß ursprünglich „dosoret" bzw. „dosohrert", kommt also von → dosn (hören) in Kombination mit „Ohr" und bezeichnet damit jemanden, der sich intensiv, aber vergeblich bemüht, mit seinen Ohren zu hören. Schmeller übersetzt es mit „harthörig" (I 548). → Schlohdoràdà

doschàt (auch: **boschàt**): buschig, gleichmäßig und dicht gewachsen

Z. B. ist ein Christbaum mit gleichmäßigen und dicht gewachsenen Ästen und Zweigen „doschàt".

dosn: zuhören, hören

„Dos àmoi!" (Hör mal!) → doràt, Luser

Dotschn:

1) Kohlrübe (Steckrübe)
   Synonym für „Boonruàm". → Ruàm 1)
2) unbeholfene, ungeschickte, schwerfällige, rundliche Frau
   Die Figur einer so Betitelten ähnelt den runden Formen einer Kohlrübe. → Blunzn, Moin 2)

Doud: Tod

Das unvermeidliche Ende allen irdischen Daseins.

Wer eine „Doudsünd" (Todsünde) – die klassischen sieben sind Hochmut, Geiz, Wollust, Zorn, Völlerei, Neid und Faulheit – begeht, muss nach der Lehre der katholischen Kirche den sofortigen Fall in die Hölle befürchten und dem → Deife Gesellschaft leisten.

Eine bekannte bayerische Todesfigur ist der „Doud vo Oidäding" (Tod von Altötting). Dabei handelt es sich um eine vor allem bei Wallfahrern bekannte mechanische Skelettfigur aus versilbertem Holz in der Stiftspfarrkirche St. Philipp und Jakobus in Altötting. Manche sagen dazu auch: „Doud z` Äding". Die 50 Zentimeter hohe Statue ist auf einer hohen Schrankuhr aus der Pestzeit im 17. Jahrhundert angebracht. Es handelt sich um eine Darstellung des Todes als Sensenmann, der sein Handwerksgerät im Takt der Uhr schwingt und die Seelen mäht. Die dazugehörige Legende besagt, dass bei jedem Schwung – also etwa alle zwei Sekunden – irgendwo auf der Welt ein Mensch sterben soll. Sieht jemand krank oder sehr mitgenommen aus, so sieht er aus wie „dem Doud vo Oidäding sei Handlungsreisender" (dem Tod von Altötting sein Handlungsreisender). → Boàndlkramer, doudln

doudln: todeln (schriftbair.); wie tot sein, tot scheinen

Wenn nichts los ist, dann „doudlt`s", dann erscheint alles wie tot. Ist es auf einer Party totlangweilig, dann „doudlt`s" womöglich sogar „gscheit".

Dour: Tor

Es handelt sich hier um die Aussprache meiner Eltern, wobei besonders der Plural „Deàrà" beachtenswert ist.

Drack: lästiger, böser, streitsüchtiger Mensch, meistens eine Frau

Das Wort kommt von „Drache", dem legendären und bekanntermaßen nicht freundlich gesonnenen Gegner zahlreicher mittelalterlicher Ritter. → Màtz

Dràhdewixpfeifàl: Schupfnudeln bzw. Fingernudeln aus Roggenmehl

Sie werden einzeln ausgewalzt („dràhd“), bis sie ganz dünn sind, und dann im Fett herausgebacken.

Dràller: Dreher; etwas, das sich dreht

1) Spielzeugkreisel
2) Wasserwirbel im Fluss

3) Schwindel, Rausch
Wer sich in einem solchen Zustand befindet, bei dem dreht sich alles im Kopf. Der Betroffene sagt dazu: „I håb àn Dràller." (Ich habe einen Dreher.)

Als Adjektiv: **dràllert** (drehend)

dràmhàppert: traumhäuptig; noch nicht ganz wach, noch schläfrig, verschlafen, schlaftrunken, noch nicht bei klaren Gedanken, unkonzentriert, leicht verwirrt

dräpft (**dràpft**): beträuft, begossen; beschränkt, schrullig, verrückt, übermütig

Als Substantiv: **Dräpfte** (**Dràpfte**): beschränktes, verrücktes oder übermütiges Frauenzimmer

draufgeh`: draufgehen

1) kaputtgehen, auch: sterben
2) Geld bzw. Besitz verlieren
„Durch de Scheidung is des ganze Heisl draufgangà." (Durch die Scheidung haben wir das gesamte Häuschen verloren.)
3) zu einer Feier später (abends) dazustoßen
„Mei Wei is auf d`Houzàt gangà, und i bin auf d`Nàcht no draufgangà." (Meine Frau ist auf die Hochzeit gegangen – also bereits zur Trauung in der Kirche, die in der Regel vormittags stattgefunden hat – und ich bin abends auch noch dazugestoßen.) Bei einer Hochzeit „draufgehen" war früher vor allem für entferntere Verwandte, Freunde und Bekannte aus den Vereinen üblich.

Drèdàrà: Treterer; Pedal am Fahrrad

Dreeg: Dreck

„Dreeg reidrång" (Dreck hereintragen) bedeutet: das Haus bzw. die Wohnung betreten und sie dabei verschmutzen. So sagt die reinliche Hausfrau zu unerwartetem Besuch: „Braucht`s går koàn Dreeg reitrång, mei Mo is net dahoàm." (Ihr braucht gar keinen Schmutz in`s Haus zu tragen, mein Mann ist nicht zu Hause.)

Dreegbär: Dreckbär (Schimpfwort)

Schmutzige (dreckige) Männer können bei gerümpfter Nase mit „Dreegbär" betitelt werden. Das Wort ist abgeleitet von → Saubär bzw. „Bär", der Bezeichnung für das männliche Schwein. → Fock

Die dem „Dreegbär" ähnlichen Variationen sind zahlreich, z. B.:

* Dreegdeife: Dreckteufel

Das Wort bezeichnet eine Person, die weder sich noch ihre Kleidung regelmäßig wäscht noch ihre Behausung ordentlich und sauber hält; Plural: „Dreegdeifèn".

* Dreeghàmme: Dreckhammel → Pfundhàmme, Sauhàmme
* Dreeghund: Dreckhund
* Dreegsau: Drecksau

Man gebraucht dieses Wort generell als Schimpfwort für schmutzige, unordentliche Personen, aber auch generell für Menschen, die man nicht leiden kann. Vor der sexuellen Revolution in den 1960er Jahren bekamen auch besonders freizügig bekleidete Frauen dieses Schimpfwort zu hören.

Dreeglachà: Drecklache; Pfütze

Nicht zu verwechseln mit → dregge lachà (dreckig lachen)!

Dreegschleidàn: Dreckschleuder; böse, ratschende, unwahre Gerüchte verbreitende Frau

Den „Dreeg", also hier den bösartigen, oft auch missgünstigen Tratsch, verteilt eine solche Frau mit der Wucht und dem Schwung einer sich drehenden Schleuder unter ihren mehr oder weniger freiwilligen Zuhörern.

dregge lachà: dreckig lachen, schadenfroh lachen

Es handelt sich um die Reaktion eines rücksichtslosen Menschen, der sich am Misserfolg eines anderen erfreut, z. B.: „Wià-r-à ghört håt, dass er den Prozess gegà den armà Schuilehrer gwunnà håt, då hodà à no recht dregge glacht." (Als er gehört hat, dass er den Prozess gegen den armen Schullehrer gewonnen hat, da hat er auch noch ganz schadenfroh gelacht.) Nicht zu verwechseln mit → Dreeglachà.

Dreißgischt: Dreißigst; Zeitraum von 30 Tagen, Leichenmahl

Der „Dreißigst" war früher die Bezeichnung für das übliche Treffen der Verwandtschaft am dreißigsten Tag nach dem Tod eines Angehörigen (Schmeller I 562). Heute ist es die Bezeichnung für das Leichenmahl am Tag der Trauerfeier.

drent (drenten) / früher: **drentàhoi**: drüben, jenseits, auf der anderen Seite

„Drentàhoi dà Isar." (Jenseits der Isar, auf der anderen Seite der Isar.) Das Gegenstück dazu lautet → herent. → ent, hinterhoi, väderhoi

Dreschwång: Dreschwagen

So bezeichnete man ursprünglich die Dreschmaschine. Vor deren Erfindung wurde das Getreide mit Dreschflegeln (→ Drischl), also manuell, gedroschen, in den 1920er Jahren machten der Hakenzylinder und der → Broàddrescher diese schweißtreibende Arbeit ein wenig leichter. In den 1930er Jahren gab es die ersten dampfgetriebenen Dreschmaschinen, für deren Betrieb viele Arbeitskräfte benötigt wurden und die von Bauernhof zu Bauernhof zogen – eine frühe Form des „Lohndreschens". Schließlich führten die technische Weiterentwicklung und die landesweite Elektrifizierung dazu, dass sich fast jeder Bauer seinen eigenen „Dreschwång" mit Diesel- oder Elektromotor kaufen konnte. Bis zur Entwicklung der Mähdrescher wurde das Getreide nach der Ernte noch im → Ståål (Stadel) gelagert und erst im Winter gedroschen. Der „Dreschwång" verursachte im Betrieb einen gehörigen Lärm. Wenn eine andere Geräuschquelle sehr laut war, sagte man deshalb: „Des surrt wià-r-à Dreschwång." (Das surrt wie eine Dreschmaschine.) → ausmaschin

dressiern: dressieren; ärgern

Erteilt jemand sinnlose Arbeitsaufträge, dann sagen die Betroffenen: „Der mächt uns doch bloß dressiern." (Der will uns doch nur ärgern.) → Zwiefe, zwiefèn, hunzn

d'Ri: Die Kurve

„Hoffentlich kimm e rum um d'Ri." (Hoffentlich komme ich um die Kurve herum.) Der bzw. die Rib (Ri') war ursprünglich das bairische Wort für die Reiben (→ Reim 3), die wir heute „Kurve" nennen. → Schremsn

Driàdàrà: langsamer, behäbiger Zeitgenosse, Umstandskramer, Langweiler

Einem „Driàdàrà" kann man während des Gehens die Schuhe neu besohlen, so langsam bewegt er sich. Als Verb **driàdern** (langsam arbeiten, nicht vorankommen) → gmoichàd, langsamer Bàddà, Trietschler

Drischl: Drischel; Schlagkolben am Dreschflegel

Drittelküàdà (Drittelkürdà, Drittelkirtà): Kirchweihmarkt

„Küàdà" bzw. „Kirtà" bedeutet „Kirchweih". Dieses hohe kirchliche Fest wird heute in der Regel am dritten Sonntag im Oktober mit Kirchweihtänzen und Jahrmärkten gefeiert. In manchen Regionen ist dafür die Bezeichnung „Drittelküàdà" üblich, was folgenden Ursprung hat: Der „Küàdà", der Kirchweihsonntag, war früher nur der Auftakt zu einem dreitägigen Fest. Am „Küàdàmüàdà“ (Dienstag nach Kirchweih), dem dritten Tag, fanden zuletzt auch die Jahrmärkte statt, dauerten also nur ein Drittel der ganzen Kirchweih. Heute teilen sich das kirchliche Fest und der eher weltliche Jahrmarkt einen Sonntag, der im Gedenken an die alte Folge der Feiertage den Namen „Drittelküàdà“ trägt. → Duid, Küàdà

Droà (Droàd): Getreide

Die wichtigsten Getreidesorten in Altbayern sind „Gerschn“ (Gerste), „Woàz“ (Weizen), „Koun“ (Korn, Roggen) und „Håwàn“ (Hafer). Eine Besonderheit ist das „hintere Droà“ (hintere Getreide): Damit sind die kleinen Getreidekörner gemeint, die sich zum Mahlen weder eignen noch lohnen. Die Bezeichnung rührt daher, dass die gedroschenen Körner in der Dreschmaschine automatisch nach Größe sortiert werden. Dabei sind die kleinen Körner die letzten in der Reihe und werden ganz am Ende, also ganz hinten in der Sortieranlage gesammelt. Dieses „hintere Droà“ wird ohne weitere Bearbeitung als Hühnerfutter verwendet (→ Henàwoàz), zu Schweinefutter wird es in der „Bruchmui“ (Bruchmühle) verarbeitet (→ Bruch).

Droàboon: Getreideboden

Vor der Verbreitung von Gebläsen und anderen technischen Errungenschaften, wurde Getreide auf dem „Droàboon“ getrocknet. Kräftige Männer trugen das gedroschene Getreide in Zweizentnersäcken auf diese sich meist im Obergeschoß der bäuerlichen Wohnhäuser befindliche Bodenfläche. Dort wurde es ausgeschüttet, gleichmäßig verteilt und zum Zwecke der Trocknung gelagert.

Drossl: Kehle, Hals, auch: Doppelkinn → Gurgl

drüberkemà / früher: **driwàkemà**: darüberkommen; darüber herfallen, etwas finden und sich bedienen

Das wahrscheinlich beste Beispiel zur Anwendung dieses Begriffs, ist der Seufzer einer Mutter, die feststellen muss, dass sie die Süßigkeiten nicht gut genug vor ihrem Nachwuchs versteckt hat: „I håbs guàt versteckt, aber dà Buà is mà trotzdem drüberkemà.“ (Ich habe sie gut versteckt, aber der Bub hat sie trotzdem gefunden und hat sich bedient.)

drüberlassn / früher: **driwàlassn**: darüber lassen; sich mit einem Mann sexuell einlassen

Einer Frau, die wechselnde Sexualpartner hat und dabei nicht wählerisch ist, sagt man nach, dass sie „jeden drüberlasst".

drüber num / früher: **driwà num**: darüber hinüber; darüber hinweg → num

Drud: Drude; Hexe, Nachtgeist

Gemäß des früheren Aberglaubens, wurde eine „Drud" sowohl für Krankheiten bei Mensch und Tier als auch für einen unruhigen Schlaf verantwortlich gemacht: „Heit Nacht håt mi d`Drud druckt" (Heute Nacht hat mich die Drude gedrückt), sagte so mancher, der schlecht geschlafen oder geträumt hatte. Man war nämlich der Meinung, dass sich die „Drud" breit und schwer auf die Brust schlafender Personen setzte, ihnen so die Luft nahm und für Albträume sorgte. Als Schuldige kamen dabei entweder eine unbekannte Hexe oder eine böse Frau aus dem Ort oder sogar dem persönlichen Umfeld in Frage. Auch durch ihr Verhalten suspekte oder schlicht böse, unbeliebte Frauen bezeichnete man deshalb als „oide (alte) Drud". → Sarah, umgeh 1)

Drudschn: langsame, unbeholfene, schwerfällige, auch einfältige Frau

Das Wort kommt von der → Drud und tritt meist in der Verbindung „oide (alte) Drudschn" auf. Ist man einer zwar langsamen, schwerfälligen, aber liebenswerten Frau wohlgesonnen, so bezeichnet man sie als „Drudschàl". Auch ein unsicheres, schüchternes Mädchen wird so genannt.

duckmausàd: duckmäusig; schüchtern

Wer „duckmausàd" ist, duckt sich – wörtlich genommen – vor drohender oder auch nur vermeintlicher Gefahr und macht sich dafür klein wie eine Maus. Konkret macht so eine Person zwar einen schüchternen Eindruck, hat`s aber teils faustdick hinter den Ohren. → Åbdràdà

Duddàrà: unerfahrener, unreifer junger Mann

Der Begriff wird nur in Verbindung mit dem Adjektiv „jung" verwendet, also als „junger Duddàrà", der in seiner ganzen Unerfahrenheit den Eindruck erweckt, fast noch an der Mutterbrust zu hängen. → Büàschàl, Duddn, Hupfer, Kàmpe, Spritzer

Duddn: weibliche Brust, Busen

Sind die Brüste klein, so heißen sie „Duddàl", sind sie sehr groß, so bezeichnet man ihre Besitzerin als „Duddàde". → Duddàrà

Duid: Dult; Jahrmarkt, Markt an bestimmten Festtagen, auch: Jahrmarktsgeschenk

Für die „Duid" werden an den örtlichen Straßen entlang einfache Stände aufgebaut, die den Händlern gegen einen bestimmten Obolus zur Verfügung gestellt werden. Daneben bieten Schausteller ihre Vergnügungsstätten an. Früher waren das vor allem Schiffschaukeln, Karusselle und Schießbuden. Sowohl die Schausteller als auch die meisten Händler – man nennt sie → Fieranten – fahren in der Regel von Woche zu Woche zur nächsten Veranstaltung in einen anderen Ort.

Als „Duid" bezeichnet man auch die Geschenke, die man den Daheimgebliebenen vom Besuch einer „Duid" mitgebracht hat, z. B. für die Kinder, die Geliebte oder früher für die Dienstboten. → Drittelküàdà

Duin: Delle, Beule

dummèn: tummeln; sich beeilen

„Dummèd di!" (Beeile dich!)

dupfà: tupfen; jemanden übertrumpfen, besiegen

Gewinnt z. B. eine Fußballmannschaft, sagen die Spieler über den Gegner: „De hammà dupft!" (Die haben wir besiegt!) Freut man sich mit diesem Spruch darüber, dass man jemanden „dupft" hat, schwingt auch eine gewisse Überheblichkeit bzw. Schadenfreude mit. → dipfèn

durchdoà: jemanden umbringen → åbdàxln, åbdoà 1), åbkràgln, åbmurksn

durchlassn:

1) jemanden gehörig verprügeln

In der Regel wird dabei eine einzelne Person von mehreren verprügelt, sie wird zwischen diesen „durchglassn" – ähnlich wie beim Spießrutenlaufen. Anschließend wird erzählt: „Den ham`s gscheit durchlassn." (Den haben sie heftig verprügelt.) → batzn 2), duschn 2), eischengà 2), neihaun 1), råziàng, schmiern 2), umàndlassn, wàchèn, wàssern 2), wischn, zammruckà 2)

2) über jemanden schlecht reden, ihn verleumden, durch den Kakao ziehen

Kommt eine Person, die für ihre Vorliebe für die Verleumdung ihrer Mitmenschen bekannt ist, abends nach Hause, wird sie gefragt: „Wen habt`s ´n heit wieder durchlassen?" (Wen habt ihr denn heute wieder durch den Kakao gezogen?)

durchràmmà: durchräumen; Durchfall haben

durchreissn: überwinden, überstehen

Ist z. B. jemand schwer erkrankt, so ist man gespannt, ob er`s nochmal „durchreisst“ und die schwierigsten Tage übersteht.

dürrlochàd: dürrlochert (schriftbair.); besonders mager

Eine so beschriebene Person hat so wenig Fleisch auf den Knochen, dass diese – auch am Hintern – deutlich hervortreten. → gspietzlochàd

Auch als Substantiv: **Dürrlochàdà** (Dürrlocherter, auffallend magerer Mensch)

dürrn: dürren; dörren, trocknen

„D`Muàttà håt im Herd Birn` dürrt.“ (Die Mutter hat im Herd Birnen gedörrt.) Diese gedörrten Birnen bezeichnet man als → Glätzn. Total ausgetrocknete Landstriche sind „ausdürrt“. → daarn 2)

dürschn: dürsten

„Mi dürscht.“ (Mich dürstet, ich habe Durst.)

duschn:

Das Wort wird mit einem kurzen „u“ gesprochen, es hat mit dem schriftdeutschen Reinigungsvorgang nichts zu tun und kommt in zwei völlig unterschiedlichen Bedeutungen daher:

1) stark regnen

„Jetz duscht`s aber gscheit.“ (Jetzt regnet es aber stark.)

In dieser Bedeutung auch als Substantiv: **Duschàrà** (kurzer Regenguss, Regenschauer) → Schiedàrà

2) jemanden ohrfeigen, schlagen

In dieser Bedeutung hat das Wort Verwandte im Französischen (toucher – berühren) und im Englischen (to touch – berühren). Im Bairischen bezeichnet es eine ausgesprochen heftige Berührung. Die Drohung „Glei dusch e dir oàne!“ bedeutet: „Gleich gebe ich dir eine Ohrfeige!“ → batzn 2), durchlassn 1), eischengà 2), neihaun 1), råziàng, schmiern 2), umànandlassn, wàchèn, wàssern 2), wischn, zammruckà 2)

Dusl: Dusel; Glück

Eine männliche Person, die großes, meist auch unverdientes Glück hatte, nennt man „Duslbruàder“ (Duselbruder; Glückspilz). Eine „Duslschwester“ gibt es allerdings nicht. → Màssl, Staun 3)

dusln: dösen, sich in seichtem Schlaf befinden, ruhen

E WIE EISSCHIÀSSN

ebbà:

1) etwa, vielleicht
„Håst ebbà koà Göid dabei?“ (Hast du etwa kein Geld dabei?)
2) jemand
„Pass auf, då kimmt ebbà!“ (Pass auf, da kommt jemand!)
3) **ebbàs und nix**: eine halbgare Situation oder vernachlässigbare finanzielle Werte
Nichts Halbes und nichts Ganzes, zum Leben zu wenig und zum Sterben zu viel.

eckerlsteh: sich in eine Zimmerecke stellen
Früher mussten sich ungezogene Kinder zur Strafe in eine Zimmerecke stellen und wortlos in diese Ecke schauen. Sie durften sich weder an der Unterhaltung noch an dem sonstigen Geschehen in der Stube beteiligen. Der Sinn dieser auch in den damaligen Schulen beliebten Übung lag darin, den Kindern Zeit zu geben, in der sie über ihre Verfehlungen nachdenken und anschließend Reue zeigen konnten.

eem: eben, platt, flach, ohne Niveauunterschied
„Eem voi“ heißt wörtlich „eben voll“ und bedeutet, dass ein Gefäß bis zum Rand gefüllt ist: Die Oberkante des Gefäßes und die darin befindliche Flüssigkeit befinden sich auf einer gemeinsamen Ebene.

Ehr aufhebn: Freude bereiten, Freude machen, gut ankommen
Wenn man jemandem mit einem Geschenk eine Freude macht, so hebt man beim Empfänger „eine Ehr auf“, weil dieser sich geehrt fühlt. Hat man allerdings die falsche Gabe gewählt, wird es nichts mit der Ehre, z. B.: „Wennst dà Muàttà zum Muttertag à Küchenmaschin schenkst, då hebst koà Ehr net auf.“ (Wenn du der Mutter zum Muttertag eine Küchenmaschine schenkst, dann machst du ihr damit keine Freude.)

eiblàsln: einblaseln (schriftbair.); den „Blasiussegen“ erteilen bzw. empfangen
Das Wort ist die Kurzform für das Spenden des „Blasiussegens“ durch den katholischen Priester am 3. Februar: An diesem Tag lassen sich die

Gläubigen „eiblàsln". Dabei hält der Priester zum Segensspruch zwei gekreuzte brennende Kerzen in Höhe des Halses eines jeden Gläubigen. Der Segen geht auf den Heiligen Blasius zurück und dient – passend zur Erkältungszeit im Februar – dem Schutz vor Halskrankheiten.

eibrockà: einbrocken

Suppen, Kaffee o. Ä. um kleine Teile von Brot, Semmeln, Zopf o. Ä. anreichern. → brockà

eifassn: einfassen

1) Ware mit einer Schaufel in ein Behältnis füllen

Z. B. Getreide in einen Sack oder Blumenerde in den entsprechenden Kübel.

2) mit den Schuhen oder Stiefeln ungewollt Wasser aufnehmen

Bricht man bei zu dünnem Eis in niederem Wasser ein, dann hat man „eigfasst".

eigeem: eingeben

1) Futter für die Tiere im Stall in den Trog füllen

Im Sommerhalbjahr warfen die Bauern mit der → Gåwe frisch geschnittenes Grünfutter in den „Barrn" (Trog) im Kuhstall, im Winterhalbjahr bekamen die Tiere → Gsott und Rübenschnitzel zu fressen.

2) einem Patienten auf einem Löffel Medizin / Nahrung verabreichen

Auch einen zögernden Esser fragt man: „Muàß e dà`s eigeem?" (Muss ich es dir eingeben?)

eigsàmt: eingesäumt; reich, wohlhabend, geldig, großkopfert, gespickt

eihaun: einhauen; viel und schnell essen

Wenn man „gscheit eighaut", also viel gegessen hat, dann hat man sich am Ende „ganz schee oghaut" (ganz schön angehauen). → kàwèn, ogråsn

eihèm: einheben; festhalten

Z. B. in der Trambahn: „Heb de ei, sunst foist um, wenn er in d`Kurvn fåhrt." (Halte dich fest, sonst fällst du um, wenn er in die Kurve fährt.)

eilassn: einlassen; eine Maschine befüllen

Beim Dreschen mit der Dreschmaschine musste früher eine Person das Befüllen der Maschine mit dem geschnittenen Getreide übernehmen. → Beische, Dreschwång

eileng: einlegen

1) einen → Legangler in den Fluss legen, um schwarz zu fischen

2) eine Geldspende in der Kirche in den „Klinglbeitl" werfen

eiliefern: einliefern; sterben

„Der liefert boid ei." (Der wird in Kürze sterben.)

einehmà: einnehmen

Soweit es um die Einnahme von Medizin geht, nimmt man im bairischen Dialekt etwas „für" eine Krankheit ein, nicht „gegen" sie, z. B.: „Für`s Halsweh håwe eignommà." (Für die Halsschmerzen habe ich eingenommen.)

eischbeim: einspucken, einspeien; einreden

Das Wort kommt hauptsächlich in der Frage vor: „Wer håt dá denn des eigspiem?" (Wer hat dir denn das eingeredet?)

eischengà: einschenken

1) eine Flüssigkeit in ein Gefäß gießen

2) zuschlagen, reinhauen, herunterhauen, verdreschen
„Dem håwe oàne eigschenkt." (Dem habe ich eine reingehauen.) Oder: „Soi i dà oàne eischengà?" (Soll ich dir eine runterhauen?) → batzn 2), durchlassn 1), neihaun 1), råziàng, schmiern 2), umàndlassn, wàchèn, wàssern 2), wischn, zammruckà 2)

eischlång: einschlagen

1) einen Vertragsabschluss per Handschlag besiegeln

2) Eintreten eines unerwarteten Ereignisses
Hat man einen Sechser im Lotto oder wurde die Geliebte unerwartet schwanger, dann teilt man das seinen Mitmenschen mit dem Satz mit: „Es håt eigschlång!" (Es hat eingeschlagen!)

eisoàfern: einseifen; überreden, umgarnen

So lange auf jemanden einreden, bis ihm der Kopf brummt und er seinen Widerstand aufgibt, z. B.: „Den hams à so eigsoàfert, bis er unterschriem håt." (Auf den haben sie so intensiv eingeredet, bis er seine Unterschrift geleistet hat.)

eispreizn: einspreizen

1) eine Verstrebung einziehen → Spreizn

2) sich anstrengen, sich auf etwas versteifen, Widerstand leisten, sich mit aller Kraft wehren

Eisschiàssn: Eisstockschießen

Das Wort gibt es gleichlautend als Substantiv und als Verb. Das klassische „Eisschiàssn“ findet im Winter auf dem natürlichen Eis statt, das sich bei starkem Frost auf Weihern oder Flüssen bildet. Früher war der sportlich-wetteifernde Spaß Burschen und Männern vorbehalten, heute sind die Spieler glücklicherweise meist offen gegenüber weiblicher Verstärkung. Die Ausrüstung besteht aus einem Eisstock: einer runden, außen etwa fünf Zentimeter dicken, zylindrischen hölzernen Scheibe mit etwa dreißig Zentimetern Durchmesser, die sich himmelwärts kegelförmig gedrechselt fortsetzt; oben steckt in der Mitte der Scheibe ein leicht gebogener Holzstab, der sogenannte „Stutzl“. Der untere zylindrische Teil wird mit einem Eisenreifen umrahmt. Damit erreicht man zum einen das optimale Gewicht und zum anderen – wie bei Autoscootern – die Stabilität, die beim Zusammenstoßen der Eisstöcke erforderlich ist. Früher wurden die Eisstöcke noch vom Wagner handgefertigt, der Eisenring wurde vom Schmied hergestellt und aufgezogen.

Zum Spielablauf: Es werden zwei Mannschaften gebildet, indem sich alle Teilnehmer um die Daube (→ Daum), einen Holzwürfel mit etwa zehn Zentimetern Kantenlänge und Zielpunkt beim „Eisschiàssn“, im Abstand von zwei bis drei Metern im Kreis aufstellen und gleichzeitig ihre Eisstöcke mit dem Fuß fest in Richtung Daube schieben. Dieses erste Zusammenstoßen der Stöcke an ihren Eisenreifen ist ein herrlicher Klang für die Eisstockschützen. Die Spieler, deren Stöcke nahe an der Daube zum Stillstand gekommen sind, bilden die eine, die mit den entfernteren Stöcken die andere Mannschaft. Handelt es sich um eine ungerade Zahl von Mitspielern, wird einer zum → Moàr 2) (Meier) erkoren, der für seine Mannschaft zweimal schießen darf, für den sich aber deshalb auch die finanziellen Folgen verdoppeln.

An den beiden Enden der etwa 15 bis 20 Meter langen, schnurgeraden Eisstockbahn wird – vorzugsweise mit einem Taschenmesser – eine wenige Zentimeter tiefe Kerbe in das Eis geschnitten, in der ein Fuß des Eisstockschützen Halt findet. Wer an der Reihe ist, stützt sich dort ab, schwingt seinen Eisstock einige Male hin und her, um Schwung zu holen, und versucht dann, seinen Stock möglichst nahe an der am anderen Ende in der Mitte der Bahn liegenden Daube zu platzieren. Man sagt

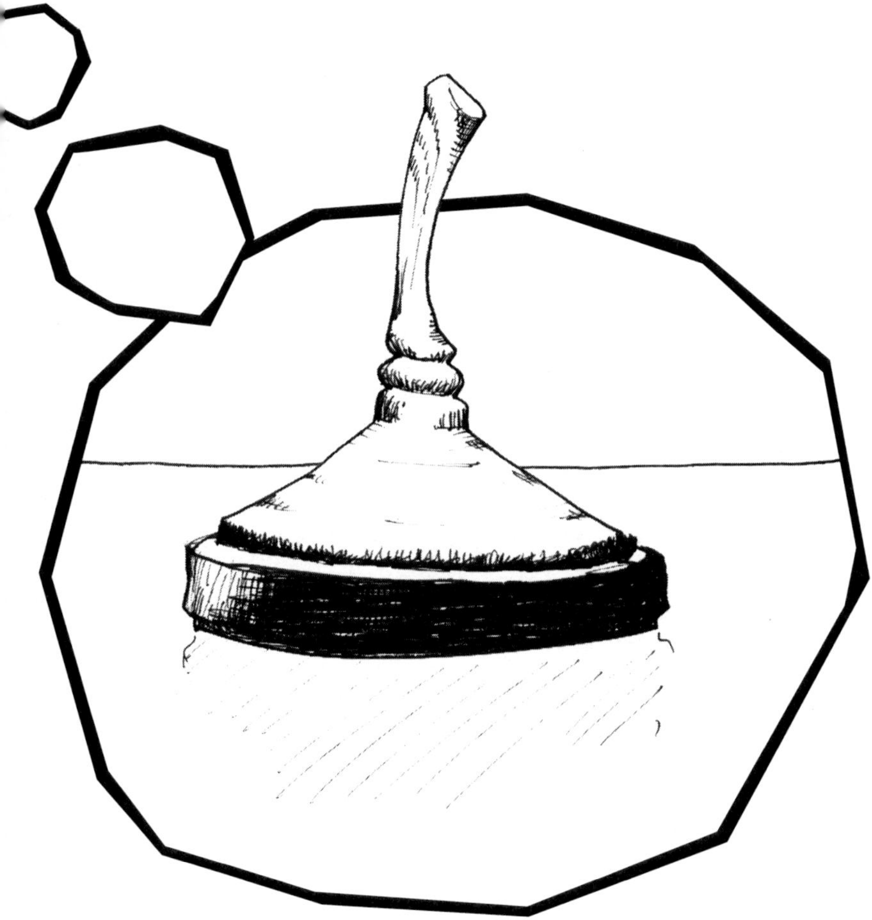

dazu: Er „masst sich“. Der als nächstes an die Reihe kommende Schütze der anderen Mannschaft versucht, sich entweder mit seinem Eisstock näher als der erste gegnerische Schütze an die Daube „hinzumassen“, oder, wenn dessen Stock gefährlich nahe am Ziel zum Stehen gekommen ist, diesen zu „schießen“, also mit einem strengen Schuss weit nach vorne und weg von der Daube zu schieben.
Die Reihenfolge der Schützen richtet sich danach, wessen Mannschaft einen Eisstock am nächsten an der Daube liegen hat. Solange es nicht

gelingt, der Daube näher zu kommen als die andere Mannschaft, ist immer wieder ein Mitspieler der eigenen Mannschaft an der Reihe. Haben alle gegnerischen Spieler bereits geschossen, kann man so drängende Ratschläge an die noch verbleibenden Schützen der eigenen Mannschaft hören wie: „Mass de einfach då her!" (Mass dich einfach hierher!) Oder: „Steh einfach då o!" (Steh einfach da an!)

Waren sämtliche Eisstockschützen im aktuellen Durchgang dran, wird dieser abgerechnet. Es zählen alle Stöcke einer Mannschaft die, ohne gegnerischen Stock zwischen ihnen, am nächsten an der Daube stehen. Ist nicht nur ein Eisstock einer Mannschaft dem Ziel am nächsten, dann „hat" diese Mannschaft „ein-, zwei- oder dreimal". Pro Stock zählt man dann: „Drei, sechse, neine, Aus" (drei, sechs, neun, Aus) – jeweils drei Punkte für die ersten drei Stöcke und ein „Aus" für den vierten Stock: die benötigte Punktzahl für den Sieg. Kommt man in einer Runde nicht zu einem „Aus", wird das Spiel auf Basis der bereits gewonnen Punkte mit einer neuen Runde fortgesetzt. In der Regel spielt man zwei Gewinnsätze, d. h. dass die Mannschaft gewonnen hat, die als erste zwei „Aus" errungen hat.

Wird um Geld gespielt, dann ist jetzt der Moment gekommen, die Spielschulden einzulösen. Der übliche Tarif waren früher fünf Pfennige pro „Aus", das einem die Siegermannschaft voraus war, also fünf Pfennige beim Endstand von 2 : 1 oder ein „Zehnerl" für ein deutlich verlorenes 2 : 0. Nach Abwicklung der finanziellen Seite wird wieder „nei zammgschom" (neu zusammengeschoben), es werden also neue Mannschaften gebildet und auf geht's zur neuen Runde.

Die Eisstocksaison endet heute mit dem Einsetzen des Tauwetters. Früher machte meist der örtliche Wirt oder Bräu dem Spiel ein Ende, indem er die begehrte Unterlage, das dick gefrorene Eis, abholte und in seinen Eiskeller verfrachtete: Ohne moderne Kühlanlagen musste das so im Winter gesammelte Eis noch im Sommer das Bier kühlen.

eng: euch

„Ghert des eng?" (Gehört das euch?) → engà 2), es

engà:

1) engen, einengen, stören

„Des engt me!" (Das engt mich!) heißt nicht nur, dass einen etwas ein- oder beengt, sondern auch, dass dieses etwas einen im weitesten Sinn stört.

2) euer

„Is des engà Bier?“ (Ist das euer Bier?) → eng, es

ent / früher: **enterhoi**: drüben → drent

Erdapfe / früher: **Ädapfe**: Kartoffel

Der Plural lautet „Erdepfe“, früher sagte man „Ädepfe“, heute auch einfach nur „Kadoffe“. Mein Vater hat erzählt, dass er im Krieg vor lauter Hunger die „Erdepfe mitsamt der Montur“, also inklusive der Schale, gegessen hat.

es: ihr

„Wås sågt`s es då dàzuà?“ (Was sagt ihr da dazu?) → eng, engà 2)

Essegnel: Essigknödel

Kalorienreiche Kaltspeise aus in Stücke geschnittenen Semmelknödeln und Zwiebeln in einer Marinade aus Essig, Öl, Pfeffer, Salz und eventuell Zucker. Beim Mittagessen übrig gebliebene Knödel werden so zur Brotzeit bzw. fürs Abendessen zweitverwertet.

Verwendet man anstelle der Knödel Wurst (z. B. Regensburger, Dicke, Fleischwurst oder auch Leberkäse), so erhält man einen Wurstsalat, der bairisch „Essewurscht“ (Essigwurst) heißt. Früher wurde für die Zubereitung manchmal reine Essigessenz verwendet. Wir spotteten über die extrem saure, geschmacklich fragwürdige Zutat und vermuteten, dass damit das leichte Riechen der Wurst infolge zu langer Lagerung überdeckt werden sollte. → rànzln

èttlè (auch: **àn èttlè**): etliche; einige

„Des sàn scho (àn) ettle Kilometer bis à Freising.“ (Das sind schon etliche Kilometer bis nach Freising.)

Exàl: Öchserl

„Exàl“ ist an sich das Diminutiv von Ochse. Meine Eltern nannten aber nicht nur kleine oder junge, sondern auch ausgewachsene Ochsen noch liebevoll „Exàle“.

extrig (**extre**) / früher: **äggschtre**:

1) wählerisch, anspruchsvoll

Meine Eltern sagten z. B.: „Bi net går so extre!“ (Sei nicht gar so wählerisch!) → ausgstochà, gnàschig, gschleggàd, gschmansert, hoàklig

2) besonders, eigens, extra
„Heit koch i extrig scharf." (Heute koche ich besonders scharf.)
Auch als Substantiv: Etwas **Extrigs** ist etwas Besonderes.

3) absichtlich, mit Fleiß
„Wenn der Hans kimmt, na duà i extrig vui Knoblauch ins Essn nei." (Wenn der Hans kommt, dann gebe ich mit Fleiß viel Knoblauch ins Essen.)

F WIE FANGÀMÀNDL

fààm: färben → Fàwer, fàwèn

Fàcke: Ferkel, junges Schwein (auch als Schimpfwort)

Als „Fàcke" bezeichnet man z. B. jemanden, der sich angekleckert hat. Bei größeren Schmutzfinken kommen die Bezeichnungen für größere Schweine zur Anwendung, z. B. → Fock und Sau.

Kleine Ferkel fühlen sich im Stall am wohlsten, wenn es angenehm warm ist. Man bestrahlt sie deshalb mit dem wärmenden Rotlicht einer „Fàckelampm" (Ferkel-, Rotlichtlampe). Die schwächeren Ferkel eines Wurfs werden beim Trinken an den Zitzen der Muttersau häufig von den stärkeren Geschwistern verdrängt, wodurch sie in ihrer Entwicklung zurückbleiben („hinten bleiben"). Mit dieser Situation vergleicht man auch bei anderen Tierarten oder sogar beim Menschen in ihrer Entwicklung hinterher hinkende Individuen: „wià-r-à hintbliems Fàcke" (wie ein „hinten gebliebenes", also zurückgebliebenes und zu kurz gekommenes Ferkel).

Fàlott: Gauner, Betrüger, Kleinkrimineller, Schlitzohr

Als Ursprung des Worts kommen mehrere Verdächtige infrage. Eine Verwandtschaft zum mittelhochdeutschen „vâlant", einer Variante des „Teufels", ist nicht von der Hand zu weisen und auch das „Fallieren" (zahlungsunfähig werden, auch: misslingen) scheint im „Fàlott" mitzuschwingen.

Fangàmàndl (auch: **Fangstàl**): Fangen (Kinderspiel)

„Fangàmàndl" ist der zusammengezogene Imperativ „Fang à Màndl!", also „Fange ein Männchen". Deshalb ist die Schreibweise „Fangermandl" nicht sachgerecht. Das nach wie vor bekannte und beliebte Kinderspiel involviert einige Laufarbeit: Der Fänger jagt alle anderen Mitspieler – und erwischt er einen, muss dieser die Rolle des Fängers übernehmen. → Schneider, Schneider, leich mà d`Schàr, Versteckdàl

Fàtschn: lange Binde, Bandage, Mullbinde für einen Wundverband

Auch als Verb: **fàtschn** oder **eifàtschn** (einbinden)

Ein gestauchter oder offener Fuß muss „gfàtscht" werden. Früher wurden auch Säuglinge „gfàtscht", d. h. als Windelersatz in breite Wickelbänder aus Leinen eingewickelt.

fàwèn: färbeln; Spielzug beim Schafkopfen

Wer beim → Schåfkopfà keine Trumpfkarte, sondern eine der Farben ausspielt, die nicht Trumpf ist, der „fàwèt". → fààm, Fàwer

Fàwer (**Fàber**): Färber

Diese Bezeichnung ist auch als Hausname landwirtschaftlicher Anwesen gebräuchlich, deren frühere Bewohner neben der Landwirtschaft noch dem Handwerk des Färbers nachgegangen sind. → fààm, fàwèn

Feàschn: Ferse

fechten: betteln

Vermutlich geht das Verb zurück auf das Betteln der armen Handwerksburschen um den „Zehrpfennig", mit dem sie ihre Reisen zu den Fechterspielen bzw. Fechterschulen finanzierten. Solche Einrichtungen gab es speziell für Handwerker in Nürnberg und Breslau (Schmeller I 688). Ihre bereits vorhandenen Fechtkünste zur Schau stellend, zogen die Burschen so von Haus zu Haus. Eine andere Erklärung führt ins Rotwelsche, in die alte Gaunersprache, deren Sprecher „fechten" über die Zwischenbedeutung „sammeln" im Sinne von „betteln" gebrauchten.

feeng: fegen; provozieren, Streit suchen

Wird man provoziert, fragt man den Provokateur: „Mägst feeng?" (Möchtest du fegen, suchst du Streit?)

Fegeisen: Person, die ständig in Bewegung ist

Damit kann ein Kind gemeint sein, das nicht ruhig sitzen kann, oder eine Person, die meistens unterwegs ist. → Sitzàdà, Treibauf

fei:

1) faul, müde

Die Steigerung davon ist „stingfei" (stinkfaul). → Aungdeckl, gstingàd

2) wörtlich: fein; verstärkender Ausdruck

„Fei" wurde im Jahr 2004 zum bayerischen Lieblingswort gewählt. Es hat sehr viele unterschiedliche Bedeutungen, die sich aus dem jeweiligen Zusammenhang ergeben und nur schwer abschließend aufgezählt werden können. Hier einige Anwendungsbeispiele:

* „Des håwe fei söiwer gmoin." (Das habe ich selbst gemalt, hättest du mir das zugetraut?)
* „Des derfst fei net doà!" (Das darfst du auf keinen Fall tun!)
* „Der is fei net bläd!" (Vorsicht! Anders, als man vermutet, ist der keineswegs blöd.)
* „Dass d` fei hoàmgehst und net wieder beim Wirt hängàbleibst!" (Geh bloß zur rechten Zeit nach Hause und vermeide es, im Gasthaus zu versacken.)
* „Kimm fei!" (Dass du ja kommst, dass du sicher kommst!)
* „Du kimmst fei spàt." (Du kommst aber unerwartet spät.)
* „Jetz`håst às fei gnau beinand!" (Jetzt fehlt aber nicht mehr viel, dann gibt es Ärger!)
* „À Hund bist fei scho!" (Man muss den Hut vor dir ziehen, du bist wirklich ein fähiger Kerl!)

Feichtàhois: Feiertagshals; Luftröhre

Hat man sich verschluckt und muss husten, wird man gefragt: „Håst wås àn Feichtàhois neibråcht?" (Ist etwas in deine Luftröhre hineingekommen?)

fein:

1) fehlen, defizitär sein

Bis zum Idealwert fehlt noch etwas. Manchmal „feit vui" (fehlt viel), manchmal „feit wenig" (fehlt wenig), dann fehlt es nur → um`s Mårschleckà (um`s Arschlecken). Wenn es „weit feit" (weit fehlt), befindet man sich in einer ungünstigen, teils sogar gefährlichen Situation. Ist alles in Ordnung, dann „feit se nix" (wörtlich: fehlt sich nichts). Läuft etwas total schief, sagt man: „Gfeit is`s!" (wörtlich: Gefehlt ist es!) Oder: „Jetz` is` gfeit!" (wörtlich: Jetzt ist es gefehlt!)

2) krank sein

Wenn einem gesundheitlich etwas „feit“ (fehlt), dann ist man krank, wenn es „weit feit“, ist man schwer krank. „Feit`s“ (fehlt es) nicht so weit, dann ist man womöglich nur → haude beinand. Trifft man einen Bekannten beim Arzt, fragt man ihn: „Wås feit nachà dir?“ (Was fehlt denn dir? Woran bist du erkrankt?) Die Antwort kann dann lauten: „Bei mir feits weidà.“ (Bei mir fehlt es weiter, bei mir fehlt mehr, ich habe eine schwerere Krankheit.) → Boà

3) faulen

Dieses Wort gibt es auch mit verschiedenen Präfixen:

* dàfein: verfaulen
* ofein: anfaulen

„Der Apfe is ja scho ogfeid.“ (Der Apfel ist ja schon angefault.)

* neifein: hineinfaulen

Z. B. sagte meine Mutter, wenn sie organische Stoffe wie einen Apfelbutzen in der freien Natur liegen ließ: „Des feit scho nei.“ (Das fault schon hinein.) Gemeint ist damit die problemlose natürliche Entsorgung durch schnelle Verrottung.

feine: sehr, besonders, sonderlich

Das Wort ist heute sehr selten geworden. Man hörte es früher fast nur in der Verbindung „net feine“ (nicht sehr, nicht besonders), z. B.: „Der håt se net feine grührt.“ (Der hat sich nicht besonders bewegt.)

Feiramdleitn: Feierabendläuten

Jeden Samstag um 15 Uhr läuten die Kirchenglocken mit ihrem „Feiramdleitn“ das Wochenende ein: Damit ist für die gesamte Woche der Feierabend erreicht und man stellt mit Blick auf den nahen Sonntag im Idealfall das Arbeiten ein. Eine andere Bezeichnung ist in Anlehnung an die Uhrzeit: „Dreileitn“ (Drei(uhr)läuten).

Feirdàgwand: Sonn- und Feiertagsgewand

Diese Kleidung ist schöner und wertvoller als die Alltagskleidung (→ Werdàgwand). Man nennt sie auch „Küàchàgwand“ (Kirchgewand), weil man sie zum Kirchgang trägt.

Zum „Feirdàgwand“ gehörte früher auch immer ein anständiger „Feirdàhuat“ (Feiertagshut), der nur sonntags oder zu besonderen Anlässen getragen wurde. So eine Kopfbedeckung war hochwertiger als der

„Werdàhuàt" (Werktagshut) und oft ein „samàtà Huàt" (ein samtener Hut), also ein Hut aus teurem Samt.

Feirdàschui: Sonn- und Feiertagsschule

Nach der früher siebenjährigen Volksschule (→ Werdàschui), also im Alter von 13 Jahren, standen die meisten Kinder bereits im Berufsleben. Sie mussten aber noch für einige Jahre an Sonn- und Feiertagen die Schulbank drücken und die „Feirdàschui" besuchen. Dabei handelte es sich in erster Linie um Religionsunterricht, den der örtliche Pfarrer erteilte.

ferln: glitzern, funkeln, schimmern, leuchten

„De rotn Berl ham rausgferlt." (Die roten Beeren haben herausgeleuchtet.) Etwas, das „ferlt", fällt aufgrund seiner Farbe oder seines Glanzes geich ins Auge. Das Wort könnte daher von „färbeln" kommen, weil schließlich alles Farbige auffällig ist.

fesch: gut, passend, hübsch angezogen, hübsch anzusehen, attraktiv

fest: kräftig, gut gebaut, stattlich, auch: dick

Ein „fester" Kerl ist ein „gstandns Mannsbuid" (gestandenes, prächtiges, körperlich wohlgeformtes Mannsbild).

Fetzen-: groß, gewaltig, enorm, riesig

1) gewaltig, enorm, riesig (als eigenständiges Wort)
   „Fetzen Bleàmescherm sàn rumgstandn." (Große Blumentöpfe sind herumgestanden.)
2) verstärkende Vorsilbe für Substantive, selten auch für Adjektive
   Z. B.: „Fetzenrausch" (Riesenrausch) oder „Fetzengaudi" (Riesenspaß).

fetzen: rennen, schnell laufen, sich schnell bewegen

feu: feil; zu verkaufen

Mein Großvater ging beim Grundstückskauf immer nach dem Grundsatz: Grund und Boden muss man dann kaufen, wenn er „feu" ist, also wenn er angeboten wird. Nachdem Grund und Boden nur begrenzt vorhanden und nicht vermehrbar ist, muss man sich bietende Gelegenheiten gleich beim Schopf packen.

Fexer: Kind

An sich ist ein „Fexer" (Fechser) ein Ableger von Pflanzen, der zur Nachzucht geeignet ist. Scherzhaft bezeichnet man auch Kinder als „Fexer". Als Verb: **àbfexen**: durch Verwendung von „Fexern" vermehren

Ficklmui: Zwickmühle (beim Brettspiel „Mühle")

Eine „Ficklmui" ist beim Mühle-Spiel eine Doppelmühle, mit der man bei jedem Zug eine „Mühle zumachen" und dem Gegner einen Stein abnehmen kann. Eine andere Bezeichnung für „Ficklmui" ist ein „Auf-und-zuà" (Auf-und-zu).

Fierant: Händler und Schausteller auf Jahrmärkten und Volksfesten

Die „Fieranten" reisen in der Regel jede Woche zu einer anderen Veranstaltung in einen anderen Ort. → Duid

Fiesler: besonders genauer, penibler Arbeiter, Pedant

Ein solcher Mensch, der auf jede Kleinigkeit achtet, hat sogar Spaß an einer echten „Fieslarwàt" (Fieselarbeit), eine filigrane Tätigkeit, bei der es auf größtmögliche Genauigkeit ankommt und die meistens auch viel Zeit frisst. → ausdipfèd, Dipfàlscheißer, Roàfiesler, Någl Àgràtt

Auch als Verb: **fiesln**: etwas penibel, mit hoher Genauigkeit bearbeiten

Man kann eine Prüfungsaufgabe auf Fehler „durchfiesln" oder die Fleischreste vom Knochen „åbfiesln" (abschaben). → Ochsenfiesl, Roàfiesler

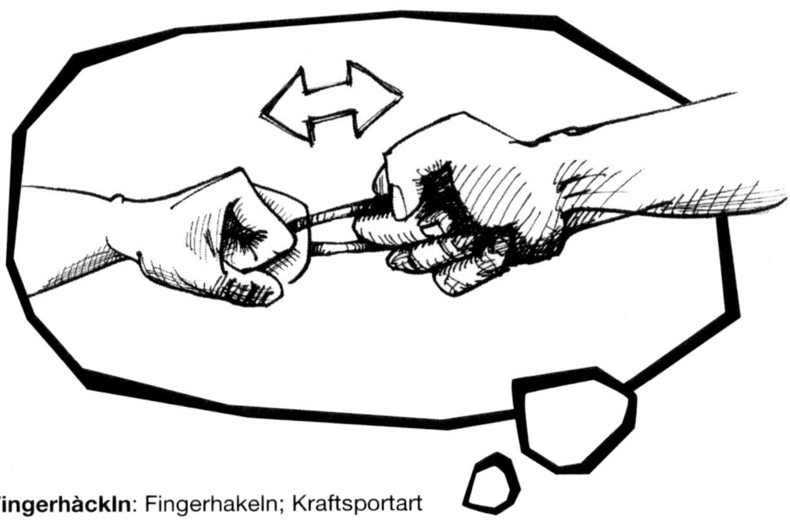

Fingerhàckln: Fingerhakeln; Kraftsportart

Klassisch bayerischer sportlicher Wettkampf, bei dem sich die beiden Kontrahenten am Tisch gegenübersitzen, ihre Mittelfinger ineinander bzw. mithilfe eines kurzen Lederriemens miteinander verhaken und mit Kraft und Technik versuchen, den Gegner über den Tisch zu ziehen.

Fisàsch: Gesicht, Gesichtsausdruck, Miene

Das Wort kommt vom französischen „visage" für „Gesicht". Im Bairischen hat es einen negativen, abfälligen Beigeschmack. Man sagt z. B.: „Dem sei Fisàsch konn e nimmer seng." (Dessen Visage kann ich nicht mehr sehen.) → Gfrieß 1)

flaggà: flacken; liegen, ruhen, schlafen

„Der mächt àn ganzn Dåg bloß flaggà." (Der möchte den ganzen Tag lang nur liegen, also faul sein.) Der Knecht, manchmal auch der Bauer, ist früher bei der → Dirn im Bett „gflaggt", wenn er mit ihr ein → Techtlmechtl hatte.

Flàx: Spaß, scherzhafte, nicht ernst gemeinte Äußerung

„Des war doch bloß à Flàx." (Das war doch nur Spaß, das war doch nicht ernst gemeint.)

Als Verb: **flàxn**: aufziehen, zum Spaß ärgern, necken, provozieren → aufzwickà, ausbläckà, bläckà 3), dàbläckà, hànsln, naufschiàssn

Flàxn: Sehne, Muskelfaser

„Flàxn" sind die Sehnen in einem Fleischstück, aber auch die deutlich hervortretenden Sehnen eines drahtigen Mannes. Da Letztere zusammen mit der Beinmuskulatur das Fahrrad bewegen, nannte man sie – und gegebenenfalls auch das Fahrrad selbst – „Flàxnmotor". → Gruschbe

Als Adjektiv: **flàxig** (sehnig, durchwachsen)

Fleischpflànzl: Frikadelle, Bulette

Dieses Gericht hieß ursprünglich Fleisch<u>pfanzl</u>, weil es in der <u>Pfanne</u> gebraten wird. Hauptzutaten dieses Gerichts sind Hackfleisch und eingeweichte Semmeln. Aufgrund der wachsenden Zahl der Vegetarier gibt es inzwischen auch „Blumenkohlpflànzl", „Gemüsepflànzl", „Vollwertpflànzl" usw.

Flern: großer Fleck auf der Haut

Ein „Flern"bleibt in der Regel nach dem Abheilen einer größeren Wunde auf der Haut zurück.

Flietschàl: Flittchen, leichtes Mädchen

Frau, die von den Männern leicht zu haben ist. → Fluggà, Schicks, Schnoin

Flins, *der*: Geld, Geldstück

Das Wort stammt vermutlich von „Flinz" (feines, sandiges Sedimentgestein mit Vorkommen im Alpenvorland) und bringt damit in erster Linie die Härte von Geldmünzen zum Ausdruck. In diese Richtung geht auch der „Kies“ als Synonym für Geld. → Diredàre

Flinsàl: sehr kleine Teilchen, die kaum zu sehen sind

„Flinsàl“ schweben entweder als Staub- oder Fusselteilchen in der Luft oder als aufgewirbelte feine Ablagerungen in einer Flüssigkeit.

Flouch: Floh

Der Plural lautet: „Fläch“.

Fluggà: schlampige, flatterhafte, liederliche Weibsperson, Flittchen

„Flucken“ war früher u. a. die Bezeichnung für eine liederliche Weibsperson, das Verb „flucken“ bedeutete „flattern“ (Schmeller I 787). Meistens hört man den Begriff heute nur noch in der Wendung: „À so à Fluggà, à so à zammàzupfte.“ (So ein zusammengezupftes, geschmacklos gekleidetes Flittchen.) → Flietschàl, Schicks, Schnoin

Foàm: Schaum

Beim bayerischen Nationalgetränk Bier kommt es unter anderem auch darauf an, dass es – eingeschenkt in Krug oder Glas – einen schönen Schaum aufweist. Deshalb hörte man in den Wirtshäusern früher oft das Liedchen:

Des Bier håt àn wunderscheen Foàm,
Drum geh mà, drum geh mà net hoàm.
(Das Bier hat einen wunderschönen Schaum,
Deshalb gehen wir, deshalb gehen wir nicht heim.)

Schmeller nennt außerdem das Wort „Pflàm“ (Pflaum, Flaumfeder) für den lockeren Schaum, z.B. vom Bier (I 450) → Bortn

foàst: feist; dick, fett

„Der is so foàst, dass `n glei zreißt.“ (Der ist dermaßen dick, dass er bald platzen wird.) Oder: „Der is so foàst, dass eàm boid d`Aung zuàwachsn.“ (Der ist dermaßen dick, dass ihm bald die Augen zuwachsen werden.) → Wampm, zeckàlfoàst

Fock: kastriertes männliches Schwein (Eber); schmutziger Mann (Schimpfwort)

Der Plural lautet: „Fockà“. Um zu vermeiden, dass das Schweinefleisch einen unangenehmen Geruch und Geschmack annimmt – die Sexualhormone sind in erster Linie dafür verantwortlich –, werden mit Ausnahme der Zuchteber alle männlichen Schweine kastriert. „Fock" ist auch ein Schimpfwort für einen ungewaschenen, schmutzigen Mann bzw. einen Kerl, der sich oder den Tisch beim Essen ankleckert oder an anderer Stelle Verschmutzungen verursacht. Das weibliche Pendant ist die Sau. → Dreegbär, Fàcke, Saubär

foing: folgen; gehorchen

Vor allem Kinder müssen „foign". → bàriern

Footz, *der*: Schweinerüssel, Saurüssel, auch: Mund eines Menschen (abfällig)

Die schriftdeutsche Wendung „Dem bleibt der Schnabel sauber" heißt im Bairischen: „Dem bleibt dà Footz sauber." → Fotzn 1), Riàssl

Footzhowe: Fotzhobel (schriftbair.); Mundharmonika

Dieses Instrument wird mit dem „Footz" (Mund) gespielt und dabei wie der Hobel eines Schreiners hin und her bewegt, die scherzhafte Bezeichnung passt also wunderbar.

foppm: foppen; ärgern → pflànzn, tràtzn

Fotzn, *die*:

1) Mund, Gesicht

   „Hoit dei Fotzn!" (Sei still, halte deinen Mund!) → Lätschn, Mai, Spriechfotzn

2) Ohrfeige

   Wird jemand frech, warnt man ihn: „Mågst à Fotzn?" (Willst du eine Ohrfeige?) Eine besonders heftige Ohrfeige ist eine „Bockfotzn", eine „Mordsfotzn" oder eine „Trumm Fotzn". → Schoin 2), Wàtschn

Als Verb: jemanden **fotzn**: jemanden ohrfeigen → herfotzn

Das Adjektiv **gfotzert** bedeutet, dass jemand nachmault bzw. einen anderen nachäfft, sich sehr frech und vorlaut äußert oder respektlos ist. Wer sich so verhält, ist ein „Gfozerter" bzw. eine „Gfozerte". → Goschn (goschert)

Fotznspàngler: Mundspengler; Zahnarzt

Eine scherzhafte Bezeichnung, die dem Unbehagen, mit dem wohl die meisten diese Sorte Arzt aufsuchen, ein wenig den Stachel nimmt. → Fotzn 1)

Fràck: Jacke, Sakko

Diese Bezeichnung gilt für jede Jacke des Mannes, nicht nur für den vornehmen Frack (→ Gehsthintàre). Früher soll es gelegentlich vorgekommen sein, dass ein Kunde, der in einem vornehmen Bekleidungsgeschäft einen „Fràck" verlangt hat, irrtümlich in die Smoking-Abteilung geschickt wurde. Der Plural lautet ebenfalls „Fràck" (nicht „Fräcke"). → Joppm

frädèn (auch: **fräde**): genau, gerade, nur, bloß, eben, genau so gut

Das Wort wird meistens in Verbindung mit „glei" (gleich, sofort) gebraucht. Pflegt z. B. jemand keinerlei Kontakte, dann sagt man: „Då konnst ja glei frädèn in`s Kloster geh." (Da kannst du genau so gut ins Kloster gehen.)

Fràsä, *der*: Francaise, die; paarweiser, gemeinschaftlicher Figurentanz

Höfischer Tanz zur Fledermaus-Quadrille von Johann Strauß Sohn, bei dem die Paare nicht für sich alleine tanzen, sondern nach den Anweisungen des Tanzmeisters alle gemeinsam eine Folge von festgelegten Figuren ausführen. Als „Münchner Francaise" ist der Tanz z. B. noch jedes Jahr auf dem sommerlichen Kocherlball im Englischen Garten zu bewundern – mitmachen erwünscht!

Fraudåg: Frautag

So bezeichnet man den kirchlichen Feiertag „Mariä Himmelfahrt" am 15. August. → Håwerheim

Freibierlätschn: Freibiergesicht; Schnorrer, Schmarotzer

So nennt man das Gesicht von jemandem, der selten anderen etwas spendiert, aber sich selbst gerne einladen lässt. → Lätschn

Fretter: Kleinbauer, armer Schlucker

Ein Bauer mit nur wenig Grund und Vieh, der gerade noch über die Runden kommt.

Auch als Verb: **Sich fretten** bedeutet, dass man sich nach der Decke strecken muss, um den Lebensunterhalt gerade noch gewährleisten zu können. → Gfrett, Gràttler, Kloàheisler, Notnickl, Roàfiesler, Sach (Sàche)

Friàh, *die*: die Frühe; der Morgen

„Ganz früh am Morgen" heißt auf Bairisch „dà Friàh zuàre" (wörtlich: auf die Frühe zu), im ganzen Satz z. B.: „Dà Martl is erst dà Friàh zuàre hoàmkemà." (Martin ist erst am frühen Morgen nach Hause gekommen.) Für „morgen früh", also „am Morgen des nächsten Tages", sagt man: „moing dà Friàh".

Froàs, *die* (Singular): Fraisen (Pural); Krampfanfälle bei Kleinkindern

„À d`Froàs foin" (In die Fraisen fallen) bedeutet: ausflippen, stark erschrecken, überschnappen, verwirrt sein. Z. B.: „Wià-r-e ghert håb, dass d`Leni à Kind kriàgt, bin i fast à d`Froàs gfoin." (Als ich hörte, dass die Leni ein Kind bekommt, da bin ich fast ausgeflippt.)

Als Verb: **froàsln**: unbewusst bzw. unverständlich reden, Unsinn reden, phantasieren

Wenn ein Baby brabbelt oder man z. B. im Schlaf Unverständliches murmelt, dann „froàslt" man.

Fuàder: Fuder; Maßeinheit

Das Wort kommt von „Fuhre". Ein „Fuàder" ist die Menge eines Produkts, die auf einem landwirtschaftlichen Wagen üblicher Größe transportiert werden kann, z. B. ein „Fuàder" Heu, Getreide, Stroh oder Mist. Beim Beladen ist auf die gleichmäßige Gewichtsverteilung zu achten; nur mit der nötigen Stabilität, fällt die Ladung nicht herunter und der Wagen nicht um. Die verantwortungsvolle Aufgabe des „Fuàdermachens" wurde daher entsprechend qualifizierten Mägden übertragen.

fuàderweis: fuderweise; in großen Mengen, enorm viel

Damit ist nicht die konkrete Mengenangabe → Fuàder verbunden. Es wird lediglich zum Ausdruck gebracht, dass es sich um außergewöhnlich viel bzw. um eine besonders große Menge handelt. → kloàweis

Fuàß: Fuß; Bein

Was im Schriftdeutschen als Bein bezeichnet wird, ist im Bairischen der „Fuàß". Der „Fuàß" reicht von der Hüfte bis zur Zehe und wird auch als → Hàx bezeichnet. Der Plural lautet „Fiàss". Wenn etwas „Fiàss kriàgt" (Füße bekommt), dann wird es gestohlen.

fuàssln: unter dem Tisch heimlich mit den Beinen Kontakt aufnehmen

Diese Art der Kontaktaufnahme eignet sich sowohl als Annäherungsversuch zwischen Mann und Frau, aber auch beim Kartenspielen und sonstigen Gelegenheiten, bei denen man heimlich ein Zeichen geben möchte.

fuchsdeifeswuid: fuchsteufelswild; außerordentlich wild, wütend, zornig

So wild wie ein Fuchsteufel. An die Bezeichnung von Tieren, die man fürchtet, hängt man im Bairischen zur Betonung ihrer bösen Natur ein „-deife" (-teufel) an, z. B. auch „Hundsdeife" (Hundsteufel) für einen aggressiv kläffenden und deshalb vermeintlich auch bissigen Hund. Ein

Fuchsteufel ist also ein wilder Fuchs, dem man besser nicht zu nahe kommt.

fuchsn: Schwierigkeiten, Probleme oder Ärger machen

„Des fuchst`n gscheit." (Das macht ihm erhebliche Schwierigkeiten.) → Màtz (màtzn)

Als Adjektiv: **fuchsàd**: unruhig, nervös, aufgeregt

Z. B. klagt jemand, dem gerade eine schwierige Aufgabe besonderen Ärger macht: „Då wer` e ganz fuchsàd." (Da werde ich ganz nervös.)

Fud: weibliche Scham, auch: verächtliche Bezeichnung für eine Frau

→ Loàdfud

Fürdåch: Vordach

Fürefåhrer: Vorfahrer; junger Erntehelfer

Die Aufgabe des „Fürefåhrers" bestand früher darin, das Zugtier, später den Traktor bei der Ernte auf dem Feld langsam von einem Haltepunkt zum nächsten zu steuern, während der angehängte Wagen mit Heu oder Getreidebündeln beladen bzw. der Mist entladen wurde. War ein → Stangàreiter am Hof, so nahm dieser diese Aufgabe wahr, ansonsten übertrug man einem größeren Buben diese Aufgabe.

Als Verb: **fürefåhn** (vorfahren)

Fürfuàß: Vorderfuß, vorderer Teil des Fußes, Spann

fürgeh: vorgehen; ahnen, eine Vorahnung haben

„Des is mà fürgangà." (Das habe ich geahnt, da hatte ich schon eine Vorahnung.)

fürkemà: sich vorkommen

„I kimm mà für ois wià-r-à Depp." (Ich komme mir vor wie ein Idiot.)

furtbringà: sich fortbringen; sich versorgen, seinen Lebensunterhalt bestreiten

Wer sich selbst „furtbringà" kann, der steht auf eigenen Füßen. Die früher meistens kinderreichen Eltern waren froh, wenn sich ihre Kinder nach dem Besuch der Volksschule, also bereits mit 13 Jahren, „selber furtbringà", also selbst versorgen konnten.

Fürter, *der*: Fürtuch, das; Vortuch; Schürze, Schurz

Ebenso wie bei anderen Kleidungsstücken unterscheidet man den „Feirdàfürter" (die Sonn- und Feiertagsschürze) und den „Werdàfürter" (Werktagsschürze).

G WIE GSCHEITHÀFÀL

gààch: jäh; steil, abschüssig, heftig, scharf, stark, außerordentlich
„À gàche Reim" sollte als „scharfe Kurve" vom Autofahrer mit gebotener Vorsicht genommen werden.

gààchàzn: ächzen, knarzen, knarren
Das Verb beschreibt das Geräusch beim Begehen eines alten Holzbodens oder Bewegen einer schwergängigen Tür.

gààchgwààlt: stark gewadelt (schriftbair.); mit besonders ausgeprägten Waden versehen
Beschreibung einer Person mit Beinen erheblichen Umfangs, wobei damit nicht nur die wörtlich genannten → Wàdl (Waden), sondern auch kräftige Oberschenkel gemeint sein können. → gààch

gààchzornig / früher: **gààchzoune**: jähzornig; extrem zornig, aufbrausend
→ gààch, Zornbinkl

Gackàl: Hühnerei (Kindersprache)
Das Wort ist abgeleitet vom Gackern der Hühner.

gackàlgoib (auch: **gackàlgöib**): gackerlgelb
So gelb wie ein Eidotter, schreiend gelb. → Gackàl, grusàlgoib

Gackser (auch: **Gickser**): ein kurzer Ton
Ein einziger Ton, insbesondere in der Wendung: „Der sagt koàn Gackser." (Der gibt keinen Ton von sich.)
Als Verb: **gacksn**: stottern, sehr langsam, gehemmt bzw. in unvollständigen Sätzen sprechen
„Bis der wås rausgackst!" (Bis der etwas herausbringt!) → Wàrtàl

Gådern, *der*: Gatter, das
Ein „Gådern" ist eine Tür oder ein Tor aus – meist ungehobelten – Holzlatten oder Brettern, die in kurzem Abstand parallel und senkrecht auf einem Querbalken bzw. -brett angebracht sind. → Greigådern, Speisgådern

gàggln: unschön, unsauber schreiben, schmieren, kritzeln
„Wås gàgglstn då wieder hi?" (Was schmierst du denn da wieder hin?). „Ogàggln" („angàggln") bedeutet „etwas anschmieren".

gähàdà Schuàster: gehender Schuster

Der Schuster geht seinem Handwerk üblicherweise im Sitzen auf der Schuàstergoàß nach. Ein „gähàdà Schuàster" bezeichnet also eine Person, die nicht ruhig sitzenbleiben kann, die immer in Bewegung sein muss. Eine solche Person hat „koàn Sitzàdn" (keinen Sitzenden → Sitzàdà).

Gäi? (auch: **Göi?**): Gell? Gelt? Nicht wahr?

Herkunft: gelten, es gelte. „Gäi" wird oft am Ende eines Satzes als Fragewort angehangen – meist will der Fragende damit eine bestätigende Reaktion aus seinem Gegenüber herauskitzeln, z. B.: „Des sàn aber scheene Bleàme, gäi?" (Das sind aber schöne Blumen, nicht wahr?) In Erwartung von Zustimmung kann man die Frage auch mit „gäija" (gell ja) schließen, erwartet man ein „Nein", mit „gäinà" (gell nein). In gleicher Weise sind auch „need" oder „hà" möglich Spricht man mit jemandem per Sie, so sagt man „gäin S`" (scherzhaft ins Hochdeutsche mit „gellen Sie" übersetzt).

Gai: Gäu; Hoheitsgebiet

Jemandem „ins Gai kommen" bedeutet, dass man sich in fremde Angelegenheiten einmischt. Will z. B. ein Mann mit einer schon vergebenen Frau → obànddln, so kommt er damit deren Partner ins „Gai".

Gaiwàgàl: Gäuwagerl

Es handelt sich um einen kleinen, in der Regel von einem Pferd gezogenen Wagen mit vier Rädern, auf dem sich vorne ein Sitz für zwei Personen und dahinter eine Ladefläche befindet. Eine eventuell vorn angebrachte Laterne, in der sich eine Kerze befand, sorgte auch bei Dunkelheit für Fahrtüchtigkeit. Jeder Bauer, der Pferde hatte, besaß früher auch ein „Gaiwàgàl".

Gàndi (auch: **Gànde**): Taugenichts, Faulpelz

Z. B. fragt der Vater die Tochter, die ihm ihren neuen, offenbar wenig zufriedenstellenden Freund vorstellt: „Wås mächst`n mit dem Gàndi?" (Was willst du denn mit diesem Taugenichts?") Auch in der Wendung „I bin doch net àm Gàndi sei Breznsoizer" (Ich bin doch nicht dem „Gàndi" sein Brezensalzer) ist der „Gàndi" ein Taugenichts, der einen → Breznsoizer, also einen, der auf der sozialen Skala sogar noch unterhalb des Taugenichts steht, für sich arbeiten lässt.

Als „Gàndi" und damit als Faulpelze wurden die Studenten im Mittelalter bezeichnet – wohl deshalb, weil geistige Beschäftigung nicht als Arbeit galt. Dies war auch im 20. Jahrhundert eine noch weit verbreitete Einstellung, vor allem bei Bauern und Handwerkern, die sich bei ihrer täglichen Arbeit sehr plagen mussten. Mit dem indischen Freiheitskämpfer Mahatma Gandhi hat das Wort nichts zu tun. → Lefdutte, Polàndi

Gàngl, *das*: kleiner Gang

So bezeichnet man auch einen schmalen Fußweg, der links und rechts von hohen Hecken oder Sträuchern gesäumt ist.

Gànkàl, *der*: Teufel, teuflisches Zeug

Verniedlichende Bezeichnung für den Teufel höchstpersönlich. Früher drohte man Kindern, die nicht gehorchen wollten, mit den Worten: „Wennst net foigst, na kimmt der Gànkàl!" (Wenn du nicht gehorchst, dann kommt der Teufel persönlich!)

„Gànkàl machà" bedeutet: Unsinn machen. Dies gilt auch für das davon abgeleitete, gleichbedeutende Verb **gànkàln** bzw. **gànkln**. → Deife, Geckàl, Muxl, Spàrifànkàl

Gànsàl (Gànsl): Gänschen

1) junge Gans → Heim
2) halbwüchsiges Mädchen

   Die Bezeichnung „Gànsàl" beruht hier darauf, dass Mädchen, sobald sie in Gruppen mit mindestens zwei Mitgliedern auftreten, häufig schnattern wie die Gänse.

Gànt, *die*: öffentliche Versteigerung, Zwangsversteigerung

„Auf Gànt kema" (auf die „Gànt" kommen) bedeutet die Insolvenz und Zwangsversteigerung eines Bauernanwesens. Das Wort kommt vom lateinischen „quantum", also „wieviel" – der Frage des Versteigerers zur

Höhe des Gebots. Das Wort „Gànt“ gibt es nur im Singular, in der Regel wird es ohne Artikel verwendet. → nåschwimmà, verderm, verkracht

går: aus, alle, zu Ende

Ist z. B. das Bier „går“ (die Norddeutschen sagen „alle“), dann ist das entsprechende Bierfass geleert, es gibt keinen Gerstensaft mehr und wer seinen Durst noch nicht gelöscht hat, der hat Pech gehabt.

Gargs: männliche Gans, Ganser

Hauptaufgabe des „Gargs“, der auch „Gansàrà“ genannt wird, ist die Begattung der Legegänse. → Àntàrà

Gàrt, *die*: Rute, Gerte, auch: biegsamer Zweig

Besonders biegsam sind z. B. die Zweige von Haselnusssträuchern oder Weiden, die bei einer Rauferei dann einen besonders schmerzhaften Zug entfalten, wenn man sie vorher in Wasser eingeweicht hat.

Gàrtl: Gärtlein; kleiner Gemüsegarten

Bewirtschaftet wird ein „Gàrtl“ vom „Gàrtler“ oder der „Gàrtlerin“. Das dazugehörige Verb **gàrtln** bezeichnet die Arbeit im Gemüse- oder Ziergarten.

Gàtzlmacher (Kàtzlmacher): abfällige Bezeichnung für einen Italiener bzw. Südländer

Das Wort geht zurück auf die italienischen Kesselflicker und andere Handwerker, die früher „Gàtzl“ („Hafàl“, Schöpflöffel und andere Gefäße aus Holz) hergestellt und auch nördlich der Alpen vertrieben haben. Eine ähnliche Erklärung ist die Lautverwandtschaft von „Kessel“ und „Gatzl“ und die Schlussfolgerung, dass mit „Gàtzlmachern“ norditalienische Händler von Zinngeschirr gemeint sind.

Da aber die eigentliche Herkunft des Namens in Vergessenheit geriet, sprach man volksetymologisch bald von den „Kàtzlmachern“. Der Begriff sollte sich auf das Klischee der hohen Geburtenrate in vielen italienischen Familien beziehen – wie bei den Katzen, die jedes Halbjahr ihre Jungen zur Welt bringen.

Das Wort wird in der Regel im Plural verwendet. Es wurde im Laufe der Zeit zum wenig schmeichelhaften Synonym für „die“ Italiener.

Gaudi: Spaß, Vergnügen

Ein „Gaudibursch“ ist ein Luftikus, der vor allem seinen Spaß, aber nicht die Arbeit im Kopf hat. → Schaukelbursch

gauffrisch (auch: **gaufferisch**): hektisch

Nach Schmeller (I 875) bedeutet „gauffern“: etwas „in Eile thun, nur obenhin thun“, also übereilt und schlampig vorgehen. → ruàschàd

Gåwe, *die*: große Gabel für die Arbeit in der Landwirtschaft

Die wichtigsten großen Gabeln für die Arbeiten im Stall und auf dem Feld sind:

* Heigåwe: Heugabel mit zwei oder drei Zinken
* Mistgåwe: Mistgabel mit vier oder fünf Zinken und längerem Stiel als die Heugabel
* Kadoffe- und Ruàmgåwe: Kartoffel- und Rübengabel mit neun bis zehn Zinken und verdickten, abgerundeten Spitzen
* Gràbgåwe: Gabel für die Erdbearbeitung mit vier breiten Zinken fürs Graben

Gàwe, *das*: kleine Gabel als Teil des Essbestecks

Die früher übliche Differenzierung zwischen der großen → Gåwe (dunkles, offenes „å") und dem kleinen „Gàwe" (helles „à") gibt es auf dem Land auch heute noch, sie befindet sich aber auf dem Rückzug. Mehr und mehr hat sich die einheitliche Version „die Gåwe" für alle Arten von Gabeln durchgesetzt.

Gàwentn: Schneewehe

Für die Herkunft des Wortes gibt es selbst bei Schmeller unterschiedliche Erklärungen. Das Wort könnte von den „Gwàdn" (den Gewehten), also von dem durch den Wind herangewehten Schnee kommen (Schmeller II 847). Eine andere Erklärung verweist auf die „Wenden" („Wentn"). Das war ursprünglich der Streifen Ackererde, der durch die Pflugschar umgewendet wird und somit einer Schneewehe ähnlich sieht. Davon abgeleitet ist das Wort „Gàwindtn" bzw. „Gàwentn", das „das ungestüme Umherwehen des Schnees" und den Schnee bezeichnet, der „in einer Vertiefung oder vor einer Erhöhung zusammengeweht ist" (Schmeller I 888). Die (betonte) Vorsilbe „gà-" dürfte auf die besondere Ausdehnung und Größe hinweisen (Schmeller II 946).

Geckàl: Unsinn

„Geckàl machà" heißt: Unsinn machen, Späße treiben, insbesondere um von einer anderen, unangenehmen Angelegenheit abzulenken. → Gànkàl

Gehsthintàre, *der*: wörtlich: Gehst-du-nach-hinten; Frack, vornehme Herrenkleidung für festliche Anlässe

Ein Frack ist Teil eines Anzugs und bezeichnet eine Jacke, die vorne taillenkurz ist und am Rückenteil knielange, gespaltene Rockschöße („Schwalbenschwänze") besitzt. Diese Schöße können beim Stehen oder Sitzen ungewollt zwischen oder an den Beinen vorbei hervorblitzen. In diesem Fall würde der Frackträger gerne die Weisung an seine Rockschöße erteilen: „Geh nach hinten!" bzw. „Gehst du wohl nach hinten!" → Fràck

geign: geigen; aneinander reiben, hin und her wetzen

Das Wort beschreibt eine Bewegung wie die des Geigenbogens auf den Saiten des Instruments. Wenn etwas „geigt", dann reibt sich im Laufe der Zeit die betroffene Oberfläche auf. So bekommt man z. B. an den Füßen Blasen (→ auffickln) oder Gewebe wird durchgescheuert.

Dagegen sagt man „Då geigt se nix", wenn es in einer bestimmten Angelegenheit keine gemeinsamen Berührungspunkte gibt, also man dem anderen z. B. nicht entgegenkommen möchte oder sich keine gute Gelegenheit ergibt.

Geiweruàm: Gelbe Rüben; Möhren, Karotten

Das „e" und „i" in „Geiweruàm" werden getrennt ausgesprochen.

Gen, *der*: Spieß zum verbotenen Fischen

Manche Fische verharren oft längere Zeit an einer bestimmten Stelle im Wasser. Mit dem „Gen", der über eine Metallspitze verfügt, kann man einen solchen Fisch stechen, sofern man entsprechend schnell ist.

Geppe: Göpel

Der „Geppe" ist eine vor der Einführung von Motoren weit verbreitete Kraftmaschine, die von ständig im Kreis gehenden Zugtieren angetrieben wurde und über eine Transmission verschiedene landwirtschaftliche Maschinen, z. B. die „Gsott-Maschin", in Bewegung gesetzt hat. → Gsott

gfåhràd: fahrig

Das Adjektiv beschreibt die unfreundliche Äußerung eines Gesprächpartners, der einem schroff antwortet oder unwirsch anfährt.

gfeit: gefehlt; aussichtslos

Ist man in eine schwierige Lage geraten, sagt man: „Jetz is`gfeit!" (Jetzt ist es aussichtslos, jetzt haben wir unser Ziel verfehlt!) → fein 1

Gflichtàd: Geflochtenes; Geflecht

Kartoffelkraut ist meistens ineinander gewachsen und verflochten. Man nennt es deshalb „Erdäpfegflichtàd" (Kartoffelgeflecht). Der Begriff kommt auch bei anderen Pflanzen vor, sogar das Rübenkraut wird so genannt, obwohl es vom Wuchs her kein Blättergeflecht bildet. → Bläckà

gfransert: mit Fransen versehen

Das Wort gibt es vor allem in der Verbindung „se`s Mai gfransert redn" (sich den Mund in Fransen reden). Vielredner könnten demnach Gefahr laufen, vor lauter Geschwätzigkeit Fransen am abgenutzten Mundwerk zu bekommen.

Gfràss, *das* (Gfràst): Wertloses, Minderwertiges, auch: kleinteiliger Abfall

Z. B. bezeichnet man die wertlosen Siebener, Achter und Neuner beim → Schåfkopfà oder kleine Abfälle bei der Bearbeitung von Heu, Stroh oder Holz als „Gfràss". Das Wort kommt von „Gefräß" (schlechtes Essen, Fraß).

gfreàt: erfroren

Wer sich die Finger „gfreàt“ hat, hat Erfrierungen an den Fingern erlitten.

Gfrett, *das*: Plage, Not, Mühe

„Mit dem is`s à Gfrett!“: Mit diesem Menschen hat man seine liebe Not, mit diesem Zeitgenossen ist der Umgang sehr schwierig. → Fretter

Gfrieß, *das*: Fresse, Visage

1) abschätzige Bezeichnung für Gesicht → Fisàsch
2) Grimasse
   Ein „Gfrieß“ in diesem Sinne „macht man“.

Ghoit, *der*: Gehalt, das

Gig, *der* (Gick): einspännige Pferdekutsche; kleine, zweirädrige Transportkarre

Ursprünglich war der „Gig“ (aus dem Englischen) ein zweirädriger offener Wagen mit Gabeldeichsel für ein Pferd (→→Schäsn 1). Heute bezeichnet man als „Gig“ eine kleine, zweirädrige Transportkarre mit einer Deichsel, mit der man ihn schieben oder auch an ein Fahrrad oder Motorrad anhängen kann.

Gimpe: Gimpel

1) Dompfaff (Vogelart)
2) leichtsinniger, einfältiger, zu vertrauensseliger Kerl → Gischbe
3) frecher, unruhiger Bub

Gischbe: leichtsinniger, einfältiger, flatterhafter Kerl

Es könnte sich um eine Wortschöpfung aus der Verbindung von „Kasperl“ und „Gimpel“ handeln. Damit kommt sowohl das komische Element des Kasperl als auch die Einfalt des Gimpel zum Ausdruck. → Gimpe 2)

Glàche, *der*: Klachel (schriftbair.)

1) Glockenklöppel, -schwengel, -schlegel; großer stattlicher Bursche
   Ursprünglich war der „Glàche“ die Bezeichnung für einen Glockenschlegel. Nicht nur in derben bayerischen Liedern wurde dieser Schlegel mit dem männlichen Geschlechtsteil gleichgesetzt (z. B. „Ja, so warn`s, die alten Rittersleut“ von den Hot Dogs) und schließlich – wie in vielen anderen Fällen – auf den gesamten Menschen, in diesem Fall logischerweise auf den Mann, übertragen. Der stattlichen Größe eines Glockenschlegels entsprechend, war der „Glàche“ schnell ein Synonym für einen groß gewachsenen, stattlichen Burschen.

2) zäher, schleimiger Auswurf
Ein Stück Schleim, das aus dem Bereich der Atemwege abgehustet wird. → Hàring 2)
Auch als Verb: **glàchèn** (spucken, speien)

Gläger, *das*: Gleger, Geleger (schriftbair.)
1) Unterlage aus Kant- oder Rundhölzern zur Lagerung von Holz oder als Grundlage für einen einfachen Bretterboden
2) Markierung des Eisstocks des → Moàr 2) beim → Eisschiàssn
Der „Moàr" gleicht eine ungerade Teilnehmerzahl beim „Eisschiàssn" aus, er darf deshalb zweimal schießen. Vor dem zweiten Schuss wird mithilfe der Kante seines Eisstocks eine Markierung („Gläger") ins Eis geschlagen. Bei der Bewertung des Endergebnisses zählt diese Markierung wie ein regulärer Eisstock der Mannschaft des „Moàr".

Glåsschermviertel: Glasscherbenviertel
Ungepflegter Ortsteil mit zweifelhaftem Ruf, heruntergekommenen Häusern und sozial schwachen Bewohnern. Der Bezug zu den Glasscherben dürfte gleich durch mehrere Aspekte zustande gekommen sein: zerbrochene Fensterscheiben, Glasscherben auf der Straße, die niemand wegräumt, oder die Nähe zur → Glumpgruàm (Mülldeponie). Mancher Stadtteil hat sich im Laufe der Zeit vom „Glåsschermviertel" zur gefragten Wohnlage entwickelt, wie z. B. das Münchner Haidhausen.

Glätzn: Dörrobst, auch: Tollpatsch, unbeholfener, langweiliger Mann
„Glätzn" (Kletzen) sind getrocknetes Obst, meist Birnen. Bei einem Mann, den man als „Glätzn" oder „Glätznbene" bezeichnet, ist das Hirn gleich den eingeschrumpelten Früchten vertrocknet und der ganze Kerl so kaum mehr zu gebrauchen. → Bene

gleimen (auch: **aufgleimen**): tauen, auftauen, schmelzen
„`S Eis gleimt scho": Das Eis schmilzt schon. Im übertragenen Sinn ist das Wort auch auf eine schüchterne Person anwendbar, die im Laufe eines Gesprächs immer mehr auftaut und gesprächiger wird. Ursprünglich hieß das Wort „leinen" bzw. „aufgleinen".

gliàm: klieben; spalten, hacken
„Hoiz gliàm" bedeutet „Holz spalten", im Perfekt sagt man: „I håb Hoiz glom." (Ich habe Holz gespalten.)

Gloiffe: ungehobelter, rücksichtsloser, ordinärer Kerl, Rüpel

Sprachwissenschaftler sehen einen Zusammenhang mit dem Wort → gliàm. „Gloiffe" würde demnach etwas wie „Hackstock" bedeuten, also ein – ebenfalls ungehobeltes, grobes – „Trumm" Holz. → Biffe, Làckl, Riàbbe

Glufern (auch: **Glufer**): Sicherheitsnadel, selten auch: Stecknadel

Das Wort dürfte vom lateinischen „clavus" abstammen, das einen Nagel bezeichnet. „Klufen" hieß später sowohl die Stecknadel als auch die Kopf- bzw. Haarnadel (Schmeller I 1326). → Hàftl

Als Verb: **glufern** oder **zamglufern**: mit einer Sicherheits- oder Stecknadel verbinden bzw. befestigen

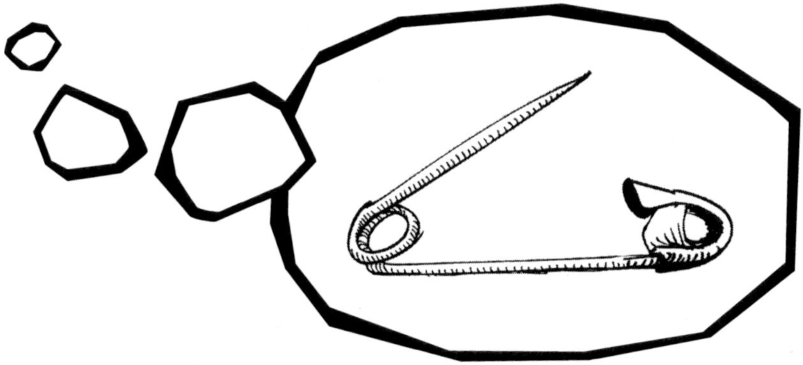

Glump, *das*: Gelumpe; wertloses Zeug, Krempel, Ware von schlechter Qualität, Schund

Das Wort gibt es nur im Singular. Ärgert man sich über einen solchen Gegenstand, so schimpft man darauf: „Glump, vàrreckts!" (Gelumpe, verrecktes!) Abhängig vom Grad des Ärgers wird das „Glump" oft mit einem verstärkenden Präfixoid versehen, z. B. „Scheißglump", „Malefizglump", „Bluàtsglump" oder „Kruzifixglump". → Bànde, Gràffe, Zeig

Als Adjektiv: **glumpert** (minderwertig, schadhaft)

Glumpgruàm: Abfallgrube, Mülldeponie

Früher gab es – vor allem auf dem Land – kaum Müll. Die Wiederverwertungsquote lag bei fast hundert Prozent und was man nicht reparieren oder wiederverwenden konnte, wurde meist im Ofen verbrannt. Den wenigen Abfall, den man tatsächlich entsorgen musste, lud man in der Regel in einer abseits gelegenen, anderweitig nicht nutzbaren Grube ab.

gluschtn: gelüsten, Lust bzw. Appetit auf etwas haben
Dabei geht es in erster Linie um wohlschmeckende Speisen, siehe: „Des Himbeereis gluscht me." (Nach dem Himbeereis gelüstet es mich, das würde ich jetzt gerne essen.) → oweing

gmèèlt (auch: **gmerlt**): gemerlt (schriftbair.); gepunktet, mit Sommersprossen versehen
Das Wort kommt von dem ebenfalls bairischen Begriff „Sommermerl" (Sommersprossen). Man hört es heute nicht mehr, mein Vater hat aber das Adjektiv „gmèèlt" noch benutzt.

gmoichàd: gemächlich; langsam, behäbig, träge → Driàdàrà, langsamer Bàddà, Trietschler

gmuà: genug, genügend

1) **sich gmuà segn**: sich genug sehen; zufrieden sein
Warum gibt es so viele Meldungen über Übervorteilungen, Betrügereien usw.? Antwort meiner Mutter: „Weil se koàner mehr gmuà siecht." (Weil sich keiner mehr genug sieht, weil keiner seinen Hals mehr voll kriegt, weil keiner mehr genug bekommen kann.)

2) **gmuà håm**: genug bzw, genügend haben; satt sein
„I håb gmuà." (Ich habe genug.) Das heißt: Ich bin satt, mir reicht`s. Auch im übertragenen Sinn: „Von dem håwe gmuà." (Von dem habe ich genug, mit dem möchte ich nichts mehr zu tun haben, von dem reicht`s mir.) Ist es mit einer Sache oder dem Gebaren einer Person einfach „genug", kann man es auch mit „Jetz glangt`s fei!" (Jetzt reicht es aber!) ausdrücken.

3) **es wàr gmuà**: es wäre genug; etwas ist nichts für einen
„Mià wàr`s gmuà." (Mir wäre es genug.) Auch: „Mir wàr`s schee gmuà." (Mir wäre es schön genug.) Das bedeutet: Das würde mir gerade noch fehlen, das wäre nichts für mich. Die gleiche Bedeutung hat: „Mià gàngst!" (Mir gingst du! Bleib mir damit vom Leib!) → Sach 1)

Gnàck, *das*:

1) Genick, Nacken
Wer einen kräftigen Nacken hat, präsentiert „à Gnàck wià-r-à Stier" (ein Genick wie ein Stier). Zum Gebaren männlicher Bayern untereinander gehört auch die meist freundschaftliche „Gnàckwàtschn", der Schlag ins Genick.

2) hartnäckig nörgelnde, kritisierende Person

Wie viele andere Schimpfwörter tritt auch dieses Wort oft in der Verbindung „oids Gnàck" (alte Nörglerin, alter Nörgler) auf.

Auch als Verb: **gnàckà** (nörgeln, kritisieren)

In substantivierter Form: „Her no àmoi wieder auf mit dein **Gnàckà**." (Hör nur mal wieder auf mit deiner Nörgelei.)

Gnåglde: Genagelte

Kurzbezeichnung für schwere, robuste Schuhe mit Kopfnägeln am Sohlenrand zur Verbesserung der Haltbarkeit.

gnàngsn (auch: **gnaunzen**): quengeln

gnàràd: knarrend, kreischend

Die laute, hohe, durchdringende und unangenehme Stimme mancher Frauen wird als „gnàràd" bezeichnet. Die entsprechende Dame nennt man deshalb eine „Gnàràde".

gnàschig / früher: **gnàsche**: naschhaft, wählerisch

Wer nur das Beste essen will, der ist „gnàsche". → ausgstochà, extrig, gschleggàd, gschmansert, hoàklig

Das dazugehörige Verb lautet: **gnàschn**. Es bedeutet: naschen, nach Süßigkeiten oder anderen wohlschmeckenden Dingen greifen oder suchen.

gneißn: erkennen, spannen, kapieren, draufkommen, wittern, merken, ahnen

„Håst-à-s gneißt?" (Hast du es kapiert?)

gniggàd: geizig, äußerst sparsam → brotneide, hungre, loàde

Goàß: Geiß; Ziege

Der Plural lautet im Bairischen „Geàss". Die männliche Ziege ist der „Goaßboog" (Geißbock).

Goàßgschau: Geißblick

Wer mit starrem Blick vor sich hinstiert, der schaut wie eine Geiß, der hat ein „Goàßgschau".

Goàßl: Geißel; Peitsche

Die „Goàßl" besteht aus dem „Goàßlstäcker" (Geißelstecken), einem kurzen, dünnen Holzstock, an dem die „Goàßlschnur" (Geißelschnur) befestigt ist. Letztere kommt zum Schnalzen, wenn der „Goàßlschnoizer" (Geißelschnalzer) sein Handwerk beherrscht.

Golopf: Mehlspeise aus Hefeteig

Wie die Rohrnudeln (→ Nuul) wird auch der „Golopf" aus Hefeteig hergestellt. Während die Rohrnudeln einzeln geformt und nebeneinander in die „Bråtrein“ (→ Rein) gegeben werden, wird beim „Golopf“ der gesamte Teig in dieses Gefäß gefüllt. Zur Geschmacksverbesserung wird der Teig mit Sultaninen angereichert, auf den Boden der „Rein“ wird Zucker und Zimt gegeben. Früher wurden zur Zeit der Obsternte zwischen zwei Teiglagen auch noch Äpfel oder Zwetschgen beigegeben. Mit dem phonetisch ähnlichen „Guglhupf“ hat der „Golopf“ nichts zu tun.

Goschn: Mund, Mundwerk

„Hoit dei Goschn!“ (Halte deinen Mund!) Das Diminutiv „Goschàl“ ist eine liebevolle Bezeichnung für den Mund. → Bàppm, Fotzn 1), Lätschn
Als Adjektiv: **goschert** (nachmaulend, respektlos redend) → Fotzn (gfotzert)

gottzig: einzig, auch: unbedeutend, gering

„Oà gottzigs moi ham uns de Verwandtn wås mitbråcht.“ (Nur ein einziges Mal haben uns die Verwandten etwas mitgebracht.) Das Wort geht auf das monotheistische Christentum mit seinem einzigen Gott zurück.

Grä, *die*: Gred (schriftbair.)

Außentreppe einschließlich des mit „Gredplatten“ aus Stein gepflasterten, gegenüber dem übrigen Terrain etwas erhöhten Wegs an der Längsseite des Hauses entlang, der bis zur Haustür bzw. von der Haustür zum Stall führt.

Grààn: Grannen, Ährenborsten

Im Bairischen nur im Plural gebräuchlich. Bei der Gerste sind die „Grààn“ besonders ausgeprägt. Beim Roggen sind sie in kleinerer Form vorhanden. Der Weizen besitzt selten „Grààn“, der Hafer nie. → Ächern

gråån:

1) geraten, gelingen

„In jeder Familie konn`s vorkemå, dass àmoi à Kind net grat.“ (In jeder Familie kann es vorkommen, dass einmal ein Kind nicht „gelingt“, dass es also den Vorstellungen von Eltern und Verwandten nicht entspricht.) → åbgråån

2) etwas nicht erwarten können, nicht ohne etwas sein können, etwas nicht mehr aushalten

„I håb`s nimmer gråån kinà, na håwe hoit doch à Plätzàl `gessen.“ (Ich habe es nicht mehr ausgehalten, deshalb habe ich trotz Bedenken ein Plätzchen gegessen.)

gràb / früher: **grà**: grau, grauhaarig

Zieht ein Gewitter auf, dann sagt man mit Blick zum Horizont: „Då hint werd`s scho ganz gràb!" (Da hinten wird es schon ganz grau!) Diese bedrohliche Situation des Wetters liegt auch dem Spruch zugrunde, mit dem man den Beginn einer Rauferei beschreibt: „Jetz geht`s gràb auf!" (Jetzt geht es grau auf!) → kitzgràb

Gràffe: Geraffel (schriftbair.); Zusammengerafftes; Gerümpel, wertloses Zeug, Kram → Bànde, Glump, Zeig

Gramola: Grammophon

Ein typischer Fall der Bedeutungsausweitung eines Markennamens zum Gattungsnamen: Die Wiener Firma GRAMOLA, die im Jahr 1924 gegründet wurde und u. a. Grammophone herstellte, stattete früher als Marktführer die meisten Haushalte mit einem solchen Gerät aus. Der Firmenname wurde zum Synonym für das Grammophon an sich.

Grampersuppm: Schlachtsuppe

Die frühere Bezeichnung war „Gràmpelsuppm" (Schmeller I 997). Das Wort ist verwandt mit „Gramel" (Fettgraupe, Überbleibsel von ausgepresstem Fett) und mit „gràmpig" (wieder zu Kräften kommend). Beides weist auf den hohen Nährwert dieser Suppe hin (Schmeller I 995).

Grampm, *der*: Krampen

1) freches, ungezogenes Kind
2) Pickel, Spitzhacke, außerdem: Spezialwerkzeug zum Rammen beim Gleisbau

   Auch das Befestigen der Schienen beim Gleisbau bezeichnet man als „Grampen".
3) Stahl-Krampen: Nägel in U-Form mit zwei Spitzen

Grand (**Krand**): großer, rechteckiger Behälter aus Stein

Im „Grand" wird Brunnen- oder Quellwasser vorgehalten (Wassergrand), er kann aber auch als Trog für das Viehfutter dienen. → Gràntl

Gràndl, *die*: Eckzahn im Oberkiefer des Rotwilds

Solche Zähne gelten als Jagdtrophäe und sind deshalb auch Bestandteil des → Schàrivàri. Der Plural lautet „Gràndln".

Gràng: Gräten, Fischgräten

Dieses Wort ist nur im Plural gebräuchlich. Den bairischen Plural für das Wort „Kragen" spricht man genauso aus.

Gràntl, *das*: kleiner, länglicher, im Herd eingelassener Wasserbehälter
Es handelt sich um das Diminutiv zu → Grand. Nachdem der Herd in den Bauernhäusern früher wegen der langwierigeren Zubereitung des Essens – und auch des Viehfutters – für einen meist großen Haushalt im Grunde durchgehend beheizt war, konnte man aus dem „Gràntl" bei Bedarf mit dem schmalen „Gràntlhàfàl" (→ Hàfàl) jederzeit warmes Wasser entnehmen. → Hàfàl, Schiffàl 1)

Gràntler (auch: **Gràntlhauer**): Nörgler, missmutiger, griesgrämiger, unfreundlicher Mann
Ein Mann, der an allem etwas auszusetzen und zu kritisieren hat – in Bayern beinahe schon fester Bestandteil einer jeden Stammtischrunde. Das entsprechende Substantiv für die schlechte Laune und die Gereiztheit des „Gràntlers" ist der „Grànt", den man haben kann („àn Grànt håm").
Als Verb: **gràntln**: granteln; unzufrieden, mürrisch sein, nörgeln → màssln
Als Adjektiv: **gràntig** / früher: **grànte**: grantig; schlecht gelaunt, gereizt, mürrisch, ungemütlich
„Jetz gib à Ruàh, sunst wer`e grànte!" (Jetzt gib endlich Ruhe, sonst werde ich grantig!)

gràppig / früher: **gràppe**: krabbelig, munter, lebhaft
Kleinkinder, die ihren Tag nicht mehr nur mit Schlafen und Liegen verbringen, sondern zu krabbeln beginnen, sind schon ganz „gràppe".

gräsde Kadoffe: geröstete Kartoffeln; Bratkartoffeln
Obacht: „Gräsde" kann im Bairischen auch der Superlativ von „groß" sein, z. B.: „De dümmstn Bauern ham de gräsdn Kadoffe." (Die dümmsten Bauern haben die größten Kartoffeln.) Der neidvolle Spruch unterstellt, dass das Glück den Einfältigen ohne deren Zutun hold ist, während die hart arbeitenden Unglücklichen für ihre Mühen nicht belohnt werden.

Gràttler (**Kràttler**): armer, primitiver, ungepflegter Mensch
Dies kann eine sozial schwache Person oder ein Kleingeist bzw. Kleinkrämer sein, ferner ein Kleinbauer, der am Rande des Existenzminimums wirtschaftet, wobei mitschwingt, dass die Notlage zum Teil auch selbstverschuldet ist. Herkunft: Vom „Kratten" bzw. → Krätzn (Tragkorb) der Hausierer aus Tirol, die es trotz beschwerlicher Arbeit und mühsamster Reisen nicht zu Wohlstand brachten. → Fretter, Hampàrà

grätzig / früher: **grätze**: kratzbürstig, widerspenstig

Das Wort kommt von „krätzig", also „von der Krätze befallen". Ebenso, wie man sich einer an der Hautkrankheit Krätze erkrankten Person nicht nähern möchte, hält man auch zu einem kratzbürstigen Menschen lieber Abstand.

gràwèn:

1) gräubeln (schriftbair.): grau werden; modern, schimmeln
2) krabbeln, kriechen

   Wenn sich z. B. jemand nur mit Mühe fortbewegen kann, sagt man bedauernd: „Schaug àmoi, wià der dahergràwèt." (Schau mal, wie der daherkrabbelt.) Früher wurde das Wort in dieser Bedeutung „gräwen" ausgesprochen.

greà: grün; unreif, blass

Das „e" von „greà" wird leicht nasal gesprochen. Eine sehr blasse Person beschreibt man scherzhaft mit den Worten: „Greà wenn koà Farb net wàr, na hätt er går koàne." (Wenn Grün keine Farbe wäre, dann hätte er gar keine – also gar keine Gesichtsfarbe.)

Gree: Kren, Meerrettich

Der „Gree" ist ein zwingender Bestandteil für das → Gweichte, das man an Ostern in der Kirche segnen lässt.

In der Nachkriegszeit saßen vor den Kaufhäusern in München oft Frauen in bäuerlicher Tracht, die ihre landwirtschaftlichen Produkte anboten. Da es sich dabei überwiegend um Meerrettich handelte, nannte man diese Frauen „Greeweiwàl" (Krenweiberl).

Greigådern: Krallgatter; Gitarre, Zither

Sowohl bei der Gitarre als auch bei der Zither, die mit ihren parallel gespannten Saiten an ein Gatter erinnern, schlägt man die Saiten mit den Fingern (Krallen) an. → Gådern, grein

Greim (**Kreim**): Kreide

grein: krallen; mit Krallen bearbeiten, kratzen

Besondere Formen sind das „Aufgrein" (Aufkratzen: an einer schon verheilten Wunde kratzen, bis es wieder zu bluten anfängt) und das „Neigrein" (Hineinkratzen: die Krallen – Fingernägel – in die Haut drücken und auf ihr entlang ziehen), z. B.: „Der håt mi neigreit!" (Der hat mir mit seinen Fingernägeln Kratzer zugefügt!) „Eigrein" bedeutet: einkrallen;

sich festkrallen, z. B. beim Baden im Fluss: „Grei de ei, sunst schwoàbts de dàvo!" (Kralle dich fest, sonst schwemmt es dich davon!) → Greigådern

greischn: stöhnen, ächzen, jammern

Ältere Leute stöhnen oft, wenn sie sich nach langem Sitzen erheben. Diese Laute bezeichnet man als „Greischn". Ein anderes Beispiel: „Wås greischt`n går à so wegà dem bissl Arwàt?" (Warum stöhnst du denn gar so stark wegen dem bisschen Arbeit?)

greislig / früher: **greisle**: grässlich; hässlich, schrecklich, widerlich

Ist das Essen gemeint, so bedeutet das Wort „von schlechtem Geschmack". Das Adjektiv gesellt sich auch gern zu derben Schimpfwörtern.

Greppm: Greppe; Hohlweg

Griàch, *die*: wilde Zwetschgen

Das Diminutiv lautet „Griàchàl, das" und hat angesichts der geringen Größe dieser Früchte die gleiche Bedeutung wie das Ausgangswort. Ursprünglich wurden die wilden Zwetschgen „griechische Pflaumen" genannt, daher der Name. Sie sind kleiner und runder als klassische Zwetschgen, blau („griàchàlblau") oder blaurot; eine Sonderform im österreichischen Waldviertel ist grüngelb bis gelb, aber nicht zu verwechseln mit → Ringlo, auch nicht mit Mirabellen.

Griàwàl: Grübchen

Auch die bei manchen deutlich ausgeprägte Vertiefung am Kinn.

griàwig / früher: **griàwe**: gemütlich, behaglich, ruhig, geruhsam

Als Substantiv: „Der mächt` sein **Griàwign**." (Der möchte seine Ruhe haben, den darf man nicht stören.)

Gribbe: Krüppel; Spitzbub, freches Kind

Oft in abfälliger Verbindung, z. B. „Hundsgribbe" oder „Saugribbe". Hat ein Lausbub etwas angestellt, was einen ärgert, schimpft man ihn: „ Ja du Hundsgribbe, du vàrrecktà!" (Ja du Hundskrüppel, du verreckter!) Mit einer körperlich behinderten Person hat dieses Wort nichts zu tun.

grieslhààrig: eigensinnig, widerspenstig, trotzig

Ursprünglich hieß dieses Adjektiv „grishari`" (grishaarig) und bedeutete „steifhaarig (von Wolle, die sich nicht gut spinnen und bearbeiten, auch nicht schön färben lässt)" (Schmeller I 1012). Auch eine „grieslhààrige" Person muss man nehmen wie sie ist, man kann sie nicht so leicht verändern oder umstimmen. → wieslhààrig

Grieß, *das*: Geriss, Gereiße; Ansturm, Andrang

Eine Person oder eine Sache, um die man sich reißt, hat das „Grieß". Dies gilt vor allem für heiratsfähige Männer und Frauen, die wegen ihrer Schönheit oder auch ihrem Reichtum sehr begehrt sind.

Grimmà: Bauchgrimmen, Bauchweh

Grischbàl: kleiner, schwächlicher, schmächtiger Mensch

Groàl (**Groàdl**): krumme oder gespreizte Beine, auch: O-Beine

Als Verb: **groàln** (breitbeinig gehen)

„Der groàlt daher." (Der kommt breitbeinig daher.) Oder: „Der dàgroàlt`s nimmer." (Der kann kaum noch gehen, seine Beine machen nicht mehr mit.)

Das Adjektiv **groàlàd** steht für eine breitbeinige oder o-beinige Bewegung. Auch ein schwer beladener Wagen mit ausgeleierten Achsen und schräg stehenden Rädern wird als „groàlàd" bezeichnet.

Groàmàt: Grummet; Heu vom zweiten Grasschnitt im Jahr

Der zweite Schnitt erfolgt im Juli oder August. Erlaubt das günstige Wachstum einen dritten Schnitt, so bezeichnet man ihn ebenfalls als „Groàmàt".

grobboànig / früher: **groboàne**: grobbeinig; grobknochig, von starkem Knochenbau → Boà

grohn: gronen (schriftbair.); murren, knurren, stöhnen

groß doà: groß tun; angeben, prahlen → brauchà, brogln, brootzn, sprechà

Großgschälder / früher: **Groußgschälder**: Großgeschädelter; Großkopferter

Bedeutende, angesehene, wichtige oder reiche Person, eine Führungspersönlichkeit.

Als Adjektiv: **großgschält**: großkopfert

Gruin: Grille; magere, sehr schlanke Frau

Eine extrem schlanke Frau wird hier mit einer Grille verglichen, die vor allem durch ihre langen, dünnen Beine auffällt. → Heigeign 2), Heischneider, Langhàxàdà, Lattn 1)

grusàlgoib (**grusàlgöib**): gruserlgelb (schriftbair.); schreiend gelb

Die kräftig gelben Hühnerküken werden in manchen Gegenden auch als „Gruserl" bezeichnet. → Biewàl, gackàlgoib

Gruschbe, *die*: Kruspel; Knorpel im Fleisch

Nachdem Fleisch früher teuer war und deshalb selten auf den Tisch kam, war man nicht besonders wählerisch und hat die „Gruschbe", die heute möglichst vermieden werden, einfach mitgegessen. → Flàxn

Gsàtzl: Gesetzchen; Abschnitt

Das katholische Rosenkranzgebet ist in fünf Abschnitte mit je zehn „Gegrüßet seist du, Maria" eingeteilt. Jeder dieser Abschnitte ist ein „Gsàtzl".

Gschàftlhuàwà: Wichtigtuer, Wichtigmacher

Als Verb: **gschàftln**: unangenehm betriebsam sein, seine Aufgaben übertrieben wichtig nehmen

gschàmig / früher: **gschàme**: verschämt, schüchtern → ausgschàmt, schàmmà, schenànt

Gschau: Geschau

1) Blick, Miene, Gesichtsausdruck
   „Der håt à bläds Gschau." (Der macht eine blöde Miene.)
2) **`s Gschau kriàng**: das Geschau bekommen; auffallen, Aufmerksamkeit erregen, die Blicke der Umgebung auf sich ziehen
   Kommt man zu spät zu einer Veranstaltung, bei der schon alle ihre Plätze eingenommen haben, dann „kriàgt mà`s Gschau" (bekommt man das Geschau).

gschdàràd: starr; steif

Auch eine Leiche kann „gschdàràd" sein. → bockstààr, stààr

gscheit:

1) intelligent
   Wer „gscheit" ist, der „is hell auf der Plattn" (der ist hell im Kopf) und „net auf`s Hirn gfoin" (nicht auf den Kopf gefallen). → ausdipfèd, wief
2) erheblich, heftig, fest, richtig, kräftig, stark
   „Jetz duscht`s aber gscheit." (Jetzt regnet es aber stark.)
3) wirklich
   „Såg gscheit?" (Stimmt das wirklich?) Worauf man antworten kann: „Ohne Schmarrn!" (Das ist kein Unsinn, das stimmt schon!)

Der Komparativ „gscheiter" kann auch „besser" oder „sinnvoller" bedeuten, z. B.: „Es wàr gscheiter gwen, du hättst dein` Hof verkàfft." (Es wäre besser gewesen, du hättest deinen Hof verkauft.)

Gscheithàfàl: Besserwisser, Siebengescheiter

Ein → Hàfàl ist ein kleiner Topf. In so einem Gefäß findet nicht viel

Platz, ebenso wie im Schädel des „Gscheithàfàls", wo wenig Intelligenz (Gescheitheit) trotzdem auf eine Tendenz zur Klugscheißerei trifft.

gschert: geschert; unfair, ungehobelt, ordinär, grob, derb, frech, taktlos, unverschämt, unhöflich, mitleidlos
Das Wort kommt in verschiedenen Verbindungen wie „gscherter Làckl", „gscherte Ruàm", „gscherte Sau" oder „gscherter Ràmme" vor – alles unangenehme, besonders derbe, ungehobelte oder gemeine Zeitgenossen. Ein „gscherter Hund" ist eine Person, die einen unfair behandelt hat. Herkunft: Die Bauern mussten früher als Unfreie (Leibeigene) ihr Haar sehr kurz tragen; es galt der Grundsatz: Je niedriger der Stand, desto kürzer das Haar. Die „Gescherten" waren also die einfachen, unzivilisierten Leute. → Hintergschertindien, Ràmme 2)

Gschieß: Geschiss; Umständlichkeit, Umschweife
„Gschieß machà" bedeutet, dass man zur Lösung eines Problems nicht den geraden Weg, sondern unnötige Umwege geht, umständlich vorgeht; es bedeutet auch „sich zieren". Um dies zu unterbinden, sagt man: „Mach net à so à Gschieß!" (Mach nicht so ein Geschiss!)

Gschlàcht: Geschlecht; Menschentyp, Verwandtschaft, Personen mit denselben oder ähnlichen Erbanlagen
Personen, die miteinander verwandt sind und offensichtliche, genetisch bedingte Gemeinsamkeiten haben, sind vom selben „Gschlàcht". Aufgrund dieser Gemeinsamkeiten, z. B. Ähnlichkeiten in Größe, Umfang oder Hautfarbe, stellt man in diesen Fällen fest: „Der schaugt in des Gschlàcht von de Huàber nei." (Der schaut in die Verwandtschaft der Huber hinein, der hat diese oder jene Ähnlichkeit mit dem Huber-Clan).

Gschlàmps: Gemächt, männliche Genitalien
„`S Hemàd war so kurz, dass eàm unt des ganze Gschlàmps nausghängt is." (Das Hemd war so kurz, dass ihm unten sein gesamtes Gemächt heraushing.)

gschlånge Nåcht: geschlagene Nacht; dunkle, stockfinstere Nacht

gschleggàd: schleckig; wählerisch, nur auf das Beste bedacht
Als Substantiv: Eine **Gschleggàde** ist z. B. eine Frau, die sehr hohe Ansprüche an ihren Zukünftigen stellt und deshalb nur schwer einen Partner findet. Das männliche Pendant heißt **Gschläggàdà**. → ausgstochà, extrig, gnàschig, gschmansert, hoàklig

Gschlerf: merkwürdige, ungewöhnliche, unselbstständige, auch: hässliche Frau

Das Wort stammt von „Geschlerf", dem schlurfenden Gang einer Person. Davon wiederum abgeleitet ist das männliche Pendant „Gschlere" für einen unselbständigen, faulen, nicht ganz ernst zu nehmenden Mann.

Gschlooß: Schloss an Tür und Tor

Das Schloss als Prunkbau des Adels ist dagegen ein „Schlooß".

gschmansert: wählerisch, nur auf das Beste bedacht

Das Wort ist abgeleitet von „Schmand", der früher die dicke Milch bzw. den Rahm bezeichnete. Wer „gschmansert" ist, begnügt sich nicht mit der entrahmten Milch, sondern bevorzugt die fettere, energiereichere und schlicht schmackhaftere Milch einschließlich Rahm. → ausgstochà, extrig, gnàschig, gschleggàd, hoàklig

gschmerzt: geschmerzt; überempfindlich, leidend, leicht beleidigt, weinerlich

Als Substantiv: Eine **Gschmerzte** ist eine Frau, die sehr weinerlich spricht, bei der man immer den Eindruck hat, dass sie bei jeder schlechten Nachricht auch dann mitleidet, wenn sie selbst gar nicht betroffen ist. Ihre Art zu sprechen bezeichnet man als „wuiseln". → Wuisler

gschmeuzn: geschmalzen; teuer, überteuert → gseuzn, wàx 3)

Gschmoàß: Gesindel, Pack

Hier dürfte ein Bezug zur Schmeißfliege bestehen, die einerseits lästig ist und andererseits auch als Überträger von Krankheitserregern dem Menschen sogar gefährlich werden kann. → Bàgààsch, Bàràwà, Gschwerl

Gschnàppige: redefreudige, vorlaute oder schnippische Frau

„Des is à ganz à Gschnàppige!" (Das ist eine besonders gesprächige Frau!) Die männliche Form „Gschnàppiger" kommt auch vor, allerdings seltener und kaum bei der bayerischen Urbevölkerung.

Als Adjektiv: **gschnàppig** (redefreudig, vorlaut)

gschnecklt: geschneckelt; mit Locken im Haar

Eine „gschnecklte" Person hat → Schneckàl (Locken) im Haar.

gschnien: geschnitten, auch: kastriert

Wenn jemand geht „wià gschnien" (wie geschnitten), dann hat er einen ungewöhnlichen, gequälten Gang – wie ein kastriertes Tier.

Gschooß: Geschoss; dicke, stattliche Frau

Das Wort vergleicht eine dicke Frau – durchaus wohlwollend – mit einem großkalibrigen Geschoss. → Kanòn'

Gschpusi: heimliche Freundin, heimlicher Freund, Liebhaberin, Liebhaber

Hier bedient sich das Bairische beim lateinischen „sponsa/sponsus“ (Verlobte, Braut/Verlobter, Bräutigam) und dem daraus hervorgegangenen „Gespons“ für „Bräutigam, Ehemann“, auch wenn sich der Begriff eher auf außereheliche Liebesangelegenheiten bezieht. → Techtlmechtl

gschroàmaulert: laut redend, großsprecherisch, wichtigtuerisch

Gschwerl: Gesindel, Pack, unbeliebte Gruppe von Menschen

Die Herkunft des Wortes ist unklar: Es dürfte entweder von dem mittelhochdeutschen „geswægerlich“ (schwägerlich, gemeint ist also die angeheiratete Verwandtschaft; man denkt hier unwillkürlich an Ludwig Thomas „Die kleinen Verwandten“, die in den Augen des Herrn Notars auch ein „Gschwerl“ sind) oder von dem Verb „schwirren“ kommen. → Bàgààsch, Bàràwà, Gschmoàß

Gschwistàràdkinder: Geschwisterkinder; Cousin, Cousine

„Gschwistàràdkinder“ sind die Kinder von Geschwistern, im Verhältnis zueinander also Cousin und Cousine.

Gschwoine: Geschwollene (Wurstsorte), Wollwurst

Die „Gschwoine“ hat keine Wursthaut und besteht aus hellem Brät.
Im eigentlichen Wortsinn (geschwollen) sind ein paar „Gschwoine“ auch angeschwollene Teile des Gesichts. Dazu gibt es die zum Raufen einladende Frage: „Mågst à pååar Gschwoine?“ (Willst du ein paar Geschwollene?) Oder die Drohung: „Konnst glei à pååar Gschwoine håm!“ (Du kannst gleich ein paar Geschwollene haben!) – und das obwohl man „Gschwoine“ beim Metzger nicht paarweise kauft wie etwa Wiener Würstchen, sondern einzeln.

Gschwoischädl: geschwollener Schädel; großer, aufgedunsener Kopf, auch: Angeber, aufgeblasener Kerl, Dickkopf (Schimpfwort)

gschwöje: geschwülig (schriftbair.); schwül

Frühere Lautung, die man heute kaum noch hört.

gsètze: gesetzig (schriftbair.); widerspenstig, sich widersetzend, unnachgiebig, stur

gseuzn: gesalzen, auch: teuer, überteuert → gschmeuzn, wàx 3)

Gsiere: unbeholfener Mensch, Tollpatsch

„Des werd` à so à Gsiere sei!“ (Das ist aber ein Tollpatsch!)

Gsöichts: Geselchtes; geräuchertes Schweinefleisch → Söich, Zenterling

Gsott (Gsod): Gesottenes; gehäckseltes Viehfutter aus Heu und Stroh

Zur Herstellung des „Gsott", mit dem man das Großvieh vor allem im Winter gefüttert hat, wurde Heu und Stroh (bevorzugt Haferstroh) früher mit dem handbetriebenen „Gsottschneider" kurz geschnitten. Sie bestand aus einem großen Rad, an dem gegenüberliegend zwei scharfe Messer angebracht waren. Wie auf dem Schlitten einer heutigen Brotschneidemaschine wurden Heu und Stroh auf das laufende Messerrad zugeschoben und so bei jeder halben Umdrehung einmal abgeschnitten. Parallel zu diesem manuellen „Gsottschneider" gab es auch die „Gsott-Maschin", die mit dem → Geppe von Zugtieren angetrieben wurde. Einfacher wurde es erst mit der Einführung des Benzin- und des Elektromotors. Das „Gsott" wurde für die Rinder einige Zentimeter lang geschnitten, für die Pferde sehr kurz, nur ca. einen Zentimeter lang, und in der Regel im trockenen Zustand verfüttert. Das Wort kommt von „Gesottenem", was darauf schließen lässt, dass man früher oder regional daraus einen Sud gemacht hat.

gspàsse: spaßig; merkwürdig, seltsam

„Der schaugt aber heit gschpàsse." (Der schaut aber heute merkwürdig.)

gspietzlochàd (spietzlochàd): spitzlochig (schriftbair.); besonders mager → dürrlochàd, gspitze

gspinnàd: spinnend; verrückt → spinnà

gspitze: spitzig; mager → boànig, gspietzlochàd

Gspour, *das*: Spur, die

Dieses Wort gibt es im Bairischen nur im Singular, Ein- oder Mehrzahl muss sich in der schriftdeutschen „Übersetzung" aus dem Satzzusammenhang ergeben, z. B.: „`S Gschpour siegt mà no." (Die Spur(en) sieht man noch.)

gspräcklt: gesprenkelt

gspreizt: gespreizt; hochnäsig, überheblich, eingebildet

Gstànzl: kurzes, humorvolles, volkstümliches Lied, Spottlied

Kurzer, meist vierzeiliger Spaß- oder Spottgesang zum Necken z. B. der Gäste auf einer bayerischen Hochzeit. Das „Gstànzl" hat seine Wurzeln im lateinischen Wort „stare" für „stehen", im Sinne von „alles, was zum Stehenbleiben reizt"; es ist auch verwandt mit der italienischen „stanza" (wörtlich: „Raum" im Sinn von „den Gedanken Raum geben"), der Lied- oder

Gedichtstrophe „Stanze“. Ursprünglich handelte es sich beim „Gstànzl“ um ein Wort für ein Ständchen oder schlicht für Lärm. Ein besonderes Talent für die Kunst des „Gstànzlsingens“ hatte der bayerische Volkssänger Roider Jackl, den man u. a. noch als Brunnenfigur auf dem Münchner Viktualienmarkt sehen kann. → aussingà, Schnåderhüpfàl, Stànz

gsteckt voi: gesteckt voll; total voll, ohne weiteren Spielraum, überfüllt

gstingàd: stinkend; faul, stinkfaul

Z. B. ist eine „gstingàde Màtz“ eine faule Frau. → fei 1

gstrecktàlengs: gestreckterlängs; der gestreckten Länge nach

„Gstrecktàlengs håd`s `n highaut.“ (Er ist gestürzt und der ganzen Länge nach hingefallen.)

Gstumpàdà: kleiner, meist dicker Mann

Das Wort kommt vom „Stumpen“ bzw. „Stumpf“, die beide etwas Kurzes, Stämmiges bezeichnen.

Es existiert auch als Adjektiv: **gstumpàd** (klein).

Gsuffige, *der, die* / früher: **Gsuffàge**: der/die Saufende; Trinker(in), Säufer(in)

Gsündà, *der*: der Gesündere; der Gesündeste

Dieser Begriff beschreibt meist Leute, denen es – genau im Gegenteil – gesundheitlich nicht gut geht: „Der is à net dà Gsündà.“ (Der ist auch nicht der Gesündeste.) Das Wort steht im Bairischen zwar im Komparativ, gemeint ist aber stets der Superlativ.

Guàtl: Bonbon, Süßigkeit, Plätzchen

Der logisch denkende Bayer nennt Süßigkeiten, die bekanntermaßen „guàt“ (gut) schmecken, folgerichtig „Guàtl“. Das Wort gilt für Singular und Plural. → Huàstnguàtl 1)

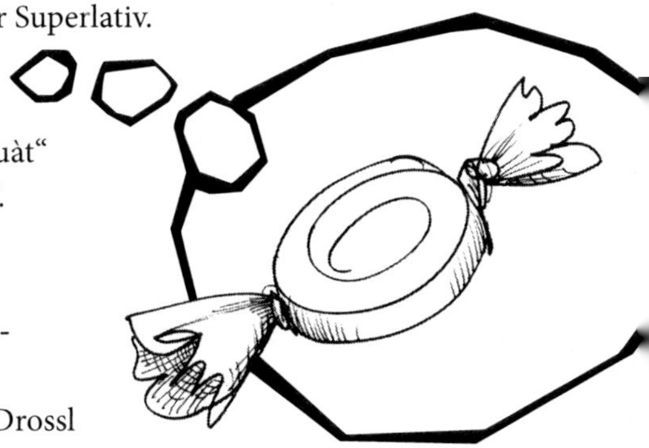

Gumpm: Gumpe; tiefe Stelle in einem Gewässer

Gurgl: Kehle, Hals, auch: Doppelkinn → Drossl

gurgln: plätschern

So bezeichnet man z. B. auch das gluckernde Fließgeräusch in Leitungen, in denen sich auch Luft befindet.

gwàggln: schwanken, unsicher gehen, wanken

Das Wort ist verwandt mit „wackeln“. Auf einen alten, gebrechlichen, sehr unsicher dahergehenden Menschen weist man hin mit den Worten: „Schaug, wià-r-à dahergwàgglt." (Schau, wie er unsicher daherwankt.)

Gwand: Gewand; Kleidung

Als Verb: **gwàndn**: sich einkleiden, Kleider kaufen

In substantivierter Form: „De voduàt sei ganz Göid mi`n **Gwàndn**." (Die vertut ihr ganzes Geld mit dem Kauf von Kleidung.)

Gwandlaus: Gewandlaus; Ungeziefer, auch: anhängliche, aufdringliche, lästige Person

Letztere wird auch „lästigs Wimmerl" genannt.

gwàndt: praktisch, bequem, eine gute Erfindung

„À Auto mit Automatik, des is gwàndt." (Ein Auto mit Automatik, das ist praktisch.)

Gwàsch: Gewäsch; auch: dünnes, wässriges Getränk

Wenn z. B. die Kinder mit viel Wasser umherspritzen, dann schimpft die Mutter: „Macht`s net so à Gwàsch her!" (Macht nicht alles nass hier!) In manchen Gegenden Bayerns bezeichnet man damit auch das Spezi, ein Mixgetränk aus Orangenlimonade und Cola, das aber trotz des Namens meist doch nicht zu den minderwertigen Flüssigkeiten zählt.

Gwàx: Gewächs

Das Wort wird im Bairischen nur in speziellen Bedeutungen verwendet, mit der sprießenden Flora hat es nichts zu tun. So ist z. B. eine Wucherung oder ein Tumor im Körper ein „Gwàx". Ein großer Mensch ist ein „langs Gwax". Ein uriger Münchner ist ein „Münchner Gwàx".

Ein Gewächshaus ist dagegen kein „Gwàxhaus", sondern ein „Treibhaus", weil dort die Pflanzen durch Einsatz von Wärme, Dünger und Zuwendung im Wachstum gefördert, auf bairisch „herdriem" (hergetrieben) werden.

Gweichtàl: geweihtes Amulett

Z. B. ein Anhänger an der Halskette oder eine St. Christophorus-Figur im Auto, die Reisende schützen soll.

Gweichte, *das*: das Geweihte; die von den katholischen Bayern an Ostern zur Speisenweihe in die Kirche getragenen Lebensmittel

Geweiht werden insbesondere Eier, Geräuchertes, Osterfladen oder gebackenes Osterlamm und Meerrettich (→ Gree), besonders fromme Frauen bringen sogar Torten mit und seit einigen Jahren wird auch der

Schokoladenhase für die Kinder immer öfter gesehen. Das „Gweichte" nennt man auch ein „Gweichts" (Geweihtes) oder „d`Weich" (die Weihe).

Gwichtl: Geweih des Rehbocks

Bei Jägern ist es üblich, dass das „Gwichtl", also das Geweih des Rehbocks, zusammen mit einem kleinen Stück des Rehschädels auf einem Holzbrett befestigt als Jagdtrophäe in ihrer Wohnung aufgehängt wird.

Gwinst, *der*: Gewinn

Gwurl: Gewurl; Gewirr, Gedränge, Durcheinander

Als Verb: **wurln** (wimmeln, drängen)

Wenn es „wurlt", dann bewegen sich viele Lebewesen unregelmäßig, kreuz und quer und mit dem Auge kaum verfolgbar, wie z. B. in einem Bienenstock, einem Ameisenhaufen oder bei einem Menschenauflauf.

H WIE HÀFTLMACHER

Hà?:

1) Wie bitte?
2) zur Antwort auffordernder Zusatz am Ende einer Frage
   „Warum kimmst`n so spààt hoàm, hà?" (Warum kommst du denn so spät heim, sag?)

Häch / früher: **Heàch**: Höhe; Obergeschoß

Das Wort kommt insbesondere in der Verbindung „dà Häch dram" (in der Höhe droben, also in der oberen Etage) vor.

Hack: Hacke; großes Beil

Der Stiel der „Hack", die zum Spalten großer Holzstücke verwendet wird, ist ca. achtzig bis neunzig Zentimeter lang. Ein kleines Beil, mit dem man mittelgroße Holzstücke zu ofenfertigen Holzscheiten spaltet, nennt man „Hàcke" – mit ca. dreißig bis vierzig Zentimeter langem Stiel. Das Diminutiv heißt „Hàckàl" und beschreibt sowohl ein kleines Gerät zum Auflockern der Erde im Gemüse- oder Ziergarten (→ Heìl) als auch – als Diminutiv von „Haken" – ein Häkchen.

hàckln: hakeln; wegen einer Kleinigkeit streiten

„De Zwoà hàckln scho wieder miteinand." (Die Zwei streiten schon wieder miteinander.) Eine besondere, in Bayern geradezu sportlich betriebene Form davon ist das → Fingerhàckln.

Hàcklnåsn: Nase mit Höcker, Hakennase

Hàcklstäcker: Gehstock mit gebogenem Griff

Håderlump: Kleinkrimineller, Taugenichts (Schimpfwort)

In Bayern auch immer gern → Bàzi genannt.

Håderlumpàrà: Rohmaterialiensammler bzw. -händler, Lumpensammler

„Lumpen" und → Hådern sind Synonyme für unbrauchbar gewordene Textilien. Wörtlich hatte daher ein „Håderlumpàrà" nur mit dem Material Stoff zu tun, das er gesammelt und zur Wiederverwertung weiterverkauft hat. In der Praxis wurde aber auch mit anderem Rohmaterial gehandelt. Lag der Schwerpunkt bei Metallen, so nannte man den Aufkäufer „Eisenhandler" (Eisenhändler). Dieses Geschäft war nicht einträglich, was man auch an der Kleidung der Sammler ablesen konnte. Als „Håderlumpàrà" bezeichnete man deshalb auch einen schlecht („in Lumpen") gekleideten Mann und sagte über ihn: „Der kimmt dàher wià-r-à Håderlumpàrà." (Der kommt daher wie ein Lumpensammler.)

Hådern: Hadern; Tuch, Lappen, Lumpen, Stoffrest

Ein „Hådern" ist ein Stück Stoff, das zu klein oder zu abgewetzt ist, um es für größere Textilien oder anspruchsvollere Zwecke zu verwenden. Zum Spülen verwendet man einen „Spiàhådern", zum Schnäuzen einen „Schneizhådern", zum Putzen einen „Putzhådern". Im alten, derben Bairisch gab es auch noch den „Fotzhådern" (Schnupftuch → Fotzn 1) und den „Riàsslhådern" (Serviette → Riàssl). Bei Erkältungskrankheiten legte man dem Kranken ein heißes → Schweifettnhàdàl auf die Brust. Als im Münchner Stadtteil Hadern einer meiner dort sehr bekannten Arbeitskollegen beerdigt wurde, sagte einer der Trauerredner ungeschickterweise: „Mit ihm tragen wir ein Stück Hadern zu Grabe."

Håfà:

1) großer (Koch-)Topf

   Das Diminutiv lautet → Hàfàl.

2) hässliche, unansehnliche Frau

   In dieser Bedeutung hört man den Begriff häufig in der verstärkenden Verbindung „à greisligà Håfà" (Pleonasmus: eine hässliche Unansehnliche). → Rutschn, Schàbràckn, Schäsn 2), Schäwàn, Scherm Die zwei verschiedenen Bedeutungen des Wortes macht sich der Spruch „Jeder Håfà find sein` Deckl" (Jeder Topf findet seinen Deckel) zu nutze, weil normalerweise nicht nur jeder Topf, sondern auch jede hässliche Frau schlussendlich ihren „Deckel", also einen Mann findet, der zu ihr passt.

Hàfàl: kleines Gefäß, kleiner Topf

Je nach Verwendungszweck gibt es „Hàfàl" in verschiedensten Verbindungen:

* Gràntlhàfàl: kleines, schmales Gefäß zur Entnahme von Wasser aus dem im Herd eingelassenen Wasserbehälter → Gràntl
* Kafähàfàl: große Kaffeetasse
* Nåchthàfàl: Nachttopf → Botschàmpàl
* Zapfàhàfàl: „Hàfàl" mit Zapfen zur Erleichterung des Ausgießens von Flüssigkeit → Brockhàfàl, Gscheithàfàl, Håfà

Hàfàlschuàh: robuste, feste Halbschuhe

Diese Schuhe besitzen eine seitliche Schnürung und werden heute oft zur Tracht getragen. → Hàfàl

Håfner: Töpfer, Ofensetzer → Håfà, Hàfàl

Hàftl, *das*: Verschlusshäkchen und Öse zum Zusammenhalten bzw. Schnüren von Kleidungsstücken, auch: Heft- und Stecknadel (meist aus Messingdraht)

Der Plural lautet „Hàftln" (Hafteln). Wer diese filigranen Produkte herstellt, ist ein „Hàftlmacher", der sehr sorgfältig und exakt bei der Bearbeitung seiner kleinen Ware vorgehen muss. Daher kommt der Spruch: „Då muàßt aufpassen wià-r-à Hàftlmacher." (Da musst du aufpassen wie ein „Hàftlmacher".) → Glufern

håglbuàchern: widerstandsfähig, hart; beim Menschen: ungehobelt, mit schlechten Manieren

Das Adjektiv ist auf das sehr harte Holz der Hagebuche (Hainbuche) zurückzuführen. Auch ungehobelte Menschen sind oft schwer zu „bearbeiten" wie hartes Buchenholz, also kaum dazu bereit, von ihren – oft schlechten – Gewohnheiten abzulassen.

hài: eisig, glatt, rutschig, schlüpfrig

Der unmittelbare Anschluss eines „i" an das breite „à" ist für das Bairische sehr ungewöhnlich. Man spricht das Wort aus wie „hei". Es kommt vom älteren, gleichbedeutenden „hàl", das es in ähnlicher Lautung auch im Holländischen, Schwedischen und Isländischen gegeben hat (Schmeller I 1073).

Hàllodri:

1) Luftikus, Taugenichts, leichtsinniger, unbekümmerter, unzuverlässiger, arbeitsscheuer Mann
2) Weiberheld, Schürzenjäger

   Das griechische Wort „allotrios" bedeutet wörtlich „sonderbar, fremdartig", substantivisch kann man es auch mit „Unfug, Alberei" übersetzen. → Schaukelbursch, Strieze

Hampàrà: Taugenichts, Landstreicher

Ein Mann, der nichts kann und nichts tut. → Gràttler

Handheem: Handhebe; Griff, Henkel

Handroß und **Handochs**: Handross und Handochse; Zugtier, das auf der rechten Seite eines Gespanns geht

Auf der linken Seite eines Gespanns lässt man immer das erfahrenere Tier (→ Såålroß und Såålochs) gehen. Es ist über den → Woier mit dem

Fuhrknecht verbunden, der es damit lenkt. Das weniger erfahrene, rechts gehende Tier muss dem ausgebildeten Partner lediglich folgen, ihm quasi zur Hand gehen und seine Kraft zum Ziehen einsetzen.

hànsln: hänseln, necken → aufzwickà, ausbläckà, bläckà 3), dàbläckà, naufschiàssn

hàntig / früher: **hànte**:

1) bitter, herb, gallig
2) abweisend, aggressiv, barsch, unfreundlich, grantig, gereizt

→ ràss, wàx 2)

Als Substantiv: Eine **Hàntige** ist eine schlecht gelaunte, gereizte, unfreundliche Frau, die keinen Spaß versteht und keinen Widerspruch duldet.

Häpfà:

1) Hefe

   In den 1950er Jahren wurden Kinder in den Krämerladen geschickt, um dort „um à Fünfàl à Häpfà" (um fünf Pfennige Hefe) zu kaufen.

2) Rausch

   „Der håt à saubere Häpfà." (Der hat einen großen Rausch.) Diese Bedeutung des Wortes geht – als Pars pro Toto – auf die Hefe zurück, die beim Bierbrauen unverzichtbar ist. → Dampf, Preller

Hàring: Hering

1) schmächtige, zu schlanke Person

   Bei einem solchen Menschen sieht man alle Rippen, wie die Gräten beim Hering. Das Wort wird meistens in der Verbindung „dürrer Hàring" (verstärkender Pleonasmus) gebraucht.

2) schleimiger Auswurf

   Wird Schleim aus dem Bereich der Atemwege abgehustet, so spricht man von einem „Lungàhàring" (Lungenhering), der schon von Gerhard Polt euphemistisch als „Auster des kleinen Mannes" bezeichnet wurde (→ Glàche 2). Das Abhusten wird bei Menschen, denen der Freiherr von Knigge eher unbekannt ist, oft von unangenehmen Saug- und Hustgeräuschen begleitet. Das früher weit verbreitete Ausspucken des Schleims auf den Boden ist heute genau wie die dafür bestimmten Spucknäpfe (→ Speibtriegàl 1) kaum mehr zu sehen.

Hàschàl: unsichere, unselbständige oder bedauernswerte Person, meistens ein Kind oder eine junge Frau

Man spricht dabei in der Regel von einem „armen Hàschàl".

hàtschn: langsam, schwerfällig, schleppend, schlurfend gehen, hinken

→ nåhàtschn

Als Substantiv: **Hàtscher**:

1) „hàtschender" Mensch
2) altes, ausgetretenes Schuhwerk
3) langer Fußmarsch bis zum Ziel

   Z. B. ist der Weg auf den Schinder an der Grenze zwischen Bayern und Tirol für Bergwanderer ein „Hàtscher" von rund zweieinhalb Stunden.

   Als Adjektiv: **hàtschert** (mit schleppendem Gang, hinkend)

Hau: Werkzeug mit unterschiedlich breitem, mit einer Schneide versehenem Eisen an einem langen, hölzernen Stiel

Benutzt wird das Gerät zur Bodenbearbeitung, z. B. als „Reithaue" zur Aufforstung von Forstpflanzen. Das Wort wird im Bairischen nasal ausgesprochen.

haudig / früher: **haude**: hautig; matt, kraftlos, von einer Krankheit geschwächt

Wer „haudig beinand" (kraftlos beisammen) ist, dem geht es gesundheitlich schlecht. „Hautig" bezieht sich auf die Kraftlosigkeit eines Menschen, der kaum noch Muskeln besitzt und dessen schlechter Gesundheitszustand an seiner Haut zu erkennen ist, die fast nur noch Knochen bedeckt. Der Superlativ dazu lautet: „hundshaude". → hundsheitern, letz

Haumdaucher: Haubentaucher (Schwimmvogel); unfähiger, kraft- und mutloser Mann (Schimpfwort)

Hausl: Hausdiener, Hausknecht

Der „Hausl" war als „Mädchen für alles" für alle einfacheren Arbeiten im Haus zuständig.

Hawedere: Gruß

Es handelt sich um die Kurzform des Grußes „Ich habe die Ehre"; anwendbar sowohl bei Begrüßung als auch Verabschiedung.

Als Adjektiv: **hawedere** (in schlechter körperlicher Verfassung, erschöpft; bei Sachen: defekt, irreparabel)

Ist jemand total erschöpft, so klagt er: „I bin totàl hawedere." (Ich bin total erschöpft.) Mit dieser adjektivischen Wendung bringt man zum Ausdruck, dass man sich wegen seines schlechten Gesundheitszustands vorübergehend oder – in der Regel scherzhaft gemeint – endgültig mit dieser Grußformel von seinen Mitmenschen verabschieden möchte.

Håwergaukler: Hafergaukler (schriftbair.); Insekt mit langen Beinen

Dies ist eine der vielen Bezeichnungen, die die Landbevölkerung mangels Kenntnis der entsprechenden Fachbegriffe für Pflanzen und Tiere unter Berücksichtigung deren Aussehens bzw. Verhaltens selbst erfunden hat. Man kann daher davon ausgehen, dass der „Håwergaukler" ein Insekt ist, das sich bevorzugt im Haferfeld aufhält und dort gaukelnde, also schwankend-pendelnde Flugbewegungen zum Besten gibt. → Langhàxàdà

Håwerheim: Haferhalme; Stoppeln auf dem abgeernteten Haferfeld

Der Hafer ist das letzte Getreide, das im Jahresverlauf geerntet wird. Wenn die Haferernte eingefahren ist, ist deshalb in der Regel „eigàhnt" (die Ernte eingebracht) und die größte Sommerhitze vorüber. Dies sind die Tage nach dem 15. August (→ Fraudåg), die als eine Art Jahrezeitenscheide angesehen werden. Man sagt deshalb nach diesem Tag: „Jetz geht der Wind scho über d` Håwerheim." (Jetzt weht der Wind schon über die Halme des Hafers, genauer über die nach der Ernte übrigen Stoppeln.) Ab jetzt geht es auf den Herbst zu und die Luft wird wieder kühler. → Heim

Håwern: Hafer

Eine Getreideart, die Pferde gerne fressen und deshalb als Belohnung und auch zur Kräftigung erhalten. Beim Mähen des Hafers wurde früher die Sense zusätzlich mit einem Bogen aus Holz oder Metall versehen, dem „Blender", damit der Hafer gleichmäßig fiel. Er wurde nicht, wie Roggen oder Weizen, zu „Màndl" aufgestellt (→ Kornmàndl), weil die Körner des Hafers sehr leicht ausfallen. Er blieb deshalb nach dem Mähen liegen, um zu trocknen, wurde dann mit Holzstangen gewendet und schließlich mit Gabeln zu Büscheln „otrång" (angetragen, zusammengetragen). Der Hafer ist das Getreide, das zur Sommerzeit als letztes → zeide (reif) wird. → Håwerheim

Hàx: Bein

Wie der → Fuàß (Fuß) bezeichnet im Bairischen auch der „Hàx" das Bein von der Hüfte bis zur Zehe. Sich „àn Hàx ausreißn" bedeutet „sich besonders anstrengen"; sich dagegen „koàn Hàx ausreißen" steht für „faul sein", z. B.: „Der håt se no nindàscht àn Hàx ausgrissn." (Der hat sich noch nirgends besonders angestrengt, der war immer schon ein fauler Kerl.) Ein besonders deftiges und in Bayern beliebtes Gericht ist – vor allem auch wegen seiner schmackhaften Kruste – der „Schweinshàx" (Schweinehaxe). Der Plural lautet „Hàxn", das Diminutiv „Hàxl" bzw. „Hàxàl", z. B. „Lammhàxàl".

Von diesem Diminutiv abgeleitet ist das Verb **hàxln**: die Beine schnell bewegen, schnell gehen, strampeln. Man bezeichnet damit vor allem schnelle Beinbewegungen von Kindern, z. B.: „Schaug`n o, wià-r-à dàhihàxld." (Schau ihn an, wie er dahinstrampelt.)

Heàl: Hühnchen, Küken

Küken, der Nachwuchs von allerlei Geflügel, sind kleine Tiere mit noch geringer Widerstandskraft. Deshalb bezeichnet man auch gesundheitlich anfällige Menschen als „Heàl". Eine kranke Person, die sich kaum bewegen kann und nur herumsitzt, „hängt rum wià-r-à kranks Heàl" (hängt herum wie ein ein krankes Küken).

Hebauf (auch **Hebweih** / früher: **Heweih**): Richtfest

Dieses Fest, zu dem alle bis dahin an der Errichtung eines Bauwerks beschäftigten Personen eingeladen werden, findet statt, sobald der Rohbau fertiggestellt ist, also wenn der Dachstuhl steht. Dann hatte man nämlich „aufghebt" – daher der Name „Hebauf" –, den Dachstuhl also auf`s Dach gehoben und dort, geschmückt mit einem kleinen, mit bunten Bändern versehenen Fichtenbäumchen, aufgestellt. → aufhem 3)

Heigeign: Heugeige

1) hölzernes Stangengestell zum Trocknen des gemähten Grases → Heimàndl
2) hochgewachsene, langbeinige, sehr schlanke, magere, knochige Frau → Gruin, Langhàxàdà, Lattn 1)

Heìl: kleine Hacke für den Gemüsegarten

Die Buchstaben „e" und „i" werden dabei nicht als Diphthong, sondern getrennt und nasal gesprochen. Ein solches Gerät nennt man auch „Hàckàl" (→ Hack).

Heim: Halme; Stoppeln auf dem abgemähten Getreidefeld

Pluralwort. Nach der Getreideernte mussten die Kinder die Gänse „à d`Heim naustreim" (in die Halme hinaustreiben), um die Getreidekörner, die bereits während der Ernte auf den Boden gefallen waren, als Futter zu verwerten. Anschließend ging der Bauer zum „Heim Ackern" auf`s Feld, um mit dem Schälpflug die Stoppeln unterzupflügen. → Håwerheim

Heimàndl: Heumännchen; hölzernes Stangengestell zum Trocknen des gemähten Grases → Heigeign 1), Kornmàndl

heingà: heuen; das Heu bearbeiten

Hierzu zählen Arbeitsschritte wie das Wenden des geschnittenen Grases, damit es trocknet, später das Aufladen des Heus und der Transport in die Scheune.

Heiràtsguàt: Mitgift → Kammerdwång, nausheiràn

Heischneider: Heuschneider; Heuschrecke, Grille, auch: sehr schlanke Person

Der Name kommt vom Zirpen der Grille, das sich anhört, als ob sie Heu schneiden würde. Seine synonyme Anwendung auf eine sehr schlanke Person geht auf die geradezu stromlinienförmige Physiognomie einer Grille mit ihren besonders langen, dünnen Beinen zurück. → Gruin, Heigeign 2), Langhàxàdà, Lattn 1)

Heisl: Häusl, Häuschen

1) kleines Wohnhaus, insbesondere das kleine Haus eines Bürgers ohne eigene landwirtschaftliche Flächen

   Die Bewohner nannte man abschätzig → Kloàheisler (Kleinhäusler) oder „Heisllleit" (Häuschenleute). → Fretter, Notnickl

2) separat stehendes kleines Toilettenhäuschen („Scheißheisl")

   Dieses Häuschen, der ausgelagerte Abort, stand in der Regel über oder neben der Mistgrube und hatte in der Tür ein kleines, oft herzförmiges Loch als Fenster.

Heislhupfà: Häuschenhüpfen

Ein vor allem bei den Mädchen beliebtes Kinderspiel, bei dem die „Heisl" (Häuschen) als quadratische Teilfelder in Form eines Kreuzes entweder mit Kreide auf den Boden gezeichnet oder in den unbefestigten Boden geritzt werden. Gefragt ist ein guter Gleichgewichtssinn, wenn auf einem Bein von „Heisl" zu „Heisl" gehüpft werden muss.

Heislschleicher: Häuschenschleicher; scheinheiliger, heuchlerischer Mensch

Der „Heislschleicher" – also wörtlich einer, der ums kleine Häuschen schleicht – bemüht sich meist in übertriebener Form um seine Beliebtheit bei anderen Menschen und ist dabei vor allem auf seinen eigenen Vorteil bedacht. Man denke in diesem Zusammenhang auch an den Erbschleicher, der dem „Heislschleicher“ sehr nahe steht.

Heiß: Fohlen, junger Hengst

Heiter: altes, ausgemergeltes Pferd, Klepper

Das Wort kommt von „Häuter“, einem abgemagerten Tier also, das nur noch aus Haut und Knochen besteht. Es kommt in der Regel als „oider Heiter“ (alter Häuter) vor, und zwar auch als Synonym für eine alte Frau, selbst wenn sie sich auf eine für ihr Alter ungewöhnliche Art herausputzt. Dann sagt man über sie: „Schaug`n o, den oidn Heiter.“ (Schau ihn an, den alten Häuter.)

Hei vüreziàng: Heu vorziehen; besonders laut schnarchen

Beim Transport von Heu gelangen viele kleine Staubpartikel in die Luft. Diese geraten unweigerlich in die Atemwege mit der Folge, dass man sich ständig räuspern muss – ein Geräusch, das dem Schnarchen sehr ähnlich ist. → ruàssln

Heiwàgàl: Heuwägelchen; Leiterwagen, Bollerwagen

Kleiner vierrädriger Karren zum Transport kleiner Mengen von Gütern, der in der Regel mit einer Deichsel von Hand gezogen wird. Auf der Ladefläche ist das Transportgut durch an allen vier Seiten angebrachte Latten bzw. Bretter gesichert.

Heiwång: Heuwagen; Leiterwagen, landwirtschaftlicher Anhänger

Mit dem „Heiwång“ wurden Heu und Getreide vom Feld zum Bauernhof transportiert. Die Ladefläche war schmal und bestand aus einem dicken Bodenbrett. Für den Transport von Heu wurden spezielle Seitenteile schräg zur Ladefläche mit „Schlaudern“ (Eisenringen) an den vier seitlichen Pfosten (→ Luixn) befestigt, die sogenannten „Heiloàtern“ (Heuleitern). Ein solches Seitenteil bestand oben und unten aus waagrechten Holzstangen, zwischen denen schmale Bretter oder dünne Stangen wie Leitersprossen angebracht waren.

Diese Wägen waren vielseitig nutzbar. Im Winter wurde damit z. B. auch Mist transportiert. Dann wurden die „Heiloàtern“ durch jeweils einen → Lååan, bei Bedarf auch durch zwei übereinander liegende „Lààn“ ersetzt. So wurde aus dem „Heiwång“ ein „Mistwång“. Bei diesem waren die Seitenbretter nur angelehnt. → Langweh, Wähdamring, Wiesbààm

Hemàdlenz: Lorenz im Hemd; nur mit einem Hemd, in der Regel einem Nachthemd, bekleidete Person, meistens ein Kind

Hemàdstutz: Hemdzipfel, auch: Synonym zu → Hemàdlenz

hemàdürwe: hemdsärmelig; mit aufgekrempelten Ärmeln → aufstrickà, Ürwe

Henà: Henne; Schimpfwort für eine Frau

Das Wort wird in der Regel mit einem negativen Adjektiv verbunden, z. B. „oide Henà" (alte Henne), „bläde Henà" (blöde Henne), „dàmische Henà" (dumme Henne), „spinnàde Henà" (verrückte Henne). Männer, die mit Frauen schlechte Erfahrungen gemcht haben, behaupten: „À Weib is à Henà und à Henà is à Màtz." (Eine Frau ist eine Henne und eine Henne ist ein Miststück.) → Màtz

Henàdreeg: Hühnerdreck; Hühnerkot

Der Begriff ist vor allem in dem Fluch-Ersatz „bluàdiger Henàdreeg" (blutiger Hühnerdreck) gebräuchlich.

Henàhàxn: Hühnerbeine; Giersch, Geißfuß, Dreiblatt

Botanische Fachausdrücke waren früher auf dem Land kaum bekannt. Man erfand daher eigene Bezeichnungen, die oft vom Aussehen einer Pflanze abgeleitet wurden. Der Giersch, ein hartnäckiges Unkraut im Gemüsegarten, hat von seiner Form her eine gewisse Ähnlichkeit mit den Hühnerkrallen und wurde deshalb nach diesen benannt.

Henàheisl: Hühnerhäuschen; auch: kleines Auto (abfällig)

Fuhr z. B. ein Bekannter mit seinem neu erstandenen Goggomobil vor, so musste er sich die Frage gefallen lassen: „Wås mächst`n mit deim Henàheisl?" (Was willst du denn mit deinem Hühnerhäuschen?) → Huàstnguàtl 2), Speibtriegàl 2)

Henàsprengà: Hühnersprenger; Hühnerverscheucher, Hühnerjäger

Gemeint ist damit ein Moped, inbesondere das Quickly der 1950er und 1960er Jahre, dessen Motor so laut war, dass man damit die Hühner verscheuchen konnte. → sprengà 4)

Henàwoàz: Hühnerweizen

Bei kleinen, minderwertigen Getreidekörnern rentiert sich das Ausmahlen nicht. Sie werden deshalb als Hühnerfutter verwendet. Eine andere Bezeichnung dafür ist das „hintere Droà" bzw. der „hinter` Woàz". → Droà

Hendlfriedhof: dicker Bauch

Über so manchen erstaunlichen Bauchumfang wurde gemutmaßt, ob er auf den zu häufigen Genuss von Brathähnchen zurückzuführen sei. Der Begriff war besonders in den 1950er und 1960er Jahren gebräuchlich, als der damals allseits beliebte „Wienerwald“ mit seinen „Brathendln“ seine Hochzeit erlebte. Führt der zu üppige Biergenuss zu einem gleichen optischen Ergebnis, so spricht man vom „Bierbauch“. → Ranzn 1), Wampm

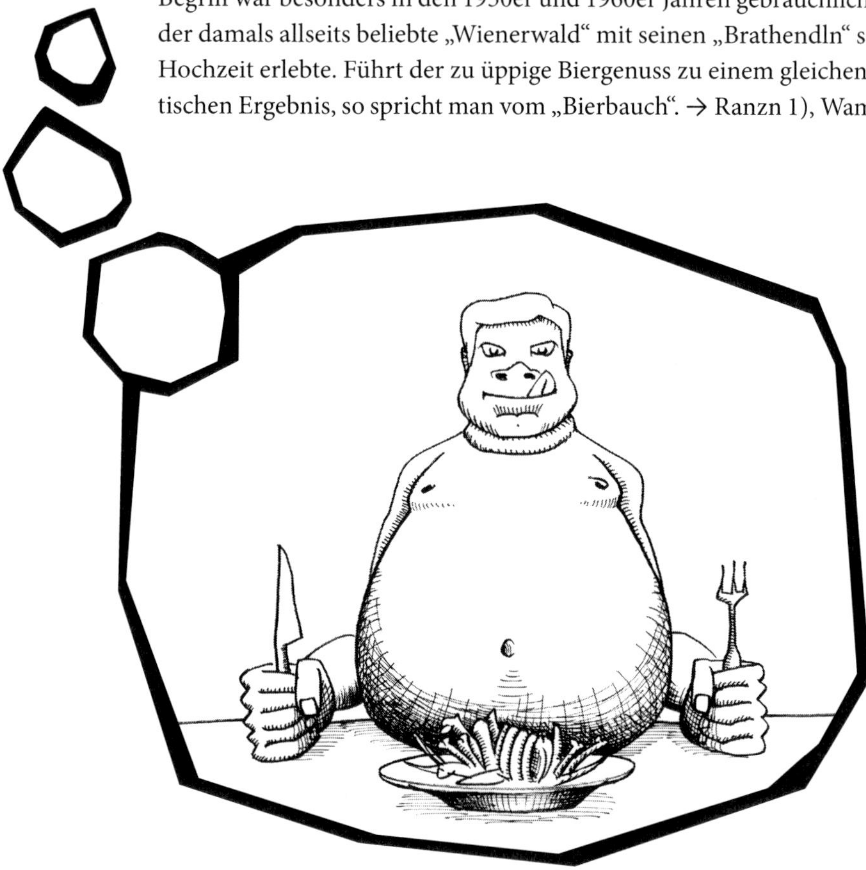

herå: herab, herunter → åwe, rå

herarwàn: herarbeiten; bearbeiten, auf jemanden Druck ausüben

„Den hammà so lang hergarwàt, bis er uns à Mass Bier zoit håt.“ (Den haben wir solange bearbeitet, bis er uns eine Mass Bier gezahlt hat.)

herdreim: hertreiben; das Wachstum von Gemüse unter Verwendung von künstlicher Wärme und Kunstdünger fördern und beschleunigen

herent (**herenten**) / früher: **renterhoi**: diesseits, auf dieser Seite

Das Gegenstück lautet: → drent. Z. B.: „Mir wohnà herent, unsern Gmiàsgartn hammà drent." (Wir wohnen auf dieser Seite, unseren Gemüsegarten haben wir drüben.) → hinterhoi, väderhoi

herfotzn: kräftig ohrfeigen

Die gleiche Bedeutung haben „herwàtschn", „herwàchèn", „herschlång" und → herhaun 1).

herfressn: auf Kosten eines Dritten viel essen

Entsprechend hierzu bedeutet „hersaufà": auf Kosten eines Dritten viel trinken, z. B.: „Wennst du àmoi Vater werst, na saufbmà de gscheit her." (Wenn du einmal Vater wirst, da werden wir uns auf deine Kosten reichlich betrinken.)

hergschenkt: hergeschenkt; verloren, abgehängt, chancenlos

„Bei dem bist hergschenkt." (Bei dem bist du hergeschenkt, da hast du keine Chance mehr.)

herhaun: herhauen

1) kräftig schlagen, verprügeln → herfotzn

2) hergeben, herausrücken

„Hau à Pris her!" (Gib mir auch eine Prise Schnupftabak!)

3) in großen Mengen auftreten

„Àn Reng håt`s ganz sche herghaut." (Es hat ziemlich stark geregnet.)

4) sich dazusetzen

„Sich herhaun" bedeutet: sich zu den Anwesenden an den Tisch setzen. Dazu gibt es den abgewandelten Vers auf einen Schlager von Lois Prima aus den 1950er Jahren: „Buona Sera, Hau de herà, Sàmmà mehrà." (Buona Sera, Hau dich her, Dann sind wir mehr.)

Herndl / früher: **Häl**: Hörner

Z. B. sagte mein Vater über meine Mutter, die problemlos alles aß und essen konnte: „De frisst àn Deife à, wenn eàm Häl åghaut sàn." (Die frisst auch den Teufel, wenn ihm die Hörner abgeschlagen sind.)

herreißn: an jemandem oder an etwas zerren, auch: schmelzen

„Àn Schnee håt`s ganz sche hergrissn." (Der Schnee ist in kurzer Zeit ziemlich weggeschmolzen.)

herschaung: hersehen; aussehen

„Der schaugt aber blass her." (Der sieht aber blass aus.)

herwachsn: heranwachsen, sich positiv entwickeln

Z. B. wurden „hergwachsne“ Kinder früher schon sehr bald mit landwirtschaftlichen Arbeiten betraut, sei es schon mit fünf Jahren als „Gànslhiàter“ (Gänschenhüter) oder mit zwölf Jahren als nahezu vollwertige Arbeitskraft.

herwartn: länger als angenommen warten müssen

herzàrrn: herbeizerren; herbeischaffen, herbeiziehen

Dabei schwingt eine gewisse Anstrengung oder ein persönlicher Einsatz mit.

hi: hin

1) tot
2) kaputt
3) erschöpft

hibsch: hübsch; ziemlich, ziemlich viel

„Mei Lehrerin håt scho hibsch Kinder ghabt.“ (Meine Lehrerin hatte schon ziemlich viele Kinder.) Oder: „Der Schnää war scho hibsch weg.“ (Der Schnee war schon ziemlich weg.)

hinterfotzig: hinterhältig, heimtückisch, gemein, falsch, schlitzohrig

Das Adjektiv ist verwandt mit der → Fotzn (Mund) und bringt zum Ausdruck, dass hinter dem Rücken des Betroffenen eben diese betätigt und zu verleumderischen Zwecken genutzt wird; gegen einen nicht Anwesenden gerichtete Abmachungen werden auch „hinterfotzig“ getroffen.

Hintergschertindien: weit entferntes, unzivilisiertes Land

Der Phantasiebegriff deutet auf die Region „hinter“, also aus bayerischer Sicht östlich von Indien hin. Er lässt dort die „Gscherten“, also die einfachen, unzivilisierten Leute vermuten. → gschert

hinterhoi: hinterhalb; hinter

Das Gegenstück lautet väderhoi. → drent, herent

hinterleitig / früher: **hinterleite**: nordseitig

Die auf der Nordseite eines Hauses gelegenen Räume sind im Sommer angenehm kühl, im Winter dagegen oft bitterkalt, weil sie nie von der Sonne erwärmt werden. → Sunnàseitn, Wedàseitn

hireim: hinreiben; etwas durch die Blume sagen

Das Verb drückt nicht die Bewegung des Reibens aus, sondern wird nur im übertragenen Sinn gebraucht: Jemandem etwas Unangenehmes oder

Kritisches durch die Blume sagen, teils auch mit einem Tick Schadenfreude oder Häme, z. B.: „I håb`s eàm scho higriem, des mit seim ledigen Kind." (Ich habe es ihm schon durch die Blume gesagt, die Sache mit seinem unehelichen Kind.) Synonym: „unter d`Nåsn reim" (unter die Nase reiben).

Hirnbàtzl: scherzhaftes kurzes Schnippen an die Stirn einer anderen Person

Dabei wird mit dem Mittelfinger und dem Daumen ein Kreis gebildet und so eine Spannung erzeugt. Wird diese gelöst, so schnellt der Mittelfinger an die Stirn der anderen Person. Statt des Mittelfingers kann man auch den Zeigefinger benutzen. Eine regional andere Bezeichnung hierfür ist „Hirnschnàppàl".

hiwànddln: sich hinwandeln; Kontakt suchen, einen Annäherungsversuch starten

Damit ist gemeint, dass man versucht, in die Nähe – und damit an die „Wand" – einer bestimmten Person oder Gruppe zu kommen, um Kontakt aufzunehmen. Wird dies akzeptiert, lautet die Antwort: „Konnst de scho herwànddln." (Du kannst dich schon bei uns niederlassen.) → owànddln

hizruck: zurück, rückwärts

„Bei de geht's oiwà mehrà hizruck ståt füre." (Bei denen geht's immer mehr rückwärts statt vorwärts.) → àrschlings

Hoàgart (**Hoàgarten**): Besuch bei den Nachbarn

Dabei kann es sich um Besuche des Nachwuchs handeln, die mit den Nachbarskindern spielen, oder um Treffen von Erwachsenen. Vor allem am Feierabend sowie an Sonn- und Feiertagen hat man sich früher zum Plaudern, Singen und Musizieren zusammengesetzt. Heute werden Volksmusikveranstaltungen als „Hoàgart" (oder „Hoàgascht") bezeichnet. Das Wort kommt von „Heimgarten".

hoàklig / früher: **hoàkle**: heikel, wählerisch → ausgstochà, extrig, gnàschig, gschleggàd, gschmansert

hoàle: heilig, auch: heimelig; zutraulich, furchtlos

Diese Eigenschaft trifft z. B. auf eine Katze zu, die ohne Furcht auf fremde Personen zuläuft und sich von diesen streicheln lässt. → schmoàchèn

hoàmgeign: heimgeigen

Das Verb kommt nur noch in dem Spruch „Lass de doch hoamgeign!" (Lass dich doch heimgeigen!) vor; dieser bezieht sich auf den Brauch, das

Hochzeitspaar am Ende der Feier musikalisch nach Hause zu begleiten. Wird jemand so angesprochen, dann teilt man ihm mit, dass er Unsinn geredet oder eine unbrauchbare Arbeit abgeliefert hat und es deshalb an der Zeit ist für ihn, sich zu entfernen und nach Hause zu gehen – notfalls mit Musik.

hoàmleichtn: heimleuchten; jemandem deutlich die Meinung sagen, ihn auffordern zu verschwinden

Wörtlich wird damit zum Ausdruck gebracht, dass man jemandem mithilfe einer Laterne zeigt, wo es für ihn nach Hause geht, und dieser jemand gut daran täte, sich umgehend auf den Weg dorthin zu machen, weil man ihn hier nicht mehr sehen will. Üblicherweise droht man dabei: „Dir wer e hoàmleichtn!" (Dir werde ich heimleuchten!)

hoàmscheitln: heimscheiteln; jemanden verjagen, indem man ihm Holzscheite nachwirft

Vor allem junge Burschen, die zu den Mägden oder Töchtern des Hauses ans Kammerfenster gekommen sind, hat der Bauer früher „hoàmgscheitlt", damit niemand auf dumme Gedanken gekommen ist. → Scheil 1)

hoàmstàmpern: jemanden mit sanftem Druck dazu bewegen, nach Hause zu gehen → àbstàmpern, naushaun

hoàß: verärgert, sauer

„Über de bin i hoaß." (Über die bin ich verärgert, auf die bin ich sauer.) Ist man über jemanden „hoàß", dann sagt man auch: „De håwe gfressn." (Die habe ich gefressen.) Oder: „De håwe dick." (Die habe ich dick.)

Hoàssàle!: Ausruf des Erschreckens meiner Mutter, wenn sie etwas sehr Heißes berührt hatte

Je nach Intensität des Brandschmerzes wurde der Ausruf einmal oder auch öfter wiederholt.

hoàssn: heißen

1) nennen, bezeichnen

   „Mir ham àn oiwà ‚Biwe' ghoàssn." (Wir haben ihn immer „Biwe" genannt.) Oder: „Lass de doch koàn Scheißer hoàssn!" (Lass dich doch nicht als Angsthase bezeichnen!)

2) versprechen

   „Hundert Mark håst mà ghoàssn." (Hundert Mark hast du mir versprochen.)

Hockàl: Hockerl

1) kleiner Hocker, Schemel

2) sitzende Körperhaltung ohne Sitzgelegenheit
Wenn man ein „Hockàl“ macht, dann geht man in die Knie, sodass die Oberschenkel auf den Unterschenkeln liegen und das Körpergewicht auf den Fußballen ruht. Müssen kleine Mädchen im Freien unerwartet auf die Toilette, dann sagt man: „Geh då hintern Busch und mach à Hockàl!“ (Geh da hinter den Busch und hock dich hin!)

Hoffuàß: Hoffuß; Hofgröße

Seit dem Ende des Mittelalters bis zum Jahr 1812 hat man in Bayern folgende Größen bzw. Bezeichnungen unterschieden:

* 1/1 Hof: Ganzhof – Meier – 100, max. 200 Tagwerk Grund, 4 Pferde
* 1/2 Hof: Halbhof – Hube, Huber – 30 bis 100 Tagwerk Grund, 2 Pferde
* 1/4 Hof: Lehen – Lehner – bis ca. 25 Tagwerk Grund, 1 Pferd
* 1/8 Hof: Sölden – Söldner – unter 10 Tagwerk Grund
* Häusler, Kleinhäusler, Leerhäusler mit wenig oder keinem Grund, Taglöhner und Handwerker

Hoi!: Hoppla!, Holla! (Ausruf der Überraschung oder Verwunderung)

„Hoi, wo kimmst jetz du her?“ (Hoppla, wo kommst jetzt du plötzlich her?) Oder als Wortspiel: „Schiff, ahoi!“ – „Hoi, à Schiff!“

hoibschààrig: halbscharig; von geringer Qualität, unvollkommen, mangelhaft, halbherzig, noch nicht ganz ausgegoren

Die Pflugschar muss beim Pflügen in vollem Umfang in den Boden greifen, um ein optimales Ergebnis zu erzielen. Dies war früher für Mensch und Zugtier sehr anstrengend. Wird nur mit halber Pflugschar-Tiefe gepflügt, also „hoibschààrig“, so ist dies wesentlich einfacher, führt aber zu geringerem Ernteertrag. Das Wort wird nur noch im übertragenen Sinn verwendet, z. B.: „Des is à hoibschààrige Sach.“ (Das ist eine nicht ganz ausgegorene, eine unvollkommene Sache.)

hoiwàd: halb

Hoiz: Holz; Wald

„Heit geh mà-r-à `s Hoiz naus.“ (Heute gehen wir in den Wald hinaus.)

Hoizfuchs: Holzfuchs; Hinterwäldler

Der Begriff ist in erster Linie ein Synonym für den „Hinterwäldler“, also für Leute, die im oder gar hinter dem Wald wohnen, selten Kontakt mit der Zivilisation haben und deshalb in Gesellschaft unsicher, zum Teil hilflos auftreten. → zahnà

hoizscheilkniàn / früher: **hoizscheilkniàgln**: knien auf Holzscheiten

Zur Strafe mussten früher ungehorsame Kinder auf kantigen Holzscheiten knien. Strafverschärfend waren entblößte Knie oder das gleichzeitige Beten eines Rosenkranzes möglich, wobei dessen Dauer auch die Länge des „Hoizscheilkniàns" bestimmte. Diese Strafe war sowohl in der Schule als auch im Elternhaus üblich. Heute kennt man diese grobe Maßregelung zum Glück nur noch als derben Spaß auf Hochzeiten, der dem frischgebackenen Ehemann schon einmal einen Vorgeschmack auf die kommenden harten Zeiten der Ehe geben soll. → kniàgln

Hopfàküàm (**Hopfàkürm**): aus Holzspänen geflochtener Korb für die Hopfenernte

Der Korb fasste einen → Metzn, also sechzig Liter. Er wurde vor den auf einem Hocker sitzenden Erntehelfer gestellt, der die abgezupften Hopfendolden darin sammelte. War der Korb voll, so wurde er an dem daran befindlichen Henkel zur Sammelstelle getragen und entleert. Für Kinder gab es ein kleineres Modell. → Hopfàzupfà, Küàm

Hopfàzupfà, *das*: Hopfenzupfen, Hopfenbrocken (schriftbair.); Hopfenernte

Geerntet wird dieser essentielle Bestandteil des Biers durch Abpflücken der Hopfendolden von der Hopfenpflanze und Sammeln in der → Hopfàküàm. Das gleichlautende Substantiv „Hopfàzupfà" steht mit den Artikeln „der" bzw. „die" für den Arbeiter bzw. die Arbeiterin im Hopfengarten. Dieser Helfer (Saisonarbeiter) bei der Ende August, Anfang September stattfindenden Hopfenernte wird auch „Hopfàbrockà" (Hopfenvrocker; Hopfenzupfer, -pflücker) genannt.

Als Verb: **hopfàzupfà** (**hopfàbrockà**): hopfenzupfen (schriftbair.); Hopfen pflücken

Statt „hopfàzupfà" ist regional auch „hopfàzopfà" üblich.

Hoppm: Unebenheit, leichte Wölbung auf einer ansonsten ebenen Fläche

hosàd: ungeduldig, nervös, kribbelig

Das Wort kommt von „hosen": mit eilfertigem Schritt gehen, laufen, rennen (Schmeller I 1181). „Då werd à glei hosàd" (Da wird er gleich ganz kribbelig), sagt man, wenn es jemand schon nicht mehr erwarten kann, dass ein bestimmtes Ereignis eintritt.

Hosendrädrä: kleiner Bub, Hosenmatz

Die etwas größeren Kinder haben früher die kleineren mit diesem Wort gerne gehänselt.

Hosentürlsteier: Hosentürlsteuer; Alimente

Alimente werden fällig, wenn ein nichteheliches Kind gezeugt wurde. Zu diesem Zweck musste der spätere Vater des Kindes sein „Hosentürl" öffnen, um die Voraussetzungen für den Paarungsakt zu schaffen. Dieses in der Relation kurze Vergnügen hat jahrelange Alimentenzahlungen zur Folge, die man – wie die Steuer – nicht vermeiden kann.

Huàstnguàtl / früher: **Huàschnguàtl**:

1) Hustenbonbon

2) kleines Auto → Henàheisl, Speibtriegàl 2)

Huisnblàsi: Hülsenblasius; dummer Mensch, Trottel

Wie bei ähnlichen negativ belegten Bezeichnungen (z. B. „Schmarrnbene") ist auch hier der Vorname „Blàsi" (Basius) ein Synonym für den Mann an sich. Das Wort „Huisn" (Hülse) verweist darauf, dass der Kopf dieses Mannes lediglich eine Hülse, also leer ist – keine Spur von Hirn bzw. Intelligenz.

Hunaus (**Hurnaus**): Hornisse

Hund: Treuer Weggefährte des Menschen und erst in seinen verschiedenen Bedeutungen eine Eigenheit des bairischen Dialekts:

* → Zàmpàl: besonders kleiner Hund, z. B. Zwergpinscher
* Lumpe, Wàcke: kleiner Hund, z. B. Dackel
* Hundsdeife (Hundsteufel): böser oder kläffender oder bissiger Hund
* Hundsmàtz: bedrohlicher oder hinterlistiger Hund → Màtz

Sagt man über jemanden z. B. „À Hund is à scho!", so bringt man damit eine gewisse Anerkennung über eine erbrachte Leistung und die dafür notwendige Schlitzohrigkeit zum Ausdruck. Eine sozial schwache Person oder ein Behinderter wird als „armer Hund" bedauert. Ein „bläder Hund" ist ebenso wie ein „dàmischer Hund" ein dummer, ungebildeter Mensch (→ Åbdràdà, gschert). Als Präfixoid dient „Hunds-" bzw. „hunds-" häufig der abwertenden, herabwürdigenden (Sprachwissenschaftler sagen: pejorativen) Verstärkung, z. B.:

* Hundsbuà (Hundsbub): Schelm, Frechdachs
* Hundsgribbe (Hundskrüppel): Lausbub, Streichespieler → Gribbe

* hundsgemein: sehr gemein

* hundsmiserabel: besonders schlecht → haudig, hundsheitern

hundsheitern: hundshäutern, hundshäutig; schlecht, miserabel, durchtrieben, ausgekocht

„Der Schlàwiner, der hundsheiterne." (Der durchtriebene Gauner.) Oder: „Der Schmi håt mein Pfluà gricht, aber recht hundsheitern." (Der Schmied hat meinen Pflug repariert, aber sehr schlecht.) → haudig

hungre: hungrig; geizig, neidig, äußerst sparsam

Hier tut jemand so, als würde er am Hungertuch nagen, obwohl er durchaus solvent ist. Solche Personen bedrängt man zu mehr Großzügigkeit mit den Worten: „Duà net går so hungre!" (Tu nicht gar so hungrig, sei nicht gar so geizig!) Dritten gegenüber beschreibt man eine solche Person mit: „Der dàhungert oiwei no àmoi." (Der verhungert ohnehin irgendwann.) → brotneide, gniggàd, loàde

hunzn: jemanden wie einen Hund behandeln, schlecht behandeln, schikanieren, drangsalieren

Das Verb steht in Zusammenhang mit dem → Hund und dem davon abgeleiteten fiktiven Verb „hundsen". Man beschreibt damit vor allem die grobe und ungerechte Behandlung Untergebener, denen sinnlose oder ohne Notwendigkeit umfangreiche oder erschwerte Arbeiten aufgetragen werden. → Zwiefe (zwiefèn)

Hupfer: Hüpfer; Sprung, auch: Springer

In der Verbindung „junger Hupfer" beschreibt der Begriff einen unerfahrenen, unreifen jungen Mann, der noch nicht in der Lage ist, große Sprünge zu machen. In der Bedeutung „kleiner Sprung" kommt er auch als „Hupfàrà" vor. → Büàschàl, Duddàrà, Kàmpe, Spritzer

Als Verb: **hupfà**: hüpfen; hinken, gehbehindert sein

Davon abgeleitet ist das Adjektiv **hupfàd**, das sowohl „hinkend" als auch „quirlig", „unruhig" oder „aufgeregt" bedeutet und außerdem die Unruhe in einem mit Kohlensäure versetzten Getränk beschreibt, das man deshalb „hupfàds Wasser" nennt (springendes Wasser, davon wieder abgeleitet → Springàl). Ein „Hupfàdà" (Hinkender) hat mit „hüpfen" im Sinne von „springen" nicht mehr viel am Hut.

Hürwàn (Hüàwàn): meist altes Wohngebäude in einem schlechten, heruntergekommenen Zustand (abfällig)

Hutschn: Schaukel → Küàdàhutschn

Als Verb: **hutschn** (schaukeln, wiegen)

I WIE IÀXN

Iàxn (**Irxn**): Schulter, Achsel, Achselhöhle

Ein gestandenes bayerisches Mannsbild wird auch am „Irxnschmoiz" (Achselschmalz) gemessen, d. h. an seiner Kraft in den Armen. → Schmoiz 2)

Imp, *der*: Biene

Impsumpàrà: Bienenkorb

Bienen hießen früher „Impen". Das (auch: der) „Sumber" war die Bezeichnung für einen Korb (Schmeller II 283). Der „Sumpàrà" hat daher nichts damit zu tun, dass die Bienen in ihrem Korb ein deutlich vernehmbares Summen erzeugen.

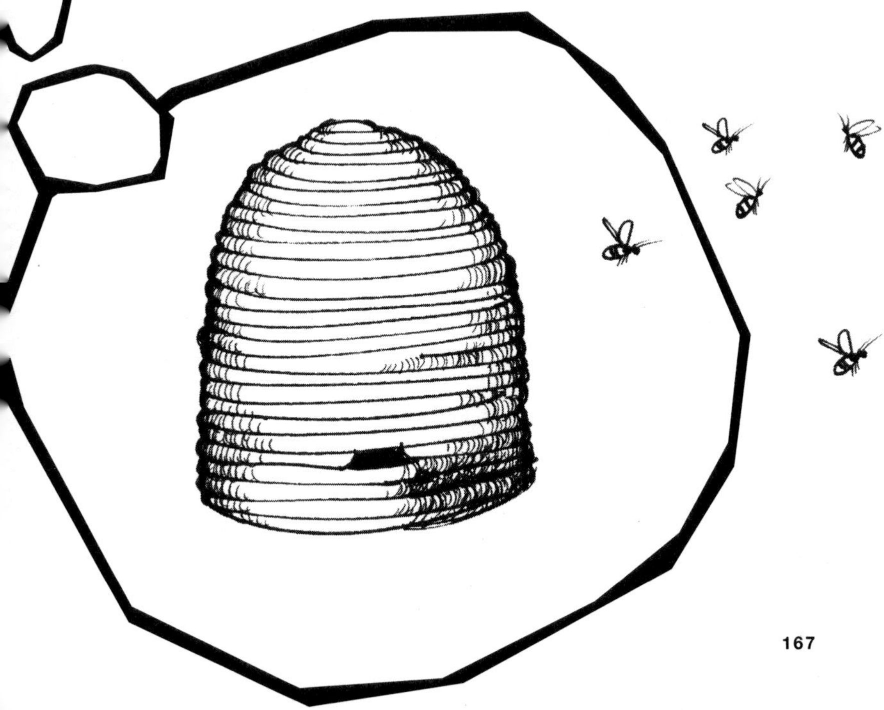

Ingreisch: Eingeweide

Das Wort setzt sich zusammen aus „in“ (für Inneres) und „Gekröse“ (für Eingeweide), woraus „Inkreisch“ bzw. „Ingreisch“ gebildet wird. Auch eine Verwandtschaft zu „Ingeräusch“ (im Körperinneren erzeugte Geräusche, z. B. ein knurrender Magen) wäre denkbar.

innàwern: innewerden; in Erfahrung bringen, erfahren

„Erst letzte Woch bin i innàworn, dass dà Done gheiràt håt.“ (Erst letzte Woche habe ich erfahren, dass der Toni geheiratet hat.) Damit man etwas „innàwerd“, braucht man einen Informanten, der einem etwas mitteilt – im Bairischen: „etwas z`wissn macht“ (etwas zu wissen macht) –, z. B.: „Dà Onkel håt`s uns z`Wissen gmacht, dass der Done gheiràt håt.“ (Der Onkel hat uns informiert, dass der Toni geheiratet hat.)

insà: unser

Auch als Substantiv: Zur Zeit meiner Jugend war der örtliche Priester nicht der „Herr Pfarrer“, sondern „dà **Insà**“ (der Unsere), also „unser Pfarrer“ – aber natürlich nur, wenn er selbst nicht anwesend war.

Irdà (Irtà): Dienstag → Müàdà

iwàdiwà: über – drüber

„Den håwe iwàdiwà gfahrn.“ (Den habe ich überfahren, über den bin ich drüber gefahren.)

iwàecks: über`s Eck; diagonal, geradewegs

Wer „iwàecks“ geht, nimmt eine Abkürzung.

iwàscheinig / früher: **iwàscheine**: überscheinig; total übertrieben

Das Wort kommt aus dem religiösen Bereich und beschreibt eine übertrieben fromme Person, deren durch intensiven Glauben und strikte Befolgung aller kirchlichen Regeln erworbener Heiligenschein sogar noch den der besonders frommen Heiligen überstrahlt.

iwisch: aufwärts

Regionale Besonderheit in der Grenzregion zwischen Oberbayern und Schwaben. Sitzende alte, gebrechliche Leute sagen dort: „I kimm nimmer iwisch.“ (Ich komme nicht mehr hoch.)

ix-hàxert: x-beinig → o-hàxert

J WIE JAKOSAPFE

Jàhrling:

1) einjähriges Pferd

2) Summe der Sünden, die im Laufe eines Jahres aufgelaufen sind
Hintergrund dabei ist, dass die katholische Kirche ihren Gläubigen empfiehlt, regelmäßig zur Beichte zu gehen. Je nach Lebenswandel oder Frömmigkeit folgte man dieser Vorgabe früher wöchentlich bis viertel- oder halbjährlich. Zwingend vorgeschrieben war, mindestens einmal im Jahr die Beichte abzulegen, möglichst an Ostern. Wer nun die volle Jahresfrist ausschöpfte, hatte „seinen Jàhrling beieinander", was vom örtlichen Pfarrer, aber auch von den gläubigen Mitmenschen mit kritischen Worten begleitet wurde. → Antlass

Jakosapfe (auch: **Jakàsapfe, Jakàdsapfe**): Jakobsapfel; Klarapfel
Diese früheste, aber nicht haltbare Apfelsorte ist nach dem Namenstag des Hl. Jakobus (25. Juli) benannt, an dem in der Regel die Ernte der Jakobsäpfel beginnt.

Jaudus: großes Feuer in der Osternacht
Für dieses Feuer werden große Mengen brennbaren Materials von den Burschen des jeweiligen Dorfes aufgeschichtet und am Karsamstag nach Einbruch der Dunkelheit angezündet. In der Regel wird der „Jaudus" auf einer Anhöhe aufgerichtet, damit er schon von weitem zu sehen ist. Das Osterfeuer soll auch heute noch die bösen Geister, symbolisiert durch den Verräter Judas (daher der Name), und vor allem den Winter austreiben.

Jeggàl! (auch: **Ui Jeggàl!**): Oh je! (Ausruf des Bedauerns oder der Überraschung)
„Ui Jeggàl, des håwe vergessen." (Oh je, das habe ich vergessen.) Das Wort ist eine kaum noch zu erkennende Verniedlichung von „Jesus".

Jessàsjessàsnà!: Jesus, Jesus, nein! (Ausruf des Entsetzens, der Verwunderung oder der Überraschung)
Eine ähnliche Bedeutung haben die Ausrufe „Jessàsmaria" (Jesus, Maria) und „Jessàsmaria und Josef" (Jesus, Maria und Josef).

jetzig / früher: **jetze**: derzeitig

Joppm: Jacke, Sakko → Fràck

Juchhä: oberstes Stockwerk, meist mit Mansarde

„Mià ham àn Juchä am gschlaffà." (Wir haben im obersten Geschoß geschlafen.) Das „Juchhä" ist der Bereich eines Hauses, der wegen der Dachschräge (Mansarde), vor allem aber wegen der vom früher nicht isolierten Dach hereinkommenden Hitze im Sommer bzw. Kälte im Winter wenig beliebt war.

K WIE KIÀCHE

Kåår: Rein, Bratrein

Dieser Begriff stammt aus der Grenzregion zwischen Schwaben und Oberbayern. → Rein

Kache: Kachel

1) Fliese, Ofenkachel
2) irdenes Gefäß

   Z. B. nannten die derben Bayern einen irdenen Nachttopf auch „Brunzkache".
3) grobschlächtige Bezeichnung für die Scham der Frau

   Hier spielt das Schimpfwort „Brunzkache" (brunzen – pinkeln) eine unrühmliche Rolle im Miteinander der Geschlechter.

kàln: schnell oder ziellos Fahrrad fahren

Das Verb dürfte vom „Karren", dem simplen, kleinen Transportmittel, abgeleitet sein und wörtlich „karren", bairisch „karreln", bedeuten, z. B.: „Wås kàlstn den ganzen Dåg umànand?" (Zu welchem Zweck fährst du denn den ganzen Tag mit dem Fahrrad umher?)

Kalumpsn: heruntergekommenes Anwesen

Kammerdwång: Kammerwagen

Wagen, auf dem früher die Aussteuer der Braut am Tag vor der Hochzeit von ihrem Elternhaus zu ihrem neuen Zuhause transportiert wurde. Dafür wurde bevorzugt ein → Bruckenwång benutzt. In erster Linie fanden sich unter den Transportgütern Möbel und Gegenstände, die ein Schlafzimmer, die „Kammer", zierten: Bettstatt, Bettzeug, Kleiderschrank – aber auch Spinnrad oder Wiege (→ Sachschaung). Gehörte zum → Heiràtsguàt ein Pferd oder eine Kuh, so wurden diese geschmückt und hinter dem „Kammerdwång" mitgeführt.

Kàmpe:

1) Kamm

   Das Verb dazu lautet: **kàmpèn** (schriftbairisch: kampeln; kämmen) → Lausrächà

2) abschätzige Bezeichnung für einen jungen, unreifen Mann
Dabei wird oft ein negatives Adjektiv ergänzt, z. B.: „versuffànà Kàmpe", „blädà Kàmpe" oder „frecher Kàmpe" (versoffener, blöder bzw. frecher Bursche). → Büàschàl, Duddàrà, Hupfer, Spritzer

Kannàbä, *das*: Sofa, Couch

Es handelt sich um das französische Wort „canapé", das „Sofa". Das bairische „Kannàbä" bezeichnet ein solches Möbelstück mit Rücken- und Seitenlehne. Die Unterschiede zu → Diwån, → Oddàmàn und → Schäslo sind gering.

Kanòn`: Kanone; dicke, stattliche Frau

Die Kanone war früher die größte Schusswaffe, mit deren erheblichem Umfang und großem Gewicht man diesen Eigenschaften entsprechende Frauen vergleichen kann. → Gschooß

Karä: Schwung, hohes Tempo, große Geschwindigkeit

Das Wort dürfte vom spanischen „carajo" abgeleitet sein, das u. a. ein vulgärer Ausruf der Überraschung wie des Entsetzens ist. Im Bairischen ist vor allem die Verbindung „in oàn Karä" (in einem Karacho) üblich, z. B.: „Då sàmmà in oàn Karä àn Berg någfåhn." (Da sind wir mit Karacho den Berg hinuntergefahren.)

Kàs: Käse

1) aus Milch erzeugtes Nahrungsmittel
2) unsinniges Gerede
„Red koàn Kàs!" (Rede keinen Unsinn!) → Schmarrn 2)

Als Verb: **kàsln** (käseln, nach Käse riechen; stinken)

Damit bezeichnet man vor allem nach Käse bzw. nach Schweiß riechende, stinkende Füße, die man dann „Kàshàxn" (Käsefüße) nennt.

Das Adjektiv **kàsig** bedeutet „blass", „bleich" und wird bei extremer Blässe auf „kàsweiß" (käseweiß, kreidebleich) erweitert. Derart blasse Menschen sind auch als „Kàsloàwe" (Käselaibchen) bekannt.

katholisch machà: katholisch machen; jemanden mit Gewalt zum Nachgeben zwingen

Ist z. B. ein Mitarbeiter besonders faul und erfährt der Chef davon, dann wird er sagen: „Den wer` e scho katholisch machà!" (Den werde ich schon zur Räson bringen.) Dieser Ausdruck geht auf den Dreißigjährigen Krieg zurück, bei dem die zum lutherischen Glauben übergetretene

Bevölkerung in vielen bayerischen Gebieten mit Gewalt gezwungen wurde, zum Katholizismus zurückzukehren.

kàtzln: junge Katzen gebären

Angeblich soll die österreichische Kaiserin Sisi vor der Geburt ihres vierten Kindes (Marie Valerie) an ihre Mutter Ludovika nach München geschrieben haben: „Dies ist wohl mein letzter Brief vor dem Katzeln." → làmpèn

kàwèn: essen

Das Verb kommt von „kauen", es besteht allerdings auch eine deutliche phonetische Nähe zum → Gàwe, der kleinen Besteckgabel. → eihaun, ogråsn

Keàndlgfuàdàdà: Körnergefütterter; kräftiger, gut genährter, widerstandsfähiger Mensch

Viehfutter, das hauptsächlich aus Getreidekörnern besteht, ist wesentlich nahrhafter als Gras, Heu oder Stroh. Mit Körnern gefütterte Tiere sind daher besonders kräftig und widerstandsfähig. Auch Menschen, die gut genährt und kräftig sind, kann man diese Nahrungsgrundlage als „Keàndlgfuàdàde" unterstellen.

Keàwe, *das*: Korb, der

Die „Keàwe" werden meist aus Weiden oder Holzspänen geflochten, weil diese Materialien sehr biegsam sind. Das Diminutiv lautet „Keàwàl" (Körbchen). → Keàwezeiner, Krätzn, Küam

Keàwezeiner: Körbelzäuner, Kürbenzäuner; Korb-, Körbeflechter

Das alte Verb „zäunen" bedeutet „flechten". „Keàwezeiner" waren arme Leute, die mit ihrer sehr mühsamen und wenig ertragreichen Arbeit gerade so über die Runden kamen. Der Begriff ist deshalb auch ein Synonym für mittellose Leute, bis hin zu einem Schimpfwort für ungebildete, unkultivierte, derbe Menschen. → Keàwe, Küàm

Kèèn: Kette

Das Diminutiv lautet „Kèttàl" (Ketterl, Kettchen).

keglscheim: kegelschieben; kegeln → Kuglståd, oscheim, owànddln

Kei: Keil; großes, keilförmiges Stück

Der „Kei" ist nicht nur ein Werkzeug, um Holz zu spalten. Ein „Kei Brot" ist ein großes Stück Brot in Keilform; früher wurden aus den runden Brotlaiben – wie heute aus einem Kuchen – große, dreieckige Stücke herausgeschnitten. → Ranggn 1)

keichàd: keuchend, hustend, mit belegter Stimme

„Der håd se vokoit, der redt ganz keichàd." (Der hat sich erkältet, der spricht mit belegter Stimme.) → keìzn

Keiwe: Kalb

Wenn das Kalb bei der Geburt mithilfe eines Stricks aus dem Mutterleib gezogen wird, spricht man vom „Keiweziàng" (Kälberziehen). Die bereits sichtbaren Beine des Kalbes werden dabei mit dem „Keiwestrick" zusammengebunden, bevor man mit behutsamem bis kräftigem Ziehen am Strick den Geburtsvorgang unterstützt.

keìzn / früher: **köizn**: husten

Bei „keìzn" werden „e" und „i" separat gesprochen. → keichàd

Kersch, *die*: Kirsche

Auch die Pluralform lautet „Kersch".

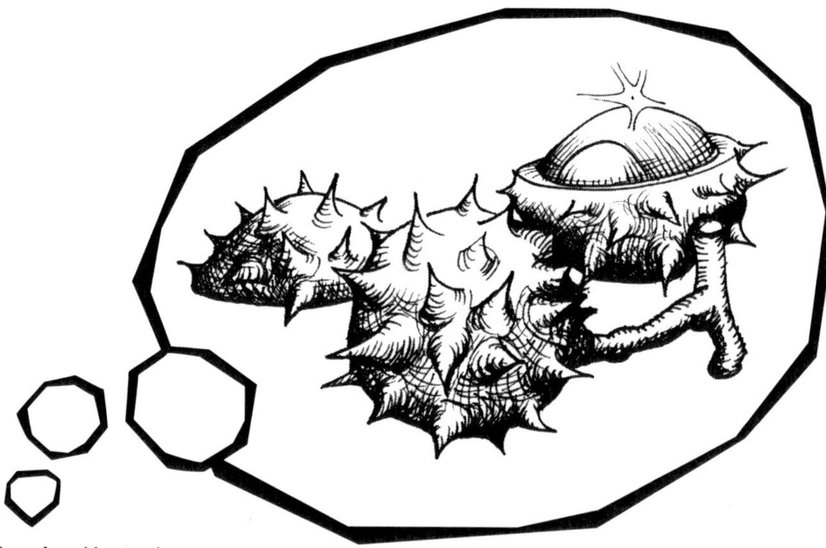

Keschn: Kastanien

Kirschen nennt man dagegen auf Bairisch → Kersch.

Kiàche, *der*: Küchel; Schmalzgebäck aus Hefeteig mit Weizenmehl, bei einigen Sorten auch Roggenmehl

Sie werden auch als „Schmoizkiàche" (Schmalzküchel) bezeichnet, weil sie im schwimmenden Schmalz herausgebacken werden. → Auszongne (Fensterkiàche), Nuul, Schmoiz, Schucksn, Voglkiàche

kiàe: kühl

Diese Lautung ist heute kaum noch zu hören.

Kiezbackà, *der*: Kinnsbacken (schriftbair.); Kinn

Kindsdirn: Babysitterin

Kinihås: Königshase; Kaninchen

Das Wort geht zurück auf das lateinische Wort „cuniculus" für „Kaninchen", die kleiner sind als Stallhasen.

kitzgràb / früher: **kitzgrà**: grau, ergraut

Diese Farbbeschreibung wird vor allem dann benutzt, wenn die Person, um deren ergrautes Haupthaar es geht, noch relativ jung ist, z. B.: „Der Hans war mit vierzg Jåhr scho kitzgrà." (Der Hans war im Alter von vierzig Jahren schon total grau.) Das Präfixoid „kitz-" hat nichts mit einem Rehkitz oder einer jungen Ziege zu tun. Schmeller übersetzt das Wort mit „eisgrau" (I 1317).

kitzle: kitzlig; überempfindich

„Kitzle" ist jemand, den die Berührung bestimmter Körperstellen durch Andere zum Lachen bringt oder dem diese Berührung unangenehm ist, kurz: ein auf die Berührung seiner Haut sehr empfindlich reagierender Mensch. Auch emotional empfindsame Menschen sind im Bairischen „kitzle". Ist jemand schon wegen einer Kleinigkeit beleidigt, so ermahnt man ihn mit den Worten: „Jetz bi do net går so kitzle!" (Jetzt sei doch nicht gar so empfindlich!)

Kiwe:

1) Kübel, Eimer

   Das Diminutiv lautet „Kiwerl" (Kübelchen, Eimerchen).

2) minderwertiges Auto

   Ein nicht funktionierendes Auto wird auch als „Scheißkiwe" bezeichnet.

Klàppàl: Sandalen

Es handelt sich um einfache Sandalen, deren Sohlen früher aus Holz gemacht waren und deshalb auf der Straße klapperten.

Klauhoiz: Klaubholz; trockenes Zweigwerk, Reisig, Holzprügel

Das „Klauhoiz" wird im Wald aufgelesen (geklaubt), zu Hause auf einheitliche Länge gehackt – das „Klauhoizhackà" – getrocknet, gestapelt und schließlich als Anheizmaterial verwendet. → klaum

klaum: klauben; kleine Dinge mit den Fingern sammeln, aufsammeln, auflesen

Eine klassische Arbeit war früher das „Kadoffe Klaum“ (Kartoffeln Aufsammeln). Nach der Kartoffelernte wurde der Acker gepflügt. Dabei kamen nochmals in geringer Menge – zum Teil vom Pflug angeschnittene – Kartoffeln zum Vorschein. Das nun folgende zweite Aufsammeln der Kartoffeln nannte man „Nåchklaum“, weil man dabei dem Pflug nachging. → åbklaum, aufklaum, ausklaum, Butzkiàh, Klauhoiz, rausklaum

Kloàheisler: Kleinhäusler; Kleinlandwirt oder armer Mensch mit kleinem Häuschen und ohne eigenen landwirtschaftlichen Grund → Fretter, Gràttler, Heisl, Notnickl, Sach (Sàche)

kloàweis: kleinweise; im Kleinen, Stück für Stück, en detail, nicht en gros

„Zerst hammà Guàtl mit voie Händ nausgworfà und nachà hammàs kloàweis zammklaum miàssn.“ (Zuerst haben wir die Bonbons mit vollen Händen hinausgeworfen, und dann mussten wir sie Stück für Stück wieder aufsammeln.) → fuàderweis

Klosterschweiwàl: Klosterschwalben; Klosterschülerinnen

Damit bezeichnete man früher nicht nur die Schwalben, die in klösterlichen Gebäuden nisteten, sondern auch die Schülerinnen in Klosterschulen, die von Ordensschwestern in, dem Gefieder der Schwalben farblich sehr ähnlicher, schwarz-weißer Ordenstracht betrieben wurden.

Klumpsn: Riss, Ritze, Spalt, Sprung

Kluppàl, *das*: Klammer, auch: Finger

Wäscheklammern nennt man „Kluppàl“ oder „Waschkluppàl“. Scherzhaft bezeichnet man auch Finger als „Kluppàl“, schließlich ergeben an der Wäscheleine aufgereihte Klammern zuweilen ein Bild, als würden menschliche Finger nebeneinander die Wäsche halten. An sehr kalten Wintertagen „frierts oàn an de Kluppàl“ (friert es einen an den Fingern). Hält man sich mit der Hand zwischen Tür und Rahmen fest und schlägt einer die Tür zu, dann „håt mà se `Kluppàl eizwickt“ (hat man sich die Finger eingeklemmt).

knampn: knampen (schriftbair.); stumm nicken, durch Nicken grüßen

„I hob eam zuàknampt.“ (Ich habe ihm zugenickt.)

Kniàbiesler: Kniebiesler; sich kindisch verhaltender Jugendlicher, unreifer Mann (Schimpfwort)

Sowohl ein Mann oder Bub, der sich die eigenen Knie anpinkelt, ist wörtlich genommen ein „Kniàbiesler“ als auch größere Kinder, die ihrem Verhalten nach noch in die Grundschule gehören, und Männer, die sich für Peter Pan, den nie erwachsen werdenden Jungen, halten. → biesln

kniàgln: knien

Varianten davon sind „hikniàgln“ (hinknien) und „neikniàgln“ (hineinknien). Letzteres bedeutet „sich besonders bemühen, sich tief hineinarbeiten, großen Aufwand betreiben“. → hoizscheilkniàn

Kniàschnàckler:

1) Knacken im Kniegelenk
2) Zittern der Knie nach körperlicher Anstrengung oder bei Angst
3) weiche Knie durch Angst oder Verliebtheit
   Knie, die sich in einem solchen Zustand befinden, sind „Kniàschwàmmàl“. → Schnàckler

Das Adjektiv dazu lautet: **kniàrogle** (knielocker) → rogle

kniàweit: knieweit; o-beinig

Im Vergleich zu kerzengeraden Beinen weisen die Knie der beschriebenen Person einen größeren Abstand auf und formen – besonders bei Reitern verbreitet – ein grobes „O“. → o-hàxàd

Koichoàr: Kalkeier

Zur Konservierung wurden Eier früher in gelöschten Kalk, ab den 1950er Jahren in Wasserglas (d. h. Kalium- oder Natriumsilikat) eingelegt und im Keller gelagert.

Koide So̲ffe: Kalte Sophie

Den drei „Eisheiligen“ Pankraz, Servaz und Bonifaz, die nacheinander vom 12. bis 14. Mai ihre Namenstage feiern, folgt am 15. Mai der Namenstag der Heiligen Sophie. Den jahrhundertelangen Erfahrungen der Bauern zufolge, ist nach diesem Tag nicht mehr mit Frost zu rechnen.

Koim (Keum): Kalm (schriftbair.), Kalbin; Kuh, die noch kein Kalb geboren hat

Köjà: Keller

Frühere Lautung, die man heute kaum noch hört.

kommod (auch: **kammott**): bequem

„Mach dà`s nur kommod!“ (Mach`s dir nur bequem!) Das Wort ist aus dem Französischen entlehnt (von „commode“ für „praktisch“, „umgänglich“ oder „einfach“). → unkommod

Kommodkasten: Wohnzimmerschrank

koppm: koppen; eigentlich: geräuschvolles Schlucken von Luft bei Pferden

1) rülpsen, aufstoßen

Das Substantiv dazu lautet: **Koppàrà** (Rülpser).

Früher hat man gerne einen „Koppàrà" mit dem Spruch verbunden: „Absalon war ein Königssohn". Dabei bildete der eben losgelassene „Koppàrà" mit der ersten Silbe „Ab-" eine Einheit; das peinliche Aufstoßen sollte so im Satz versteckt werden. Bei Kindern nennt man den Rülpser ein „Koppàl" (Diminutiv).

2) kritisieren, nörgeln, schimpfen

„Wegà dem Bissl brauchst net koppm." (Wegen dieser Kleinigkeit brauchst du nicht zu schimpfen.) → Gràntler, màmmsn, màssln

Kopràtter: Kooperator

So bezeichnete man früher einen jungen Priester, der unter der Leitung des örtlichen Pfarrers bei der Wahrnehmung des pastoralen Dienstes über den Gottesdienst hinaus in einer Pfarrei mitwirkte. Eine regionale Besonderheit ist der „Kopràtter-Håwern" (Kooperator-Hafer), ein Synonym für den Pfeffer. Während man Pferden nahrhaften Hafer gibt, damit sie die erforderliche Leistung bringen, bekommt der „Kopràtter" eine Dosis Pfeffer, die zwar nicht nahrhaft ist, aber ebenfalls dafür sorgt, dass der Konsument in Schwung kommt. Über die Schärfe des Pfeffers hat der Begriff dazu auch noch eine erotische Komponente.

Kornmàndl / früher: **Kounmàndl**: Kornmännchen; zum Trocknen zusammengestellte Getreidegarben

Bei der Getreideernte (→ Àrnt) wurden die Garben (→ Beische) von Roggen und Weizen im Kreis gegeneinander aufrecht zum Trocknen zusammengestellt. Begonnen wurde dabei mittig mit einer senkrecht positionierten Garbe, die meistens von einem Kind gehalten werden musste, bis die nächsten Garben paarweise an sie angelehnt waren und das Ganze stabil stand. Fünf oder sieben Garben bildeten jeweils ein „Màndl", das beim Roggen mit einem aus dem soeben geschnittenen Getreide gefertigten Band oder einem der im Winter vorbereiteten → Bändder oben zusammengebunden wurde.

Beim Weizen wurden die „Màndl" meistens nur lose zusammengestellt, da seine Halme zu kurz für die Verwendung als Band sind. Aus Hafer und Gerste machte man keine „Màndl", sie wurden lose getrocknet und mussten bei nassem Wetter – oft mehrfach – gewendet werden, um zu vermeiden, dass die Körner austreiben. → Håwern, Heimàndl

Kot, *das* / früher: **Kout**: Erde, Gartenerde, Humus

Geht man über einen Acker und bleiben größere Klumpen Erde an den Schuhen hängen, so handelt es sich dabei um „Koutbatzn" (Erdklumpen). Mit Ausscheidungen unappetitlicher Art hat das nichts zu tun.

Kotschlien / früher: **Koutschlien**: Kotschlitten; Transportschlitten

Mit dem „Koutschlien" hat man früher im Winter unterschiedliche Materialien transportiert, unter anderem das für die Bezeichnung verantwortliche → Kot (Erde). Auch die Kinder wurden aus entlegenen Siedlungen mit diesem Gefährt zur Schule gebracht.

krachà: krachen

Mit diesem Wort wurden früher auch diverse Geräusche umschrieben, mit denen man es heute nicht mehr in Verbindung bringt, z. B. das „Gurgeln" eines leeren bzw. auch gut gefüllten, verdauenden Magens: „Herst às, wià `Dàrm krachà?" (Hörst du es, wie die Gedärme krachen?) Wenn es starken Frost hatte und der Schnee knirschte, sagte man: „Der Schnee kracht."

krachert: gefühllos, ohne Gespür, grob, derb, auffällig, unangenehm laut oder bunt, schlecht erzogen, ungehobelt

Z. B. kann ein „kracherts Weib" eine laute Frau sein, die derbe Ausdrücke bevorzugt.

kràgln:

1) begatten (der Hahn die Henne)
2) anlässlich einer Gratulation, z. B. zum Geburts- oder Namenstag, den Betroffenen mit beiden Händen von hinten am Genick packen und schütteln → åbkràgln

Kràgn: Kragen; Hals

Während dem Hahn, der in den Topf kommt, der „Kràgn" im Wortsinn „umdràht" wird, muss eine Person, der mit dieser Aktion gedroht wird, normalerweise nichts Schlimmeres als harte Worte befürchten: „Gestern is à wieder erst um drei in dà Früah hoàmkemà. I hätt eàm glei àn Kràgn umdràhn kenà." (Gestern ist er wieder erst um drei Uhr morgens heimgekommen. Ich hätte ihm gleich den Kragen umdrehen können.) → åbkràgln, Kràwàttl

Kramer: Krämer, Händler

Der „Kramer" verkaufte seine Waren im „Kramerlååñ" (Krämerladen), einem in der Regel kleinen Gemischtwarenladen.

Krampf: Unsinn, Schwachsinn

Das Wort wird meistens im Plural verwendet („Kràmpf"), z. B.: „Jetz herst aber auf mit deine Kràmpf!" (Jetzt hörst du aber auf mit deinem Unsinn!) → Kàs 2), Pflànz, Schmarrn 2)

kràmpfèn: krampfeln (schriftbair.); stehlen

Dieses Wort beschreibt ausschließlich das Entwenden von Kleinigkeiten. → åbstöin, dàchèn, dàmisch haun

Krampfhenà: Krampfhenne; Unsinn redende oder planende Frau (Schimpfwort), auch: allgemeines Schimpfwort

Kranz: Kreis

Bei den Nachbarn meiner Mutter mussten zwei Ochsen immer im „Kranz" gehen, um damit den → Geppe anzutreiben.

Krànzljungfrau: Brautjungfrau

Es handelt sich um eine unverheiratete Frau, oft eine Schwester der Braut, die am Tag der Hochzeitsfeier je nach Region unterschiedliche Aufgaben wahrzunehmen hatte bzw. noch heute hat. Sie begleitet in der Regel den Bräutigam zum Altar und absolviert mit ihm nach dem Mittagessen den ersten Tanz, bevor die anderen Gäste dazustoßen dürfen. Die gleichen Aufgaben hat bezüglich der Braut der „Breidführer" (Brautführer). Die „Krànzljungfrau" hat außerdem auch oft die Funktion einer persönlichen Assistentin. Sie ist – zusammen mit der → Nàhdàren (Näherin) – verantwortlich dafür, dass das Äußere der Braut, insbesondere das Kleid im Verlauf der Feier keinen Schaden nimmt und muss sich auch um den Brautstrauß kümmern. Weil sie bei der Erfüllung ihrer Aufgaben und als Vertraute der Braut dieser am Tag der Hochzeit kaum von der Seite weicht, nannte man sie auch „Nàchste" (Nächste).

Krätzn: Krätzen, Kretzen (schriftbair.); geflochtener Korb

„Krätzn" sind aus Weiden oder Holzspänen geflochtene Körbe unterschiedlicher Form und Größe (→ Schüsselkrätzn). Für die Mitnahme von Kindern auf Fahrrädern gab es spezielle „Krätzàl" (Körbchen), die man an der Lenkstange befestigen konnte. → Keàwe

Kraudàrà: Krauterer (schriftbair.); alter, wortkarger, behäbiger Mann

Meist wird der Begriff in der Verbindung „oider Kraudàrà" verwendet und bezeichnet einen alten Mann, der durch lebenslange Gewohnheit aus seinem alten Trott nicht mehr herauskommt.

Krautstampfà:

1) Stößel zum Einstampfen des Sauerkrauts im Bottich

   Die Alternative dazu war das „Eintreten" des Krauts mit den Füßen, meist durch Kinder.

2) plumpe, dicke Beine, vor allem bei Frauen

   Das Gegenteil davon sind die → Spåtznwààl.

Kràwàttl: Krawatte

Packt man einen am „Kràwàttl", dann hat man ihm am Kragen. Der Begriff kommt vom französischen „à la cravate" („auf kroatische Art").

Als Adjektiv: **krawåttisch** (mit viel Kraft, mit Gewalt, mit Macht) „Jetz pack mà`n krawåttisch." (Jetzt packen wir ihn auf kroatische Art, also mit Gewalt.) Die Kroaten stellten einen Großteil der gefürchteten Panduren, die im 18. Jahrhundert zur österreichischen Armee gehörten.

Kràxn: Kraxe

1) Traggestell aus Holz in L-Form für den Rücken

   Vor allem Hausierer transportierten ihre Ware auf „Kràxn". Nachdem die „Kràxn" auf dem Rücken (Buckel) getragen wird, nennt man sie auch „Bucklkràxn". → bucklkràx

2) **à oide Kràxn**: alte, gebückt gehende Frau, auch: scherzhafte Anrede für einen alten Bekannten

Das Diminutiv lautet: „Kràxl". Er kommt nur in der Wendung „oàm `s Kràxl rådoà" vor (wörtlich: einem das „Kràxl" heruntertun; jemanden überwältigen, ihn auf`s Kreuz legen, seiner Herr werden).

Als Verb: **kràxln**: klettern

Eine beliebte Freizeitbeschäftigung bei den Buben war früher das „Bààmkràxln" (auf die Bäume klettern).

Kreiz:

1) Kreuz

2) Last

   Eine Belastung, die man trägt wie Jesus das Kreuz; oft auch eine die Nerven beanspruchende Person, mit der man es aber, meist familiärer Bande wegen, aushalten muss: „Des is à Kreiz mit dir." (Das ist schwierig mit dir.)

3) **über`s Kreiz sei** (über Kreuz sein) oder **über`s Kreiz kemà** (über Kreuz kommen): sich streiten, mit jemandem im Streit liegen
„Mi`m Schmie måg e nix mehr z`toàn ham, mit dem bin e scho lang über`s Kreiz." (Mit dem Schmied mag ich nichts mehr zu tun haben, mit dem bin ich schon lang zerstritten.)

4) **Kreiz-**: verstärkendes Präfixoid
Z. B.: „Kreizdepp" (überaus großer Trottel), „kreizguàt" (die christlichen Werte lebend) oder → kreizweis. Es handelt sich um ein altes Tabuwort, ähnlich dem heutigen „Scheiß-" oder dem → Bluàds-.

kreizweis: kreuzweise; zweimal, doppelt
„Du konnst mi kreizweis!" bedeutet: „Du kannst mich am Arsch lecken, und das kreuzweise, also über Kreuz und gleich zweimal."

Krugl, *die*: bauchiger Krug, vor allem für den Transport von Getränken
Früher gab es Bier nur in Fässern, nicht in Flaschen. Das zu Hause benötigte Bier holte man daher mit einer „Krugl" beim Wirt. In diesem Gefäß transportierte man auch Wasser, Most oder Dünnbier zu den Erntehelfern auf`s Feld. Die bauchige Form der „Krugl" und ihre im Vergleich zu ihrem Volumen kleine Öffnung verhinderten ein Herausschwappen des Getränks beim Transport.

krump geh: krumm gehen; lahmen, hinken

Küàdà, *der* (Kirtà): Kirchweih
So nennt man das Hauptfest des Bauernjahres, das in den meisten Gemeinden am dritten Sonntag im Oktober gefeiert wird. → baun, Drittelküàda, Küàdàhutschn

Küàdàhutschn: große Schaukel in Form eines dicken langen Bretts → Låån
Dieses Brett wird vorne und hinten an langen Seilen in einem Stadel aufgehängt. Darauf schaukeln sowohl Kinder als auch Erwachsene vor allem an Kirchweih, aber auch an anderen Tagen gemeinsam. → Hutschn, Küàdà

Küàdàmüàdà: Kirchweihdienstag → Müàdà

kuàhwarm: kuhwarm; der Körpertemperatur einer Kuh entsprechend
Das Wort ist heute nur noch in der Verbindung „kuàhwarme" → Milli (kuhwarme Milch) gebräuchlich. Gemeint ist damit die frisch gemolkene

Milch, die einen besonders guten Geschmack haben und auch besonders gesund sein soll. Der Genuss einer solchen unbehandelten Milch ist aber trotz ihrer positiven Wirkung auf Verdauung und Immunsystem nicht ungefährlich, sodass nach wie vor empfohlen wird, sie vor dem Trinken abzukochen, um keine bakterielle Entzündung zu riskieren.

Küàm (**Kürm, Kirm**): Kürbe (schriftbair.); geflochtener Korb, der häufig auf dem Rücken getragen wurde → Hopfàküàm, Keàwezeiner

kudern: kichern, lachen

Das Wort kommt vom Schrei des Truthahns, der früher „welscher Hahn" hieß. Es kommt u.a. dann zum Tragen, wenn die Umgebung den Grund für das Kichern nicht kennt, z. B.: „Wås kudern de Zwoa då hint öiwei?" (Worüber kichern denn die Zwei da hinten ständig?) Als Substantiv: **Kudàrà** (kurzes Lachen, auch: die Person, die „kudert")

Kufern: Koffer

Das Diminutiv lautet „Kufàl“ oder „Koffàl“ (kleiner Koffer, kleine Tasche).

Kuglståd: Kugelstätte; Kegelbahn → keglscheim

Kumpf: köcherartiger Behälter für den Wetzstein des Sensenmähers

Es handelt sich um ein früher aus einem Kuhhorn, später in der Regel aus Blech hergestelltes Gefäß, das teilweise mit Wasser gefüllt und zur Aufnahme eines Wetzsteins bestimmt ist. Es ist mit einem Haken versehen, mit dem man es an der Hose bzw. am Gürtel des Mähers befestigen kann. Das Wasser dient dazu, den Wetzstein beim Wetzen der Sense zu befeuchten, um ein besseres Schleifergebnis zu erzielen. → Sààsd

Kuttenbrunzer: Mönch

Abschätzige, ordinäre Bezeichnung für Ordensbrüder, die eine Kutte tragen. → brunzn

L WIE LOÀWEDOÀG

Låån: Laden

1) Geschäft
2) dickes, tragfähiges Brett → Bloh, Brättn, Dehnà, Küàdàhutschn
   Die Pluralform lautet „Lààn“.

Låånbuul, *die*: Ladenbudl (schriftbair.); Ladentheke, Verkaufstisch

lààre Hosn: leere Hose; Person mit schlankem Gesäß, Schwächling

Eine solche Person füllt ihre Hose kaum aus.

Läckà: große Fleischwunde

„Der håt dir aber à gscheide Läckà rausgrissn!“ (Der hat dir aber ein schönes Stück herausgerissen!), sagt man bedauernd zu einer Person, die die deutlichen Spuren eines Hundebisses trägt.

Làckl: Grobian, Flegel, Lümmel, derber, ungehobelter, unverschämter, ungeschliffener, rücksichtsloser Kerl, auch: Mann von respektabler Körpergröße

Oft ist damit auch ein „oider Làckl“ (alter Lümmel) gemeint, also einer, der trotz fortgeschrittenen Alters immer noch kein Benehmen hat, oder ein „gscherter Làckl“ (ungehobelter Kerl). Bei einem sehr großen Mann spricht man respektvoll von einem „großen Làckl“. Der Begriff geht zurück auf den großgewachsenen französischen General de Mélac, der 1688/89 durch seine Mordbrennerei in der Pfalz berüchtigt war (Schmeller I 1432). „Làckl“ war früher auch eine Bezeichnung für größere Hunde, vor allem für Metzgerhunde. → Biffe, Gloiffe

Làcklhammer: besonders großer, schwerer Hammer, Vorschlaghammer → Làckl

làgg: abgestanden, fad, schal

Z. B. sagt der Gast im Wirtshaus zur Bedienung: „Resi, bring mà-r-à frisch` Bier, des då is scho lägg, des kommà nimmà saufà.“ (Resi, bring mir ein frisches Bier, das hier ist schon schal, das kann man nicht mehr trinken.) Denn nichts ist schlimmer für den echten Bayern als ein abgestandenes Bier. → Biersiàder

Lalle: unselbständiger Mann, Waschlappen, Schlappschwanz, Trottel, Pantoffelheld

Der „Lalle“ steht unter der Fuchtel seiner Frau. Interessant ist, dass sowohl dieses Wort als auch seine Synonyme → Lapp und → Lattirl jeweils mit derselben Lautfolge „La-“ beginnen. → Dappnachàre

Làmpe:

1) Lamm, junges Schaf

   Das Diminutiv lautet: „Làmpàl“ (Lämmchen). → Bätzàl

2) lammfrommer, gehorsamer Mensch

3) Stoffzipfel, ein Stück Unterwäsche

   Ausgelacht wurde früher einer, dem „s`Làmpe nausghängt is“, dem also ein Zipfel der Unterwäsche wie das Schwänzchen eines Lamms aus der zerrissenen oder nicht ordentlich zugemachten Hose heraushing.

làmpèn: lammen; ein Lamm werfen → kàtzln

Läng: Länge, auch: Dauer, längere Zeit

Ist damit die zeitliche Länge gemeint, so sagt man z. B.: „Auf d`Läng wàr`s à so nimmer gangà.“ (Auf die Dauer wäre es ohnehin nicht mehr möglich gewesen.)

Langgrågàde: Langkragige; Langhalsige

1) Frau mit langem, schlankem Hals

2) Schöpfbrunnen, dessen Auslauf die Form eines langen schlanken Halses besitzt

Daher kommt auch die Wendung: „Wennst Durscht håst, na gehst naus zu dà Langgrågàdn." (Wenn du Durst hast, dann musst du zu der „Langkragigen" hinausgehen.)

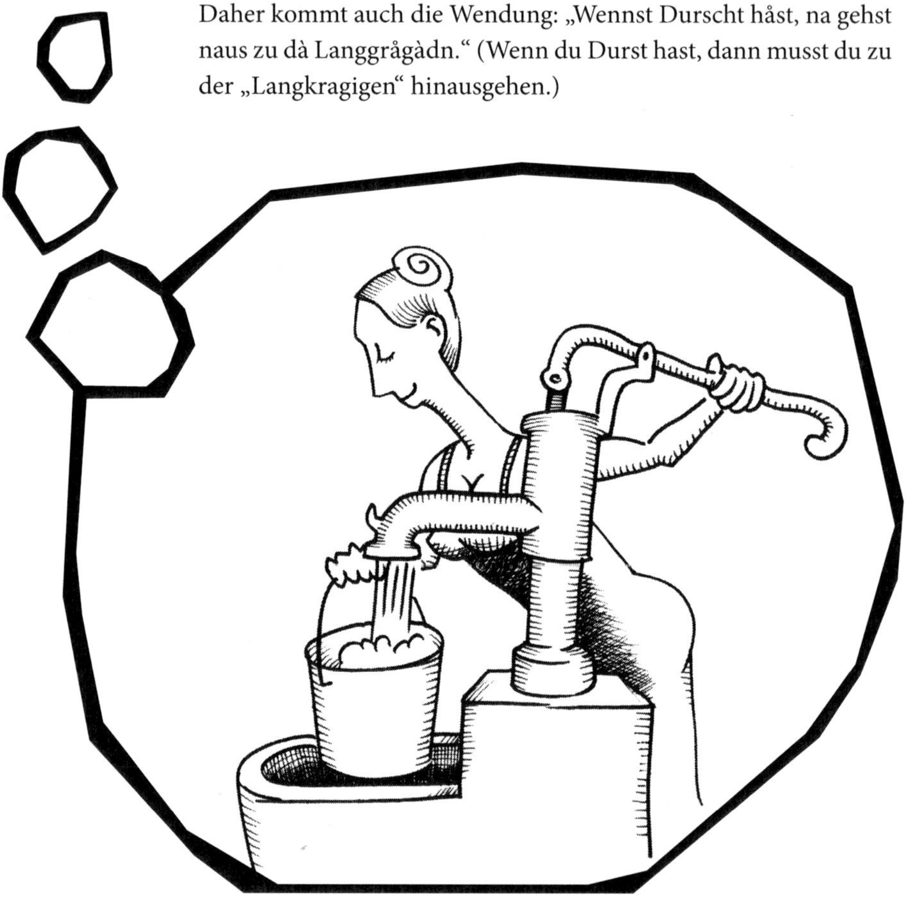

langgstàcklt: langgestakelt (schriftbair.); übertrieben lang

„Langgstàcklt" sind z. B. Blumen, die wegen ihrer ausgewachsenen, sehr langen, dünnen Stiele einiges von ihrer gewohnten Schönheit eingebüßt haben.

Langhàxàdà: Mann oder Bub mit langen Beinen

Analog lautet der Name für eine Frau mit langen Beinen: „Langhàxàde".

So bezeichnete meine Mutter auch Insekten mit besonders langen Gliedern. → Gruin, Håwergaukler, Heigeign 2), Lattn 1)

langmächte: langmächtig; extrem lang, ziemlich lang (zeitlich)

„Der is langmächte sitznbliem." (Der ist extrem lange sitzen geblieben.)

langsamer Bàddà: langsamer Pater; langsamer Mann

Es gibt Patres (Klosterbrüder), die für das Lesen der Messe alle Zeit der Welt haben und nach einer halben Stunde erst den richtigen philosophischen Schwung finden. Das kommt bei den Gläubigen in der Regel nicht gut an. Mit solchen langsamen Klosterbrüdern vergleicht man einen Mann, der ebenfalls nicht vorankommt und für seine Aufgaben viel Zeit braucht. → Driàdàrà, gmoichàd, Trietschler

Langweh (auch: **Langwoe** oder **Langwüh**): Langwied; lange Holzstange bei landwirtschaftlichen Wagen als Verbindung von Vorder- und Hinterachse

Die „Langweh" ist vor allem beim → Heiwång ein unverzichtbarer Bestandteil. Sie liegt in der Mitte der beiden Achsen auf und ist mit der Hinterachse über den → Wehdamring verbunden. Damit besteht die Möglichkeit, die Länge des Gefährts zu variieren. Wird für kleinere Transporte nicht die gesamte Länge benötigt, wird die hintere Achse auf der „Langweh" ein Stück nach vorn geschoben und dort befestigt; dadurch ragt sie hinten über den Wagen hinaus. In diesem Fall setzten sich früher Kinder gerne auf diese Stange und fuhren mit dem Wagen ein Stück mit.

Lapp: unselbständiger Mann, Waschlappen, Schlappschwanz, Trottel, Pantoffelheld → Dappnachàre, Lalle, Lattirl

Larvà: Larve; hässliches Gesicht, stark geschminkte Frau

Das Wort wird auch allgemein abwertend für „Gesicht" verwendet, wenn man eine unbeliebte Person beschreibt.

Laßmeàmit: Lass mich auch mit; übereiltes, unüberlegtes Handeln, Hektik

„Vor lauter Laßmeàmit håt er sein` Göidbeitl liegen lassen." (Vor lauer Hektik hat er seine Geldbörse liegen gelassen.)

lätschert:

1) energielos, matt, langweilig, schlapp

   Ein „lätscherter Mo" ist ein langweiliger Mann, der sich weder an Gesprächen beteiligt noch etwas unternehmen will.

2) weich, schlaff

   Z. B. Lebensmittel, die durch längere Lagerung weich geworden sind.

3) fad, geschmacklos

„Lätschert“ ist z. B. ein nicht oder zu wenig gewürztes Essen. Dazu sagt man auch: „Des schmeckt wià eigschlaffàne Fiàss.“ (Das schmeckt wie eingeschlafene Füße.)

Lätschn: Gesicht, Mund, fade oder beleidigte Miene

Wenn jemand seine „Lätschn hengà lasst“ (Mundwinkel hängen lässt) oder eine „Lätschn ziàgt“ (beleidigte Miene macht), dann schaut er verdrießlich, unwirsch oder traurig. So jemanden fordert man auf: „Lass doch dei Lätschn net går à so hengà.“ (Lass doch deine Mundwinkel nicht gar so stark hängen.) Eine Besonderheit ist die → Freibierlätschn, deren Besitzer als Freund des von anderen spendierten Biers bekannt ist. Zeigt sich einer als besonders langweilig und ist für keine Unternehmung zu begeistern, dann ist er → lätschert 1) und wird als „Lätschnbene“ bezeichnet. Beim → Bene handelt es sich um den Vornamen „Benno“, der hier als Synonym für den Mann im Allgemeinen auftritt. → Bàppm, Fotzn 1), Goschn, Mei

Lattirl: unselbständiger Mann, Waschlappen, Schlappschwanz, Trottel, Pantoffelheld → Dappnachàre, Lalle, Lapp

Lättn, *die*: Schlamm, Dreck, Morast

Sind die Ursache der „Lättn“ die Ausscheidungen einer Kuh, so spricht man von einer „Kuàhlättn“. Die „Lättn“ ist dünnflüssiger als der → Bààtz.

Lattn: Latte

1) großgewachsene, sehr schlanke, schlaksige Person
→ Gruin, Håwergaukler, Heigeign 2), Langhàxàdà

2) Strichliste

Ist man jemandem nicht gewogen, so hat man ihn „auf der Lattn“. Mit der „Lattn“ dürfte ursprünglich die Latte von Schulden auf der Zechtafel im Wirtshaus, also eine Strich- und Schuldenliste gemeint sein. Auf der imaginären privaten „Lattn“ wird bei jedem neuen Ärger ein weiterer Strich ergänzt, bis der offene Streit schließlich nicht mehr zu vermeiden ist.

3) Querlatte des Fußballtors

laungà: leugnen; lügen, abstreiten

„Der håt`s glaungt, bis` eàm draufkemà sàn.“ (Der hat es abgestritten, bis man ihm dahintergekommen ist.)

Lausrächà: Lausrechen; Kamm → Kàmpe 1)

Làwà: Laub

Das Wort „Laub“ gibt es im Schriftdeutschen nur im Singular, im Bairischen dagegen als „Làwà“ (schriftbairisch: Läuber) nur im Plural. Z. B.: „I muàß d`Làwà no zammkehrn.“ (Ich muss das Laub noch zusammenkehren.)

Lebtåg / früher: **Leddà**: Lebtag; das ganze Leben lang, zeit meines Lebens

Z. B. kommentiert man den beträchtlichen Weinvorrat eines Herren deutlich fortgeschritteneren Alters: „Des konn er seiner Leddà nimmer dàsaufà.“ (Das kann er in seinem Leben nicht mehr alles trinken.) Bekommt man etwas sehr Seltenes zu Gesicht, so sagt man: „Sowås håwe meiner Leddà no net gseng.“ (So etwas habe ich zeit meines Lebens noch nicht gesehen.)

lèdè: ledig; unverheiratet, unehelich/nichtehelich (bei Kindern), nicht angebunden (bei Tieren)

Mein Vater war ein „ledigs Kind“ (ein nichteheliches Kind), worunter er zeit seines Lebens litt.

Lefdutte: Person, die aufgrund ihrer Gutmütigkeit ausgenutzt wird

Andere bürden einem „Lefdutte“ gerne Arbeiten auf, die sie selbst nicht erledigen wollen. Erkennt so eine Person die ungerechte Behandlung und ist nicht so gutmütig wie von den anderen angenommen, so bekommen diese Folgendes zu hören: „I bin doch ned dei Lefdutte!“ (Ich bin doch nicht dein Knecht, ich mach dir doch nicht den Deppen!) → Polàndi

Leffe:

1) Löffel
2) Ohr, Ohren → Luser
3) Rüpel, ungehobelter Kerl → Rotzbuà

Legangler, *der*: Angelschnur mit Haken samt Köder, die zum Zweck des Schwarzfischens in ein fließendes Gewässer gelegt und dort unbeaufsichtigt zurückgelassen wird

Mein Großvater hat beim morgendlichen Mähen des Klees oft einen Frosch gefangen, ihn in sein Taschentuch eingewickelt und dann als Köder für seinen „Legangler“ benutzt. Die Angelschnur wurde dabei um einen Baum am Ufer des nahen Flusses gewickelt und der Haken mit dem Köder in die Strömung geworfen. Man sagte dazu: „Er håt eiglegt“. Bis zum Abend hing meistens ein schöner Fisch am Haken, der den sonst recht kargen Speisezettel bereicherte. → eileng 1)

Leich: Leiche; Bestattung

Als „Leich“ bezeichnet man die gesamte Bestattungszeremonie einschließlich Leichenmahl. Ist es eine würdige Beerdigung, so spricht man von einer „schönen Leich“. Wer „auf d` Leich geht“, nimmt an der Bestattungszeremonie teil, also an der Totenmesse und der anschließenden Beerdigung. Liegt man mit jemandem im Streit, so bekräftigt man seine Abneigung mit den Worten: „Dir geh` i àmoi net auf d` Leich.“ (Auf deine Beerdigung werde ich zu gegebener Zeit nicht gehen.)

leicht: vielleicht; gar, so scheint es

„Is`s leicht schwanger?“ (Ist sie vielleicht schwanger? Ist sie gar schwanger? Es scheint, als ob sie schwanger ist.)

leidn / früher: **lein**:

1) leiden

2) sich etwas leisten können bzw. nicht leisten können

„Des leidt´s net“ heißt wörtlich: „Das lässt es mir nicht zu.“ Z. B.: „Mir leidt`s koàn Mantel nimmer.“ (Ich kann mir keinen Mantel mehr leisten.) Oder: „Leidt`s no à Tàss?“ (Reicht es noch für eine Tasse für mich?) Ein Beispiel für einen Satz im Perfekt aus einer Erzählung meiner Mutter: „À Butterbrot für oi håts scho boi nimmer glien.“ (Ein Butterbrot für alle konnten wir uns schon fast nicht mehr leisten.) Ursache für diese Situation war, dass die auf dem Bauernhof erzeugte Butter für die zwischenzeitlich auf sieben Köpfe angewachsene Kinderschar nicht mehr reichte.

3) dulden, akzeptieren, zulassen

„Des leidt er net.“ (Das duldet er nicht, das akzeptiert er nicht, das lässt er nicht zu.)

4) ausstehen, mögen

„Den konn e net lein.“ (Den mag ich nicht, den kann ich nicht ausstehen.)

Leiduàch: Leintuch, Betttuch

Leit:

Das Wort gibt es im Schriftdeutschen nur im Plural, im Bairischen auch im Singular.

1) **Leit, *die***: Leute (Plural)

Im Bairischen wird es häufig mit einem geschlechtsspezifischen Zusatz gebraucht: „Manàleit“ für Männer, „Weiwerleit“ für Frauen.

2) **Leit, *das***: Leut, das (Singular; schriftbair.)

In dieser Form kommt das Wort nur in wenigen Verbindungen vor, z. B.: „à-n oids Leit“ (eine alte Person) – hier schwingt ein gewisses Bedauern mit – oder „à bravs Leit“ (eine brave Person → seìnguàt). Auch ein „Weiwerleit“ (eine einzelne Frau) ist möglich, nicht aber ein „Manàleit“ (ein einzelner Mann).

leitscheich: leutscheu; introvertiert, kontaktarm, fremdelnd

Wer „leitscheich“ ist, der scheut den Kontakt zu seinen Mitmenschen.

Leiwe: Leibchen; Unterhemd, Weste, Spenzer oder ärmellose Strickweste → Schiläh

Lerl:

1) Kurzform des Vornamens Leonhard
2) alter Kater, der keine Mäuse mehr fängt
3) alter, unbeholfener, nicht mehr arbeitsfähiger Mann, auch: Sonderling

lescheer: ungezwungen, lässig, volksnah, ohne Allüren

Das Wort kommt vom französischen „léger“ für „leicht, mild, dünn, fein, leise“. Es wurde vor allem durch seine Verwendung im Vorspann der Fernsehserie „Königlich Bayerisches Amtsgericht“ bekannt, wo die örtlichen Honoratioren zur Prinzregentenzeit als „à bisserl vornehm und à bisserl lescheer“ (ein bisschen vornehm und ein bisschen volksnah) beschrieben werden.

letz: krank, kränklich, in schlechtem Zustand

Es besteht eine gewisse Verwandtschaft zum schriftdeutschen „verletzt“. → haudig

Letzt: Ende, Schluss

„Früher ham auf d`Letzt numoi àlle tanzt.“ (Früher haben am Schluss noch einmal alle getanzt.)

liàcht: licht; hell

„Hoàmkemà sàmmà erst, wià `s liàcht worn is.“ (Heimgekommen sind wir erst, als es hell wurde.)

liàdrig / früher: **liàdre**: liederlich; klein, schmächtig, schwach, unterlegen, von geringer Qualität

„Du liàdriger Gribbe!" (Du liederlicher Krüppel!) geht als Warnung z. B. an die Adresse kleiner, frecher Buben. Oder: „Mit dem mächt e net ràffà, der is mà z`liàdrig." (Mit dem möchte ich nicht raufen, der ist mir zu klein, der ist für mich kein ebenbürtiger Gegner.)

Das Substantiv **Liàdriger** bezeichnet eine kleine oder schwache Person, über die z. B. gesagt wird: „Dà Liàdrige siegt no går net àn Tisch nauf." (Der Kleine sieht noch gar nicht über die Tischkante.)

Liàmessn: Maria Lichtmess

Dieser Marienfeiertag wird von der katholischen Kirche am 2. Februar gefeiert. An diesem Tag, an dem früher das Wirtschaftsjahr der Bauern endete, erhielten die Dienstboten ihren Jahreslohn. Sie konnten grundsätzlich nur an diesem Tag ihre Arbeitsstelle wechseln. → aussteh

liftig / früher: **lifte**: lüftig; leicht bekleidet

Wenn es sehr heiß ist, zieht man sich „liftig" an.

Likàlåås: Nikolaus; auch: abwertende Bezeichnung für einen Mann

Früher war der Nikolaus, der den Kindern die Leviten las, furchterregend gekleidet. Er schlüpfte z. B. in einen Getreidesack oder trug ein Tierfell. Dazu kamen ein langer Bart und eine Perücke, damit man seine wahre Person nicht erkennen konnte. Begleitet wurde er vom ebenfalls gefürchteten Krampus. Mit lautem Kettenrasseln machten sich die beiden an den Haustüren bemerkbar und den Kindern Angst. Mit der ungewöhnlichen Lautung für das Wort „Nikolaus" bezeichnete mein Vater auch einen Mann mit ungewöhnlichem Äußerem, z. B. mit auffälliger Kleidung oder langen Haaren. Bei dessen Anblick pflegte er kopfschüttelnd zu sagen: „À so à Likàlåås!" (So ein Nikolaus!)

lind: dünnflüssig, weich

Litzn: Marotten, Eigenheiten, Launen

Das Wort ist nur im Plural gebräuchlich, z. B.: „D`Màre håt vielleicht so Litzn." (Die Maria hat spezielle Marotten.) Eine Person mit „Litzn" ist launisch und unberechenbar. → Muckn, Suchtn

Loàb / früher: **Loà**: Laib, Brotlaib

Der „Loàb" ist im Gegensatz zum länglichen Wecken rund. Früher wurden bei den Bauern nur solche runden Laibe gebacken. Das Diminutiv heißt → Loàwe oder „Loàwàl" und bezeichnet eine Semmel. → Pfundweckàl

loàde: geizig, neidig, äußerst sparsam

„Duà net går so loàde!" (Sei nicht gar so geizig!) → brotneide, gniggàd, hungre

Loàdfud: unfreundliche, auch geizige Frau (vulgäres Schimpfwort)

Vor allem ekelhafte, unfreundliche oder geizige Frauen werden mit dieser Bezeichnung bedacht, meist in der Verbindung „oide Loàdfud" (alte unfreundliche Weibsperson). Durch Assimilierung wird das Wort auch „Loàbfud" ausgesprochen. Das männliche Pendant lautet → Loàdschwanz. → Fud, Schloàpf

Loàdschwanz: ekelhafter, unangenehmer, auch zimperlicher Mann (vulgäres Schimpfwort)

Bei den Adressaten kann es sich – abhängig von der Gegend – um ekelhafte Kerle, aber auch um zimperliche Männer handeln. Wie beim weiblichen Pendant (→ Loàdfud) findet sich auch hier das Geschlechtsteil im Wort.

Loàmsiàder: Leimsieder; langsamer, langweiliger Mensch

So nennt man einen behäbigen, energielosen, trägen Menschen, der bei seinen Handlungen sehr langsam ist oder am liebsten zu Hause sitzt und nichts unternehmen will. Loàm bedeutet eigentlich Lehm, was aber keinen Sinn ergibt, weil man Lehm im Gegensatz zum Leim nicht sieden muss → Bene (Lätschnbene)

Loàs / früher: **Lous**: Mutterschwein, Zuchtsau, auch: derb, beleidigend für Frau (Schimpfwort)

Vor allem Frauen, die keinen Sinn für Sauberkeit und Ordnung besitzen, oder Frauen, die ihre Brüste wie ein Mutterschwein seine Zitzen zur Schau stellen, bezeichnet man mit diesem Wort.

Loàschd (auch: **Gloàschd**): Spurrinnen

Von Fahrzeugrädern verursachte Furchen auf nicht befestigten Straßen oder im freien Feld. Das Wort kommt von „Laist" bzw. „Gelaist", das die Spur des Rades bezeichnet (Schmeller I 1524). Davon wiederum abgeleitet sind die „Geleise". Der Plural lautet „Loàschdn" (auch: „Gloàschdn").

Loàwe (**Loàwàl**): Laiberl; runde, nicht eingeschnittene Semmel

Es handelt sich um das Diminutiv von → Loàb. Im Gegensatz zum „Loàwe" hat das → Oàweckàl (Eiweckerl) eine Längskerbe, die Sternsemmel ist über Kreuz, also zweimal eingeschnitten. Sehr beliebt war früher – nicht nur bei den Maurern – das „Maurerloàwe", eine längs eingeschnittene Doppelsemmel aus Roggenmehl. → dàloàwed

Loàwedoàg: Teig zum Backen von → Loàwe

Das Wort eignet sich aufgrund der doppelten Vokalfolge „oà" vor allem zur Prüfung, ob jemand die bairische Phonetik beherrscht, wie auch beim klassisch zu diesem Zweck herangezogenen → Oàchkàtzlschwoàf.

Loàweschmie: Laiberlschmied; Bäcker (scherzhaft)

„Loàwe" (Semmeln) werden selbstverständlich nicht vom Schmied, sondern vom Bäcker hergestellt, auch wenn dieser den Teig manchmal mit einer Gewalt bearbeiten muss, wie der Schmied das heiße Eisen.

Luàder: Luder; liederliches oder raffiniertes Weib

Ein „Luàder" kann eine Frau mit häufig wechselnden männlichen Partnern sein, die kein Interesse an einer festen Beziehung hat (→ Mensch). Es kann sich aber auch um eine → Màtz handeln, also eine falsche, hinterlistige Frau. Die Bezeichnung kann dazu sogar anerkennend, also im positiven Sinn verwendet werden, wenn eine Frau z. B. durch ihre Raffinesse zum Erfolg gekommen ist. „Àn arms Luàder" (ein bedauernswertes Frauenzimmer) drückt vorrangig das Bedauern über die aktuell sehr ungünstige Lebenssituation und weniger die negativen Seiten des „Luàders" aus.

Luck: Zinndeckel auf einem Bierkrug

luck: locker

Das Wort kommt hauptsächlich in der Wendung „Bloß net luck lassen!" (Nur nicht locker lassen, nur nicht aufgeben!) vor.

Luft, *der*: Luftzug

luftgsöicht: luftgeselcht; an der Luft getrocknet

Mit diesem Adjektiv werden abfällige Schimpfwörter verstärkt, z. B.: „Du Lump, du luftgsöichtà!" (Du Lump, du luftgeselchter!)

Lugge (auch: **Luck** oder **Lucke**): Kurzform oder Spitzname für den Vornamen Ludwig, auch: ungepflegter, unpassend gekleideter Mann (Schimpfwort)

In letzterem Fall wird die Frage gestellt: „Wäs is'n des für à Lugge?" (Was ist denn das für ein Taugenichts?) Außerdem trägt einer der immer gemeinsam auftretenden Witzfiguren „Dà Lugge und dà Kare" diesen Vornamen.

Luixn (auch: **Liàxn**): rechteckiger Holzpfosten, an dem die Ladeeinheit eines Heuwagens aufgehängt ist

Die „Luixn“ sind an den seitlichen Enden der Achsen des → Heiwång befestigt und führen senkrecht nach oben. Dort wird die „Heiloàter“ (Heuleiter) eingehängt. Sowohl die Funktion als auch die Lautung der „Luixn“, vor allem die Variante „Liàxn“, erinnert an die → Iàxn (Achsel).

lurn: luren (schriftbair.); lauern, spionieren, einen unerlaubten Blick riskieren

Beim Kinderspiel → Versteckdàl darf man nicht „lurn“, wenn man „eischaung“ muss.

Das Substantiv **Lurer** bezeichnet einen heimlichen Beobachter, den man heute in speziellen Situationen auch „Spanner“ nennt.

Luser: Ohren

„Sperr deine Luser auf!“ (Sperr deine Ohren auf, hör zu!) → Leffe 2)

Als Verb: **lusen** (hören)

Der Imperativ lautet: „Lus!“ (Horch!) → dosn

Das Adjektiv **lusàd** beschreibt eine Person, die sich abseits vom Geschehen am wohlsten fühlt, scheinbar an Gesprächen keinen Anteil nimmt, aber trotzdem aufmerksam zuhört und es auch faustdick hinter den Ohren hat. Es bedeutet introvertiert, kontaktarm, langweilig, antriebslos und dennoch neugierig, aber auch hinterhältig, raffiniert. Die Bedeutung des substantivierten Adjektivs **Lusàdà** entspricht der des Adjektivs: Introvertierter, Langweiler, aber auch Lauernder, Neugieriger.

M WIE MÅNGTRÀTZÀL

Mådà: Marder

Mågermuichgribbe: Magermilchkrüppel; zaundürrer, kraftloser, besonders schlanker Mann oder Bub (abfällig)

màgiern: markieren; simulieren, vortäuschen, so tun als ob

„Der màgiert ja bloß!“ (Der tut doch nur so!)

Màgl: Mark, Münze im Wert von einer Mark

Von der Form, nicht aber von der Bedeutung her handelt es sich beim „Màgl" um das Diminutiv der ehemaligen deutschen Währung „Mark".

Mai: Mund, Maul → Bàbbm, Brotlåån, Fotzn 1), Lätschn, Riàssl

Mit seinem „Mai" kann man einiges anstellen:

* \`s Mai aufreissen: kritisieren, schimpfen
* \`s Mai hoiten: den Mund halten, ruhig sein
* \`s Mai ohengà: nachmaulen
* \`s Mai gfransert redn: so viel reden, dass der Mund ausfranst, unablässig reden

  Man bringt damit auch zum Ausdruck, dass man seine gesamte Redekunst aufgeboten hat, z. B.: „I håb mà \`s Mai gfransert gredt, aber er håt net nåchgem." (Ich habe mir den Mund in Fransen geredet, aber er hat nicht nachgegeben.)
* \`s Mai spazierngeh lassen: sich unüberlegt äußern

Maiaff: Maulaffe; Tölpel, Depp, dummer Mensch

So bezeichnet man eine einfältige Person, die mit offenem Mund dasteht und dabei recht dumm schaut. → Doàgaff

maifei: maulfaul, mundfaul; wortkarg, schweigsam

Wer „maifei" ist, der ist zu faul zum Reden.

màlàd: krank, schlecht beisammen, gesundheitlich angeschlagen

Das Wort kommt vom französischen „maladie" (Krankheit). → marodig

Malä̲r: Missgeschick, Pech

Das Wort stammt vom französischen „malheur" (wörtlich: schlechte Stunde; Unglück, Missgeschick).

Malefiz-: Erster Teil variantenreicher Schimpfwörter in der Bedeutung von „verflucht"

Der Wortteil kommt vom lateinischen „maleficium" für „Übeltat, Feindseligkeit". Wird er einem beinahe beliebigen Substantiv vorangestellt, schwingt in seiner Verwendung stets eine gewisse Verärgerung mit. Über den „Malefizkarrn" (den verfluchten Karren, d. h. Auto) ärgert man sich z. B., weil er nicht anspringt, über den „Malefizbuà" (den verfluchten Bub), weil er heimlich geraucht hat.

Màmàlàd, *das*: Marmelade, die

Màmm: Mama, Mami, Mutti → Bàpp, Omàmm

màmmsn (**màmpsn**): kritisieren, meckern, motzen, nachmaulen → Gràntler, koppm, màssln

Màndàl: Männlein; Männchen

mànggèn: mankeln (schriftbair.); manipulieren, betrügen, unerlaubte Mittel einsetzen

Mångtràtzàl: Magenfopper; Appetithappen

Ein „Mångtràtzàl" ist eine besonders kleine Portion, von der man nicht satt wird, sondern die nur den Magen „tràtzt" (foppt). → tràtzn

mànnig / früher: **màne**: mannstoll

Tun die Hormone, die Teenager umtreiben, ihren Dienst und werden Mädchen „mànnig", dann haben nicht nur sie ein gesteigertes Interesse an den jungen Burschen, sondern auch umgekehrt. → rogle

Manschettn: Manschetten; Angst

„Håst` Manschettn?" (Hast du Angst?) Ein scherz- und schmerzhaftes Spiel ist das „Manschettn åmessn" (Manschetten anmessen): Dabei wird das Handgelenk des Gegenübers mit den eigenen Händen umfasst, fest gedrückt und gegenläufig hin und her bewegt. Droht man jemandem damit, ihm die Manschetten anzumessen, so ist damit diese schmerzhafte Prozedur gemeint. Eine andere Bezeichnung hierfür ist das „Armstutzn åmessn".

Mànschgàl: Männlein

1) kleiner Mann
2) Spielstein, Kegel beim Brettspiel

„Mànschgàl" nennt man die Spielsteine, die der menschlichen Physiognomie nachempfunden sind, wie z. B. die Kegel beim „Mensch ärgere dich nicht".

Màppàl: Mäppchen; kleine Mappe, Etui

Die Schreibutensilien der Schüler werden im „Federmàppàl" aufgrund der dort vorgegebenen Ausstattung ordentlich aufbewahrt. Wer es weniger ordentlich mag, der wirft die Sachen wahllos in sein unstrukturiertes „Schlampermàppàl".

mår: weich, mürbe, reif

Noch deutlich weicher als „mår" ist → doàge. So ist z. B. eine „doàgige" Birne schon in Fäulnis übergegangen, damit ganz „bàtzig" und nicht mehr genießbar, während Birnen, die „mår" sind, früher von alten Leuten, die keine Zähne mehr hatten, gerne gegessen wurden, weil sie noch ganz gut schmecken und trotzdem leicht zu beißen sind.

marodig / früher: **marode**: krank, aber nicht schwer krank, im Krankwerden befindlich, matt, schwach

„I moàn, du bist scho à bissl marode!" (Mir scheint, du kränkelst schon etwas!) → màlàd

Màrtàl: Gedenkkreuz oder -stein

Zum Gedenken an eine dort verunglückte Person, sieht man an Straßen und Wegen manchmal ein „Màrtàl".

Màschàl: kleine Schleife

Es handelt sich um das Diminutiv von „Masche". Kleine Mädchen sehen mit so einer Schleife im Haar oder an der Kleidung noch liebreizender aus, während das „Màschàl", die Fliege (statt Krawatte), beim Herrn nicht unbedingt denselben Effekt hat.

Als Adjektiv: **aufgmàschàlt** (auffallend geschminkt und gekleidet)

Ein besonders herausgeputztes Mädchen ist „aufgmàschàlt" – auch wenn es kein „Màschàl" trägt.

Màschde!: wörtlich (vermutlich): Marsch dich!

Wollte man einen Einwand nicht gelten lassen oder eine Diskussion beenden, sagte man kurz: „Màschde!" Das bedeutete sinngemäß: „Aus, Schluss, Ende der Diskussion, schleich dich!"

maschien`: maschinen (schriftbair.); mit der Dreschmaschine dreschen

„ Àn Winter is gmaschiet worn." (Im Winter wurde mit der Dreschmaschine Getreide gedroschen.) → Dreschwång

Màschkàrà: Maskierter; maskierte Person, vor allem im Fasching

Das Wort stellt sowohl die Singular- als auch die Pluralform dar. Ziehen die „Màschkàrà" im Fasching mehr oder weniger geordnet durch die Straßen und präsentieren sich begeisterten Zuschauern, bilden sie einen „Màschkàràzug".

Måsn, die: Narbe, Muttermal, Hautfleck

Das Wort ist mit „Masern" und „Maserung" verwandt, die eine ähnliche Bedeutung haben. Es hat im Singular und im Plural dieselbe Form.

Mass, *die*:

1) ein Liter Flüssigkeit

Eine „Mass" Bier ist ein Liter Bier, der auf Volksfesten, allen voran dem Münchner Oktoberfest, im „Masskruàg“ (Masskrug) ausgeschenkt wird. Dabei wird oft beklagt, dass schlecht eingeschenkt wird, sich also weniger als ein Liter Bier und dafür eine ordentliche Schaumhaube im Krug befindet. Befindet sich nur noch ein → Noàgàl im Krug, wird Nachschub mit den Worten bestellt: „Bedienung, no à Mass!“ (Bedienung, noch eine Mass!)

2) zielgenauer Schub beim Eisstockschießen
Kommt es beim Eisstockschießen darauf an, mit dem Stock möglichst nahe an die → Daum 2) zu kommen, so fordern die Mitspieler vom Schützen eine „saubere Mass“.
Als Verb: **massn** (Eisstock so nah wie möglich an die Daube manövrieren) → Eisschiàssn

Màssl, *das*: Glück
Das Wort kommt vom hebräischen „masél“ (Glücksstern, Glück) und hat damit die gleiche Wurzel wie sein Pendant, das „Schlamassel“. Im Satz angewandt: „Då håst aber à Màssl ghabt!“ (Da hattest du aber Glück!) → Dusl, Staun 3)

màssln: kritisieren, beanstanden, nörgeln, seine Unzufriedenheit zum Ausdruck bringen
„Wås håst`n scho wieder zon màssln?“ (Was hast du denn schon wieder zu kritisieren?) → Gràntler, koppm, màmmsn

Màtz: falsche, hinterlistige, auch gewiefte Person, auch: jemand, der verbotene Wege geht
Es handelt sich um eine Person, die lügt, um ihre Ziele zu erreichen, um ein Miststück, ein Biest (→ Luàder), in der Regel um eine Frau. Eine „feie Màtz“ (faules Miststück) ist darum bemüht, die ihr zukommende Arbeit anderen zu übertragen. Eine „dreggàde Màtz“ (dreckiges Miststück) wird, auch wenn sie es verdient hätte, nur von vulgären Leuten so genannt (böses Schimpfwort). → Drack, Hund (Hundsmàtz)
Das Wort „Màtz“ kann aber auch anerkennend für eine schlaue, gewiefte Person beiderlei Geschlechts stehen: „Du bist fei scho à Màtz!“ (Du bist ein schlaues Kerlchen.) Will man jemanden zu einer risikoreichen oder verbotenen Handlung anstacheln, sagt man: „Mach à Màtz!” (Trau dich nur, auch wenn es verboten ist!) Mein Vater nannte meine Mutter manchmal „Màtzàl“ (Diminutiv), um damit einerseits seine Zuneigung,

aber andererseits auch zum Ausdruck zu bringen, dass er ihre Hinterlist schon durchschaut hatte.

Die negativen Eigenschaften der „Màtz“ sind auch im entsprechenden Adjektiv enthalten: **Gmàtzt** bedeutet „verhext, verzwickt“, eine Situation, die so aussieht, als ob eine hinterlistige Person ihre Hand im Spiel hätte und das Gelingen des anstehenden Werks verhindern würde. Dann sagt man: „Des is wià gmàtzt.“ (Das ist wie verhext, das macht uns unerwartete Schwierigkeiten, da sind fremde Kräfte am Werk.) → fuchsn

Mausdreeg: Mausdreck; Exkremente der Maus, auch: unfähiger Wichtigtuer

Ein „aufgstöidà Mausdreeg“ (aufgestellter Mausdreck) ist ein Schimpfwort für einen Wichtigtuer, mit dem man diesem jegliche Kompetenz und Bedeutung abspricht. → Boin 1)

Meigodnà!: Mein Gott, nein! Ausruf der Überraschung oder der Bestürzung, auch: bei Ungeduld oder Ärger

„Meigodnà, gib doch endlich à Ruàh!“ (Mein Gott, jetzt gib doch endlich mal Ruhe!)

Meigram: Majoran (Gewürz)

Meis: Mäuse; Sprüche, Lügengeschichten

„Mach Meis?“ (Erzählst du eine Lügengeschichte?) bedeutet, dass man an der Aussage des Gegenübers Zweifel hat.

meisàlstààd: mäuschenstill; still wie eine Maus, mucksmäuschenstill

Mensch, *das*: weibliche Person

Neben dem schriftdeutschen „der Mensch“ (Plural: „die Menschen“) gibt es im Bairischen die Neutrum-Form „das Mensch“ für eine Frau, früher (nicht abwertend) eine Dienstmagd, heute für ein leichtes Mädchen („à schlechts Mensch“ → Flietschàl). Ein „saubers Mensch“ ist eine schöne Frau. Der Plural hierzu lautet „die Menscher“. → Menscherkammer

Menscherkammer: Schlafzimmer einer Magd bzw. mehrerer Mägde

mentern: schimpfen, kritisieren, nörgeln

Es handelt sich um die Kurzform von „sakramentern“, das von „Sakrament“ abgeleitete Verb. In derselben Bedeutung existiert auch das Verb „meitern“ (wörtlich: meutern), das möglicherweise auf einem Hörfehler bei „mentern“ beruht und sich volksetymologisch mit der Verbindung „meutern – seinem Ärger Luft machen – kritisieren“ etabliert hat.

Das Adjektiv hierzu lautet **mentisch** (heftig, sehr, stark). → sàkrisch

Mettn:

1) Christmette
Feierlicher Gottesdienst in den katholischen Kirchen am Heiligen Abend (24. Dezember).

2) Lärm, Krach
„Macht`s doch net à so à Mettn!“ (Macht doch nicht so einen Lärm!) Diese Bedeutung geht zurück auf die Pumpermette, eine bis ins 19. Jahrhundert übliche österliche Feier, bei der durch Klopfen auf die Kirchenbänke gepumpert, also Lärm geschlagen wurde. Damit sollte an den Tumult bei der Gefangennahme Jesu erinnert und die Empörung über den Verrat des Judas zum Ausdruck gebracht werden. Auch heute noch wird an Ostern mit der „Ràtschn“ Lärm gemacht. → ràtschn 2)

Metzn: Metzen (schriftbair.); Hohlmaß bei der Hopfenernte

Ein „Metzn“ sind 60 Liter. → Hopfàzupfà

meun / früher: **meunà**: malen, auch: mahlen

„Wer håt na des Buidl gmeunt?“ (Wer hat denn das Bild gemalt?) Ein phonetisch interessanter Satz in der Aussprache meiner Eltern: „Dà Muià meut ´s Droà zu Möi!“ (Der Müller mahlt Getreide zu Mehl.)

mià: wir

Der für das Selbstbewusstsein der Bayern wichtige Spruch „Mià sàn mià!“ heißt wörtlich: „Wir sind wir!“ Vollständig lautet er: „Mià sàn mià und schreim uns uns!“ Der Zusatz erinnert an die Redewendung „Der schreibt se ‚Sie‘.“ (Der schreibt sich „Sie“, der heißt mit Nachnamen „Sie“.) Wer sich „Sie“ (statt „Du“) schreibt, der ist etwas Besonderes, der steht über den anderen, der hebt sich aus der breiten Masse heraus – wie sich auch die Bayern von ihrem Selbstverständnis her von den übrigen deutschen Stämmen abheben.

miàssn: müssen

Interessant ist dabei die frühere Form des Konjunktivs: „I miàt“ steht für „ich müsste“, „mir miàssàdn“ für „wir müssten“.

Milli: Milch

Auch in den Verbindungen:

* Millibitschn: Milchkanne; kleines Gefäß zur Abholung des täglichen Milchbedarfs einer Familie beim Bauern

* Millibank, Millibànkl: Bank, Bänkchen, auf der die Milchkannen (→ Muichkiewe) der Bauern für die Milchlieferung an die Molkerei zusammengestellt und vom Milchfahrer abgeholt wurden
* Milliweiber: Frauen, die die Milch zur „Millibank“ gebracht und dort ausgiebig „geràtscht“ haben

→ kuàhwarm

ming: mögen

Es handelt sich um eine alte Form der Aussprache, die heute nur noch sehr selten zu hören ist. Beispiel: „I hob net hoàmgeh ming.“ (Ich habe nicht heimgehen mögen, ich wollte nicht heimgehen.)

Mingà: München

Die Bewohner Münchens heißen „Mingàrà“ oder „Mingànà“. Man sagt z. B. auch: „Der Monaco Frànze war à Mingànà Strieze.“ (Der Monaco Franze war ein Münchner Strizzi.)

mistbroàtn / früher: **mischtbroàtn**: Mist ausbreiten; Mist auf dem Feld ausbringen

Den im Stall anfallenden und auf dem Misthaufen gelagerten Mist auf dem Feld zum Zweck der Düngung gleichmäßig verteilen. Früher wurde diese Tätigkeit von Hand mit der Mistgabel (→ Gåwe), ab den 1950er Jahren mit dem automatisierten „Mistbroàter“ (Miststreuer) erledigt.

Misthàckl / früher: **Mischthàckl**: Gabel mit drei oder vier Zinken, die im rechten Winkel zum Stiel abgeknickt sind

Der Mist wurde früher im Winter mit dem → Mistwång auf die Felder und Wiesen gefahren. Während der → Fürefåhrer das Fuhrwerk langsam über das Feld fuhr und bei Bedarf kurz anhielt, zogen ein oder zwei Knechte den Mist mit dem „Misthàckl“ vom Wagen herunter und verteilten ihn grob über die gesamte Fläche. Die Feinverteilung erfolgte anschließend mit der Mistgabel durch das → Mistbroàtn.

Mistkarrn / früher: **Mischtkarrn**: Mistkarre

1) Schubkarre zum Misttransport vom Stall zum Misthaufen
2) nicht voll funktionsfähiges, motorgetriebenes Gefährt (abfällig)
   Ein Synonym hierfür ist „Scheißkarrn“.

mistrührn / früher: **mischtrührn**: Mist rühren

Der Stallmist ist eine Mischung aus Stroh und Exkrementen. Er wurde im Winter zum Düngen auf den Wiesen und Feldern ausgebracht und im zeitigen Frühjahr in kreisenden Bewegungen mit einem Rechen zerrieben. Das ging in die Arme, war also sehr anstrengend. Wurden die Wiesen später wieder trockener, dann wurde „ausgrecht" (ausgerecht), d. h. das locker liegende Stroh ohne düngende Wirkung wurde zusammengerecht und erneut zum Einstreuen in den Ställen genutzt.

Mistwång / früher: **Mischtwång**: Mistwagen; Anhänger zum Transport des Mists zu den Wiesen und Feldern

In der Regel wurde ein → Heiwång zu einem „Mistwång" umgebaut, indem man die „Heiloàtern" durch dicke Bretter ersetzte.

Moàr: Meier

1) Chef, Vorsteher, Tonangeber, Bester
2) Teilnehmer am Eisstockschießen, der zum Ausgleich einer ungeraden Teilnehmerzahl zweimal schießen darf bzw. muss

   Auch beim → Keglscheim kann es notwendig sein, einen „Moàr" zu bestimmen. → Eisschiàssn

Möibapp: Mehlkleister; einfacher Klebstoff aus Mehl und Wasser, auch: zähe, fad schmeckende Mehlspeise (abfällig)

Der „Möibapp" wird bei Bedarf aus Mehl und Wasser angerührt. Seine Haftungseigenschaften sind sehr begrenzt. Mit der Einführung der wesentlich besser haftenden chemischen Klebstoffe ist der „Möibapp" in Vergessenheit geraten.

möidaue: mehltauig; von Mehltau befallen

Mehltau ist eine durch Pilze verursachte Pflanzenkrankheit, die in der Regel durch einen weißen Belag auf Blattoberflächen in Erscheinung tritt.

Moigoid / früher: **Moigöid**: Mahlgeld

Hochzeitsgäste mussten früher die Kosten des Hochzeitsmahles selbst tragen bzw. sich daran beteiligen. Die Höhe des Betrags war vorgegeben, früher vom Hochzeitslader, später in der schriftlichen Hochzeitseinladung.

Moin: Molln (schriftbair.); Molliges, Mollige

Das Wort stammt vom lateinischen „mollis" (weich).

1) das Weiche in Brot und Semmel
2) dicke, behäbige Frau

   Negative Bezeichnungen für Frauen werden im Bairischen meistens um das Adjektiv „oide" (alte) ergänzt. Anders ist es bei der „Moin": Sie wird als „fàde Moin" (langweiliges Weib) oder „gwampàde Moin" (dickes Weib) bezeichnet. → Dotschn

Das Adjektiv dazu lautet **mollert** (mollig, dick).

Möispeis: Mehlspeise; Fastenspeise

An den kirchlich vorgeschriebenen Fast- und Abstinenztagen war der Verzehr von Fleisch verboten. An solchen Tagen kamen neben Fischgerichten hauptsächlich Speisen auf den Tisch, die aus heutiger Sicht alles andere als Fastenspeisen sind, in erster Linie aus Mehl bestehen und deshalb „Mehlspeisen" genannt werden, z. B. Apfelstrudel, Dampf-, Rohrnudeln oder Kaiserschmarrn. Eine „Möispeis zum Umhängà" ist ein Ausdruck für etwas Unmögliches oder Sinnloses; Mehlspeisen kann man sich schließlich nicht um den Hals hängen.

Moizkafä: Malzkaffe; Ersatzkaffe

Früher wurde zum Teil aus gesundheitlichen, meistens aber aus finanziellen Gründen anstelle von Bohnenkaffee ein aus pflanzlichen Produkten hergestelltes, heißes Aufgussgetränk konsumiert. Die Zutaten wurden wie Kaffeebohnen behandelt, das Getränk ähnelte auch in Farbe und Geschmack dem Bohnenkaffee. Für die Herstellung von „Moizkafä" verwendete man gemälzte Gerste, es gab aber auch „Fruchtkaffee", der z. B. aus Feigen, Eicheln, Bucheckern oder Kastanien hergestellt wurde. Eine jüngere, scherzhafte Bezeichnung für den „Moizkafä" ist „Muckefuck".

Moosbummàl: Hinterwäldler, sturer, dummer Mensch

Mit „Moos" soll dabei die Herkunft einer Person beschrieben werden, nämlich eine dünn besiedelte Moorgegend, deren Bewohner nur selten Kontakt zu anderen Menschen haben und deshalb sehr introvertiert sind. Der → Bummàl ist ein junger Stier, dessen besonderes Merkmal seine Sturheit ist.

Müàdà (auch: **Irdà/Irtà** oder **Iàdà**): Dienstag

Die Bezeichnung „Müàdà" stammt von meinen Eltern. Sie liegt nahe am „Irdà", der allgemein als bairische Bezeichnung für den Dienstag gilt, und könnte die verkürzte Fassung von „am Irdà" sein. Es könnte aber auch mit „mardi", dem französischen Wort für Dienstag verwandt sein, der ja auch als „mardi gras" weltweit den Faschingsdienstag bezeichnet. → Pfinstà

Muàttàkeiwe / früher: **Muàdàkeiwe**: Mutterkalb

Mit dieser Bezeichnung hat man früher unselbständige, ständig am

Rockzipfel der Mutter hängende Kinder verspottet. Mit dem Rückzug der Landwirtschaft geriet auch dieses Wort in Vergessenheit.

Muckn: Marotten, Eigenheiten, Launen

Das Wort ist nur im Plural gebräuchlich. → Litzn, Suchtn

Muhàckl: rückständige, eigenbrötlerische, ungehobelte, wortkarge Person, Stoffel

Vor allem → oàgschichtige und deshalb introvertierte Landbewohner, die kaum Kontakt zu ihren Mitmenschen haben und keinen Wert auf ihr Äußeres und das ihrer Behausung legen, werden so genannt.

Muichkiewe: Milchkübel

In den großen Milchkübeln wurde auf dem Bauernhof die Milch gesammelt und dann zur „Millibank", der Abholstelle für den Milchfahrer, gebracht. → Milli

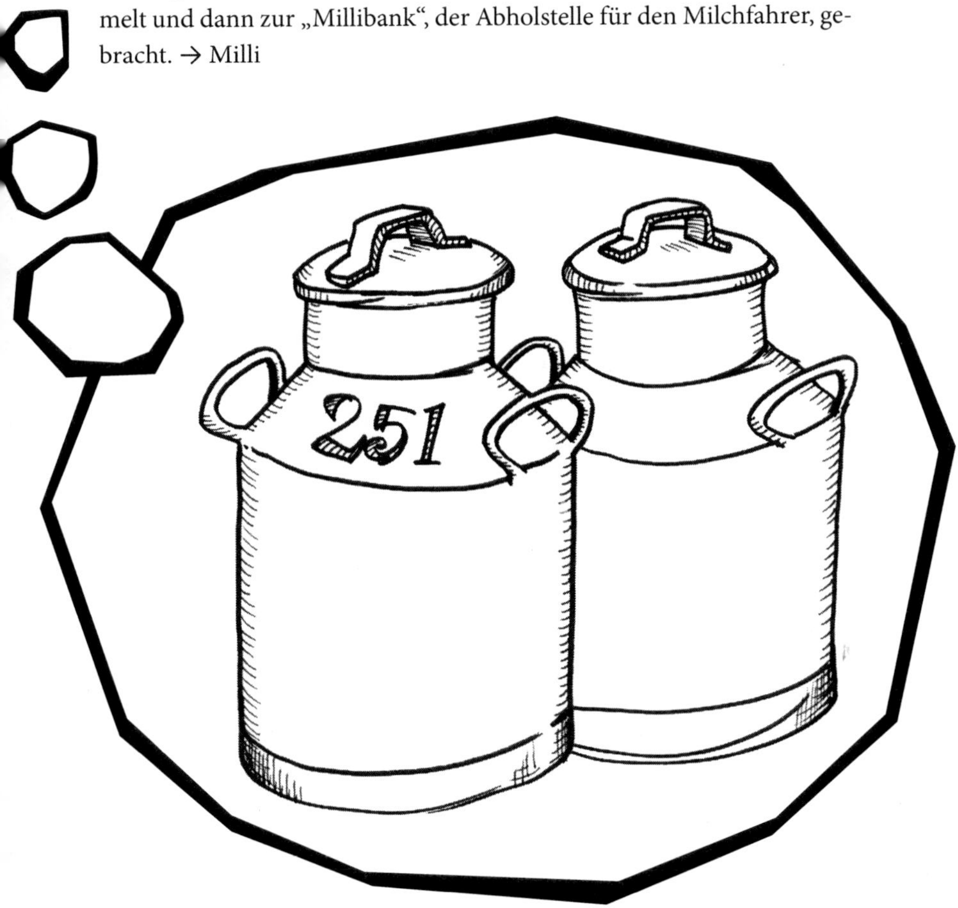

Muidischl / früher: **Möidischl**: Milchdistel; Löwenzahn

Das Innere des Stiels eines Löwenzahns enthält eine weiße, milchähnliche Flüssigkeit, die für den Name der Pflanze verantwortlich ist. Früher pflückten Kinder gern die reifen Fruchtstände, die aus einer Vielzahl von kleinen Flugschirmen bestehen (Pusteblume) und spielten „Engàl und Deifàl" (Engelchen und Teufelchen): Dabei schauten sie nach, ob die nach dem Wegblasen der Schirmchen freigelegte Stelle des Löwenzahnköpfchens weiß war (Engelchen) oder dunkle Flecken hatte (Teufelchen).

Muischuss: Mühlschuss

In oder bei der Mühle befindlicher Bereich eines Flusses oder Mühlbachs mit starkem Gefälle, über das das Wasser „herunterschießt" und damit das Mühlrad antreibt.

Muizl: Mädchen im Teenageralter

Muxl: Teufel, auch: sehr lebhaftes, umtriebiges Kind

Das Wort ist eine euphemistische Bezeichnung für den Teufel. „Der is wià-r-à Muxl" (Der ist wie der Teufel), sagte man über einen Buben, der sehr beweglich, schnell und kaum zu fassen war. → Deife, Gànkàl

N WIE NUDLWOIGLER

nå: hinunter, hinab

Auch als Präfix oft zu finden, z. B. bei „nåspringà" (hinunterspringen), „nålàffà" (hinunterlaufen), „nårinnà" (hinunterrinnen) oder „nåschwoàm" (hinunterspülen). → åwe, rå, schwoàm 1)

Nàchàd: Nähe

„Bleib fei in dà Nàchàd!" (Bleib bloß in der Nähe!)

Als Adjektiv: **nàchàd** (nah)

Der Komparativ lautet „nàchàdà" (näher), z. B.: „Geh hoit a bissl nàchàdà her zu mir!" (Geh doch etwas näher her zu mir!)

nåchànand (auch: **nåchrànand**): nacheinander

Alternativ kann man auch sagen: „z`nåch und z`nåch" (nach und nach).

Braucht z. B. die Ehefrau sehr lange, um den Weg von der Kirche nach Hause zurückzulegen, wird dies vom Ehemann mit dem Satz kommentiert: „Ja mei, bis de hoàmràtscht nåchànand!“ (Ach ja, bis die auf dem Heimweg nacheinander mit verschiedenen Personen Neuigkeiten ausgetauscht hat.)

nachàre: nach

„Wer làfft denn dem nachàre?“ (Wer läuft denn dem nach?) Diese Form für „nach“ hört man heute kaum noch.

nåchdàckln: stumpfsinnig nachlaufen

Dackel sind folgsame Tiere, die ihrem Herrchen oder Frauchen brav und widerspruchslos nachlaufen. Deshalb bezeichnet man auch das widerspruchslose Hinterherlaufen mancher unselbständiger Menschen als „Nåchdackeln“. → aufdàckln, Dappnachàre, träppèn, Zàmpàl 2)

nàcht: gestern

Dieses Wort ist vor allem in der Grenzregion zwischen Oberbayern und Schwaben daheim. Dort gibt es auch die interessante Kombination „nàcht Nåcht“ für „gestern Abend“.

Nåchtgloà (auch: **Nåchtgloàd**): nächtliche Jagd; Nachtgeist

Der Begriff geht zurück auf „Nachtgejaid“, die „Wilde Jagd“, einen Volksmythos über Erscheinungen am Nachthimmel, die als Jagdgesellschaft übernatürlicher Wesen interpretiert wurden und die vor allem während der Zwölf Weihnachtstage oder der Rauhnächte beobachtet wurden. Die damit verbundenen Vorstellungen und Bräuche reichen ins germanische Heidentum zurück. Nachdem das Ursprungswort „Nachtgejaid“ in Vergessenheit geriet, vermuteten manche, dass das Suffixoid „-gloà“ einen Zusammenhang mit der „Klaue“ hat, weil der Klauenschneider auf Bairisch „Kloàschneider“ heißt. Die Klaue führt dann unmittelbar zum Teufel mit seinen Bocksbeinen, und so entstand auf volksetymologischem Weg aus dem „Nachtgejaid“ über das „Nåchtkloà“ (Nachtklaue) der bocksbeinige Teufel als „Nåchtgloà“. Mit dem Erscheinen dieses nächtlichen Geistes – alternativ mit dem → Bädleiter – drohte man früher den Kindern, auf dass sie abends rechtzeitig heimkommen sollten.

nàchtln: dämmern, dunkel werden

„Es nàchtlt scho.“ (Es wird schon dunkel, es dämmert schon.)

Nàgàl: Nelke, Gewürznelke

Formal handelt es sich um ein Diminutiv (Nägelein), nicht aber inhaltlich.

nagglṇ: wackeln, zittern

„Der Tisch nagglt." (Der Tisch wackelt.) Oder: „Den håt`s à so gfrorn, dass er glei gnagglt håt." (Der hat so stark gefroren, dass er sogar gezittert hat.)

nàggln: hin- und herbewegen, rütteln

Wer an etwas „hinàgglt", der bewegt es hin und her. Auch z. B. bei Verhandlungen: „Er håt so lang an den andern hignàgglt, bis à nåchgem håt." (Er hat so lange an den anderen hingeredet, bis er nachgegeben hat.) → benzn

Nägl:

Das Wort hat neben der schriftdeutschen Pluralform für einen Stahlstift im Bairischen weitere Bedeutungen:

1) Niederlage, Packung

Das Wort wird in dieser Bedeutung nur in der Verbindung „Nägl kriàng" (Nägel kriegen) verwendet. Diese Wendung bedeutet: eine Packung bekommen, eine hohe Niederlage einstecken müssen. Verliert z. B. eine Fußballmannschaft 0 : 5, dann hat sie „Nägl kriàgt".

2) angeberische Sprüche

Die Verbindung „Nägl råhaun" (Nägel herunterhauen) bedeutet: Sprüche machen, angeben, prahlen. Sie geht zurück auf den bayerischen Herzog Christoph den Starken von Bayern-München (1449 - 1493), den Bruder Herzog Albrechts des Weisen. Er soll einst im Brunnenhof der Münchner Residenz im Hochsprung einen Nagel „12 Schuh von der Erd" (ca. 3,5 Meter hoch) mit dem Fuß von der Wand herabgeschlagen haben. Diese kaum glaubhafte Behauptung hat die schon damals skeptischen Münchner dazu veranlasst, die Geschichte in der sprichwörtlichen Verbindung „Nägl råhaun" zu verewigen. Den Nagel des Wundersprungs kann man übrigens heute noch besichtigen. → Någl Àgràtt, ogem 1)

Någl Àgràtt: akkurate, sehr genaue Person, Pedant

Wenn mein Vater zu Hause etwas Handwerkliches gemacht hatte, z. B. Malerarbeiten, und anschließend meine Mutter kam, um das vollendete Werk zu begutachten, sagte mein Vater: „Jetz kimmt dà Någl Àgràtt." (Jetzt kommt die kleinliche Prüfperson.) Er wusste aus Erfahrung, dass sie sehr akkurat und pedantisch war und in der Regel Nachbesserungswünsche hatte. Das Wort „Någl" (Nagel) dürfte hier von „nigln" (nickeln) für „jemanden quälen, hart behandeln" kommen. Der „Någl Àgràtt" ist demnach ein akkurater Quälgeist, einer, der seine Mitmenschen mit seiner Pedanterie und seiner Kleinlichkeit quält. → àgràtt, Dipfàlscheißer

nåhàtschn: hinuntergehen, heruntergehen; Schuhsohlen abreiben, Schuhe kaputt machen

Das Wort setzt sich zusammen aus → nå (herunter) und → hàtschn. Wenn man „hàtscht", geht man schlürfend, man schleift mit den Schuhen am Boden entlang, sodass sich die Sohlen schnell abscheuern und bald repariert werden müssen. Auch wer zu bequem ist, seine Halbschuhe ganz anzuziehen und deshalb auf den Fersenteil tritt, „hàtscht" seine Schuhe „nå" (macht seine Schuhe kaputt).

Nàhdàren: Näherin

Bei Hochzeitsfeiern war es Aufgabe der „Nàhdàren", sämtlichen Hochzeitsgästen gegen ein kleines Trinkgeld ein „Hochzeitssträußerl" ans Revers oder ans Kleid zu stecken. Dazu verwendete man kleine Buchs- oder Rosmarinzweige. Außerdem war bei dieser Gelegenheit auch ihre Kunstfertigkeit beim Einrichten der Bett- und anderer Wäsche in den „Kleiderkasten" (Schlafzimmerschrank) gefragt. → Sachschauung

nàme: denn, nämlich, wohl, auch: Zusatz bei einer Frage

„Wer håt mir nàme jetz den Huàt verdauscht?" (Wer wird mir wohl jetzt meinen Hut vertauscht haben?)

narràt: närrisch; aufgeregt, wütend, zornig

„Wià i des ghert håb, bin i so narràt worn!" (Als ich das gehört habe, habe ich mich so aufgeregt!) Wer „narràt" ist, erregt sich über eine ärgerliche Sache deutlich stärker als jemand, der „nur" → nàrrisch ist.

nàrrisch: närrisch; aufgeregt, wütend, zornig, auch: verrückt

Das Wort kann außerdem zur Verstärkung eines Adjektivs verwendet werden und bedeutet dann „sehr groß, sehr viel" oder „außerordentlich", z. B. „Des is nàrrisch weit." (Das ist außerordentlich weit.) → sàkrisch

nåsàd: nasig; mit einer großen, auffälligen Nase ausgestattet

Ein Schimpfwort lautet „nåsàdà Birndiàb" (nasiger Birnendieb).

nåschwimmà: hinunterschwimmen; finanziell in einer prekären Lage sein, nahe der Insolvenz

Einem Bauern, der „nåschwimmt“ , droht die Zwangsversteigerung. → Gànt, verderm, verkracht

Nåsnràmme: getrockneter Nasenschleim

Unkultivierte Menschen holen diesen Schleim mit einem Finger aus der Nase, wobei ihn manche sogar gleich wieder in unappetitlicher Weise dem Körper zuführen. Kinder drehen auch gerne Kügelchen daraus. → naufziàng

nåß fiàdern: nass füttern; saufen, übermäßig viel Bier trinken → odauchà

nàssln: nässeln; leicht bzw. fein regnen, nieseln

Wenn ganz leichter Regen fällt, sagt man: „Es nàsslt.“ (Es nieselt.)

nauf: hinauf → nå, rå

naufhaun: draufhauen

1) auf etwas draufschlagen
2) einen Stromschlag bekommen

„I håb an den Dråht higlangt und scho håd`s me naufghaut.“ (Ich habe den Draht angefasst und schon einen Stromschlag bekommen.)

naufschiàssn: jemandem seine Taten oder Untaten in lustiger Form und evtl. durch die Blume vortragen → aufzwickà, ausbläckà, bläckà 3), dàbläckà, hànsln

naufspitzn: hinaufspitzen

Darunter versteht man das Hinaufbefördern der Getreidegarben vom Wagen oder von der → Bloh in den oberen Bereich der Scheune mithilfe einer Gabel. Die dafür verwendeten Gabeln waren wenig gebogen und hatten nur zwei Zinken. Dadurch hielten sie das Getreide nur mit geringem Widerstand, sodass die Garben leicht herausgleiten und hochgeschleudert werden konnten.

naufziàng: hinaufziehen, hochziehen, nach oben ziehen

Ein nettes Beispiel: Ein Erwachsener fragt einen Buben, der ständig den Nasenschleim hochzieht, ob er ihm ein Papiertaschentuch geben soll, worauf der Knirps antwortet: „Nà, i dàziàg`s scho no.“ (Nein, ich schaffe es schon noch durch Hochziehen.) → Nåsnràmme

nausbeißn: hinausbeißen; hinausekeln

Will man jemanden aus einer Gruppe hinausdrängen oder einen Mitkonkurrenten loswerden, so gibt man ihm durch ständig unfreundliche Behandlung zu verstehen, dass er unerwünscht und nicht gern gesehen ist.

nausbugsn: hinausdrängen, nicht mitmachen lassen

„Dà Flori woit à mitspuin, aber de andern hammàn nausbugst." (Der Florian wollte auch mitspielen, aber die anderen haben ihn nicht gelassen.)

nausdeifèn: hinausteufeln; hinausjagen

„Wennz es jetz net glei stààd seids, na deifed e eich oi naus." (Wenn ihr jetzt nicht sofort ruhig seid, dann jage ich euch alle hinaus.) Das Antonym „neideifèn" (hineinteufeln) kommt z. B. zum Einsatz, wenn man die Kinder ins Bett schickt. → dàvodeifèn

naushaun: hinaushauen; hinausjagen

Das Wort hat neben „hinausjagen" verschiedene weitere Bedeutungen: Wenn es einem „den Dampf naushaut", dann muss man ob einer großen Anstrengung schwer atmen, z. B. beim Bergwandern. Wenn es einem „d`Luft naushaut", dann hat man mit seinem Fahrzeug einen Platten. Haut es einem „d` Schoàttn naus", dann hat man starken bis dünnflüssigen Stuhlgang. Wer sein Geld „naushaut", der verjubelt es.

Will man jemanden eines Ortes verweisen, hat man im Bairischen neben „naushaun" noch einige weitere Möglichkeiten:

* nausschaffà: hinausschaffen; aus dem Raum, aus dem Haus weisen
* nausstààm: hinausstauben; mit deutlichen Worten hinauswerfen
  Z. B. mit den Worten: „Då håt der Zimmermo `s Loch nausgmacht!" (Da hat der Zimmermann das Loch – gemeint ist die Tür – nach draußen gemacht.)
* nausstampern: jemanden mit sanftem Druck aus der Wohnung weisen, ihn hinauskomplementieren

→ åbstàmpern, hoàmstàmpern

nausheiràn: hinausheiraten; mit Mitgift versehen

Der Hoferbe muss seine Geschwister „nausheiràn", d. h. dass er ihnen anlässlich ihrer Heirat ein bestimmtes Vermögen, z. B. Bargeld oder Grundstücke, mitgeben muss. Früher kamen dafür auch Nutztiere in Betracht. → Heiràtsguàt, Kammàdwång

nausspuin: hinausspielen; musikalisch hinausbegleiten

So wird z. B. das Brautpaar am Ende der Hochzeitsfeier von der Musikkapelle aus dem Saal „nausgspuit".

neàmàd (auch: **neàmd**): niemand

Negerboàndl: wörtlich: Negerknöchelchen; harter, schmerzhafter Schlag mit der Faust an den Oberarmmuskel des Kontrahenten

neibachà:

1) hineingebacken

   Infolge des Backvorgangs mit der Form bzw. dem Rand des Backgefässes fest verbundene und deshalb schwer daraus zu entfernende Backmasse.

2) neu gebacken, frisch gebacken, soeben gebacken

   Das Gegenteil ist → oidbachà.

neidappt: hineingetappt; in eine unangenehme Situation geraten, in die Falle gegangen

Z. B. sagt mancher Ehemann auf die Frage, ob er ein zweites Mal heiraten würde: „Oàmoi neidappt glangt." (Einmal hineingetappt reicht.)

neihaun:

1) hineinschlagen; Ohrfeigen oder Faustschläge verpassen
→ batzn 2), durchlassn 1), duschn 2), eischengà 2), råziàng, schmiern 2), umànandlassn, wàchèn, wàssern 2), wischn, zammruckà 2)

2) hineinfallen
„Då håt`s me àn Dreeg neighaut." (Da bin ich in den Dreck hineingefallen.)

3) einen Misserfolg erzielen
„Bei der Prüfung håwe zehn Fehler neighaut." (Bei der Prüfung habe ich zehn Fehler gemacht.)

neikemà lassen: hineinkommen lassen; an sich herankommen lassen; unter etwas leiden
„Des war scho hart für eàm, aber der håt se des net à so neikemà lassn." (Das war schon hart für ihn, aber er hat das nicht so an sich herankommen lassen, er hat nicht so sehr darunter gelitten.)

neistechà: hineinstechen; jemanden anzeigen
Als mein Vater nach dem Krieg ein Fotogeschäft betrieb, erschien eines Tages ein Polizist, um zu überprüfen, ob das Gewerbe ordnungsgemäß angemeldet und zugelassen war. Mein Vater war sich sicher, dass da ein Konkurrent „neigstochà", also ihn angezeigt hatte.

nemnaus geh: nebenhinaus gehen; fremdgehen, untreu werden

nèt / früher: **èt**: nicht
Meine Eltern benutzten noch die frühere Form und sagten z. B.: „Heind is` èt schee." (Heute ist es nicht schön.)

niederlegn: sich hinlegen, zu Bett gehen
Das Wort kommt auch in der Wendung „Då legst di nieder!" (Da legst du dich nieder – Das ist ja der Wahnsinn!) vor.

nindàscht: nirgends
„Nindàscht is mehrà Kraft drin wià im Märzenbier." (Nirgends ist mehr Kraft enthalten als im Märzenbier.)

Noàgàl: Rest eines Getränks oder einer anderen Flüssigkeit in einem Gefäß
Das Wort ist das Diminutiv von „Neige". Früher haben angeblich manche Wirte die von den Gästen nicht ausgetrunkenen „Biernoàgàl" (Bierreste) zusammengeschüttet, mit frischem Bier aus dem Fass aufgefüllt und wieder verkauft. Finanziell schlecht gestellte Mitmenschen hatten

keine Scheu, die „Noàgàl“ auszutrinken und so auch zu einem Biergenuss, vielleicht sogar zu einem veritablen Rausch zu kommen.

not doà / früher: **noud doà**: notwendig, erforderlich sein

„De duàts net not, dass sie in d`Arwàt geht.“ (Die haben es nicht nötig, dass die Frau zur Arbeit geht.)

notig / früher: **noude**: arm, armselig → Notnickl

Notnickl / früher: **Noudnickl**: armer, auch geiziger Mann

Der „Nickl“ ist im Bairischen eine Kurzform von „Nikolaus“, aber auch eine abfällige Bezeichnung für einen kleinen Mann, insoweit wohl das Diminutiv von „Nikolaus“. Im vorliegenden Fall dürfte es sich aber eher um ein Synonym für den Mann an sich handeln, ähnlich dem → Bene in „Schmarrnbene“ oder „Lätschnbene“. Verfügt dieser Mann nur über geringe finanzielle Mittel, dann nennt man ihn „Notnickl“. → Fretter, Kloàheisler

Notschàl (auch: **Nutschàl**): wenig Geld

Die „Not“ in der ersten Silbe bringt bereits zum Ausdruck, dass hier allenfalls geringe finanzielle Mittel gemeint sein können. Z. B.: „Wås mächstn mit de påår Notschàl?“ (Was willst du denn mit den paar Groschen?)

Nudldrucker: knauseriger Kerl, kleinlicher Pedant

Der Begriff wird kaum noch verwendet, selbst bei meinen Eltern war er nur im Zusammenhang mit einem Vers zu hören, der mit „Hansdampf, Nudldrucker“ beginnt. Er galt deshalb bei uns als Synonym für „Hansdampf“, also „Hanswurst, dummer Kerl, Narr“.

Nudlwoigler / früher: **Nuulwoigler**: Nudelwalker; Nudelholz, Rundholz zum Auswalzen von Teig

Mit diesem Gerät wird der Teig auf dem Nudelbrett „ausgwoiglt“ (ausgewalzt). → Nuul, Woigler

num: hinüber

„Num und rum“ bedeutet „hinüber und herüber“.

Nussmo: Nussmann

Vor dem 2. Weltkrieg kam bei Tanzveranstaltungen auf dem Land in der Regel der „Nussmo“ vorbei, ein Händler, der den Besuchern des Tanzabends Nüsse verkaufte. Dabei war es üblich, dass die Männer Nüsse für die Frauen kauften, deren Gunst sie damit erwerben bzw. denen sie damit ihre Zuneigung zeigen wollten. → ospinnà

Nuul: Nudeln

Neben den allgemein bekannten – meist italienischen – Nudelsorten (Spaghetti, Makkaroni usw.) bezeichnet man auch Produkte aus Hefe- oder Sauerteig als „Nuul“, z. B.:

* Dampfnuul: Dampfnudeln
  Hefeklöße, die in einem Topf mit Deckel gleichzeitig gebraten und gedämpft werden, sodass ein knuspriger Boden (→ Bansen, Ràmme 1, Scheil 2) und eine weiche Oberfläche entstehen.
* Küàdànuul: Kirchweihnudeln
  Im schwimmenden Schmalz gebackene, krapfenähnliche „Schmoizkiàche“ aus Hefeteig und Weizenmehl. Man nannte sie auch „woàzige Nuul“, um sie von den aus Roggenmehl gemachten, ebenfalls im schwimmenden Schmalz gebackenen „Schmoiznuul“ zu unterscheiden.
* Schmoiznuul: Schmalznudeln
  Im schwimmenden Schmalz gebackene runde Küchel aus feinem Roggenmehl (→ Beilmöi) und Sauerteig. Es handelt sich um eine besonders knusprige Variante der „Schmoizkiàche“ (→ Kiàche, Schmoiz).
* Rohrnuul: Rohrnudeln
  Diese sind rechteckig und werden in der „Bråtrein“ (→ Rein) im Backrohr gebacken. Saisonal werden sie mit Äpfeln oder Zwetschgen gefüllt („Apfe-“, „Zweschnnuul“). Aufgrund der knappen Finanzen hat man sie früher gelegentlich auch in die Jackentasche gesteckt und als Proviant zum Tanz mitgenommen. Eine Sonderform davon ist der → Golopf.

O WIE OHRWÀSCHL

oà:

1) ein, eins → oàns
2) welche
   „Wås sànnàn des für oà?“ (Was sind denn das für welche?)

Als Substantiv: „Dà **Oà** dam.“ (Der Eine da oben.)

Òàchàn: Eiche, Eichen

Als Adjektiv: **òàchàn** (aus Eichenholz)

Òàchebär: Eichelbär; Keiler (Schimpfwort)

Mit „Bär“ ist der Keiler, das männliche Wildschwein, gemeint. Wildschweine fressen wie Hausschweine gern die Früchte der Eichenbäume. Eicheln enthalten allerdings Gerbstoffe, die bei den Tieren zu Magen-Darm-Problemen, Durchfall und damit zu üblem Geruch führen können. Als „Òàchebär“ bezeichnet man deshalb vor allem Zeitgenossen, die unangenehm riechen. → ràssln

Òàchkàtzlschwoàf: Eichhörnchenschweif; Eichhörnchenschwanz

Das Wort eignet sich aufgrund der doppelten Vokalfolge „oà“ vor allem zur Prüfung, ob jemand die bairische Phonetik beherrscht, wie auch bei → Loàwedoàg.

oàghàxert (auch: **oàhàxert**): einhaxig; einbeinig → Hàx

oàgschichtig (auch: **oàschichtig**) / früher: **oàgschichte** (auch: **oàschichte**): einschichtig; allein, auch: alleinstehend, unverheiratet

Ein „oàgschichtiger“ Bauernhof ist ein Einödhof.

Als Substantiv: **Oàgschichtiger** (Alleinstehender)

oànàckàd: einäugig

Als Substantiv: **Oànàckàder** (Einäugiger)

Kommt einem nachts ein Auto entgegen, bei dem einer der beiden Frontscheinwerfer defekt ist, sagt man: „Då kimmt à-n Oànàckàder.“ (Da kommt ein Einäugiger.)

oànegln: einnägeln (schriftbair.); bitzeln, brennen, Schmerz in Fingern und Zehen bei starker Kälte oder aufgrund einer Verbrennung

Die frühere Schreibweise lautet „ainigeln“ (Schmeller I 52). „Mir ham d`Händ à so g'oànegelt“ (Mir haben die Hände so wehgetan), schrieb z. B. meine Mutter in ihren Lebenserinnerungen. → Bremà

oàns: eines, man, Einer/Eine, eine Person

„Då muàß oàns ja àn Rausch kriàgn.“ (Da muss man ja einen Rausch bekommen.) Oder: „Oàns håt nåchtreim miàssn.“ (Eine Person musste nachtreiben.) → oà

Oàr: Ei, Eier

Spiegeleier heißen wegen ihres Aussehens „Ochsnaung“ (Ochsenaugen), in Bezug auf die Zubereitungstechnik auch „eigschlånge Oàr“ (eingeschlagene Eier). Über die Einnahmen aus dem Verkauf von Eiern und Schmalz, das sogenannte „Oàrgöid" und das „Schmoizgöid", durfte die Bäuerin früher eigenständig verfügen. → Schmu

oàseitert: einseitig, ungleichmäßig

Z. B. ist ein ungleichmäßig beladenes Fuder „oàseitert". Liegt beim → Wàttn eine Mannschaft haushoch in Führung, hänselt sie gerne den Gegner mit dem Spruch: „Wenn`s oàseitert werd, na her mà auf." (Wenn es einseitig wird, dann hören wir auf.)

Oàß: Eiß; Abszess, Furunkel, Eiterbeule

Oàweckàl: Eiweckerl; zweihälftige Semmel

Diese Semmelart ist gekennzeichnet durch einen tiefen, mittigen Einschnitt. Sie hat ihren Namen von ihrer Ähnlichkeit zu zwei miteinander verbundenen Eiern und dem Diminutiv von „Wecken". → Loàwe

obànddln: anbandeln

Flirten mit dem Ziel, eine Liebesbeziehung einzugehen, bzw. die Chancen für eine solche ausloten. → ospinnà

Obàpp: Opa, Opi

Ein Kosenamen für den Großvater. → Bàpp, Omàmm

oblåsn: anblasen

Das neue Jahr wird „oblåsn", indem eine Blaskapelle festliche Blasmusik spielt. → oschiàssn

obletzn: anbletzen

Dieses Verb verwendet man, wenn man einem Baumstamm mit der Axt ein kleines Stück der Rinde abschlägt, also den Baum „verletzt", um ihn für die Fällung zu markieren. → Bletzn 2)

Ochsenfiesl: Ochsenziemer; getrockneter Penis des Stiers als Schlagstock zur Züchtigung von Mensch und Tier

Die Schläge mit diesem Instrument waren früher wegen ihrer Schmerzhaftigkeit gefürchtet. Angedroht wurden sie meist mit den Worten: „Wennst jetz koà Ruàh net gibst, na kimm e mi`m Ochsenfiesl!" (Wenn du jetzt keine Ruhe gibst, dann komme ich mit dem Ochsenziemer!) → Fiesler (fiesln)

odauchà: antauchen; sich betrinken

„Der håt se vielleicht wieder odaucht!" (Der ist wieder ziemlich stark betrunken.) → nåß fiadern

Oddàmàn, ***der***: Ottomane, die; Sofa, Couch

Die Bezeichnung ist vom französischen Adjektiv „ottoman" für „osmanisch" abgeleitet. Es handelt sich um ein Sofa mit Rücken- und Seitenlehne. Die Unterschiede zu → Diwån, → Kannàbä und → Schäslo sind gering.

odrèggèn: andreckeln; beschmutzen, verschmutzen, schmutzig machen

„Duà mà fei `Tischdeck` net odrèggèn!" (Mach bitte die Tischdecke nicht schmutzig!)

ogeh lassn: angehen lassen; zulassen, erlauben

Ein Beispiel aus den Lebenserinnerungen meiner Mutter: „Der Vatter håts net ogeh lassen, dass mir jeden Dåg vor der Schui à no à `Kiàchà gangà sàn." (Der Vater hat es nicht zugelassen, dass wir jeden Tag vor der Schule auch noch in die Kirche gingen.)

ogem: angeben

1) prahlen, protzen, aufschneiden
   → brauchà, brogln, brootzn, grouß doà, sprechà, Nägl 2)
2) antworten, reagieren
   „I håb gfragt, wer mir höifà mechàt, aber koànà håt ogem." (Ich habe gefragt, wer mir helfen möchte, aber keiner hat geantwortet, keiner hat darauf reagiert.)

ogråsn: sich angrasen; außerordentlich viel essen

Eine Kuh, die auf der Weide enorme Mengen von Gras gefressen hat, hat sich „ogråst" (angegrast). Kommt ein menschlicher Esser diesen Mengen nahe, hat also gewaltige Portionen vertilgt, dann kommentiert er seine „Leistung" gern mit dem Satz: „Jetz håwe me aber sauber ogråst." (Jetzt habe ich aber sehr viel gegessen, mein Bauch ist gut gefüllt wie der einer Kuh mit Gras.) Die gleiche Bedeutung hat „oranzn", das auf den → Ranzn 1) für einen dicken Bauch hinweist. Weitere Synonyme sind „ofressn" (anfressen) und „ohaun" (anhauen). Die darüber hinaus große Zahl an Synonymen kann in diesem Fall als Beweis dafür gelten, dass den Bayern ordentliche Essensportionen schon immer sehr wichtig waren. → eihaun, kàwèn

ogricht: angerichtet

1) ausgestattet, ausgerüstet
   Die Hobbywerkstatt eines Bekannten lobt man mit den Worten:

„Du bist ja ogricht wià-r-à Schreiner." (Du bis ja ausgerüstet wie ein Schreiner. Oder anders ausgedrückt: Die Ausstattung deiner Werkstatt entspricht der eines hauptberuflichen Schreiners.)

2) angestellt, verursacht, verbrochen

„Wås håst`n då wieder ogricht?" (Was hast du denn da wieder angestellt bzw. verbrochen?)

ogschampert: unschamhaft; unfein, vulgär

Hat eine Frau ihre weiblichen Reize besonders freizügig zur Schau gestellt, so hat meine Mutter sie als „ogschampert" bezeichnet.

ogstochà: angestochen; beschwipst, leicht alkoholisiert

ogsuffà: angetrunken; betrunken

Ist ein ortsbekannter Säufer sturzbetrunken, so hat er sich wieder einmal „gscheit ogsuffà" (übermäßig betrunken).

o-hàxert: o-beinig → ix-hàxert, kniàweit

Ohrnwutzler / früher: **Ounwutzler**: Ohrwurm

Dabei handelt es sich weder um einen Wurm, noch werden die Zangen dieses kleinen, in Ritzen und Spalten lebenden Insekts zum Kneifen in menschliche oder tierische Ohren benutzt.

Ohrwàschl: Ohrmuschel

Der äußere Teil des Ohrs. → dosn, Luser

Ohrwàschlrennàts: Ohrmuschelrennen; Rubbeln mit den Handflächen an den Ohren

Der Begriff lässt ein Wettrennen, ein Spiel vermuten. Weit gefehlt: Man legt dabei die flachen Hände an die Ohren des „Mitspielers" und bewegt sie schnell abwechselnd vor und zurück, was für den Betroffenen unangenehm bis schmerzhaft ist. Ein „Ohrwàschlrennàts" bietet man jemandem an, der nicht weiß, worum es sich handelt, um ihn hereinzulegen oder auch als Drohung, z. B.: „Jetz wennst koà Ruàh net gibst, nachà mach i mit dir à Ohrwàschlrennàts!" (Wenn du nicht bald Ruhe gibst, musst du ein Ohrmuschelrennen über dich ergehen lassen!) Auch eine körperliche Züchtigung konnte in Form eines „Ohrwàschlrennàts" erfolgen.

Oi: Ahle; Pfriem

Insbesondere Sattler und Schuster verwenden diesen dünnen, spitz zulaufenden Metallstift mit Griff, mit dem Löcher in verschiedene Materialien, vor allem in Leder, gestochen werden.

oi: alle → oiss

oi Bot (auch: **oi Gebot**): immer wieder, in kurzen Abständen, übertrieben oft, allzu häufig, alle Augenblicke

„Bot" (von „bieten") ist an sich eine Partie bzw. eine Runde im Kartenspiel. „Oi Bot" bedeutete ursprünglich „in jeder Runde", „jedes Mal". Meine Mutter verwendete „oi Gebot" z. B. auch in folgendem Zusammenhang: „D`Leni rennt oi Gebot zon Dokter." (Die Leni geht übertrieben oft zum Arzt.)

oidbachà: altbacken; schon vor längerer Zeit gebacken, nicht mehr frisch, nicht mehr knusprig, auch: altmodisch → neibachà 2)

Oide: Alte; vulgäre Anrede oder Bezeichnung für eine Frau

Häufig wird auch die eigene Ehefrau mit diesem Wort bedacht, z. B.:„Mei Oide flackt dahoàm àn Bett." (Meine Frau liegt zu Hause im Bett.) Das männliche Pendant ist „der Oide". Damit bezeichnet man nicht nur den Ehemann, sondern auch den höchsten Trumpf beim Schafkopfspiel (Eichel Ober) und manchmal auch den – in der Regel älteren – Chef.

oidzopfert: altzopfig; altmodisch

Das Wort bezieht sich auf den sprichwörtlichen alten Zopf, den moderne Menschen gerne abschneiden möchten.

oin: allen; all, ganz, total

„I bin oin dàläxnd." (Ich bin total ausgetrocknet.) Oder: „Oin dàfroun sàns gwen." (Total durchgefroren waren sie.)

oiss: alles

„Oiss oà Soss." (Alles eine Soße.) Oder: „Oiss oà Doàg." (Alles ein Teig.) Damit beschreibt man eine Personengruppe (z. B. Verwandtschaft), in der alle die gleichen (schlechten) Charaktereigenschaften haben. → oi, oissam

oissam: alles, allesamt, alles zusammen → oiss

Oita̱nà: Altane; Balkon

Die „Oita̱nà" ist der Balkon bzw. der äußere Umgang auf dem oberen Stockwerk der Häuser großer Bauern.

okenà / früher: **okinà**: ankönnen; Einfluss haben, bei jemandem beliebt sein

„De håt eàm à-so okenà, de håt oiss kriàgt von eàm." (Sie hatte so großen Einfluss auf ihn, sie hat alles von ihm bekommen.)

okentn: anzünden

„Kent àn Adventskranz o!" (Zünde den Adventskranz an!) bedeutet, dass man die Kerzen des Adventskranzes anzünden soll, nicht den Kranz selbst.

oleng: anlegen; anziehen, ankleiden

„Leg de o!" (Zieh dich an!) Oder: „Leg dein` warmà Mantl o!" (Zieh deinen warmen Mantel an!)

Omàmm: Oma, Omi

Die Koseform der Großmutter. → Màmm, Obàpp

orecht: unrecht; unrichtig

1) falsch

„I håb`n orecht vostanà." (Ich habe ihn falsch verstanden.) Oder: „Den orechtn Zahn håt er grissn." (Den falschen Zahn hat er gezogen.)

2) Stief- oder Halbschwester bzw. Stief- oder Halbbruder

Eine „orechte" Schwester bzw. ein „orechter" Bruder teilt sich mit seinen Geschwistern nur ein leibliches Elternteil.

3) **net orecht sei** (nicht unrecht sein): schwer in Ordnung, fleißig, geschickt, brauchbar sein

orumpèn: anrumpeln; anstoßen → zammrumpèn

oscheim: anscheiben; den ersten Schub beim Kegeln machen → keglscheim

oschiàssn: anschießen

Durch Böller- oder andere Schüsse wird das neue Jahr „ogschossn" (angeschossen) und damit begrüßt. Auch der Beginn einer Festlichkeit, z. B. eines Volksfests, wird so angezeigt. → oblåsn

osingà: ansingen; anlügen, schwindeln

„Duà mi net osingà!" (Lüg mich nicht an!)

ospinnà: anspinnen; umschwärmen, anhimmeln

Eine bestimmte Person des anderen Geschlechts umschwärmen und ihr dies durch möglichst häufige Kontakte und Gespräche zeigen. → obànddln

ospitzn: anspitzen; ein Gespräch auf einen bestimmten Punkt lenken, gewünschte Informationen durch geschickte Gesprächsführung erhalten

„I håb`n scho ogspitzt wegà sein´ Acker, aber er håt nix dàgleichà do." (Ich habe im Gespräch mit ihm schon versucht, die Sache mit seinem Acker anzusprechen, aber er hat sich nicht darauf eingelassen, ist dem Thema aus dem Weg gegangen.) → ausfrànschln, dàgràntschn

otrång: antragen; anbieten

„Er håt se otrång, dass er uns beim Hausbaun huift." (Er hat sich angeboten, uns beim Hausbau zu helfen.)

owànddln: anwandeln

Die Kugel beim Kegeln an die Wand bzw. in die Rinne der Bahn schieben. → hiwànddln, keglscheim

oweing: anweigen (schriftbair.); gelüsten, anlachen, reizen, Appetit auf etwas haben

„Des weigt me o." (Das gelüstet mich, das lacht mich an, das würde ich jetzt gerne essen, da läuft mir das Wasser im Mund zusammen.) → gluschtn

P WIE PFUIDEIFE

Pàràplui: Regenschirm

Den „Pàràplui" – mit getrennt gesprochenem „u" und „i" – oder „Pàràplü" hat man in Bayern fast eins zu eins vom französischen „parapluie" (Regenschirm) übernommen. Der „parapluie" wiederum ist gleich aus zwei (toten) Sprachen zusammengesetzt, die den Schülern eines humanistischen Gymnasiums noch heute das Leben schwer machen: Altgriechisch und Latein – „pará (*παρά*)" (bei, neben) und „pluit" (es regnet).

Pàràsui: Sonnenschirm, Regenschirm

Das offizielle Gegenstück zum → Pàràplui ist der „Pàràsui" (von französisch „parasol"), also der Schirm zum Schutz gegen die vom Himmel brennende Sonne, auch wenn er in dieser Bedeutung kaum Verwendung findet. Gegen den Sonnenstich z.B. bei der sommerlichen Feldarbeit gibt es in Bayern nämlich den Hut, weshalb der „Pàràsui" von praktisch denkenden Zeitgenossen genauso zur Regenabwehr eingesetzt wird wie der eigentlich für diese Zwecke gedachte „Pàràplui".

Pfarrerschliàffà: Pfarrerschlüpfer; bigotte Person, die sich beim Pfarrer einschmeicheln will

Hier geht es, deutlich gesagt, um den frömmlerischen Arschkriecher, wobei die zweite Hälfte der wenig schmeichelhaften Bezeichnung („-schliàffà") für den „-kriecher" steht. → Schliàffà

pfeigråd: pfeilgerade; schnurstracks, direkt, tatsächlich, überraschenderweise

Bezweifelt man z. B., dass ein Freund Geld in der Tasche hat, und zieht dieser zur Überraschung aller einen Zehn-Euro-Schein heraus, kommentiert man dies mit den Worten: „Pfeigråd håt der à Göid dabei!" (Tatsächlich hat der Geld dabei!)

pfenningguàt: gut wie ein Pfennig; zwar nicht mehr neu, aber in gutem Zustand

Pfennige waren aus Kupfer, sie rosteten kaum, haben sich auch durch jahrelangen Gebrauch kaum abgenutzt und ihren Wert behalten. Haltbare, schon länger in Gebrauch befindliche Gegenstände sind dementsprechend „pfenningguàt", wie z. B. ein zwanzig Jahre altes, blitzblank dastehendes und funktionstüchtiges Auto, über das man sagt: „Des is ja no pfenningguàt." (Das ist noch in sehr gutem Zustand.)

Pfenningnågl: Pfennignagel; großer, etwa 20 Zentimeter langer Nagel

Nägel dieser Größe werden vor allem von Zimmerleuten verwendet. Die Bezeichnung kommt aus der Zeit, als ein solcher Nagel einen Pfennig kostete.

Pfiàdde!: Behüte dich (Gott)!; Abschiedswort

Der Plural lautet: „Pfiàdeich!" (Behüte euch (Gott)!)

Pfief: Pfiff; kleine Menge eines Getränks

Ein „Pfief" ist eine kleine, nicht verbindlich festgelegte Maßeinheit, maximal die Hälfte des kleinsten Getränkemaßes, das in den Wirtshäusern – abgesehen von äußerst Hochprozentigem in dementsprechend kleinen Gläsern – üblicherweise zum Ausschank kommt. Ein „Pfief" wird vor allem bei Bier bestellt, man bekommt dann maximal 0,2 Liter Bier, wobei der Schaumanteil relativ hoch ist. Man bestellt ihn z. B. am Ende eines Wirtshausbesuchs, wenn man noch eine Kleinigkeit trinken möchte, aber eine Halbe Bier nicht mehr schafft. Die Bezeichnung könnte davon herrühren, dass der Vorgang des Einschenkens eines „Pfiefs" sehr kurz ist und nur der Dauer eines kurzen Pfiffs entspricht.

Pfiffkàs!: Von wegen! Nichts da! Im Gegenteil!

Die erste Silbe dieses Ausrufs erinnert an „Darauf ist gepfiffen!", die zweite an den → Kàs 2) im Sinne von „Unsinn". Auf die unsinnige Aussage des Vorredners wird damit gepfiffen. Die gleiche Bedeutung hat der Ausruf „Pfeiferdeckl!", der nichts mit einem „Pfiff" zu tun hat, sondern den Deckel auf dem Kopf einer Tabakspfeife bezeichnet. Damit will man die Diskussion beenden: Ebenso wie man bei einer Pfeife den Deckel zumachen kann, sollen jetzt alle den Mund halten.

Pfinstà (auch: **Finstà**): Pfinstag (schriftbair.); Donnerstag

Das Wort lässt sich auf das giechische „pemptê hêméra“ (der fünfte Tag der Woche) zurückführen (von Sonntag an gezählt). → Müàdà

Pflààtsch: Matsch, insbesondere Schneematsch

Als Adjektiv: **pflààtschig** (früher: **pflààtsche**): von in der Tauphase befindlichem, nassem Schnee bedeckt

Bei diesem Zustand der Wege und Straßen empfiehlt es sich, festes Schuhwerk zu tragen, das keine Feuchtigkeit eindringen lässt.

pflädàn: werfen, schießen

„Då hammà eàm à Sauberne naufpflädert.“ (Da haben wir ihn mit einem großen oder harten Stück getroffen.) Auch im Zusammenhang mit dünnflüssigem Stuhlgang, wie er bei Kühen die Regel ist, wird dieses Wort verwendet: „Schau her, då håt à Kuàh herpflädert.“ (Schau her, da hat eine Kuh hergemacht.) Dabei schwingt das klatschende Geräusch mit, das diesen Vorgang begleitet.

Pflànz: Sperenzchen, Zirkus

Mit den Worten „Mach koàne Pflànz!“ (Mach keine Sperenzchen!) ermahnt man sein Gegenüber, in der vorliegenden Angelegenheit keine Schwierigkeiten zu machen. → Krampf, Schmarrn 2)

pflànzn: zum Narren halten, foppen → foppm, trätzn

Pfoàd, *die*: Hemd

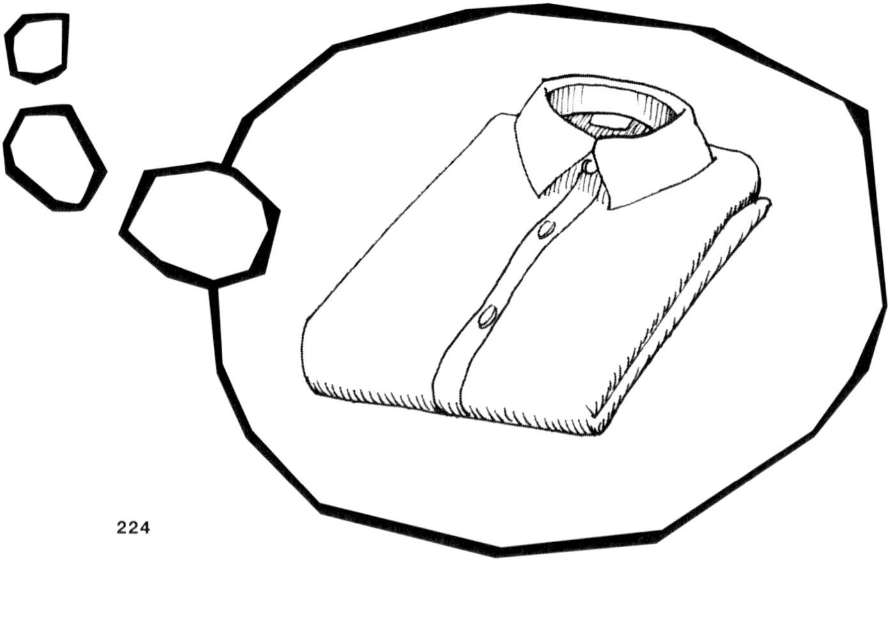

Pfuideife! (Pfui Deife!): Pfui Teufel!; allgemeiner Ausdruck der Entrüstung

Hat jemand z. B. etwas Verwerfliches getan, dann schimpft man ihn: „Ja pfui Deife, schàmst de denn går net?“ (Ja pfui Teufel, schämst du dich denn gar nicht?) War die Tat besonders schlimm, untermauert man diesen Spruch noch damit, dass man vor dem Übeltäter auf den Boden spuckt. Beißt man in einen verfaulten Apfel, spuckt man aus und sagt: „Pfui Deife, der is ja scho dàfeit.“ (Pfui Teufel, der ist ja schon verfault.) Auch wenn man jemandem gegenüber seine Missachtung ausdrücken will, kann man das mit einem „Pfui Deife!“ tun. → Deife

Pfundhàmme: Pfundhammel (Schimpfwort)

Hier handelt es sich um einen besonders großen Hammel, also einen auffallend derben, groben, ungehobelten Kerl. → Dreegbär, Sauhàmme

pfundig: toll, super, klasse, spitze, geil → bärig

Pfunds-: Präfixoid zur Verstärkung des damit verbundenen Substantivs

Es bezeichnet etwas besonders Großes, weil es mindestens ein Pfund schwer und damit gewichtig ist; z. B. → Pfundhàmme, „Pfundskerl“, „Pfundsgaudi“.

Pfundweckàl: kleiner, ein Pfund schwerer Brotwecken

Ein Wecken Hausbrot in Normalgröße wiegt zwei Pfund, ein „Pfundweckàl“ ist also die Hälfte davon; das „Weckàl“ (Weckerl) zeigt an, dass es sich um ein Diminutiv handelt. → Loàb

Polàndi (Bolànddi): Untergebener, Knecht

Die Bezeichnung findet man nur noch in der Wendung: „I bin doch net dei Polàndi.“ (Ich bin doch nicht dein Knecht, ich mache dir doch nicht den Deppen.) → Gàndi, Lefdutte

pomàdig / früher: **pomàde**: gemächlich, träge, faul, ohne Antrieb

Das Wort stammt von der Pomade (Haarcreme), mit der man seine Haare einfettet und glättet. Genauso glatt und ohne Widerstand will auch der „pomàdige“ Mensch sämtliche Hindernisse in seinem Leben bewältigen.

pràtzln: betrügen, übers Ohr hauen, hereinlegen, übervorteilen → ausschmiern

Pratzn: große, schwere, raue Arbeitshände, auch: allgemein für Hand bzw. Hände (abfällig)

Singular und Plural sind hier identisch, wobei das Wort im Singular eher selten vorkommt. Beispiele: „Pratzn, so groß wià Abortdeckel.“ (Pratzen, so groß wie ein Klodeckel.) Oder: „Duà deine Pratzn weg vo mein Wei!“ (Nimm deine Finger weg von meiner Frau!)

Preller: Rausch → Dampf, Häpfà

Preìder: Geprellter; Betrogener, auch: dummer Mensch

Der Zustand des Betrogen-Seins geht hier meist Hand in Hand mit der mangelnden Intelligenz. Die Buchstaben „e“ und „i“ werden beim „Preìder“ nicht als Diphthong, sondern getrennt gesprochen. „Du bist ja à ganz à Preìder.“ (Du bist ein ziemlich dummer Mensch.)

Als Verb: **preìn** (prellen, betrügen, übervorteilen)

„Di hams ja ganz schee preìd. “ (Dich hat man ganz schön betrogen.)

Als Adjektiv: **preìd** (geprellt, betrogen, übervorteilt)

pressant: dringend, eilig

„Er håt`s net pressant gmacht.“ (Er sagte nicht, dass es eilig ist.)

prieglstààr: prügelstarr, starr wie ein Prügel; besonders starr, unflexibel, steif, nicht biegsam

Dieses Adjektiv hat die gleiche Bedeutung wie → bockstààr. → beìchàd

Q WIE QUARTL

Quàdràt-: Präfixoid zur Verstärkung des damit verbundenen Substantivs

Es handelt sich insoweit um das entsprechende Substantiv hoch zwei. „Quàdràtlàtschn“ sind z. B. sehr große, ziemlich ausgetretene, unförmige Schuhe oder auch besonders große Füße, ein „Quàdràtschädl“ ist ein sturer, starrsinniger Mensch (→ Gschwoischädl) und eine „Quàdràtràtschn“ (→ ràtschn 1) verbringt als besonders klatschsüchtige Frau ihre Zeit am liebsten mit dem Reden über andere Leute.

Quartl: Viertelliter

Ein „Quartl“ Bier ist die Hälfte einer Halbe Bier. Im Gegensatz zum → Pfief ist hier das Maß exakt definiert.

Quetschn: Akkordeon, Ziehharmonika → Wanznpress

R WIE REIWERDÀTSCHI

rå: herunter

„Gehst` net glei rå vom Bààm!" (Geh sofort vom Baum herunter!") Interessant an diesem Satz ist, dass es sich an sich um eine Frage handelt, die aber eindeutig als Imperativ zu erkennen ist. Das Wort wird auch häufig Verben als Präfix vorangestellt, z. B. „råwerfà" (herunterwerfen) oder „råspringa" (herunterspringen). → åwe, herå, nå, nauf

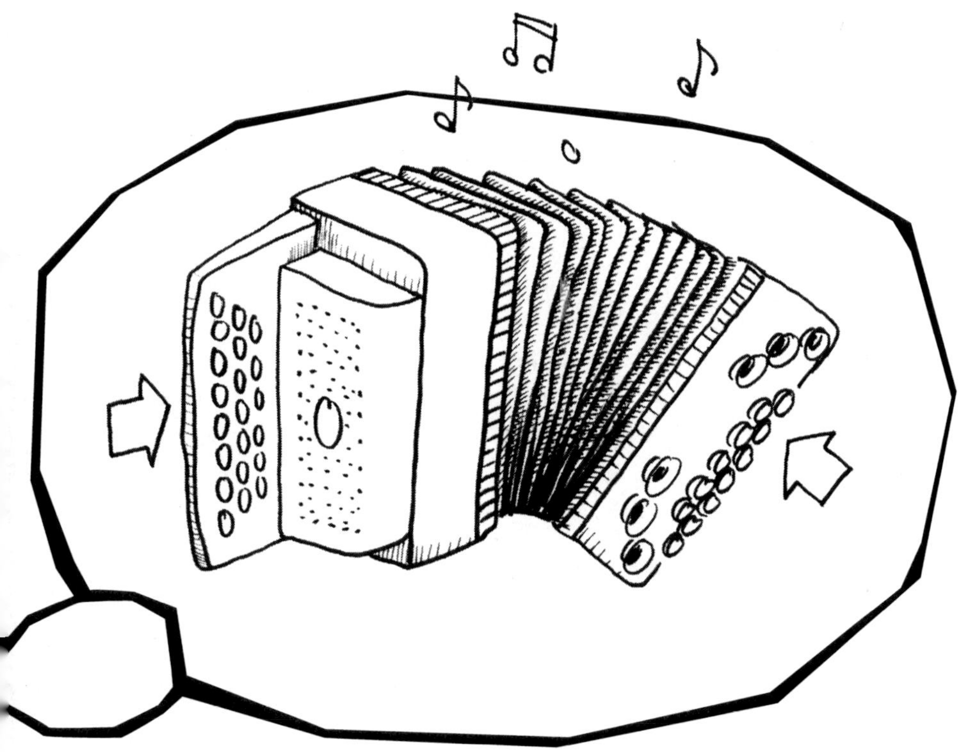

Ràch: Rauch

Als Verb:

1) **ràchà** (rauchen)

2) **ràchèn** (nach Rauch riechen, leichte Rauchentwicklung, die die Nase kitzelt) → bràntln

Räch̀àl: Reherl; Pfifferlinge → Schwàmmàl 1)

ràdebutz: total, völlig, ratzeputz

„Katz håt d`Maus ràdebutz zamgfressn.“ (Die Katze hat die Maus ohne Rest aufgefressen.) → Butzn und Stingl

Ràdi:

1) Rettich

Vor dem Verzehr muss der „Ràdi“ geschnitten werden. Dafür gibt es drei gängige Methoden:

* Ziehharmonika: Man schneidet in den „Ràdi“ in schräger Richtung dünne Scheiben bis gut zur Mitte, dreht ihn dann um und wiederholt den Schnitt von der anderen Seite. Dadurch lässt sich der „Ràdi“ auseinanderziehen und wieder zusammenschieben wie eine Ziehharmonika.
* Latten oder Zaunlatten: Man schneidet in Längsrichtung einige wenige Scheiben, die wesentlich dicker sind als bei der Ziehharmonika-Methode.
* Die einfachste Methode besteht darin, den „Ràdi“ aufzuhobeln oder mit der Schneidemaschine in dünne Scheiben zu schneiden.

Welche Methode man wählt, richtet sich vor allem danach, wieviel Biss der „Ràdi“ haben soll. Nach dem Schneiden wird er gesalzen und liegen gelassen, bis die Wirkung des Salzes – das „Wàssern“ – einsetzt, also bis der Radi „weint“ und das „Ràdiwasser“ absondert. Nur ein frischer „Ràdi“ schmeckt gut, hölzern oder → bàrstig ist er keine Gaumenfreude. Eine besondere Form des Rettichs sind die kleinen, runden „Radieserl“. Wer diese „Radieserl“ von unten anschaut, der hat seine eigene Beerdigung bereits hinter sich.

2) Der Torwart des TSV 1860 München in den 1960er Jahren hieß Radenkovic, die Fans nannten ihn „Ràdi“.

Ràdl / früher: **Rààl**: Rad

1) Fahrrad

2) Scheibe Wurst

Kleine Kinder bekommen von der Fleischereifachverkäuferin meistens „à Wurschtrààl“ geschenkt.

råfåhn: herunterfahren; über den Mund fahren, deutlich widersprechen

„De is eàhm richte rågfåhn.“ (Die ist ihm tüchtig über`s Maul gefahren.) → rausgem 2)

Rahnà: rote Rüben, rote Bete

råkemà: herunterkommen; verwahrlosen

„Àn Schmie sei Haus is à scho ganz sche råkemà.“ (Das Haus vom Schmied ist auch schon ziemlich verwahrlost.)

Ràlle: kleine Räder, Rädchen

Die Räder, an denen Scheunentore hängen und dadurch möglichst locker hin- und hergeschoben werden können, nannte meine Mutter „Dourràlle“ (Torräder).

Ràllermass: Radlermass; Gemisch aus je einem halben Liter Bier und weißer Limonade

Früher gab es die „Ràllermass“ tatsächlich nur als „Mass“ (1 Liter), weil die Limonade nur in Flaschen mit 0,5 Liter Inhalt geliefert wurde, sodass die Gefahr bestand, dass der Gastwirt auf einem Teil der Limonade sitzen blieb. Nachdem inzwischen sowohl Bier als auch Limonade aus dem Zapfhahn kommen, kann man auch einen halben Liter Radler bestellen, was dann aber bei manchem Bayer immer noch „à Hoiwe Ràllermass“ heißt. Handelt es sich bei dem verwendeten Bier um Weizenbier (Weißbier), so nennt man das Gemisch → Russ.

ràmà dàmà: räumen tun wir

Als Substantiv: Das **Ràmàdàmà** ist das jährlich im Frühjahr von Freiwilligen durchgeführte Einsammeln von Müll, den rücksichtslose Zeitgenossen in der freien Natur hinterlassen haben.

Ràmme: Rammel

1) leicht angebrannter, wohlschmeckender Rand bzw. Kruste beim Kochen von Mehlspeisen

Insbesondere das „Ràmmàl“ (Diminutiv) an der Unterseite der Dampfnudeln, das in manchen Gegenden „Scheil“ oder „Schàrrl“ genannt wird, ist wegen seines ausgezeichneten Geschmacks und auch wegen der stets zu geringen Menge sehr beliebt (→ Scheil 2).

2) ungehobelter Mann, Tölpel

Aus 1) abgeleitet, handelt es sich wörtlich um einen rußigen, verkrusteten Mann, der meistens als „gscherterRàmme“ bezeichnet wird (→ gschert).

Ranggn: Ranken

1) dicke Scheibe, großes Stück

Z. B. „à Ranggn Brot oder Gsöichts“ (ein großes Stück Brot oder Geräuchertes). → Kei

2) steiler Ackerrain

3) abschüssige Fläche einer Böschung

Der „Bahnranggn“ ist die schräge seitliche Fläche an einer zum Niveauausgleich aufgeschütteten Eisenbahnstrecke, die sich mangels wirtschaftlicher Nutzung meistens zum Biotop entwickelt hat.

rànzln: ranzig riechen

Das Wort beschreibt die Situation kurz nach dem Verderben eines Lebensmittels. Ist dieser Fall eingetreten, heißt es: „Des rànzlt ja scho.“ (Das riecht ja schon ranzig.)

Ranzn: Ranzen

1) dicker Bauch

Nachdem viele der Fußballspieler in Altherrenmannschaften mit stattlichen Bäuchen auflaufen, nennt man diese Liga auch „Ranznliga“. → Hendlfriedhof, Wampm

2) Schulranzen, Schultasche

Rapp:

1) Rabe (schwarzer Vogel)

2) Rappe (schwarzes Pferd)

Rappè: Rappel; verrückter Anfall, plötzlicher Zorn

Wenn man einen „Rappe kriàgt“, dann flippt man aus, dann bekommt man einen Anfall, z. B.: „Auf àm<u>oi</u> håt mi dà Rappe packt.“ (Plötzlich hatte ich einen verrückten Anfall.)

Raschbe: Raspel; Reibeisen, Holzfeile

Dieses Werkzeug gibt es in unterschiedlichen Größen und Ausführungen. Es wird vor allem für die Bearbeitung von Holz, aber auch in der Küche, z. B. für die Zerkleinerung von Schokolade verwendet. Das Verb **raschbèn** (raspeln) hat zwei unterschiedliche Bedeutungen:

1) mit einer „Raschbe“ arbeiten

2) ein lautes, gleichmäßiges Geräusch verursachen

Mein Vater sagte z. B. über einen Pkw mit lautem Dieselmotor: „Der raschbèt aber!“ (Der ist aber laut!)

Räsonierer: Nörgler, ständig kritisierende und schimpfende Person

Als Verb: **räsoniern** (nörgeln, kritisieren)

Der französische Ursprung „raison“ (Grund, Begründung; auch: Vernunft, Verstand) zeigt schon an, dass man es hier mit jemandem zu tun hat, der gedanklich alles in seine Kleinteile zerlegen muss, um schließlich den Fehler zu finden, den er dann schimpfend kritisieren kann.

Ràss: Rasse; Meute

Nachdem in meiner Kindheit oft alle Nachbarskinder bei uns versammelt waren, erzählte meine Mutter über diese Zeit: „De ganze Ràss war öiwei bei uns.“ (Die ganze Meute hat sich immer bei uns aufgehalten.)

ràss: scharf, scharf gewürzt; bei Menschen, vor allem bestimmten Frauen: kratzbürstig, bissig, unfreundlich, barsch, resolut

„Der Ràdi is ràss.“ (Der Rettich ist scharf.) Im übertragenen Sinn ist auch eine selbstbewusste, energische, barsche, unfreundliche Frau mit scharfer Zunge „ràss“ oder – substantivisch – eine „Ràsse“. Vor der wird gewarnt mit den Worten: „Bei derà muàßt aufpassn, des is à ganz à Ràsse!“ (Bei der musst du aufpassen, das ist eine kratzbürstige Frau, mit der ist nicht gut Kirschen essen.) → hàntig, wàx 2)

ràssln: streng riechen, stinken → Oàchebär

ràtschn:

1) sich unterhalten, schwatzen, tratschen, Neuigkeiten und Vermutungen austauschen

   Wesentliche Inhalte des „Ràtschens“ sind die neuesten Informationen über diverse Mitmenschen, manchmal auch üble Nachreden über diese nichtsahnenden Objekte der Unterhaltung

   Der **Ràtsch** als Substantiv bezeichnet das „Ràtschn“ (Gerede, Tratsch). Es beginnt in der Regel mit der Frage: „Woàßt-às scho?“ (Weißt du es schon?) Oder: „Håst às scho ghert?“ (Hast du schon gehört?) Über sehr „ràtsch“-affine Menschen sagt man: „Mit derà geht öiwei à Ràtsch.“ (Mit der geht immer ein Tratsch.) Männer tauschen Neuigkeiten früher wie heute in der Regel im

Wirtshaus aus. Dies nennt man eine „gute Unterhaltung". Bei Frauen spricht man dagegen vom „Ràtsch" und die geschwätzigen, klatschsüchtigen Frauen selbst nennt man **Ràtschn**. Frauen, die dieser Tätigkeit besonders ausgiebig nachgehen, heißen „Ràtschkàthl" (wörtlich: tratschende Katharina) oder „Quàdràtràtschn" („Ràtschn" hoch zwei). Kommt noch ein großer Aktionsradius dazu, der das gesamte Dorf umfasst, dann spricht man von einer „Dorfràtschn". → ausrichtn, Dågblààl 2), durchlassn 2)

2) ein schnarrendes, klapperndes Geräusch erzeugen
Ein solches Geräusch wird mit einem speziell dafür konstruierten Holzinstrument erzeugt, einer „Ràtschn" – nicht zu verwechseln mit der hier unter 1) beschriebenen „Ràtschn".
Früher wurde erzählt, dass die Kirchenglocken am Gründonnerstag nach Rom fliegen und in der Osternacht wieder zurückkommen. In dieser Zeit wurden die Glocken nicht geläutet, sondern es wurde von den Ministranten ersatzweise die „Ràtschn" als „Einladungsgeräusch" zum Gottesdienst betrieben. Heute gehen die Ministranten in der Osterzeit von Haus zu Haus und Sammeln für einen guten Zweck, wobei sie mit der „Ràtschn" auf sich aufmerksam machen. Nachdem die „Ràtschn" Lärm, also eine „Mettn" macht, dürfte ein enger inhaltlicher Zusammenhang zwischen den beiden Wörtern bestehen. → Mettn 2)

Ratz, *der*: Ratte, die
Der Plural lautet „Ratzn".

rauch: rau, scharfkantig
Die Aussprache „rauch" war bei meinen Eltern üblich. Sie erinnert an die frühere hochdeutsche Schreibweise „rauh". Der Rauch heißt dagegen auf Bairisch → Ràch. → wàx 1)

rausgem: herausgeben

1) Wechselgeld zurückgeben
2) eine treffsichere Antwort geben, schlagfertig antworten
„Dem håt der Rechtsanwoid sauber rausgem." (Dem hat der Rechtsanwalt schlagfertig geantwortet.) → råfåhn

Rausgfressner: Herausgefressener; beleibte, korpulente Person → Wampm
Auch als Adjektiv: **rausgfressn** (besonders korpulent)

rausklaum: herausklauben; herausziehen, auch: Nutzen aus etwas ziehen

Wenn man z. B. einen Vortrag hört und daraus keinerlei Nutzen ziehen kann, kritisiert man das mit den Worten: „Då håwe mir nix rausklaum kennà." (Ich konnte keinen Nutzen daraus ziehen.) → ausklaum, klaum

råziàng: herunterziehen; Ohrfeigen verpassen

„Glei ziàg e dà à Påår rå!" (Gleich ziehe ich dir ein Paar herunter, gleich gebe ich dir ein paar Ohrfeigen!) → batzn 2), durchlassn 1), duschn 2), eischengà 2), neihaun 1), schmiern 2), umànandlassn, wàchèn, wàssern 2), wischn, zammruckà 2)

Reàn, *die*: Röhre

Damit bezeichnete man sowohl die Röhren in früheren Radio- und Fernsehgeräten als auch die Bratröhre, das separate Fach im Herd, in dem Speisen gebraten und gebacken wurden („Bråtreàn"). Das Gefäß, in dem gebacken und gebraten wird, ist u. a. die → Rein.

recht:

1) genau

„Wås håt er denn recht?" (Woran leidet er denn eigentlich genau?)

2) groß

„Å rechte Freid" ist eine große Freude.

3) **net ganz recht**: nicht ganz richtig; verrückt

Wer „net ganz recht" ist, bei dem stimmt`s im Oberstübchen nicht. → ausànander 1), Bäggà, spinnà 2)

Regulàddà: Regulator; Pendelwanduhr mit mehr oder weniger aufwendigem Holzgehäuse

Reigschmeckter: Hereingeschmeckter; Fremder

Die weibliche Form lautet „Reigschmeckte". Der Begriff bezeichnet eine Person, die erst seit kurzem ihre Nase in diese Gegend oder Gemeinschaft gesteckt und hier „hereingeschmeckt" (bairisch für hereingerochen) hat. Damit wird ausgedrückt, dass diesen Personen der hiesige Stallgeruch (noch) fehlt und sie deshalb weder volle Rechte haben noch Ansprüche stellen können.

Mit diesem Wort bezeichnete man früher vor allem Neubürger eines Dorfes, und zwar auch noch mehrere Jahre nach deren Zuzug, selbst wenn sie denselben Dialekt sprachen und vorher nicht weit von diesem Ort entfernt gewohnt hatten. Sogar die Ehefrau eines Jungbauern, die auf dessen Hof eingeheiratet hatte, musste manchmal hören: „Wås mächtn de Reigschmeckte då?“ (Was will denn die Fremde da?) Als Adjektiv: **reigschmeckt** (fremd, ohne die vollen Rechte der Einheimischen)

Reim:

1) Reif, Raureif
   „An de Fenster hängt dà Reim dro.“ (An den Fenstern hängt der Raureif.)
2) Reibe, Raspel
3) Kurve

Als Verb: **reim** (reiben, drehen) oder **eireim** (einschlagen)
„Reib ei, dass d` rumkimmst um d`Reim!“ (Drehe ein, damit du herumkommst um die Kurve!)

Rein (auch: **Reinà**): flaches, meist rechteckiges Gefäß mit Griffen an den Schmalseiten zum Backen und Braten von Speisen
Wegen seiner Funktion wird ein solches Gefäß auch „Bråtrein“ genannt. In der Grenzregion zwischen Oberbayern und Schwaben nennt man es → Kåår. Handelt es sich um ein kleines Gefäß, so spricht man von einem „Reindl“. Der Back- und Bratvorgang erfolgt in der → Reàn.

Reißn:

1) Reißn, die: Bearbeitung, Gesprächsgegenstand
   „In der Reißn haben“ bedeutet, etwas in Bearbeitung zu haben oder bei einem „Ràtsch“ (→ ràtschn 1) mit anderen intensiv und meist unfreundlich über eine bestimmte Person zu reden, sie in die Mangel zu nehmen. Dann stellen außenstehende Beobachter die Frage: „Wen ham`s denn heit wieder in der Reißn?“ (Wen ziehen sie denn heute wieder durch den Kakao? Mit wem beschäftigen sie sich denn heute wieder besonders intensiv?)
2) Reißn, das: Rheumatismus, Unruhe in den Extremitäten

reißn: sich beim Niesen stark schütteln
Muss jemand mehrmals nacheinander oder besonders laut niesen und schüttelt es dabei seinen ganzen Oberkörper, dann beschreibt man diesen Vorgang mit den Worten: „Den håts gscheit grissn.“ (Den hat es stark gerissen.) Diese Situation tritt häufig dann auf, wenn Ungeübte eine zu große Menge an Schnupftabak zu sich nehmen.

Reitern, *die*: rundes oder rechteckiges, grobmaschiges Sieb

Entweder in die Hände genommen oder schräg aufgestellt, wird damit Erde, Sand oder Kies gesiebt.

Als Verb: **reitern** (sieben)

Reiwerdàtschi: Reibekuchen; Kartoffelpuffer

Dünne, runde, in der Pfanne gebratene Fladen aus geriebenen Kartoffeln. → Erdapfe

Reiwer und Schàndi: Räuber und Gendarm (Kinderspiel)

Bei diesem einfachen, aber beliebten Spiel müssen die Gendarmen (Polizisten) die Räuber jagen.

resch:

1) rösch, knusprig, kross

   In dieser Bedeutung wurde das Wort früher „rääsch" ausgesprochen.

2) aufgeweckt, frisch, lustig, resolut

   Dieses Adjektiv ist nur bei Frauen und Mädchen gebräuchlich. Der Übergang vom positiven „resch" zum negativen → ràss ist allerdings fließend.

Riàbbe: Rüpel; ungehobelter, flegelhafter, raubeiniger Kerl → Gloiffe, Làckl

Riàssl: Rüssel; Mund einschließlich seiner Randbereiche, gegebenenfalls auch einschließlich Nase

Z. B. sagt die Mutter zum Kind: „Wisch dir doch àmoi dein Riàssl àb!" (Wisch dir doch mal deinen Mund ab!) Oder: „Der muàß à sein Riàssl überoi neisteckà." (Der muss auch seine Nase überall hineinstecken.) Hat man sich beim Essen die gesamte Mundpartie mit Fett verschmiert, wird man von den Anwesenden auf seinen „Schmoizriàssl" (Schmalzrüssel) hingewiesen. → Footz, Mai

richte: richtig; prächtig, kräftig

Mit diesem Adjektiv werden Kleinkinder beschrieben, die man schon einige Zeit nicht mehr gesehen hat. Mit der Feststellung „Der is ja scho ganz richte!" bringt man zum Ausdruck, dass sich das Kind seit der letzten Begegnung schon „richtig", also prächtig entwickelt hat. Der Nachwuchs ist also schon recht kräftig und nicht mehr so → doàge.

richtn: reparieren, auch: bereinigen, erziehen

„Unser` Schwiegertochter hamma uns scho gricht." (Unsere Schwiegertochter haben wir schon in unserem Sinne erzogen.)

Neben der Grundform dieses Verbs gibt es auch noch verschiedene Komposita dazu, z. B.:

* **zuà**richtn: zurichten; verunstalten
  Vor allem bei Raufereien werden die Raufbolde oft „ganz schee zuàgricht" (ganz schön verunstaltet).
* **zamm**richtn: zusammenrichten; reparieren, heilen, aufpäppeln, sich ordentlich kleiden, ordnen
  Man kann ein altes Auto wieder „zammrichtn", also so restaurieren und reparieren, dass es wieder ansehnlich ist und fährt. Ein Mensch, der bei einer Rauferei schwere Verletzungen erlitten hat, muss von den Ärzten wieder „zammgricht" werden. Auch ein → Stàmpàl Schnaps hat so manchen wieder „zammgricht". Bevor man ausgeht, muss man sich „zammrichtn", also ordentlich anziehen, und um sich auf eine Besprechung vorzubereiten, wird man seine Unterlagen „zammrichtn", also ordnen und auf deren Vollständigkeit achten.
* **hi**richtn: hinrichten; ordentlich hinstellen, auch: mit dem Tod bestrafen
  Alle drei Varianten sind in folgendem Satz enthalten: „Den Räuber Kneißl ham`s z`Geisenhofà ganz sche zuàgricht, z` Augsburg hams`n wieder zammgricht und z`Mingà hams`n higricht." (Der Räuber Kneissl wurde in Geisenhofen (von der Polizei) ziemlich verunstaltet, in Augsburg (im Krankenhaus) wieder aufgepäppelt und schließlich in München (auf dem Schafott) hingerichtet.)

Riemische (auch: **Römische** oder **Remische**): Semmeln aus feinem, hochwertigem Roggenmehl, heute auch aus einem Gemisch aus Weizen- und Roggenmehl
Diese Semmeln kann man auch als „riemische/römische/remische Weckerl" kaufen. Feines Roggenmehl hieß früher „römisches Mehl", auf Bairisch nennt man es → Beilmöi (Beutelmehl). Hierzu ist allerdings anzumerken, dass die Römer das – dunkle – Roggenmehl nicht geschätzt haben und es sogar für magenschädlich hielten. Sie bevorzugten Weizenmehl, das sie auch mit nach Bayern brachten. Die Bezeichnung „römisches Mehl" dürfte sich deshalb nicht auf die Getreidesorte, den Roggen, sondern auf die Feinheit des für die „Römischen" benötigten Mehls beziehen, das besagte Römer mit ihren Mahltechniken bereits erzielen konnten.

riewèn: reiben; rubbeln

Neben der Grundform dieses Verbs gibt es auch noch verschiedene Komposita dazu, z. B.:

* **åb**riewèn / früher: **åå**riewèn: abreiben; abschleifen, -rubbeln → Åb-/åb-
* hiriewèn: hinreiben

  Z. B. muss man an eine starke Verschmutzung lang oder fest „hiriewèn", bis man sie entfernt hat.
* neiriewèn: hineinreiben

  Manche Salbe muss man „fest in d`Haut neiriewèn" (fest in die Haut hineinreiben), damit sie ihre volle Wirkung entfalten kann.

Ringlo̲, *die*: Reneclode; Unterart der Zwetschge

Die „Ringlo̲" ist kleiner als die Zwetschge, gelb oder rot und nicht zu verwechseln mit → Griàch bzw. „Griàchàl", auch nicht mit der Mirabelle. Der Name geht wahrscheinlich auf Königin (französisch „reine") Claude, die Frau des französischen Königs Franz I. (* 1494), zurück und ist bereits seit dem 17. Jahrhundert belegt.

Rippàl:

1) Fleisch aus dem Rippenbereich des Schweins

   Meine Mutter behauptete immer, das Fleisch unmittelbar an der Rippe, also am Knochen, würde am besten schmecken. Das „Rippàl" hat den Nachteil, dass man es „åbfiesln" (abnagen) muss.
2) kleinstes Stück (Rechteck) einer Tafel Schokolade

roàdàn: räudig

roàffèn: laufen, rennen

Herkunft von: „Reifen; schnell wie ein Reifen". Z. B.: „Då sàns davogroàffèt, de staubign Briàder." (Da sind sie davongerannt, die unzuverlässigen Brüder.) → roàsn

Roàfiesler: Rainfiesler; Kleinstbauer

Das Präfixoid „Roà-" wird nasal ausgesprochen. Klein- und Kleinstbauern hatten wenig landwirtschaftlich nutzbaren Grund. Sie mussten deshalb auch die Flächen nutzen, die für die größeren Bauern wirtschaftlich uninteressant waren, z. B. die Feldraine. Da diese Flächen sehr schmal waren, mussten sie dabei sehr genau arbeiten. Dies war eine „Fieslarwàt" (Fieselarbeit → Fiesler) mit geringem Ertrag bei relativ großem Aufwand. Der Begriff ist auch ein Synonym für Kleinstbauern, die keine Feldraine bearbeiteten, aber ebenfalls grundsätzlich arme Schlucker waren. → Fretter, Kloàheisler

roàsn: laufen, rennen

Das Wort kommt von „reisen". Z. B.: „Wià dà Bàp kemà is, då bin i aber groàst, mei Liàwà!" (Als mein Vater kam, da bin auch aber davongerannt, mein Lieber!) → roàffèn

rogle: locker, leicht, munter, beweglich, aufgeschlossen

Z. B. ist ein „rogles Kout" lockere Erde. Hat ein Mädchen an jungen Burschen ein erotisches Interesse, so ist auch sie „rogle". → aufrogln, kniàrogle, mànnig

Roßbeißn: Pferdebeißen; schmerzhaftes Zusammendrücken der Sehne in der Kniebeuge

Diese Vorgehensweise gehörte früher zum gegenseitigen Kräftemessen der jungen Burschen. Der auf diese Weise Gequälte empfindet dabei einen Schmerz, als ob er von einem Pferd gebissen wird.

ropfà: rupfen

„D´Sàå ropft" (Die Säge rupft), sagte mein Vater, wenn die Säge nicht mehr leicht durch das Holzstück glitt, sondern schwergängig wurde und einen rauen Schnitt hinterließ – das Zeichen dafür, dass sie geschränkt werden musste. → Sààg 1), schrengà

Rotzbuà: frecher Bub (Schimpfwort)

Die weibliche Form lautet „Rotzdeàndl" (freches Mädchen). Synonyme sind die Schimpfwörter „Rotzbibbm" (Rotzpipe) und „Rotzleffe" (Rotzlöffel; mit den „Löffeln" sind die Ohren gemeint).

Ruàch: raffgieriger Mensch

Als Adjektiv: **ruàchàd** (raffgierig)

Ruàm:

1) Rübe

   → Bàtzlruàm, Boàrische Ruàm, Boonruàm, Dotschn 1), Sauruàmkopf, Wasserruàm

2) ungehobelter Mensch (Schimpfwort)

   Das Substantiv tritt immer in Verbindung mit einem negativen Adjektiv auf, bevorzugt als „gscherte Ruàm" (→ gschert).

3) Kopf

   „Duà dei Ruàm auf d`Seitn." (Tu deinen Kopf zur Seite.) → Belle

ruàschàd: hektisch, fahrig, ungeschickt, unbesonnen → gauffrisch

ruàssln: tief und fest schlafen und dabei schnarchen → Hei vüreziàng

Ruàßkådà: Rußkater

1) schwarzer Kater
2) Kaminkehrer

Rufern: Schorf, verkrustete Wunde → Bletzn 1)

rumpèn: rumpeln; rennen, laufen, streunen (vor allem bei Kindern) → stràwànzn, striàn, stürzn

Rundkopfàdà: Mann mit rundem Kopf, mit Mondgesicht

Die weibliche Form lautet „Rundkopfàde".

Als Adjektiv: **rundkopfàd** (rundkopfig)

rundumàdum: rundherum

Russ: Mischgetränk aus Weizenbier (Weißbier) und weißer Limonade

→ Ràllermass

Rutschàl:

1) früher: kleines, eisernes Bügeleisen

Nachdem es auf dem Ofen erhitzt wurde, „rutschte" es beim Bügeln über die Wäsche.

2) heute: kleiner, elektrischer Schwingschleifer zum Abschleifen von rauem Holz

3) im Winter: kleiner Schlitten

Bei Kindern beliebt, auch wenn grade mal der Po des Schlittenfahrenden draufpasst – daher auch „Poporutscher" genannt. → Schlien

Rutschn: Rutsche; ältere bis alte Frau (beinahe schon freundliches Schimpfwort)

Das Wort kommt fast ausschließlich in Verbindung mit dem Adjektiv „oide" (alte) vor, wie auch die Synonyme → Schàbràckn, → Schäsn 2), → Schäwàn und → Scherm. Wie beim → Schlien schwingt auch hier das Gleiten einer Rutsche mit. → Håfà 2)

S WIE SOIZBIXL

Sä!: Hier!, Da!, Schau!, Nimm!

Dieses Wort hat noch meine Großmutter benutzt, wenn sie jemandem etwas in die Hand gab bzw. schenkte. Das Wort kommt von „Sieh!", nicht vom gleichklingenden französischen „c`est" (es/das ist).

Sååg:

1) Säge

Früher wurde das Wort „Såå" ausgesprochen und man bezeichnete auch das Sägewerk (Sägemühle) als „Såå“, z. B.: „Der Schorsch arwàt dà Såå drin.“ (Der Georg arbeitet im Sägewerk, wörtlich: in der Säge drinnen.) Das Diminutiv „Sàgl“ ist die Bezeichnung für eine kleine Säge, z. B. für einen Fuchsschwanz oder ein von den Buben zum Basteln verwendetes „Laubsàgl“ (Laubsäge).

Das Verb **sàgln** bezeichnet das Sägen kleiner Teile mit einer kleinen Säge, größere Objekte wie Balken oder Bretter werden „gschnien“ (geschnitten). → schrengà

2) Sack

Der Plural lautet „Seck“. Die Hosentasche hat man früher als „Hosnsååg“ (Hosensack) bezeichnet, das Taschentuch als „Såågdiàche“ (Sacktuch). Zu dem Wort gibt es zwei Diminutive: „Sàcke“ (Säckchen, kleiner Sack, auch: Hodensack) und „Sàckàl“ (Säckchen, kleiner Sack). → Seckl

Såågleim: Sägemehl

Das Wort „-leim“ kommt von „Kleim“ (Kleie; schriftbairisch: Kleiben), bedeutet wörtlich also „Sägkleie“. Es besteht keinerlei Bezug zum Leim.

Såålroß und **Såålochs**: Sattelross und Sattelochse; führendes Zugtier, das auf der linken Seite eines Gespanns geht

Auf der linken Seite eines Gespanns geht immer das erfahrenere Tier. Es ist normalerweise über den → Woier (Seil) mit dem Fuhrknecht verbunden. Sitzt der Lenker des Gespanns auf einem der Rösser, so wird er dafür das erfahrenere Pferd nehmen und diesem den Sattel auflegen. Analog hierzu nannte man dann bei einem Ochsengespann den links gehenden Ochsen ebenfalls „Sattelochse“, obwohl man auf einem Ochsen nicht ritt. → Handroß und Handochs

Sààsd: Sense

Je nach Herkunft des Dialektsprechers wird die Sense auch „Sàns“ oder „Säges“ genannt. → Kumpf

Sach, *das* (Singular):

1) Sachen; Dinge (Plural)

„Sach gmuà“ (Sachen genug) bedeutet: genug, genügend, ausreichend. „Des is Sach gmuà, wenn e zu eàm ‚Griàß God‘ såg.“ (Es reicht aus, wenn ich zu ihm „Grüß Gott“ sage.) → gmuà

2) Bauernhof von ordentlicher bis stattlicher Größe, auch: Immobilien, Besitz
Das Diminutiv lautet „Sàche“ (auch: „Sàchàl“): kleiner Bauernhof. Das „Sàche“ trat meistens als „kloàns Sàche“ (kleines landwirtschaftliches Anwesen) auf, auf dem es keine Pferde gab, höchstens einen Ochsen; evtl. musste sogar die einzige Kuh als Zugtier herangezogen werden. → Hoffuàß, Kloàheisler

Sachschaung: Besichtigung der Wohnung und der Aussteuer des Hochzeitspaars am Tag der Hochzeitsfeier durch die Gäste und andere Interessierte
Dabei war es Aufgabe der → Nàhdàren (Näherin), die Bett- und andere Wäsche so im Kleiderkasten (Schlafzimmerschrank) zu drapieren, dass es nach mehr aussah als es tatsächlich war; man wollte naturgemäß mehr scheinen als sein.

Sàkrà!: leichter Fluch bei kleinem Ärger
Es handelt sich um die Abkürzung von „Sakrament“, das auf Bairisch früher auch „Zakrament“ hieß. Ähnliche leichte Flüche sind „Sàpprålot“ oder „Sàppràment“. Ein stärkerer Fluch wäre: „Kreizsàkrà!“ Noch drastischer: „Kreizkruzifixsakrament!“ Ärgert man sich über ein nicht funktionierendes Gerät, macht man sich Luft mit einem außerordentlich langen „HimmeHerrgottKreizKruzifixSakramentAlleluja-ScheißGlumpVàrreckts!“

Sàkràdi! (auch: **Sàxndi!**): Ausruf der Überraschung bzw. abgeschwächter Fluch
Hier dürfte das französische „sacre dieu“ (wörtlich: heiliger Gott) zugrunde liegen.

sàkràmentern: schimpfen, kritisieren, nörgeln → mentern

sàkrisch: extrem, gewaltig, heftig, sehr, stark, außerordentlich, besonders
Das Wort wird vor allem zur Verstärkung von Adjektiven verwendet, z. B.: „Der Ostwind blåst im Winter sàkrisch koit.“ (Der Ostwind bläst im Winter extrem kalt.) → nàrrisch, Sàkrà!, Sàkràdi!

Sàlettl: Pavillon, Veranda, Gastraum einer Gaststätte in gesondertem Erker oder Anbau, kleiner Saal eines Wirtshauses

sammàt: samten; aus Samt → Feirdàgwand

sanàmoi: das andere Mal; neulich, kürzlich
„Sanàmoi bin i z`Mingà gwen.“ (Neulich war ich in München.)

sàndln: langsam, gemächlich arbeiten, faulenzen
Substantiv: **Sàndler**: Stadtstreicher, Vagabund, Obdachloser

sångmàràmoi (sång mà-r-àmoi): sagen wir einmal; etwa, circa, ungefähr
„À Mo mit sångmàràmoi oàn Meter achzge." (Ein Mann mit einer Größe von etwa einem Meter achtzig.) → umàrà

Sanktus: Teil der Heiligen Messe in der katholischen Liturgie, auch: Althergebrachtes
„Der macht heit no sein` oidn Sanktus" bedeutet: Der verfährt heute immer noch so, wie er es gelernt und seit Jahrzehnten praktiziert hat.

Sarah: schlampige oder unfähige Frau (Schimpfwort)
Es handelt sich an sich um einen weiblichen Vornamen, der aber – wie oft im Bairischen – ein Synonym für die Frau an sich darstellt. Der Bezeichnung ist meistens das Adjektiv „oide" (alte) beigefügt. → Drud

Saubär (auch: **Bär**): männliches, nicht kastriertes Schwein, auch: schmutziger Mann (Schimpfwort)
Auch ein Mann, der Verschmutzungen verursacht, unsittliche Handlungen vornimmt oder entsprechende Bilder anschaut, ist ein „Saubär". → Dreegbär, Fock

sauber:
Außer dem schriftdeuschen „rein" hat das Adjektiv im Bairischen eine Reihe weiterer Bedeutungen:

1) beachtlich, gehörig
„Den ham`s sauber neilassen." (Dem haben sie`s gehörig gegeben.)

2) schön, appetitlich, groß
„À sauberne Brotzeit" ist eine appetitliche, schön angerichtete, opulente Brotzeit.

3) ordentlich
„I ziàg àn Anzug o, dass i sauber daher kimm." (Ich ziehe einen Anzug an, damit ich ordentlich gekleidet bin.)

4) stattlich, gutaussehend
„À saubernerMo" ist ein gestandenes, stattliches Mannsbild.

5) nur vermeintlich gut, mies
„Saubere Freindàl sàn des!" (Das sind keine wirklich guten Freunde!) Die negative Bedeutung wird dadurch ausgedrückt, dass die erste Silbe betont wird, so auch hier: „Des is à sauberner Pfarrer, der

wo seiwà kràmpfèd." (Das ist ein sauberer Pfarrer, der selber stiehlt, also etwas tut, was sich eines Pfarrers nicht ziemt.)

6) **Sauber, sag i!**: Das ist ja unglaublich!

Sauhàmme: Sauhammel (derbes Schimpfwort) → Dreegbär, Pfundhàmme

Sauruàmkopf: Saurübenkopf; Runkelrübenkopf

Runkelrüben nannte man bei uns „Futterruàm" (Futterrüben) oder „Sauruàm" (Saurüben), weil sie im Winter als Futter für Kühe und Schweine dienten. Aus einigen der geernteten Rüben durften die Kinder einen „Sauruàmkopf" basteln. Dafür wurde oben eine Scheibe abgeschnitten, die Rübe wurde ausgehöhlt und auf einer Seite wurden entsprechend geformte Löcher für ein Gesicht, also für Augen, Nase und Mund, hineingeschnitten. Schließlich wurde in den Hohlraum eine Kerze gestellt, der Deckel wieder draufgelegt und diese leuchtende Fratze an gut sichtbarer Stelle draußen aufgestellt. Die Kinder verbanden diese Aktion mit der Hoffnung, dass sich die Passanten daran erschrecken würden. → Ruàm 1)

Schååm: Fladenbrot

Die heutige Bezeichnung für „Schååm" ist „Pittabrot".

Das gleich klingende Verb **schååm** hat mit diesem Substantiv nichts zu tun. Es bedeutet „schaben", z. B. einen Apfel „schååm" (schaben, klein raspeln).

Schàbràckn: Satteldecke; ältere bis alte Frau (Schimpfwort)

Das Wort kommt fast ausschließlich in der Verbindung mit dem Adjektiv „oide" (alte) vor, wie auch die Synonyme → Rutschn, → Schäsn 2), → Schäwàn und → Scherm. Die damit bedachte Frau wird hier also wenig schmeichelhaft mit einer alten, durchgescheuerten Satteldecke verglichen. → Håfà 2)

Schàchtàldeife: unerwartet aufspringender, aus der Haut fahrender, unberechenbarer Mensch

An sich ist der „Schàchtàldeife" ein Kinderspielzeug: eine den Teufel darstellende Figur an einer Sprungfeder, die sich in einer kleinen Schachtel befindet. Öffnet man die Schachtel, so schnellt einem das Teufelchen entgegen und der nicht Eingeweihte erschrickt heftig. Die Bezeichnung wird auch verwendet für Personen, die sich aufführen wie der „Schàchtàldeife", also plötzlich auf- und umherspringen oder in einer Diskussion unerwartet laut und ausfallend werden und aus der Haut fahren. → Deife

Schåfkopfà: Schafkopfen; bayerisches Kartenspiel für vier Personen

Dieses Kartenspiel hat sich vermutlich erst nach dem 1. Weltkrieg in Südbayern verbreitet und das vorher besonders beliebte Tarockspiel abgelöst. Die höchsten Karten sind die Ober, die zweithöchsten die Unter, wobei sich deren Rang nach der absteigenden Reihenfolge der Farben Eichel, Gras, Herz und Schelln richtet. Als höchster Trumpf gilt demzufolge der Eichel-Ober, den man auch „den Oidn" (den Alten) nennt, gefolgt vom Gras-Ober, der auch „der Blaue" heißt, und vom Herz-Ober, dem „Roten". Nach den Obern und Untern sind bei einem Standardspiel alle Herzen Trumpf, und zwar in der Reihenfolge As („Sau"), Zehner, König, gefolgt von den null Augen zählenden Neunern, Achtern und Siebenern, die man aufgrund ihrer Wertlosigkeit auch „Spåtzn" (Spatzen) oder → Gfràss nennt.

Im Spiel unterscheidet man das Solo und den Wenz, bei denen der Spieler allein gegen seine drei Mitspieler spielt, vom Standardspiel, auch „Sauspiel" genannt, bei dem er mit dem Mitspieler zusammenspielt, der die von ihm ausgewählte (gerufene) „Sau" (die „Ruàf") in seinem Blatt hat. Ausgerufen wird die Karte entweder mit ihrem gängigen Namen („Alte" für die Eichel-Sau, „Blaue" für die Gras-Sau, „Pumpe" für die Schelln-Sau) oder mit einem Spruch, z. B.:

* „Oide mach` àn Buckl!" (Alte, mach einen runden Rücken.)
* „Die Blaue, die genaue, mit der Mannschaftsaufstellung!" (In Anlehnung an die Stadionzeitschrift „Die Blaue" des TSV 1860 München; erst seit den 1960er Jahren üblich.)
* „Mit der Pumpe gibt`s ein Gerumpe." (Mit der „Pumpe" gibt es ein Gerumpel.)

Beim Wenz sind nur die Unter Trumpf. Beim Solo bestimmt der Spieler, welche Farbe Trumpf ist. Beim Aufruf der Farbe des Solos bedient man sich allgemein bekannter Sprüche:

* Eichel: „Eicholia, die Waldschnepfe!"
* Gras: „Grün scheißen die Gänse", „Grün ist gern hin" oder „Wennst net woàßt wås, hoàsst às Gràs." (Wenn du nicht weißt was, dann nennst du es „Gras".)
* Herz: „Herzlich lacht die Tante" oder „À Herz håt à jeder." (Ein Herz hat ein jeder.)

* Schelln: „Schellinski war ein Pole."

Im Verlauf des Spiels kann man viele Standardsprüche hören, die wichtige Grundregeln zum Ausdruck bringen oder die Gefühlslage des Spielers erkennen lassen, z. B.:

* „Mit àn Unter gähst net unter." (Mit einem Unter gehst du nicht unter.) Einen Unter auszuspielen, ist in dieser Situation nicht falsch und ein guter Kompromiss.
* „Mitterhand sticht mà net nei." (Mittendrin sitzend sticht man nicht hinein.) Wer „mitterhand" mit einer relativ hohen Trumpfkarte sticht, muss damit rechnen, dass er seinen nach ihm ausspielenden Spielpartner damit überfordert.
* „Dann verließen sie ihn." Der Spruch zeigt an, dass man mit seinen hohen Trümpfen am Ende ist.
* „À guàds Roß ziàgt zwoàmoi." (Ein gutes Pferd zieht zweimal.) Hieraus spricht die Hoffnung, dass man nach einem guten Blatt nochmals ein ebensogutes Blatt bekommt.

Gewonnen hat, wer als Spieler 61 Augen hat, dem Nichtspieler reichen 60 Augen, also exakt die Hälfte der insgesamt 120 Augen. Schafkopfen wird in der Regel um Geld gespielt.

Der für die jeweilige Runde zu zahlende Betrag hängt neben dem vereinbarten Tarif (von Cent- bis zu zu namhaften Eurobeträgen) von verschiedenen Faktoren ab: Solo oder Sauspiel, Laufende (mindestens die drei „guten" Ober oder beim Wenz zwei „gute" Unter), Schneider, Schneider schwarz, Spritze (Kontra), „zruck" (retour) und weiteren diversen, gesondert zu vereinbarenden Details.

Will einer der Mitspieler zum Ende des Schafkopfabends kommen, so wirft er die Frage auf: „Dà Oid` vier Rundn?" (Der Alte vier Runden?) Das bedeutet, dass bei dem, der im nächsten Spiel den „Oidn" (Alten) in seinem Blatt hat, die erste von vier noch zu spielenden Runden beginnt. Nach der vierten Runde kommt man mit einem abschließenden Spiel zum Ende, dann ist Schluss und jeder Spieler ermittelt seine Bilanz. → aufhem 4), fàwèn, Schiàwà 3) (Schiàwàrundn)

Schälwäh: Schädelweh; Kopfschmerzen

schàmmà: sich schämen

„Mit derà brauchst de net schàmmà." (Mit dieser Frau brauchst du dich nicht zu schämen, die ist durchaus vorzeigbar.) Oder: „Wià s-à-se no net schàmmà.“ (Erstaunlich, dass sie sich nicht schämen und sich Unerhörtes erlauben.) → ausgschàmt, gschàmig

Schàmmàl: Schemel; kleiner, meist rechteckiger, ca. 20 Zentimeter hoher Hocker → Stiàdàl

Schanddàm: Gendarm; Polizist, Schutzmann
Das Wort kommt vom französischen „gendarm“ (Polizist), das auf der zweiten Silbe betont wird, während die Betonung beim bairischen „Schanddàm“ auf der ersten Silbe liegt. Abgekürzt wird der Herr Schutzmann auf „Schàndi“. → Reiwer und Schàndi

Schànzàl: angenehmer Posten mit geringem Arbeitsaufwand, auch: Ehrenamt ohne Vergütung
In der Regel geht es dabei um eine Nebenbeschäftigung. Wird der Begriff ironisch verwendet, ist damit eine Aufgabe gemeint, die Arbeit macht, aber nichts einbringt, z. B. Schriftführer oder Kassier in einem Verein. Das Wort ist aus dem Französischen von „chance“ (Glück, Glücksfall) und der bairischen Diminutivendung „-erl“ („Schànzerl – Schànzàl“) zusammengesetzt.

Schapfer: Schöpfer; Schöpfkelle mit langem Stiel → Åål (Åålschapfer)

Schäps, *der* (Scheps): Bier mit geringem Alkoholgehalt, Dünnbier, qualitativ schlechtes Bier, Bier, das nicht schmeckt → Àrnt (Àrntbier), Blembbe 1)

schäps: schief

schäpsn: Bäume entrinden
Die Rinde des Baumstamms wurde früher von Waldarbeitern mit dem Schäpsmesser (Schäpseisen) entfernt. Das Wort kommt von „schaben“.

Schàriwàri, *das*: Charivari; Schmuckgehänge an Trachtenkleidung
Die Bezeichnung kommt vom lateinischen „caribaria“ (Durcheinander, Verrücktheit, auch: Kopfschmerz) und kam in der napoleonischen Zeit über das provenzalisch-französische „charivari“ (Krawall, großer Lärm, Wirrwarr) in den deutschen Sprachraum.
Der schmückende Aspekt des „Schàriwàri“ hat sich vermutlich aus der Kette für die Taschenuhr entwickelt, die am Knopfloch der Trachtenweste befestigt wurde und bei heutigen → Tràchtlern noch wird. Ein echtes „Schàriwàri“ besteht aus einer silbernen Kette, an der verschiedene kleine Gegenstände hängen, ursprünglich vor allem Silbermünzen oder

-medaillen, → Gràndln und andere Zähne von Wildtieren, manchmal auch Tierpfoten bzw. -krallen oder Teile von Geweihen. Die aktuelle Renaissance der Trachtenmode hat dazu geführt, dass inzwischen alle denkbaren kleinen, aus Metall, aber hauptsächlich aus Silber gefertigten Gegenstände an die Kette gehängt werden, z. B. kleine Tierköpfe, Herzchen, Blumen, Pflanzen, Edelsteine usw. Die „Schàriwàri" der Frauen, die das Dirndlmieder schmücken, sind filigraner gearbeitet als die der Männer.

Scharrer: (Fleisch-, Pfannen-) Wender, Gerät zum Abkratzen von Eis u. A.

Schäslo, *die*: Sofa, Couch

Es handelt sich um das in Bairische übernommene französische Wort „chaiselongue" (wörtlich: langer Stuhl), das ein niedriges, gepolstertes kombiniertes Sitz- und Liegemöbel für eine Person mit einem erhöhten Kopfende bezeichnet. Die Unterschiede zu → Diwån, → Kannàbä und → Oddàmàn sind gering.

Schäsn:

1) ein- oder zweiachsiger Kutschenwagen wohlhabender Bauern
   In der Regel hatte dieser Wagen ein hochklappbares Dach. Er fand vornehmlich bei feierlichen Anlässen Verwendung. Der Begriff stammt vom französischen „chaise" (Stuhl). Die Erfindung des Automobils verdrängte die „Schäsn" nach und nach und machte sie zum Symbol der Vergangenheit. Ein altes Auto wird daher auch als „oide Schäsn" bezeichnet. → Gig
2) Schimpfwort für eine ältere bis alte Frau
   Das Wort kommt fast ausschließlich in der Verbindung mit dem Adjektiv „oide" (alte) vor, wie auch die Synonyme → Rutschn, → Schàbràckn, → Schäwàn und → Scherm. Eine mit diesem wenig schmeichelhaften Begriff bedachte Frau wird also mit einem alten Kutschenwagen bzw. mit einem alten Auto (siehe 1) verglichen. → Håfà 2)

Schaukelbursch: Schaukelbursche; junger, bei einem Schiffschaukelbetreiber angestellter und mit diesem von Ort zu Ort reisender Mann; auch: Mann mit geringer Bildung und geringem Einkommen

Es handelt sich hier um einen Zeitgenossen, der keine anspruchsvolle Arbeit gefunden hat und einen unsteten Lebenswandel führt. Solche

Personen werden auch abschätzig als „Schiffschaukelbremser" bezeichnet. → Gandi, Hàllodri

schaurn: schauern (schriftbair.); hageln

Das Wort ist zwar mit dem „Regenschauer" verwandt, bezeichnete aber früher die wesentlich schlimmere Form des Niederschlags, den Hagel. Es ist heute kaum noch bekannt.

Schäwàkarrn: Schepperkarren; klapperndes Fahrzeug

Nachdem es sich bei klappernden Fahrzeugen meistens um solche handelt, die in die Jahre gekommen sind, wird dieses Substantiv in der Regel mit dem Adjektiv „oidà" (alter) verbunden. Synonyme sind „Schindderkarrn" und „Schleifer".

Schäwàl: Schepperl (schriftbair.); Rassel für Kleinkinder

Das scheppernde Geräusch, das dieses Spielzeug verursacht, klingt lautmalerisch schon im Begriff selbst an.

Schäwàn, *die*: Scheppern (schriftbair.); eine Person, die scheppert (klappert); ältere bis alte Frau (Schimpfwort)

Das Wort kommt fast ausschließlich in der Verbindung mit dem Adjektiv „oide" (alte) vor, wie auch die Synonyme → Rutschn, → Schàbràckn, → Schäsn 2) und → Scherm. Es ist das Substantiv zu dem Verb „scheppern" und assoziiert, auf wenig charmante, aber nicht ganz von der Hand zu weisende Art und Weise, das Klappern eines Knochenhaufens mit dem klapprigen und meist auch unansehnlich knochigen Äußeren so mancher alten Frau. → Håfà 2)

Auch als Verb: **schäwàn** (scheppern, klappern, krachen)

„Wennst jetz neu glei à Ruàh gibst, dann schäwàts!" (Wenn du jetzt nicht sofort aufhörst, dann scheppert es, dann gibt es Krach, dann musst du auch mit Schlägen rechnen, die scheppern!)

Schàwer: Umbindschurz für Männer

Wie die meisten der früher in der Landwirtschaft tätigen Männer trug auch mein Großvater werktags immer einen blauen „Schàwer", der Brust, Bauch und Beine bedeckte, um seine Kleidung vor Verschmutzung zu schützen. Schankkellner schützten ihre Kleidung mit einem kurzen „Schàwer", der nur die Leistengegend und die Beine bedeckte – was man in traditioneller ausgerichteten Gasthäusern noch heute sehen kann.

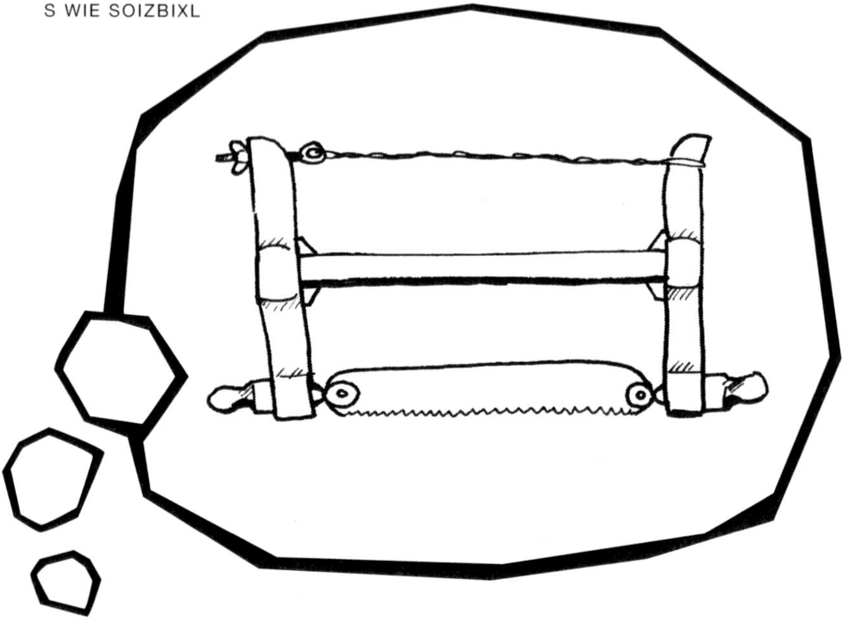

Schbosåå: Spannsäge

Eine Handsäge, bei der man das Sägeblatt spannen kann. → Sååg 1)

schee doà: schön tun; sich einschmeicheln

„Duà eàm nur recht schee, dann gibt à dà scho à Bussl." (Tu ihm nur recht schön, dann gibt er dir schon einen Kuss.)

scheichà: scheuen, fürchten

„De scheich` i net." (Die fürchte ich nicht, vor der habe ich keine Angst.)

Scheil, *das*:

Das Wort hat zwei völlig unterschiedliche Bedeutungen:

1) Scheit, Holzscheit → hoàmscheitln
2) schmackhafte Kruste der Dampfnudeln

   In dieser Bedeutung heißt es in manchen Gegenden „Schàrrl". Durch das in diesem Fall vorliegende breite „à" liegt die Aussprache aber immer noch sehr nahe am „Scheil". → Bansen, Ràmme 1)

Scheim: Scheibe; großer Hintern

In der Regel wird dieser Ausdruck von Männern gebraucht, die sich über eine Frau unterhalten, die durch die besondere Größe ihres Hinterteils auffällt. Das Wort ist im Bairischen nicht für eine Wurstscheibe gebräuchlich, die heißt nämlich „Wurschtràål" (Wursträdchen → Ràdl 2).

Scheißheislwedà: Scheißhäuschenwetter; ganz schlechtes Wetter

schenànt: schüchtern, unsicher, verschämt, sittsam, peinlich, verlegen

Dieses Adjektiv kommt – wie das Verb „sich genieren" – vom französischen „gênant" (peinlich, unangenehm). → gschàmig

Scher: Maulwurf

Der Maulwurfshügel im Garten oder auf dem Feld heißt „Scherhaufà". Das Maulwurfsfell wird „Scherbeike" genannt und war – besonders das noch dickere Winterfell – wegen seiner Dichte und Gleichmäßigkeit begehrt und wertvoll; es wurde zur Fertigung von warmer Kleidung verwendet.

Scherm, *der*:

1) Scherbe, die; sowohl ganzes Gefäß aus Keramik oder Ton als auch ein Bruchstück davon

   Besonderheiten sind der „Bleàmescherm" (Blumentopf), der „Glåsscherm" (die Glasscherbe) und der „Scherm" als Nachttopf, wie folgender alte Zweizeiler beweist:

   „Alle guten Geister loben Gott unsern Herrn
   ... Und i muàß scheißn und find koàn Scherm."
   (Alle guten Geister loben Gott unseren Herrn
   ... Und ich muß zur Toilette und finde keinen Nachttopf.)

2) Schimpfwort für eine ältere bis alte Frau

   Das Wort kommt fast ausschließlich in der Verbindung mit dem Adjektiv „oide" (alte) vor, wie auch die Synonyme → Rutschn, → Schàbràckn, → Schäsn 2) und → Schäwàn. Die damit bedachte Frau wird mit einem alten, zerbrochenen Tongefäß verglichen. → Håfà 2)

Scherzl: Anschnitt bzw. Reststück des Brot- oder Leberkäslaibs

Diese Anschnitte sind besonders knusprig und deshalb besonders begehrt.

schiàch: hässlich, scheußlich, widerlich → wiàscht

schiàm: schieben; liiert sein

„Der Sepp schiàbt mit der Anne." (Der Sepp hat mit der Anne ein → Techtlmechtl.)

Schiàssn, *die* (auch: **Schiàß, *der***): Giebelseite des Hauses

Nachdem sich „Schiàssn" auf „griàssn" (grüßen) reimt, wurde folgender Begrüßungsspruch erfunden: „Lass de griàssn, oide Schiàssn." (Lass dich grüßen, altes Haus.) → Wurscht

schiàssn (auch: **åbschiàssn** / früher: **ååschiàssn**): schießen, abschießen; ausbleichen, die Farbe verlieren, erblassen, verblassen

Die Fläche des Holzfußbodens, die regelmäßig von der Sonne beschienen wird, „schiàßt", d. h. sie verliert ihre ursprüngliche Farbe und wird heller. In diesem Fall ist der Fußboden „åbgschossn" (ausgebleicht). Erschrickt jemand oder erhält er eine unerwartete, schlechte Nachricht, dann „schiàßt eàm b`Farb åb" (schießt ihm die Gesichtsfarbe ab), dann wird er blass. → Åb-/åb-

Schiàßzeig, *der*: Handfeuerwaffen (Gewehre und Pistolen)

Mein Vater besaß nach dem Krieg einen Revolver; meine Mutter befürchtete, dass er einmal ausrasten und sie erschießen könnte, deshalb forderte sie: „Der Schiàßzeig muàß weg!" (Die Waffe muss weg!)

Schiàwà: Schieber

1) Tanz zu langsamer Musik in enger Tanzhaltung mit einfacher Schrittfolge
2) Schwarzmarkt-Händler, insbesondere in der unmittelbaren Nachkriegszeit

   Die „Schiàwà" haben alle Arten von Waren, vor allem aber die „Ersatzwährung" Zigaretten „gschom" (geschoben), also damit illegale Geschäfte gemacht.
3) **Schiàwàrundn**: Schieberrunde; Einlage beim → Schåfkopfà

   Dabei bekommt der Ausspieler die beiden höchsten Trümpfe (Eichel- und Grasober), die er entweder behalten oder aber an den nächsten Spieler weiterschieben kann, was auch für die folgenden Spieler gilt. Wer die beiden Trümpfe behält, schiebt zwei andere Karten weiter und muss ein Solo spielen.
4) **Mei liàwà Schiàwà!**: Mein lieber Schieber! Ausruf der Überraschung oder der Besorgnis

Schicks: Flittchen, leichtes Mädchen

Im Plural gibt es zwei Varianten: „Schicksn" oder das ältere „Schicksnà". Ein Mädchen, das nach dem Krieg mit amerikanischen Besatzungssoldaten Kontakt hatte, nannte man „Amischicks", als „Preissnschicks" bezeichneten vor allem neidische Bayerinnen ein aus Norddeutschland stammendes Mädchen, an dem bayerische Burschen Gefallen fanden. → Flietschàl, Fluggà

Schiedàrà: Schütterer; heftiger Regenschauer

Hat es kurze Zeit sehr stark geregnet, kommentiert man das mit den Worten: „Då håts àn gscheidn Schiedàrà do." (Da hat es einen sauberen Schütterer getan.) → duschn 1)

Als Verb: **schien** (schütten, stark regnen)

Schiefern: kleiner Holzsplitter

Hantiert man mit rohem Holz, so kann es passieren, dass sich ein Holzsplitter unter die Haut schiebt. Damit hat man sich „einen Schiefern eizong" (einen Holzsplitter eingezogen). Im übertragenen Sinn bedeutet diese Wendung, dass jemand beleidigt ist: „Bei dem håwe mir àn Schiefern eizong." (Bei dem habe ich mir einen Holzsplitter eingezogen, der ist mir beleidigt, bei dem habe ich mich unbeliebt gemacht.) „Schiefern" ist sowohl die Singular- als auch die Pluralform.

Schiffàl:

1) länglicher Wasserbehälter aus Blech im Herd

   Firmiert auch unter „Schiff" – ist genau genommen sein Diminutiv – und ist gleichbedeutend mit → Gràntl.

2) kleines, silbernes, verziertes liturgisches Gefäß als Behälter für die Weihrauchkörner

   Die im „Schiffàl" befindlichen Weihrauchkörner werden bei festlichen Anlässen in katholischen Kirchen mit einem kleinen Silberlöffel auf die im „Rauchfàssl" (Weihrauchfass) glühenden Kohlen gestreut. Bei ihrer Verbrennung entsteht der typische Rauch und Weihrauchduft.

Schiläh, *das*: Weste

Die Bezeichnung kommt vom französischen „gilet" (Weste). Ein Synonym hierzu ist → Leiwe (Leibchen). Die Verballhornung „Schilähwestnleiwe" schöpft alle Bezeichnungsmöglichkeiten gleichzeitig aus.

sch<u>i</u>nàgln: schwer arbeiten, sich abrackern, plagen, schinden, ausgenutzt werden

Schindderhànsl: Schinderhannes

Auch in Bayern bekannt ist das Kartenspiel „Schindderhànsl ziàng" (Schinderhannes ziehen), allgemein bekannt als „Schwarzer Peter". Dieser Name dürfte von einem Zeitgenossen und Kumpan des ursprünglichen Schinderhannes abgeleitet sein, dem Räuber Johann Peter Petri, der auch unter dem Namen „der alte Schwarzpeter" oder „Schwarzer Peter" bekannt war und das Spiel in seinen Gefängnisjahren ab 1811 erfunden haben soll. „Schinder" war damals die Bezeichnung für den Abdecker bzw. Wasenmeister.

Schippe, *der*: Schippel; Haarbüschel

„Der bläde Schippe steht oiwei wieder auf." (Dieses blöde Haarbüschel steht immer wieder auf.) Will man zum Ausdruck bringen, dass der widerspenstige „Schippe" auf die Bosheit seines Besitzers zurückzuführen ist, so nennt man ihn scherzhaft „Bosheitsschippe". Das Diminutiv dazu lautet: „Schippàl". Dazu gibt es ein Lied im Dreivierteltakt:

„Geh Muàttà, då schau her,
Mir wachst à Schippàl Håår am Bauch.
I glààb, i wer` à Bär.
Geh Muàttà, då schau her."
(Geh Mutter, da schau her,
Mir wächst ein Büschel Haare am Bauch.
Ich glaube, ich werde ein Bär.
Geh Mutter, da schau her.)

Schlåfhaum: Schlafhaube

1) Schlafmütze
   Kopfbedeckung beim Schlafen
2) langweilige Person
   Ein Mensch, der eine lange Anlaufzeit braucht, um mit seiner Arbeit zu beginnen, oder der viel Zeit für deren Erledigung braucht. Über eine solche Person sagt man auch, dass man ihr beim Gehen die Schuhe „doppeln" (neu besohlen) kann. → doppèn

Schlampm, *der*: liederliches Weibsbild, leichtes Mädchen, Hure

Ein anzüglicher Reim lautet: „A Bayer ohne Wampm is wià-r-à Puff ohne Schlampm." (Ein Bayer ohne dicken Bauch ist wie ein Bordell ohne leichte Mädchen.) Große, teure Cabriolets wie den Ford Mustang bezeichnet man als „Schlampmschlepper".

Schlauderaff: Schlaraffe; Bewohner des Schlaraffenlandes, Müßiggänger, Faulenzer, einer der nichts arbeiten, aber viel und gut essen will

Die Bezeichnung kommt nur in der folgenden Wendung vor: „Der frisst wià-r-à Schlauderaff." (Der frisst wie ein Schlaraffe, also ausgesprochen viel – wie ein Bewohner des märchenhaften Schlaraffenlandes, dem das reichlich vorhandene Essen ja schon fast von alleine in den Mund fliegt.)

Schlàwàck: kleiner Gauner, Nichtsnutz, Betrüger, durchtriebener Mensch

Es handelt sich um die bairische Aussprache von „Slowake". Die negative Bedeutung geht auf die frühere Geringschätzung der Osteuropäer zurück, allerdings schwingt dabei auch eine gewisse Anerkennung für die Schläue und Raffinesse des „Schlàwàcks" mit. → Bàzi, Schlàwiner

schlàwenzln: schlendernd gehen, flanieren, sich scheinbar ohne konkretes Ziel bewegen, schleichen

Hält sich ein junger Mann sehr oft in der Nähe seiner Favoritin auf, so wird seinem Umfeld auffallen, dass er ständig um dieses Mädchen „herumschlàwenzelt" (herumschleicht).

Schlàwiner: kleiner Gauner, Nichtsnutz, schlauer, hinterlistiger Mensch, Schlitzohr

Das Wort kommt von „Slovene" oder „Slawone". Wie beim → Schlàwàck geht auch hier die negative Bedeutung auf die frühere Geringschätzung der Balkanbewohner zurück und eine gewisse Anerkennung für seine Schläue und Raffinesse schwingt ebenfalls wieder mit. Auf diesen positiven Aspekt bezogen, sagt man auch zu Kindern scherzhaft: „Du Schlàwiner!" Oder leicht abgewandelt: „Du Schlàwuzi!" → Bàzi, Schlàwàck

schlegln: zappeln, heftig pochen

Als mein Vater im fortgeschrittenen Alter erstmals mit dem Auto in die bayerische Landeshauptstadt fuhr, klagte er beim Passieren des Ortsschilds von München darüber, dass sein Herz vor Aufregung „gscheit schleglt" (stark pocht).

Schleich: Schläuche; Fußballschuhe

Das Wort ist der bairische Plural von „Schlauch" (Schläuche). Ursprünglich wurden die Stollen der Fußballschuhe aus Gummi hergestellt, wofür Schläuche verwendet wurden.

schleißig / früher: **schleiße**: verschlissen; abgenutzt, dünn, durchsichtig

Dieses Adjektiv verwendet man nur für Gewebe, das sich an einer oder mehreren Stellen kurz vor dem Durchscheuern befindet.

Schliàffà: Schlüpfer; Kriecher, Arschkriecher

Damit ist nicht der Schlüpfer gemeint, den Frauen als Unterwäsche tragen, sondern jemand, der kriecht oder schlüpft, z. B. einer, der „àm

Burgermoàster hint nei schliàft" (dem Bürgermeister hinten hineinkriecht), also auf gut Deutsch ein Arschkriecher. → Pfarrerschliàffà

Als Verb: **schliàffà**: schlüpfen, kriechen

„Schliàf àmoi in de Hos`n nei!" (Schlüpfe doch mal in diese Hose! Probier doch mal diese Hose!) Oder: „Jetz schliàft d`Sunnà unter." (Jetzt schlüpft die Sonne unter, jetzt verschwindet die Sonne hinter den Wolken.) Das Partizip Perfekt lautet: „gschloffà" (geschlüpft).

Schliàssn: Verschluss, Gürtelschnalle

Schlien: Schlitten, auch: Synonym für die Frau an sich

Lautmalerisch schwingt dabei das Gleiten eines Schlittens mit. Geht es um eine weibliche Person, soll durch die Übertragung der gleitenden Bewegung eine gewisse freizügige Einstellung der betreffenden Frau gegenüber den Männern zum Ausdruck kommen. Zum besseren Verständnis hier ein Dialog am Bahnhof:

„Wo fåhst`n hi?" (Wo fährst du denn hin?)

„Zon Schlienfåhn." (Zum Schlittenfahren.)

„Wo håst`n dein Schlien?" (Wo hast du denn deinen Schlitten?)

„Der hoit gråd b`Fahrkarten." (Der holt gerade die Fahrkarten.)

Schloàpf, *die*: unordentliche, schlampig gekleidete, meistens auch unfreundliche Frau (Schimpfwort)

An sich impliziert der Begriff auch, dass die „Schloàpf" beim Gehen mit den Fußsohlen am Boden schleift. Aber auch wenn diese Voraussetzung nicht erfüllt ist, kann es sich trotzdem um eine „Schloàpf" handeln. → Loàdfud

Die Herkunft des Wortes wird beim dazugehörigen Verb ersichtlich: **Schloàpfà** (schriftbairisch: schlaipfen) oder „dahischloàpfà" bedeutet, dass man schleifend etwas schleppt bzw. am Boden entlang zieht. Z. B. werden geschlagene Baumstämme aus dem Wald „gschloàpft" (schleifend von Pferden oder vom Traktor gezogen). Wer seine Beine beim Gehen nicht weit genug anhebt, der „schloàpft" (schleift) damit am Boden dahin.

Schlohdoràdà / früher: **Schloudouràdà**: Schwerhöriger, Tauber

Das Präfixoid „schloh-" dient immer der Verstärkung des jeweils nachstehenden Begriffs, siehe auch bei schlohweiß. Ein „Schlohdoràdà" ist daher einer, der extrem schlecht hört. Regional wurde es auch als Synonym für einen Mann mit abstehenden Ohren gebraucht.

Als Adjektiv: **schlohdoràt** (extrem schwerhörig, taub) → doràt

Schlossn: große Hagelkörner

schluàttn: kleckern

Wenn es z. B. mittags einen → Schmarrn 1) mit Milch zu essen gab, war es bei manchen Bauern üblich, dass die Milchschüssel in die Mitte des Tisches gestellt wurde, sodass jeder mit seinem Löffel die Milch dort schöpfen und über den Tisch an seinen Mund führen musste. Dabei war es naturgemäß nicht zu vermeiden, dass man „gschluàtt" (gekleckert) und eine (Milch-) Straße über den Tisch gezogen hat. → Trenzàl

Schmarrn:

1) Mehlspeise

Beliebte Gerichte sind z. B. Kaiserschmarrn, Kartoffelschmarrn oder Semmelschmarrn.

2) Unsinn, Schwachsinn, Blödsinn

„Du redst ja lauter Schmarrn!" (Du redest ja nur Unsinn! → Kàs, Krampf) Wer Unsinn redet, ist ein „Schmarrer" oder ein „Schmarrnbene". Der → Bene entspricht dabei dem Vornamen „Benno" und tritt hier als Synonym für den Mann an sich auf. → Deufàrà, Seumer

schmeckà: schmecken

1) riechen → aufschmeckà

2) jemanden nicht leiden können

„Den konn e net schmeckà." (Den kann ich nicht riechen, den kann ich nicht leiden.) Die positive Aussage (jemanden leiden können) ist mit dem Verb „schmeckà" nicht möglich.

3) vorausahnen

„Des håwe gschmeckt, dass des passiert." (Das habe ich gerochen, dass das passieren wird.) Oder: „Des kånn i doch net schmeckà." (Das kann ich doch nicht riechen/vorausahnen.) Das dafür zuständige Organ ist die Nase, deshalb heißt es auch: „Då håst vielleicht à Nåsn ghabt." (Da hast du eine gute Nase gehabt, diese Entwicklung zu riechen.) „Schmeck`s!" (Rieche es!), sagt man, wenn man seine eigene Unkenntnis zum Ausdruck bringen will. Das soll heißen, dass der Angesprochene selber versuchen soll, zu riechen, was Sache ist.

schmeckàds Wasser: schmeckende, also wohlriechende Flüssigkeit; Parfüm

→ Schmeckà steht im Bairischen auch für „riechen". Gehen zwei Männer hinter einer stark parfümierten Dame her, sagt der eine: „De schmeckt fei scho besser wià du!“ (Die riecht deutlich besser als du!) Drauf der andere: „De håt à gwieß wås Bessers gessn wià-r-i!“ (Die hat sicher auch etwas Besseres gegessen als ich.)

Schmiekunter: Schmiedkonto; Rechnung des Schmieds

Während des Jahres notierte früher der Schmied alle seine Lieferungen und Leistungen, ohne dass es einer Gegenzeichnung durch den Auftraggeber bedurft hätte. Auftragsbestätigungen, Lieferscheine usw. waren unbekannt, das gegenseitige Vertrauen (Stichwort: Handschlagqualität) reichte aus. Nach der Ernte, also im November/Dezember, hatte der Schmied aufgrund der dann auch bei seiner Arbeit einkehrenden Ruhe Zeit für seine Verwaltungsarbeit und das Schreiben der Rechnungen, die in der Regel an den Tagen um Neujahr von den Bauern persönlich abgeholt und an Ort und Stelle beglichen wurden.

schmiern: schmieren

1) Radnaben u. Ä. mit Schmiere oder Fett versehen
   Ziel ist, sie wieder zum widerstandsfreieren Laufen zu bringen.
2) jemandem **oàne schmiern**: jemandem eine schmieren; jemanden ohrfeigen → batzn 2), durchlassn 1), duschn 2), eischengà 2), neihaun 1), råziàng, umànandlassn, wàchèn, wàssern 2), wischn, zammruckà 2)

schmirgln:

1) schleifen
   Um eine raue Oberfläche fein zu schleifen, nimmt man Schleifpapier und „schmirgelt“ sie ab.
2) ranzig, nach verdorbenem Fett riechen
3) speckig glänzen
   Arbeitshosen, vor allem besonders robuste Lederhosen, verschmutzen durch das regelmäßige Abwischen der dreckigen Hände ihrer Träger stark. Nachdem sie früher nur in größeren Zeitabständen gewaschen wurden, wurden sie schnell speckig, sie haben „gschmirglt“.

Schmisettl, *das*: gestärkte Hemdbrust

Der Begriff kommt vom französischen „chemisette“, dem Diminutiv von „chemise“ (Hemd). Man bezeichnet damit die gestärkte Hemdbrust an edlen Frack- und Smokinghemden oder auch das sogenannte Vorhemd

(Hemdbrust), ein Kleidungsstück für Herren, das zuletzt um die Zeit der Jahrhundertwende (1900) zur Garderobe gehörte. Der mit Stoff überzogene Karton wurde auf dem Rücken mit Schnüren zusammengebunden und sollte zwischen dem eigentlichen, weniger eleganten Hemd und der darüber getragenen Weste als feine Hemdbrust optisch Eindruck schinden.

schmoàchèn: schmeicheln

Hat man seinen Partner geärgert und möchte den damit verbundenen Streit beenden, so wird man sich bei ihm durch liebevolles Verhalten wieder „eischmoàchèn“ (einschmeicheln).

Als weibliches Substantiv: **Gschmoàchige** (Schmeichlige; Schmeichlerin)

Umschmeichelt eine Katze die Beine einer Person, um gekrault zu werden, so bekommt sie zu hören: „Du bist ja à ganz à Gschmoàchige!“ (Du bist ja eine besonders Zutrauliche, eine besondere Schmeichlerin.) → hoàle

Schmoigoàß: Schmalgeiß

Es handelt sich um ein Mädchen oder eine Frau mit besonders schmaler, zierlicher Figur, wobei vor allem die schmale Hüfte auffällt.

Schmoiz:

1) Schmalz

→ Kiàche und verschiedene → Nuul werden im schwimmenden (heißen, flüssigen) Schmalz herausgebacken. Das beim „Kiàchebachà“ (Küchelbacken) benutzte Schmalz konnte man mehrere Male hierfür verwenden, anschließend diente es noch als Einlage für eine → Brennsuppm, Brotsuppe oder → Wassersuppm.

2) Kraft, Manneskraft

„Håst à Schmoiz?“ (Hast du Kraft?) → Iàxn

Schmu, *der*: heimliche Geldreserve

Der „Schmu“ heißt auch „Schmugöid“ (Schmugeld) oder „Schwànzlgöid“ (Schwänzelgeld). Es handelt sich um das sogenannte Nebengeld, das der Bauer bzw. die Bäuerin früher meist von seinen bzw. ihren eigenen Einnahmen abzweigte und von dem der Ehepartner in der Regel nichts wusste oder nichts wissen sollte. Der Bauer verbrauchte seinen „Schmu“ klassischerweise im Wirtshaus. Die Bäuerin, die über die Einkünfte aus dem Eier- und Schmalzverkauf selbständig verfügen und damit ihren „Schmu“ auffüllen konnte, kaufte davon für sich oder die Kinder nützliche oder angenehme Kleinigkeiten.

Schmürmlucke: Schmierenludwig; ungepflegter, schmutziger, ungewaschener Mann (Schimpfwort)

Diese Bezeichnung passt auch auf Leute mit unsauberen Machenschaften, die ihre Interessen durch Bestechung und Korruption (Schmieren) durchzusetzen versuchen. Der männliche Vorname „Ludwig" stellt hier ein Synonym für den Mann an sich dar.

Schmuser: Makler, Vermittler

Der wichtigste „Schmuser" war früher der „Heiràtsschmuser" (Heiratsvermittler). Vor allem die Viehhändler, die weit herumkamen und daher über potenzielle Heiratskandidaten gut Bescheid wussten, sind diesem durchaus lukrativen Nebenerwerb nachgegangen.

schnaan / früher: **schnaun** (nasal): schnauden (schriftbair.); schnaufen, heftig bzw. tief atmen, röcheln

schnàckàlfidöi: schnackerlfidel; besonders lustig, fröhlich, wohlauf

Schnàckler:

1) Schluckauf

   Wer daran leidet, bekommt den Rat: „Denk an drei Bladdàde, dann vàgeht`s scho wieder!" (Denke an drei Kahlköpfige, dann vergeht es schon wieder!) → Blattn

2) abschätzige Bezeichnung für ein Motorfahrzeug (Auto, Traktor, Motorrad, Moped)

   Entscheidend ist das Geräusch, das vom Transportmittel fabriziert wird: „Schnàcklt" es, erzeugt es also ein gleichmäßiges und in diesem Fall auch lautes Geräusch, ist es ein „Schnàckler"; handelt es sich um ein altes Gefährt, spricht man vom „oidn Schnàckler". → schnàckln

Schnàcklmesser: Taschenmesser, Schnappmesser

Für meinen Vater war ein „Schnàcklmesser", bei dem eine oder mehrere Klingen aus- und wieder eingeklappt werden können, ein Utensil, das ein Mann stets mit sich führen musste. Sein Spruch hierzu lautete: „À gscheidà Kerl håt oiwei à Schnàcklmesser àn Sååg." (Ein echter Kerl hat immer ein Schnappmesser im Hosensack.) → schnàckln 4)

schnàckln:

1) ein gleichmäßiges, regelmäßiges Geräusch erzeugen

   Z. B. das Geräusch eines Benzin- oder Dieselmotors, bei dem man jeden einzelnen Hub für sich hört. → Schnàckler 2)

2) ein schnalzendes Geräusch erzeugen

Z. B. durch Schnalzen mit der Zunge. Auch mit den Fingern kann man „schnàckln".

3) ticken

„Herst d`Uhr schnàckln?" (Hörst du die Uhr ticken?)

4) einen kurzen Klick erzeugen

Z. B. wenn ein Schloss einrastet: „Jetz håts gschnàcklt." (Jetzt hat es „Klick" gemacht – ein Zeichen, dass das Schloss eingerastet ist.)

5) **Jetz håts gschnàcklt**: Jetzt hat es Klick gemacht – jetzt hast du es kapiert!

Mit den gleichen Worten kommentiert man auch den Eintritt eines plötzlichen, unerwarteten Ereignisses, z. B. wenn sich jemand verliebt hat oder schwanger geworden ist.

Schnådàn, *die*: Schnattern; Mund, geschwätziges Mundwerk, Person, die sehr viel redet

„De konn sei Schnådàn går net hoitn." (Die kann ihren Mund überhaupt nicht halten.) Das Wort gibt es gleichlautend auch als Verb in der Bedeutung „schnattern, ständig reden". Ihm liegt das Schnattern der Gänse zugrunde. → Fotzn 1), ràtschn 1), Mei

Schnåderhüpfàl: lustiger Liedvers → Gstànzl

Schnaggn: Schnaken; Stechmücken

Das Wort ist im Bairischen ein Synonym für → Stànzn (Stechmücken). → Bremà, Schuàhplàttln

Schneckàl:

1) gekräuselte Haare, Locken

Man spricht dann auch von einer „gschnecklten" Frau bzw. einem „gschnecklten" Mann.

2) Kosewort für das eigene Kind oder die Geliebte

Schneid, *die*: Mut, Tatkraft

Wer eine „Schneid" hat, der hat Mut, der traut sich was. „Håst à Schneid?" heißt z. B.: „Traust du dich?". „Dem håwe d`Schneid åbkàfft!" (Dem habe ich die Schneid abgekauft!) bedeutet: Dem habe ich den Mut genommen, der traut sich nicht mehr.

Als Adjektiv: **schneidig** (mutig; anmutig, stramm, kräftig, schwungvoll)

Ein gut gekleideter, strammer, kräftiger, großer Mann ist „schneidig",

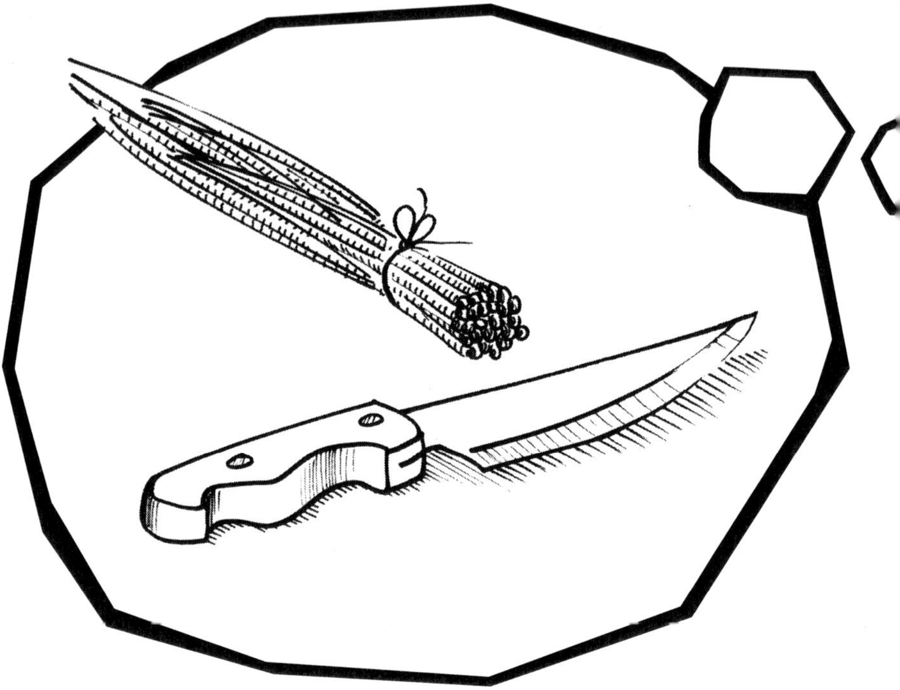

er kann im Spezialfall auch ein „schneidiger Hochzeiter“ sein. Eine „schneidige Musi“ ist eine schwungvolle, mitreißende Musik, ebenso ein „schneidiger Marsch“.

Schneider, Schneider, leich mà d`Schàr: Schneider, Schneider, leih mir die Schere (Kinderspiel)

Das Spiel ist die bayerische Variante von „Bäumchen, Bäumchen, wechsel dich“: Jedes Kind steht zu Beginn des Spiels an einem Baum, nur eines nicht. Dieses Kind geht zu einem Mitspieler mit Baum und sagt zu ihm „Schneider, Schneider, leich mà d`Schàr“ (Schneider, Schneider, leih mir die Schere), worauf das angesprochene Kind antwortet: „Geh zum Nachbarn, der håt‘s à!“ (Geh zum Nachbarn, der hat`s auch!) Während das Kind ohne Baum seine Bitte bei einem anderen Mitspieler wiederholt, wechseln hinter seinem Rücken die restlichen Kinder ihre Plätze. Gelingt es dabei dem Kind ohne eigenen Baum, einen durch den

Wechsel kurzzeitig herrenlosen Baum zu besetzen, muss das andere, nun „baumlose" Kind die undankbare Rolle des Fragers übernehmen und das Sprüchlein aufsagen. → Fangàmàndl, Verstecksdàl

schneim: schneiben (schriftbair.), schneien

„Es schneit" heißt auf Bairisch: „Es schneibt".

schneiwàln: schneiberln (schriftbair.); leicht schneien

Schneizdiàche: Schneuztuch; Taschentuch → Hådern

Schniller: Schnittlauch

Schnoifeir: Schnellfeuer; Zündholz, Streichholz

Ein einzelnes Zündholz ist ein „Schnoifeirsteckàl" (Schnellfeuerstöckchen).

Schnoin: Schnalle; Hure, leichtes Mädchen

Der „Schnoindreiwà" (also wörtlich der „Schnallentreiber") ist der Zuhälter der „Schnoin". → Flietschàl, Fluggà, Schicks

Schnoispanner: Schnellspanner; Schnellmerker

Die Bezeichnung wird meist ironisch auf jemanden bezogen, der schwer von Begriff ist, also eigentlich lange braucht, bis er etwas „spannt" (merkt). Man nennt ihn auch den „Schnoispanner von der Firma Langsam".

schnuàtten: schnüffeln, alles aussuchen, heimlich durchsuchen, durchwühlen

Erwischt die Mutter das neugierige Kind, wie es ihr Nachtkästchen durchwühlt, wird sie es zur Rede stellen und fragen: „Wås håst`n du in mein` Nâchtkàstl zon schnuàttn?" (Was hast du denn in meinem Nachtkästchen zu schnüffeln?)

Schnürlhanswurscht: Marionette, Kasperl, Hanswurst, dummer Mensch (Schimpfwort)

Vom Wortsinn her handelt es sich um eine an einer Schnur aufgehängte Hanswurst-Puppe. Wer sich mit dem selbstständigen Denken bzw. dem Denken überhaupt etwas schwer tut, ähnelt einer solchen Puppe und hat deren Namen verdient.

schnuufèn: schnüffeln, schnuppern

Schoàß:

1) Furz, Bums, Darmwind, Wind

Der Plural lautet: „Scheàss". Hat z. B. jemand Kraut gegessen, hat dies meist Folgen für die Verdauung: „Då gengà d`Scheàss!" (Da gehen die Winde!)

Als Verb: **scheàssln** (nicht „schoàssln"!): So bezeichnet man das

Abgeben von mehreren kleinen „Scheàss“ nacheinander. Einen einzelnen „Schoàß“ „lässt man“, ein vom Ausgangswort abgeleitetes eigenes Verb gibt es dafür nicht.

2) Lappalie

Da ein „Schoàß“ etwas Unsichtbares ist, ist das Wort auch ein Synonym für eine Kleinigkeit, für etwas völlig Unwichtiges. Dies gilt auch in zeitlicher Hinsicht: Tritt ein Ereignis in kurzen Abständen immer wieder ein, so findet es sich „oi Schoàß lang“ statt (wörtlich: in dem Abstand, in dem üblicherweise ein „Schoàß“ entweicht; in kurzen Abständen), z. B.: „Oi Schoàß lang schaugt er bei der Tür rei.“ (In sehr kurzen Abständen schaut er zur Tür herein.)

3) kleine Frau

Erzählt der junge Mann von seiner neuen Freundin, einem kleinen, zierlichen Mädchen, kann es passieren, dass seine Eltern diese Information mit dem Satz kommentieren: „Wås mächst`n mit dem Schoàß?“ (Was willst du denn mit dieser kleinen Person?)

Schoàttn: Baumrinde, Späne, auch: Abfall allgemein

Das Wort kommt vom Scheit, einem einzelnen Stück Holz. Grundsätzlich ist damit aber nur die Baumrinde gemeint, die beim → Schäpsn (Entrinden) von den Baumstämmen abgetragen wird. Über diese Bedeutung hinaus wird es auch als Synonym für Abfall unterschiedlichster Art verwendet:

* Howeschoàttn: Abfall beim Hobeln
* „Då hauts dà d`Schoàttn naus.“ (Da hast du starken Stuhlgang.): Abfall für die Toilette
* „Der håt vielleicht so Schoàttn.“ (Der hat vielleicht lange Fingernägel.): abgeschnittene Fingernägel

Schober: Maßeinheit für 60 Garben Stroh

Auch beim Binden der → Bändder für die Getreidegarben galten 60 „Bändder“ als ein „Schober“.

Schöichà: Schelchen (schriftbair.); Beine des Menschen

Wenn jemand schlurfend dahinging, sagte mein Vater zu ihm: „Heb deine Schöichà auf!“ (Heb deine Beine hoch!) → Fuàß, Hàx, Schrång

Als Verb: **schöichà**: schelchen (schriftbair.); mit schiefen Beinen gehen

Als Adjektiv: **schöich**: schelch (schriftbair.); schief, krumm, verbogen, verzogen

Wer krumme Beine hat, der ist „schöichhàxàd“ (krummbeinig). Das Substantiv dazu lautet in der männlichen Form „Schöichhàxàdà“ (Mann mit krummen Beinen).

Schoglàd, *der*: Schokolade, die

Schoin / früher: **Schöin**: Schelln

1) Farbe beim Kartenspiel
   „Schoin“ entspricht dem Karo.
2) Ohrfeige
   Bei dieser Bedeutung des Wortes handelt es sich um die Abkürzung von „Maulschelle“. → Fotzn 2), Wàtschn

schopfà: schopfen; am Schopf packen, an den Haaren ziehen

schoppm: schoppen (schriftbair.;)

1) stopfen
   Früher hat man Gänse zur schnellen Mast „gschoppt“ (gewaltsam mit Futter vollgestopft).
2) stauen, sich stauen, sich bauschen
   Wenn man z. B. zu viel Gestrüpp in eine Häckselmaschine wirft, dann fällt es nicht mehr bis zu den Messern durch, d. h. das Gestrüpp „schoppt se“ (staut sich). → ausschoppm

Schouss, *die*: Schoß

„I mächt me bei dir à d`Schouss naufsitzen.“ (Ich möchte mich auf deinen Schoß setzen.)

Schrackà: Schrecken

„Då håwe àn gscheitn Schrackà kriagt.“ (Da habe ich einen großen Schrecken bekommen, da habe ich mich sehr erschreckt.)

Schrång: einfaches Holzgestell mit schrägen Beinen, Holzbock, im Plural auch: Beine des Menschen

Das Wort kommt von „schräg“, die Pluralform lautet „Schràng“. Eine Spezialform ist der → Zimmerschrång, der für den Bau einfacher Gerüste verwendet wird. Im übertragenen Sinn versteht man unter „Schràng“ auch die Beine eines Menschen. Sind diese im Weg, sagt man: „Duà deine Schràng auf d`Seitn!“ (Tu deine Beine zur Seite!) → Fuàß, Hàx, Schöichà

Schrauf, *der*: Schraube, die

Schràz: lästiges, schreiendes Kind

Schreit mehr als ein Kind, sind die „Schràzn“ noch lästiger.

schreim: schreiben, sich schreiben, mit Familiennamen heißen

„Hans hoaß i, Rottmoàr schreib i mi, und dà Obersturm (Hofname, Hausname) bin i. " (Hans heiße ich, Rottmeir schreibe ich mich, und der Obersturm-Bauer bin ich.) Hat jemand eine besondere Leistung vollbracht, dann sagt man: „Der schreibt se ‚Sie'" (Der schreibt sich „Sie", ist also etwas Besseres; eine derart bessergestellte Persönlichkeit darf man nicht mit „Du" anreden.) Gleiches gilt für eine Sache von herausragender Qualität.

Schremsn: Kurve

„Hoffentlich kimm i rum um d`Schremsn." (Hoffentlich komme ich herum um die Kurve.) → d'Ri, Reim 3)

schrengà: schränken

Die Zähne einer Säge müssen nach einer gewissen Benutzungsdauer wechselweise nach rechts und links auseinandergebogen werden. Dadurch wird der Sägeschnitt etwas breiter als das Sägeblatt, ein Festklemmen der Säge im Werkstück wird dadurch vermieden und das Schneiden erleichtert. → Sååg

Schuàch: Schuh, Schuhe

Geschnürt werden die „Schuàch" mit „de Schuàhbàndl" (den Schnürsenkeln).

Schuàhplàttln, *das*: paarweise getanzter bayerischer Volkstanz („Schuhplattler")

Eine Besonderheit dabei ist, dass sich die Männer mit den Handflächen abwechselnd auf ihre Oberschenkel, Knie und Fußsohlen schlagen („plàttln"), während sie von den sich pirouettenartig drehenden Frauen umtanzt werden.

Das dazugehörige Verb lautet **schuàhplàttln** und bezeichnet nicht nur das oben beschriebene Volkstanzen gleichen Namens, sondern auch das Vertreiben oder Erschlagen lästiger Insekten durch Schläge wie beim „Schuàhplàttln" (→ Bremà, Stànzn, Schnaggn).

Schucksn: kleine Küchel

„Schucksn" sind kleiner als → Auszongne, sie werden auch nicht ausgezogen. Sie bestehen aus Roggen- und Weizenmehl, Kartoffeln und heißer Milch. → Kiàche

Schuckaan: Schubkarre

Sehr beliebt war früher bei den Kindern das „Schuckaanfåhn" (Schubkarrenfahren). So hieß ein sportlich ambitionierteres Kinderspiel, bei dem ein Kind den Schubkarren mimt und sich mit beiden Armen auf dem Boden abstützt, während sein Mitspieler seine beiden Beine in die Hände nimmt und sie wie die Griffe eines Schubkarrens hält. Die Herausforderung besteht darin, diese Pose in Bewegung zu bringen.

Schulåån, *der*: Schublade

Die Schublade für das Besteck ist „der Bschdeegschulåån" (die Besteckschublade). → Dieschzeig

Schupfà, *die*: Schuppen, kleine Scheune

Da die „Schupfà" in der Regel aus Holz besteht und außerdem der Lagerung von Brennholz dient, nennt man sie auch „Hoizschupfà" (Holzschuppen).

Schüsselkrätzn: geflochtener, schüsselförmiger Tragekorb

Es handelt sich um einen oben runden oder ovalen → Krätzn (Korb), der an die Form einer Schüssel erinnert. Er ist aus Holzspänen geflochten und besitzt zwei Griffe aus Holz. Man bezeichnet ihn auch als „Schwinge", weil er aufgrund seiner halbkugelförmigen, bauchigen Form keine ebene Stellfläche besitzt, sodass er beim Hinstellen nicht ruhig steht, sondern „schwingt". Kleine Ausführungen nennt man „Schwingàl".

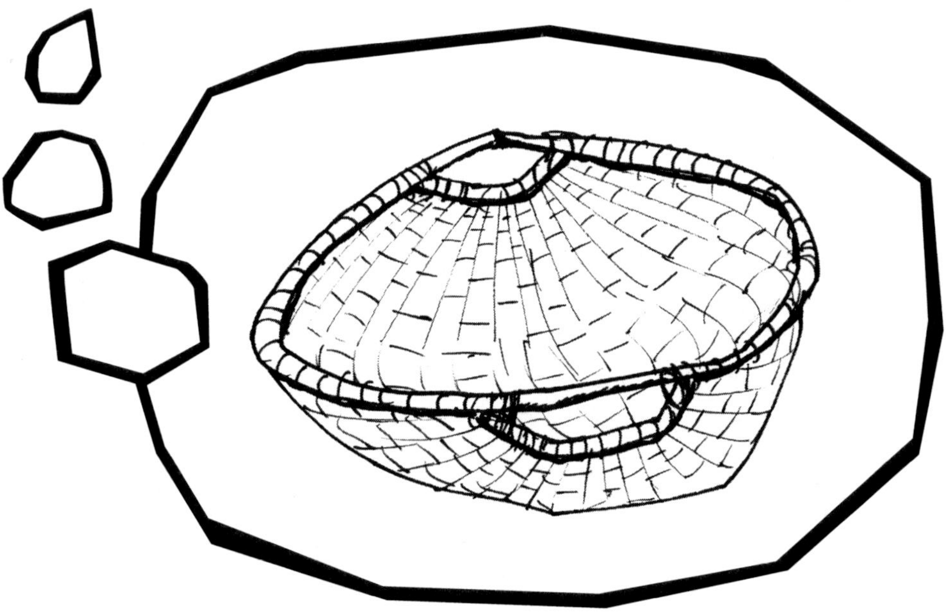

Schusser:

1) Murmeln

2) Augen

Wenn jemand überrascht wird und deshalb große Augen macht, sagt man: „Då treibt`s dir d`Schusser raus, gell!" (Da drückt es dir deine Augen raus, nicht wahr?) → Soizbixl

schutzn: mit Schwung zu- oder nach oben werfen

schwààr: schwer

Das Adjektiv hat darüber hinaus – teils nur in bestimmten Verbindungen – unterschiedliche Bedeutungen. Hier einige Beispiele:

* gewichtsbezogen: „À schwààrer Ochs" ist ein schwerer Ochse.
* bei Autos und Motorrädern: hubraumstark, z. B. „à schwààre BMW" (eine schwere BMW)
* „schwààr åbgeh`": sehr fehlen
* sich „schwààr deischn": sich schwer täuschen, total auf dem Holzweg sein
* sich „schwààr aufmànndln": sich sehr stark echauffieren
* „schwààr überlegn": intensiv darüber nachdenken

Schwàmmàl:

1) Pilze

Genießbare, in Bayern wachsende „Schwàmmàl" sind z. B.:

* Braunkappm: Maronenröhrlinge
* Deiwàl: Täublinge
* → Rächàl: Pfifferlinge
* Stoàbuizl: Steinpilze

Pilze muss man im Wald suchen, in Bayern sagt man dazu „in d`Schwàmmàl geh`" (in die Pilze gehen).

2) moderates Schimpfwort

Es bringt nur eine leichte Kritik wegen einer Ungeschicklichkeit zum Ausdruck: „Du Schwàmmàl!"

3) Spitzname

So wurde z. B. der Komponist Franz Schubert genannt.

schwàppèn: schwappeln (schriftbair.); regelmäßig und viel trinken

Ein regelmäßiger Gast im Wirtshaus wird mit dem Satz beschrieben: „Der duàt gern schwàppèn." (Der trinkt gerne und regelmäßig.)

Schwàrtling, *der*: Abfallholz

Es handelt sich um ein Pluralwort, der Singular ist nicht gebräuchlich. Als

„Schwàrtling“ bezeichnet man das seitliche Abfallholz mit oder ohne Rinde, das beim Schneiden eines Baumes mit dem Gatter im Sägewerk anfällt. Dieses minderwertige Holz wird in der Regel als Brennholz verfeuert.

Schweifettn, ***die***: Schweinefett, das

Ein wirksames Hausmittel gegen Erkältungskrankheiten war früher das „Schweifettnhàdàl“ (Diminutiv von „Schweinefett-Hadern“). Meine Mutter hat Husten, Bronchitis und andere Erkältungskrankheiten damit bekämpft, dass sie dem Patienten ein kleines, mit erhitztem Schweinefett getränktes Tüchlein möglichst heiß auf die Brust legte. Der Geruch des heißen Fetts war unangenehm, seine Wirkung aber enorm.

Schweiners: Schweinernes; Schweinefleisch

Wird ein „Schweiners“ gebraten, so entsteht der berühmte „Schweinsbråån“ (Schweinebraten). In einem bayerischen Lied über das Rehragout heißt es dazu: „Ja, i wissàd mà wås Feiners, von dà doutn Sau à Schweiners.“ (Ja, ich wüsste mir etwas Feineres, von der toten Sau ein Schweinernes.) Das Wort „Schweiners“ kommt nur mit dem unbestimmten Artikel vor. Mit dem bestimmten Artikel heißt es: das „Schweinerne“.

Schweizer: Verantwortliche(r) für den Rinderstall und die Milchwirtschaft auf einem Bauernhof, Melker(in)

Im späten 18. Jahrhundert betrieb der Markgraf von Brandenburg-Ansbach in Triesdorf (Mittelfranken) eine höchst erfolgreiche Rinderzucht. Schlüssel dieses Erfolgs waren eingekreuzte Schweizer Rinder. Die so entstandene Rasse „Triesdorfer Tiger“, schwere Tiere mit bester Eignung für Mast und Arbeit, erfreuten sich schnell größter Beliebtheit und die Bezeichnung „Schweizerei“ für einen Betrieb mit Vieh- und Milchwirtschaft setzte sich zusammen mit den ursprünglich Schweizer Tieren durch. Wer die Viehzucht und Molkerei nach Schweizer Art zu betreiben verstand, wurde unabhängig von seiner eigentlichen Herkunft auch bald „Schweizer“ genannt – eine Art Ehren- und Gütesiegel für Stallknechte und -mägde. → Ähoitn

schwoàm: schweiben (schriftbair.)

1) spülen, schwenken

   Früher wurde die mit Waschmittel gereinigte Wäsche im Fluss „gschwoàbt“ (mit klarem Wasser gespült). Die um das Präfix „nå-“ (hinunter) ergänzte Form „nåschwoàm“ bedeutet „hinunterspülen“. Der Trinkspruch „Schwoàmà`s nå!“ (auch: „Schwoàmà`s åwe!“)

bringt zum Ausdruck, dass man seine Sorgen im Allgemeinen oder auch im Besonderen mit Alkohol, vorzugsweise Bier, hinunterspülen möchte. Verlässt dann das Bier den Körper wieder, bittet die reinliche Hausfrau: „Vergiss fei `s Nåschwoàm net!" (Vergiss nicht, die WC-Spülung zu betätigen!) → ausschwoàm

2) schwemmen
„Der Reng schwoàbt de Blàttl von der Straß." (Der Regen schwemmt die Blätter von der Straße.)

Schwoàß: Schweiß
Synonyme sind „Briàh" (Brühe) und → Soss (Soße).
Als Verb: **schwoàßln** (streng nach Schweiß riechen) → bàckèn, Dàmpfè 2) (dàmpfèn)

schwöich: schwelch (schriftbair.); welk

Schwolischee: Chevaulegers; Angehörige der leichten Kavallerie
Das Wort setzt sich aus den beiden französischen Begriffen „cheval" (Pferd) und „léger" (leicht) zusammen. Die „Schwolischee" waren ursprünglich Mitglieder eines Regiments der leichten Kavallerie, im Königreich Bayern bildeten sie ab 1813 die mittelschwere Kavallerie. Sie galten bis zum Ende der Monarchie als charakteristische Waffengattung des bayerischen Heeres und genossen nicht zuletzt wegen ihrer schmucken Uniform und ihres beeindruckenden Auftretens samt ihren stattlichen Pferden hohes Ansehen in der bayerischen Bevölkerung.

Sechserboog: Sechserbock; Rehbock mit sechs Geweihspitzen
Dieses Wort ist der Fachausdruck der Jäger für einen dreijährigen Rehbock, da dessen Geweih zweimal drei, also sechs Enden (Spitzen) hat. Diese aus Sicht der Jäger ästhetische Form wird analog auf eine Frau mit üppigem Dekolleté übertragen in der Wendung „De håt auf wià-r-à Sechserboog." (wörtlich: Die hat auf wie ein Sechserbock.) → Gràndl

Seckl: einfältiger, behäbiger, schwerfälliger Mann, Trottel
Zur Herkunft des Wortes gibt es verschiedene Ansätze: Es könnte von „Socke", von „Sack", von „Säckel" oder vom „Säckler" (Lederhosenmacher) kommen.

seiln (seirln): säuerln (schriftbair.); säuerlich riechen
Sammelt man z. B. Zwetschgen in einem Eimer und lässt ihn einige Zeit stehen, so beginnen die Zwetschgen zu gären. Es riecht dann intensiv

säuerlich und man sagt: „Des seilt.“ (Das „säuerlt“, das riecht sauer.) Das „r“ bei „seirln“ ist in der Aussprache kaum oder gar nicht hörbar.

Sein: Säule → Zào (Zàousein)

seìnguàt (auch söinguàt): seelengut; herzensgut

„À seìnguàts Leit“ (Ein herzensguter Mensch). „E“ und „i“ werden dabei nicht als Diphthong, sondern getrennt gesprochen. → Leit 2)

Semeschaung: Semmelschauen; einfaches Spiel für Kinder und Erwachsene

Bei diesem Spiel sitzen oder stehen sich zwei Personen gegenüber und schauen sich so lange in die Augen, bis einer lachen muss, der dann das Spiel verloren hat. Erlaubt ist es dabei, Grimassen zu schneiden, um den Gegner zum Lachen zu bringen.

Semft (auch: **Senft**): Senf

Das „t“ am Ende des Wortes wird von den Germanisten „euphonisches“ (wohlklingendes) „t“ genannt.

sètzè (auch: **gsètzè**): setzig (schriftbair.); widerspenstig, sich widersetzend

Z. B. sagte mein Vater zu meiner Mutter, wenn sie partout an ihrem Standpunkt festhielt: „Jetz bi net går so sètzè!“ (Jetzt sei nicht gar so widerspenstig!)

Seumer: Quacksalber; Mann, der Uninteressantes und längst Bekanntes erzählt

Ein „Seumer“ ist einer, der viel, vor allem langweiliges Zeug redet, wobei er bereits Erzähltes gerne wiederholt. Weil es immer wieder die alten Geschichten sind, nennt man ihn in der Regel einen „oidn Seumer“ (alten Quacksalber). Die Worte des „Seumers“ werden verächtlich als „oide Seum“ (alte Salbe) bezeichnet. → Deufàrà, Schmarrn 2)

Siàch: einfältiger, dämlicher Mensch, Dummkopf

Herkunft: von „siech“ für „krank“, hier „geisteskrank“. Man könnte deshalb auch „Siech“ schreiben und mit dem Hinweis versehen, dass dabei das „i“ und das „e“ getrennt gesprochen werden.

Siefling: Säufer

sierig / früher: **siere**: entzündet, wund

Nach dem Ziehen eines Zahns sagte man z. B.: „Des tuàt freili weh, då is ja oiss no ganz sierig.“ (Das tut natürlich weh, da ist ja alles noch stark entzündet.)

sischt: sonst

Sitz: Zug, Ansatz, Schluck

„Auf oàn Sitz" bedeutet: „in einem Zug", siehe: „Der trinkt oà Mass auf oàn Sitz aus." (Der trinkt eine Mass in einem Zug aus, ohne abzusetzen.)

Sitzàdà: Sitzender

Wer „koàn Sitzàdn" (keinen Sitzenden) hat, der ist zappelig, kann nicht ruhig sitzen und sich nicht konzentrieren. Eine solche Person wird auch → gähàdà Schuàster (gehender Schuster) genannt. → Fegeisen, Treibauf

Soàch: Urin, auch: seichtes Gerede, Geschwätz, Unsinn

Beim bayerischen Kartenspiel → Wàttn wird einer der drei Kritischen vulgär „Soàchà" genannt, und zwar der Eichel-Siebener, die dritthöchste Spielkarte (→ Spietz 3).

Als Verb: **soàchà** (urinieren) und **seàchèn** (nach Urin riechen)

Das Partizip Perfekt „gsoàcht" (gepinkelt) wird häufig Schimpfnamen nachgestellt, z. B.: „Du Stier, du gsoàchtà!" (Du gepinkelter Stier!) → biesln, brunzn

Soàchbààm: Pinkelbäume; Beine eines Menschen

Dieser vulgären Bezeichnung liegt das Bild von zwei Bäumen zugrunde, zwischen denen Flüssiges herunterrieselt.

Soàchhàfe: Nachttopf

Derber Ausdruck für das in der Schlafkammer bereitgestellte Gefäß, um im Bedürfnisfall nicht bei Wind und Wetter zum Abort gehen zu müssen, der sich in der Regel außerhalb des Wohnhauses befand. → Botschàmpàl

soàchnååß: nass wie Urin; tropfnass

soàchwarm: warm wie Urin; lauwarm

Verpönt ist vor allem Bier, das „soàchwarm" ist.

Soàfàsiàder: Seifensieder; Inhaber einer Drogerie (abfällig)

Sodàlà! (verkürzt: **Sodà**!): Also dann!, Na dann!

Ausruf zum Abschluss der Arbeiten an einer bestimmten Aufgabe, oft mit dem Zusatz: „Des hätt` mà wieder!" (Das hätten wir wieder!)

söi: sell (schriftbair.)

1) dort

„Söi håwe`s higlegt." (Dort habe ich es hingelegt.) Oder: „Då sitzt er söi." (Dort sitzt er.)

2) damals

„Dà Martl war söi no z`kloa." (Der Martin war damals noch zu klein.)

Söich: Selche; Räucherkammer

Früher haben die Bauern Schweinefleisch geräuchert, um es haltbar zu machen. Das Räuchern erfolgte in der „Soich" oder auch „Söichkammer" und – sofern es sich um einen relativ kleinen Raum handelte – „Soichkàmmàl". Das geräucherte Fleisch verließ die Kammer dann als Gsöichts (Geselchtes), die einzelnen Stücke nannte und nennt man→→ Zenterling. Als Verb: **söichà** (selchen, Fleisch räuchern)

Soizbixl: Salzbüchslein; Augen (scherzhaft)

Das „Soizbixl" heißt heute „Salzstreuer". Offenbar haben früher gebräuchliche Salzstreuer die Bayern an einen menschlichen Kopf erinnert, wobei die Löcher die Augen darstellten. Jedenfalls lautete ein gebräuchlicher Spruch, wenn jemand etwas übersehen hatte: „Mach`deine Soizbixl auf!" (Mach`deine Augen auf!) → Schusser

Soss: Soße

Das Wort wird auch im Sinne von „Blut" oder „Schweiß" verwendet, z. B.: „Der håt gschwitzt, dass eàm d`Soss rågrunnà is." (Der hat so geschwitzt, dass ihm die Soße heruntergelaufen ist.) → Schwoàß

Spàrifànkàl: Teufel im Kasperltheater → Deife, Gànkàl

Spàssettln: Späße, Scherze

Besteht die Gefahr, dass die Grenze zwischen Spaß und Ernst überschritten wird, spricht man die Warnung aus: „Mach koàne Spàsettln!" (Mach keine Scherze, dafür ist die Sache zu ernst.)

Spåtznwààl: Spatzenwaden; sehr schlanke, dünne Waden

Damit macht man sich z. B. über den Träger einer kurzen Trachtenlederhose lustig, aus der ein Paar ausgesprochen dünne Beine herauskommen. Das Antonym lautet → Krautstampfà.

Speibtriegàl: Spucknapf

Das → Triegàl ist das Diminutiv von „Trog".

1) kleines Gefäß zum Sammeln von Auswurf und Speichel

Das Ausspucken (→ speim) auf den Boden im Freien war früher ebenso wie die Benutzung von Spucknäpfen in den Wohnungen weit verbreitet. Nach dem 1. Weltkrieg kam diese Einrichtung – auch zusammen mit dem Rückzug des Kautabaks – aus der Mode. Heute wird allenfalls noch beim Beginn von Arbeiten mit Werkzeugen, die einen Holzstiel besitzen (Schaufeln, Rechen, Gabeln), in die Hände gespuckt. Auf den Boden spuckt mancher allenfalls noch im Geheimen oder bei der archaischen Tätigkeit des Fußballspielens.

2) kleines Auto (abfällig) → Henàheisl, Huàstnguàtl

speim: speiben (schriftbair.); speien, sich übergeben, brechen, spucken, kotzen

Speisgådern: Speisgatter; Kommunionbank

Zwischen Altarraum und Kirchenschiff befand sich früher die Kommunionbank. Die Bezeichnung „Speisgådern" für dieses Möbelstück geht darauf zurück, dass es in Aussehen und Funktion mit einem Gatter vergleichbar war und dort die Heilige Speise (Kommunion) verteilt wurde. → Gådern

speziell sei: sich gut verstehen, gut befreunet sein

„Dà Schuilehrer und dà Pfarrer, de sàn recht speziell mitànander." (Der Lehrer und der Pfarrer sind gut befreundet.)

Spezl: Spezi; Freund, guter Bekannter, nahestehende, vertraute Person

Bevorzugt man im Geschäftsleben einen „Spezl", der bei ordnungsgemäßem Vorgehen nicht zum Zug kommen würde, so spricht man von einer „Spezlwirtschaft" (Vetternwirtschaft).

spiàßeckert: spießeckig (schriftbair.); spitzwinklig, nicht rechtwinklig

Wird beim Hausbau nicht exakt auf die Einhaltung des rechten Winkels an allen vier Ecken geachtet, wird das fertige Haus „aus dem Winkel" und damit „spiàßeckert" sein.

Spietz: Spitz

1) Spitze
2) Fußtritt mit der Fußspitze in den Hintern
3) Eichel-Siebener beim → Wàttn

   Ein vulgäres Synonym dafür ist „Soàchà" (→ Soàch).

spindig / früher: **spinde**: dürr, mager

Ein „spindigs Mànderl" (dürres Männlein) ist ein recht magerer Mann. Auch ein Kuchen, der beim Backen nicht aufgegangen ist, sodass er eine feuchte, feste Teigschicht enthält und deshalb nicht gut schmeckt, ist „spindig".

spinnà: spinnen

1) sich sehr aufregen, aus dem Häuschen sein

2) verrückt sein, geisteskrank sein, verwirrt sein → ausànander 1), recht 3)
3) auf etwas verrückt sein, etwas ganz stark anstreben → åbspinnà
4) dummes Zeug reden
Derjenige, der den Unsinn redet, „spinnt vom Boà weg" (spinnt vom Knochen an, also überall). → ausspinnà, Boà

Als Adjektiv: **spinnàd** (auch: → **gspinnàd**): spinnend, verrückt

Dieses Adjektiv hat sich in Verbindung mit der „Wachtel" zur „Spinåtwachtl" („spinnàde Wachtl", die mit dem „Spinat" nichts zu tun hat) entwickelt, einem Schimpfwort für eine Frau.

Spinnàhaut: Spinnwebe

Der Plural lautet „Spinnàheit" (Spinnenhäute, Spinnweben).

Spofàcke: Spanferkel; Ferkel, das vor kurzem noch gesäugt wurde

Das Wort geht auf „spenen" zurück, das „der Mutterbrust entwöhnen" bedeutet, hat also nichts mit den Holzspänen zu tun, über denen das Ferkel gebraten wird. Hat das Ferkel einiges an Größe und Gewicht zugenommen, nennt man das Jungschwein „Sposau" (schriftbairisch: Spansau). → Fàcke

sprechà: sprechen; angeben, prahlen

„De håt recht gsprochà, dass` so vui Göid ham." (Die hat so angegeben, dass sie soviel Geld besitzen.) → brauchà, brogln, brootzn, groß doà

Spreizl: Holzspan zum Feueranmachen

Spreizn, *die*: Verstrebung → eispreizn 1)

sprengà: sprengen; verscheuchen, vertreiben, (ver-) jagen, unter Druck setzen

Zu diesem Verb gibt es eine Vielzahl von Komposita, z. B.:

* aufsprengà: aufsprengen; aufscheuchen, aufjagen

Betritt man einen Raum und trifft auf eine lustige Gesellschaft, die aber sogleich unruhig wird und erklärt, man habe ohnehin gerade aufbrechen wollen, so sagt man: „I woit eich doch net aufsprengà." (Ich wollte euch doch nicht aufscheuchen, bleibt doch sitzen.)

* hoàmsprengà: heimjagen
* rumsprenga: umherjagen

Nach einem Trainerwechsel kann man dann hören: „Der neie Trainer håt de Fuàßballer ganz schee rumgspengt." (Der neue Trainer hat die Fußballer ganz schön umhergejagt.)

* vosprengà: versprengen; verscheuchen, verjagen
„Beim Grillen war`s recht schee, aber umà-r-à viere håt uns à Wedà vosprengt.“ (Beim Grillen war es sehr schön, aber gegen vier Uhr hat uns ein Gewitter verjagt.) → Henàsprengà

Spriechfotzn: Sprüchfotze (schriftbair.); Angeber, Sprücheklopfer
Ein Synonym dazu ist der „Spriechmacher“ (Sprüchemacher). Nachdem er meist schnell durchschaut ist, sagt man zu ihm: „Ach, wås mächstn du, du Spriechmacher!“ (Ach, was willst denn du, du Sprücheklopfer!) Die Äußerungen der „Spriechfotzn“ bzw. des „Spriechmachers“ quittiert man mit den Worten: „Des sàn do bloß Sprüch!“ (Das sind doch nur Sprüche!) → Fotzn 1)

Springàl: Limonade
Das „Springàl“ heißt so, weil die Kohlensäure aus ihm „springt“. „Springàl“ gab es früher in zum Teil kräftigen Farben, z. B. grün (Waldmeister), rot (Himbeere) oder dunkelbraun (Schokolade). Der Hersteller dieses Getränks hieß „Springàlmacher“ (Limonadenmacher), der Lieferant war der „Springàlmo“ (Limonadenmann). Bei unseren niederbayrischen Verwandten hieß das „Springàl“ – ebenfalls in Anlehnung an das „krachende“ Geräusch, das die Kohlensäure beim Öffnen der Flasche oder auch beim Entweichen im Glas verursacht – „Kràchàl“.

Springginkàl: Luftikus, Kasperl
Es handelt sich um einen Menschen, der sorglos vor sich hinlebt, es sich gut gehen lässt, ohne an seine Verpflichtungen zu denken oder sie gar zu erfüllen.

Spritzer: unerfahrener, unreifer junger Mann
Der Begriff wird nur in Verbindung mit dem Adjektiv „jung“ verwendet, also als „junger Spritzer“. Er bringt zum Ausdruck, dass der Betroffene noch sehr unerfahren ist. → Büàschàl, Duddàrà, Hupfer, Kàmpe

Spritzgruà: Spritzkrug; Gießkanne

Spritzl, *das*: längliches Stück Holz, heute auch aus Metall oder Kunststoff

1) Zaunlatte
In dieser Bedeutung spricht man von einem „Zaunspritzl“ (früher: „Zaouspritzl“, nasal gesprochen). Diese waren früher beliebte und schnell herbeigeschaffte Schlagwerkzeuge bei Raufereien.

2) Leitersprosse

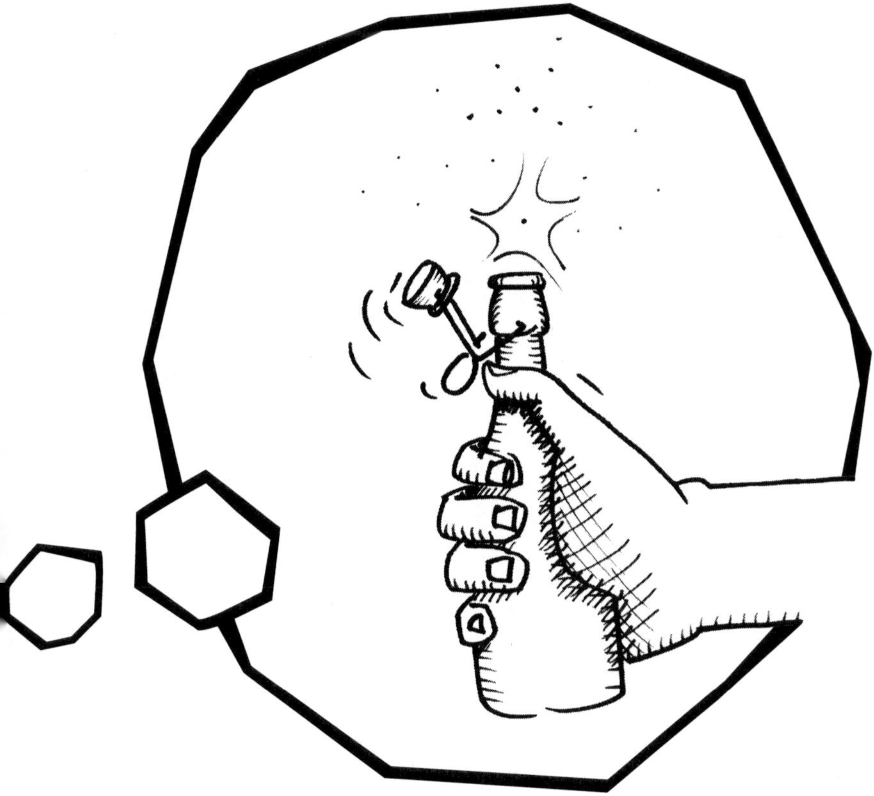

stààd: still, ruhig

Für den Beispielssatz „Jetz bi àmoi stààd!“ sind hier die unterschiedlichen Betonungsmöglichkeiten dargestellt:

* „Jetz bi àmoi stààd!“ (Jetzt sei einmal still!)
* „Jetz bi àmoi stààd!“ (Jetzt sei doch endlich einmal still!)
* „Jetz bi oàmoi stààd!“ (Jetzt sei doch wenigstens ein Mal still!)
* „Jetz bi àmoi stààd!“ (Jetzt sei einmal still!)

„Schee stààd“ bedeutet: schön langsam, allmählich, z. B.: „Schee stààd fangt`s `s Rengà o.“ (Allmählich fängt es an zu regnen.)

stààdhem: stillhalten

„Heb de stààd!“ (Beweg dich nicht!)

stààdlustig / früher: **stààdluste**: stilllustig; lustig sein, ohne dies nach außen zu zeigen

Ein „Stààdlustiger“ sitzt still am Tisch und tut so, als gehe ihn der Trubel um ihn herum gar nichts an. Er registriert aber sämtliche Details und lächelt in sich hinein. Ein → Aufdreiwàdà dagegen schreit, gestikuliert, singt mit, schunkelt und steigt auf Bank und Tisch.

Ståål: Stadel; Scheune

Landwirtschaftliches Gebäude zur Lagerung von Getreidegarben, Stroh, Heu und Geräten, das durch den → Dehnà und die senkrecht dazu stehenden Balken, die den Dachfirst tragen, in vier „Viertel" aufgeteilt ist.

stààr: starr, steif, unbeweglich

Z. B. sagen ältere Semester, die längere Zeit gesessen sind, beim Aufstehen: „I bin ganz stààr." (Ich bin ganz steif.) D. h. dass sie unbeweglich, fast eingerostet sind. → bockstààr, gschdààràd, prieglstààr

Stådàrà: Städter, Stadtmensch, Stadtbewohner

Stäckàl: Steckerl; kleiner Stecken, Stäbchen

Es handelt sich um das Diminutiv von „Stäcker" (Stecken). Auch besonders dünne Gliedmaßen werden als „Stäckàl" bezeichnet. Der Begriff ist ferner wiederzufinden im:

* „Stäckàleis": Steckerleis; fabrikgefertigtes Eis am Stiel (Holzstäbchen)
  Das billigste „Stäckàleis" kostete in den 1950er Jahren 10 Pfennig und hieß deshalb auch „Zehnàleis" (Zehnerleis).
* „Stäckàlfiesch": Steckerlfisch
  So heißt ein auf einen Holzstecken aufgespießter Fisch, meist eine Makrele, der in der Regel im Freien über Holzkohlen gegrillt und vor allem auf Volksfesten gern verspeist wird.

Stäcker: Stecken; dünner Holzstock

Das Wort ist nicht zu verwechseln mit dem „Stècker" (helles „e"), der in die Steckdose gesteckt wird. Früher haben die Burschen vor einer absehbar stattfindenden Rauferei einen „Haselnussstäcker" (Haselnussstecken) in Wasser eingelegt, damit sie ihrem Gegner damit schmerzhaftere Schläge verpassen konnten (→ wàssern 2). → Goàßl, Hàcklstäcker

Ståffe, *das*: Stufe, die

Die Summe der „Ståffe" ergibt die → Stiàng. Auch die Staffelei hat „Ståffe".

Stampfà: dicke Beine → Krautstampfà

Stangàreiter: Stangenreiter; niedrigster und meist jüngster Knecht auf dem Bauernhof

Die Bezeichnung geht darauf zurück, dass dieser junge Knecht, der als „Stallbub" die unterste Stufe der Knechte-Hierarchie besetzte, oft auf der

Verbindungsstange zwischen Wagen und Gespann stand. Damit war er einerseits nahe bei den Pferden, die er beaufsichtigen musste, und andererseits erleichterte es ihm die Arbeit, weil er nicht zu Fuß neben den Pferden hergehen musste. → Baumoàster, Fürefåhrer

Stàmpàl: kleines Trinkglas

Ein „Stàmpàl Schnaps" ist ein Gläschen Schnaps.

Stàndl: einfacher Verkaufstand aus Holz auf Jahrmärkten, Kiosk

Stànz: Suche bzw. Jagd nach Vergnügung, Liebe oder dem amourösen Abenteuer

Das Wort gibt es nur in der Verbindung „auf d`Stànz geh" (auf die Suche gehen). Das bedeutet, dass man auf Freiersfüßen oder auch zu einem allgemeinen Vergnügen unterwegs ist. Ist davon ein → Stenz betroffen, so befindet sich dieser auf dem Weg zu einem ganz und gar nicht platonischen amourösen Abenteuer. → Gstànzl

Stànzn: Stechmücke → Bremà, Schnaggn, Schuàhplàttln

Staritzn: spitze Papiertüte

In anderen Gegenden wird diese Tüte als „Stranitze" bezeichnet. Die „Staritzn" diente in den Lebensmittel- und Kolonialwarengeschäften als Verpackung für kleinere Warenmengen (bis etwa 250 Gramm). Für größere Mengen gab es größere rechteckige Tüten („Pfund-" oder „Zweipfundtüten"). Das Wort dürfte von dem russischen „straniza" (Buchseite, mit der man etwas einwickeln kann) kommen.

Staun: Staude

1) Gebüsch, Gewächs
2) Salatkopf
3) Glück

„Då habts Staun ghabt." (Da habt ihr Glück gehabt.) → Dusl, Màssl

Stempm (auch: **Stampm**): Pfosten

Stenz: Weiberheld, eitler, selbstgefälliger, oft modern gekleideter junger Mann, der mit Arbeit nicht viel am Hut hat

Er bevorzugt es stattdessen, den Frauen nachzustellen und ist deshalb meistens auf der → Stànz.

stermvoidreeg / früher: **stäämvoidreeg**: mit Dreck übersäht, über und über voller Dreck

Stattdessen sagt man auch: „auf und auf voi Dreeg" (auf und auf voller

Dreck). „Stermvoidreeg" kommt von „sternvolldreck", also mit Dreck übersäht wie der Himmel mit Sternen. Die alte Aussprache „stäämvoidreeg" geht auf den alten Plural „Stään" für „Sterne" zurück. Das „n" von Stern bzw. „Stään" wird wegen des danach folgenden „v" zur leichteren Aussprache zu „m" assimiliert.

Sterz:

1) Schnittfläche des abgeschnittenen Getreides
Und zwar sowohl am Stroh als auch bei den Stoppeln auf dem Feld.
2) Hinterteil des Geflügels einschließlich Fettdrüse

Stiàdàl (auch: **Stiàlà**): kleiner, meist rechteckiger Hocker → Schàmmàl

Stiàng: Stiege; Treppe

Die „Stiàng" besteht aus einzelnen → Stàffe (Stufen). Sie befindet sich im „Stiànghaus" (Treppenhaus) und wird zur Sicherung begrenzt durch das „Stiàngglànddà" (Treppengeländer).

Stiàngglànddàràss: Stiegengeländerrasse, Treppengeländerrasse; Mischlingshund, Promenadenmischung

Bezeichnung für einen Hund, dessen Eltern aus unterschiedlichen oder keinen Rassen stammen. Das Wort kommt wohl davon, dass die Zeugung am Stiegengeländer, also ohne Kontrolle erfolgte. → Hund

Stiefehànsl (auch: **Stiefeziàgà**): Stiefelzieher

„Hànsl" (Hänschen) hieß früher oft der Mitarbeiter, der für Dienstleistungen aller Art zuständig war. Auch ein Stiefelzieher ist ein praktischer Helfer beim Ausziehen der Stiefel und wird deshalb „Hànsl" genannt.

Stierbeil: Stierbeutel; Stierhoden (derbes, abwertendes Schimpfwort)

Wie viele bairische Schimpfnamen, hat auch diese Bezeichnung eine immer noch derbe, aber nichtsdestotrotz wohlmeinende Seite: In positiver Situation kann der „Stierbeil" auch Anerkennung, Bewunderung oder Lob zum Ausdruck bringen, z. B.: „Ja, du bist vielleicht à Stierbeil!" (Ja, du bist aber ein toller Kerl, das hätte ich dir gar nicht zugetraut.)

Stiewe: Stübchen, kleine Stube

Man nennt es auch „Stiwàl" (Stüberl). Im „Stiewe" wohnten meistens die Austragsbauern, d. h. das alte Bauernpaar, das dem Nachwuchs den Hof übergeben hatte und jetzt seinen Lebensabend genoss.

Stingl: schmales, längliches Teil

1) Stängel (z. B. Blumenstängel)

2) Stiel (z. B. bei Äpfeln und anderem Kernobst)

3) großer, schlanker junger Mann
Handelt es sich dabei um ein arbeitsscheues Exemplar, so spricht man vom „faulen Stingl" (faulen Kerl).

4) männliches Geschlechtsteil

stingà: verärgert sein
„Mir stinkt à." (Mir stinkt er; ich bin verärgert, ich bin sauer auf ihn.) Dazu die Frage: „Stinkt à dà?" (Stinkt er dir? Bist du verärgert?) Oder die Feststellung: „Då dàd à mà-r-à stingà." (Da würde er mir auch stinken; da wäre ich auch sauer.)

stoàmiàd: steinmüde; sehr müde
Das Präfixoid „stoà-" dient der Verstärkung des Adjektivs.

stoàndln: steindeln (schriftbair.); hageln mit Körnern geringer Größe
Ein „Stoàndl" ist ein Steinchen, dem Diminutiv von „Stoà" (Stein). Im Gegensatz zum Hagel mit großen Hagelkörnern entstehen beim „Stoàndln" in der Regel keine Schäden.

Stoàpfoiz: Steinpfalz
Damit ist wegen ihrer steinigen, unfruchtbaren Böden die Oberpfalz gemeint. Vor allem reiche Bauern in den fruchtbareren bayerischen Landstrichen gebrauchten diesen Ausdruck mal abschätzig, mal aus Mitleid.

Stoàschleiderkàppe: Steinschleudermütze; Schirmmütze, „Schiebermütze"
In den 1950er Jahren wurde in der Illustrierten „Quick" die Comicfigur Nick Knatterton samt charakteristischer „Schiebermütze" berühmt.

stockdàmisch: total blöd
Das Präfixoid „stock-" dient der Verstärkung des Adjektivs, z. B. auch bei „stocknàrrisch" (total verrückt) oder „stocknacht" (stockfinster). → dàmisch

Stoog: Stock
Der Plural lautet „Stèck" (Stöcke).

1) Wurzelstock des Baums
Das Holz des Wurzelstocks hat einen hohen Brennwert, war aber früher nur unter großen Mühen zu gewinnen. Die schwere Arbeit, die dafür aufgewandt werden musste, nannte man „Stèck rausdoà" (Stöcke heraustun) oder „Steck rausmachà" (Stöcke herausmachen). Zum Zerteilen der großen Wurzelstöcke wurden große

Eisenkeile und schwere → Làcklhammer verwendet. Man sagte, dass die „Stèck“ dreimal warm machen würden, nämlich „beim Rausdoà im Woid, dàhoàm beim → Gliàm und im Ofà in der Stuum“ (beim Heraustun im Wald, beim Spalten zu Hause und im Ofen in der Stube).

2) großer Stauraum im → Ståål (Stadel) links und rechts vom → Dehnà (Tenne)

Je nachdem, was dort gelagert wird, spricht man vom „Droàstoog“ (Getreidestock) oder vom „Heistoog“ (Heustock). Im oberen Teil des „Stoogs“, unmittelbar unter dem Dach, ist es zur Erntezeit besonders heiß.

Stopslziàgà: Stöpselzieher; Korkenzieher

Stràà machà: Streu machen, durch Streuen eine Spur hinterlassen

Findet eine Hochzeit statt und hatte der Bräutigam vorher schon eine relativ feste Verbindung mit einem anderen Mädchen, so gab und gibt es in Bayern den Brauch, dass in der Nacht vor der Hochzeit vom Wohnhaus des Bräutigams zu dem seiner früheren Freundin eine deutlich sichtbare Spur gezogen wird, um diese Verbindung öffentlich zu machen. Das Gleiche gilt gegebenenfalls für die Braut. Früher wurde Sägemehl oder Strohhäcksel gestreut, später in Wasser verrührter Kalk, heute verwendet man auch weiße Farbe.

stràà n: streuen

Man kann z. B. im Winter „Soiz stràà n“ (Salz streuen) oder im Sommer „Dünger stràà n“ (Dünger streuen). Fällt jemand zu Boden, so ähnelt das dem Streuen, weil auch das Streugut auf den Boden fällt. In diesem Fall sagt man: „Den håt`s gstràà d.“ (Den hat es gestreut.) → bràckèn, dàkeàwèn

strampfèn: strampeln, sich bemühen, anstrengen

„I håb mi åbgstrampfèd“ heißt: „Ich habe mich sehr angestrengt“. Es kann aber auch bedeuten: „Mir war es im Bett zu warm, deshalb habe ich unbewusst die Bettdecke durch strampelnde Bewegungen der Beine nach unten geschoben.“

stràwànzn: umherbummeln, umherstreunen, sich herumtreiben, der Arbeit aus dem Weg gehen

Das Wort ist verwandt mit „extravagant“. → rumpèn, striàn, stürzn

striàn: umherstreifen, umherbummeln, umherstreunen (vor allem bei Kindern)

Wenn Kinder „striàn", dann wollen sie neue Gebiete erkunden und etwas erleben; es geht ihnen auch darum, dabei den Blicken der Eltern zu entkommen. → rumpèn, stràwànzn, stürzn

Strieze: Strizzi; Strolch, Luftikus, Nichtstuer, Filou, auch: Zuhälter

Abwertende Bezeichnung für die Burschen aus der Großstadt. → Bàzi, Hàllodri, Stenz

stuckàrà: etwa, circa, ungefähr

Die anschließend folgende Zahlenangabe ist ungenau: „Gibst ma hoit stuckàrà 30 Oàr." (Gib mir halt circa 30 Eier.) Statt „stuckàrà" kann man auch „à stuckàrà" (wörtlich: ein Stück ein) sagen. → umàrà

stürzn: stürzen; ständig unterwegs sein, streunen (vor allem bei Kindern)

→ rumpèn, stràwànzn, strian

Stutzàl: nettes kleines Mädchen

Stutzl:

1) Griff des Eisstocks → Eisschiàssn
2) männliches Geschlechtsteil

stutzln: schnell laufen, rennen wie ein Wiesel

Dieses Synonym für laufen, rennen bezieht sich nur auf Kinder.

Suchtn: Marotten, Eigenheiten, Launen, üble Angewohnheiten, abwegige Vorstellungen

„Der hätt Suchtn." (Der hätte Vorstellungen.) Oder: „Gwohn dir net soichàne Suchtn o." (Gewöhne dir nicht ein derart übles Verhalten an.) → Litzn, Muckn

Suh: Sohn

Es handelt sich um die frühere, heute kaum noch gebräuchliche Aussprache. → Baun- (Baunsuh)

Suiàl: Pickel → Blådern (Blàdàl), Blàsàl, Wimmàl

Als Adjektiv: **gsuilt** (pickelig)

Wer unter vielen Pickeln leidet, der ist „gsuilt".

suizig / früher: **suize**: sulzig; wie eine Sülze, matschig

Wenn der Schnee taut, wird er „suizig".

sunnàlàn: sich sonnen

Z. B. fragt der Passant den in der Sonne liegenden Bekannten: „Duàst de à-r-à bissl sunnàlàn?" (Sonnst du dich auch ein bisschen?)

Sunnàseitn: Sonnenseite; Südseite eines Hauses → hinterleitig, Wedàseitn

Suppm: Suppe; Frühstück

Zum Frühstück gab es früher bei den Bauern zur Kräftigung für den anstehenden Arbeitstag oft eine Suppe, z. B. eine Brotsuppe mit Kartoffeln. War sie fertig – oder stand auch nur ganz allgemein das Frühstück auf dem Tisch –, rief die Köchin: „Gehts rei zur Suppm!“ (Kommt herein zur Suppe!)

Sure (**Suri**): Schwips, leichter Rausch

„À bissl àn Sure håwe hoid ghabt.“ (Etwas beschwipst war ich halt.) → Dampf, Häpfà, Preller

Surrerei: Gesurre; Musik, die einem nicht gefällt

Mein Vater konnte sich nicht für klassische Musik begeistern. Wurde ein solches Konzert im Rundfunk übertragen, sagte er: „Wås is`n des für à Surrerei?“ (Was ist denn das für ein Gesurre?)

T WIE TECHTLMECHTL

Techtlmechtl: heimliche Liebschaft → Gschpusi

Trachter: Trichter

Tràchtler: Träger traditioneller Tracht

Tràgl: Behälter für Getränkeflaschen

Befinden sich darin Bierflaschen, nennt man es „Biertràgl“ (Bierkasten).

Transch, *der*: mit geringem Aufwand zubereitetes Gericht aus mehreren zusammengerührten Zutaten, auch Resten; Eintopf

As Verb: **transchn** (zusammenrühren)

„Wås transchtn heit wieder zamm?“ (Was rührst/kochst du denn heute wieder zusammen?)

träppèn: tippeln, kleine Schritte machen

Geht man hinter einer anderen Person mit kleinen Schritten nach, so spricht man vom „Nàchträppèn“ (Nachtippeln) oder auch → Nàchdàckln.

tràtzn: zum Spaß ärgern, foppen, hänseln, necken, provozieren

Als substantiviertes Verb: Ein **Tràtzàdà** ist einer, der andere „tràtzt". → foppm, Mångtràtzàl, pflànzn

Treibauf: hektischer, quirliger Mensch, meistens ein Kind, das nicht ruhig sitzen kann → Fegeisen, Sitzàdà

treim: treiben; schäumen, blähen

„Des Bier treibt." (Dieses Bier schäumt.) Der Satz kann aber auch bedeuten: Dieses Bier bläht mich bzw. „treibt" mich in Richtung der nächsten Toilette.

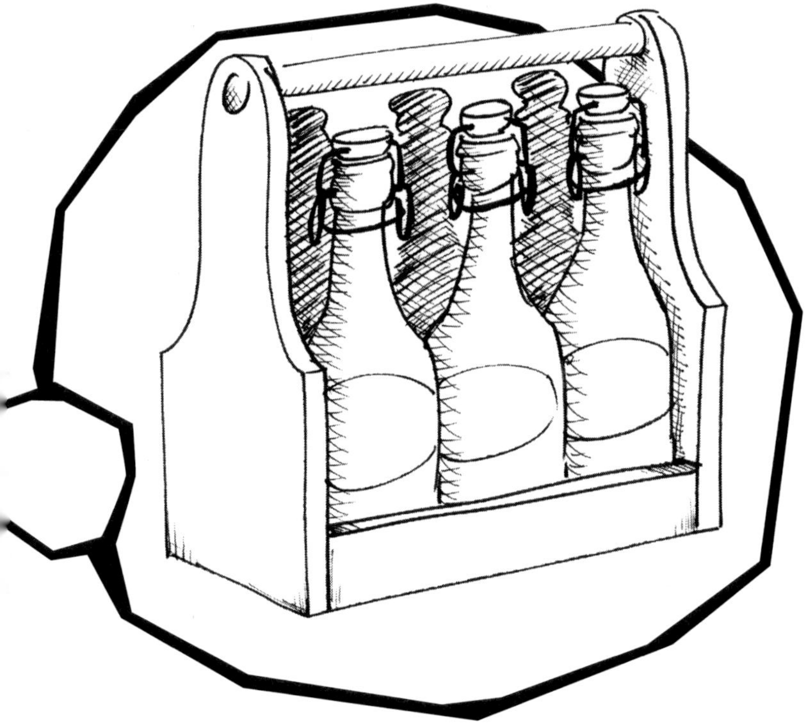

Trenzàl: Lätzchen

Mit dem „Trenzàl" verhindert man, dass man seine Kleidung beim Essen bekleckert.

Als Verb: **trenzn** (kleckern)

Wenn man sich beim Essen vollgekleckert hat, hat man sich „otrenzt" (angetrenzt; schriftbair.). → schluàttn

Triedling: Trittling (schriftbair.); große Füße, große Schuhe oder ausgetretenes, derbes Schuhwerk

Triegàl: Triegerl (schriftbair.); Napf, kleines Gefäß

Es handelt sich um das Diminutiv von „Trog". → Speibtriegàl

Trietschler: Trödler, Langweiler, Umstandskrämer, langsamer, behäbiger Mensch

Als Verb: **trietschln** (zögerlich, langsam agieren) → gmoichàd, langsamer Bàddà, Driàdàrà

Trottoàr: Gehsteig, Bürgersteig

Das Wort wurde vom Französischen „trottoir" (Bürgersteig) ins Bairische und – etwas feiner ausgesprochen – auch ins Hochdeutsche übernommen.

Tschàmstàrà: Liebhaber → Gschpusi

Türkl: wilder, kaum zu zähmender Bub

Mit diesem Wort vergleicht man einen ungestümen Buben mit einem der Türken, die im 17. Jahrhundert – ebenfalls sehr ungestüm – Europa erobern wollten und Wien mehrfach arg in Bedrängnis brachten.

U WIE ÜBERGÀNGL

Übergàngl: Regenschauer

überleng: überlegen

1) **sich eine Mass überleng**: eine Mass trinken
2) **oàn über`s Knià leng**: einen über`s Knie legen; einem den Hintern versohlen

überspànnt: überheblich, übertrieben selbstbewusst

Die Bezeichnung dürfte ihren Ursprung darin haben, dass der Betroffene mit stolz geschwellter Brust daherkommt, sodass die Sehnen im Oberkörper eine unnatürliche Spannung aufrecht erhalten müssen, also ständig „überspànnt" sind.

überstàndde: überständig; überfällig, übrig geblieben

„Überstàndde" ist jemand, der keinen Ehepartner gefunden hat, obwohl er sich bereits im fortgeschrittenen Alter befindet. Das Wort ist hergeleitet von Getreide, das bereits ausgereift ist, längst geschnitten werden müsste und deshalb „überstàndde" ist. → Håfà 2)

überzwerch: quer, schräg, diagonal → Zwerch

umànandlassn (auch: **umànandàlassn**): umeinanderlassen; schlagen, verdreschen

„Wenn dà wås net pàsst, nachà lass i di à so umànand, daß d` nimmer woàßt, bist à Màndl oder à Weiwe." (Wenn dir etwas nicht passt, dann lass ich dich so umeinander, dass du nicht mehr weißt, ob du ein Mann oder eine Frau bist.) → batzn 2), durchlassn 1), duschn 2), eischengà 2), neihaun 1), råziàng, schmiern 2), wàchèn, wàssern 2), wischn, zammruckà 2)

umàrà:

1) mengenmäßig: etwa, circa, ungefähr

„Umàrà hundert, hundertzwanzge werns gwen sei." (Etwa 100 bis 120 werden es gewesen sein.) Synonym: „à zwoà, à drei" (etwa zwei oder drei).

2) zeitlich: etwa um, ungefähr um, gegen

„Kimmst umàrà sieme." (Komm doch gegen sieben Uhr.)

→ stuckàrà, sångmàràmoi

umarwàn: umarbeiten; wütend schreien und um sich schlagen

umfetzn: herumtoben, toben, verwüsten, zerstören

Hat z. B. ein Sturm viele Bäume entwurzelt, dann hat er „ganz schee umgfetzt" (ganz schön getobt). Auch herumtobende Kinder „fetzn um".

umgeh:

1) spuken

„Es geht um", sagte man, wenn z. B. ein Geräusch zu hören war, dessen Herkunft nicht ausgemacht werden konnte und man einen Geist dahinter vermutete.

2) stören

Wenn etwas stört, dann geht es im „Weh" (Weg) um. Auch alte Leute klagen oft darüber, dass sie nur noch „àn Weh umgengà" (im Weg umgehen).

3) über ausreichende Geldmittel verfügen

Wenn das Geld nicht mehr reicht, sagt man: „Es geht nimmer um", weil der Laden nicht mehr läuft. Die Folge ist, dass man auf →

Gànt kommt. Trifft in einer solchen Situation ein unerwarteter Geldsegen ein, dann „geht`s wieder um".

**um`s Mårschleckà**: um`s „Am-Arsch-Lecken", um ganz wenig, minimal

So beschreibt man die Lage, wenn nur ganz wenig zu einem erfolgreichen Abschluss fehlt, wenn z. B. ein Schrank nur geringfügig größer ist als die Nische, in der er aufgestellt werden soll. Dann sagt man: „Um`s Mårschleckà passt er net nei." (Um`s „Am-Arsch-Lecken" passt er nicht hinein.) → Àntnschoàß

umschnàckln: sich den Fuß verdrehen

unbàndig (umbàndig): sehr viel, sehr, unglaublich, überschwänglich

„Des håt me unbàndig gfreit, dass i so vui Schwàmmàl gfundn håb." (Das hat mich unglaublich gefreut, dass ich so viele Pilze gefunden habe.)

unem: uneben; fehlerhaft, nicht ideal

Eine Person, die „nicht unem" ist, ist gerade recht, sie ist sympathisch und fleißig, an ihr ist wenig oder nichts auszusetzen.

unkommod: unbequem → kommod

unter: von Osten kommend

Kommt der Wind von Richtung flussabwärts, nennt man ihn den „untern" Wind. Da dies in unserer Gegend Osten ist, bezeichnet man damit hier den oft kalten, sibirischen Ostwind.

untwe: unterwegs; in der Nähe

Ist z. B. eine Frau ständig schlecht gelaunt, hellt sich aber ihre Miene regelmäßig dann auf, wenn ein attraktiver Mann in ihre Nähe kommt, dann kommentiert das ihr Umfeld mit den Worten: „Wenn à Mannsbuid untwe is, då konn`s lachà." (Wenn ein Mann in ihrer Nähe ist, da kann sie lachen.)

Ürger, *der*: der Ärgste, der Schlimmste

Es handelt sich dabei um den substantivierten Komparativ und Superlativ von „arg", z. B.: „Der Hans war dà Ürger." (Der Hans war der Ärgste, der Schlimmste).

Ürwe (Üàwe): Ärmel → aufstrickà, hemàdürwe

V WIE VERDRUUßMASS

väderhoi: vorderhalb; vor

Das Gegenstück lautet: → hinterhoi. → drent, herent

verbànddln: verbandeln; verbinden, eine enge Beziehung haben → obànddln

verblitzn: verprassen, verschwenden, vergeuden, verjubeln

Das Wort bezieht sich immer auf Geld oder Besitz, z. B.: „Auf'm Markt håt er sei ganz Göid verblitzt." (Auf dem Jahrmarkt hat er sein gesamtes Geld verjubelt.) → blitzn, verdànddln, verputzn 2)

verbringà: verbringen; etwas nicht fachgerecht erledigen

Verhält sich jemand beim Essen z. B. ungewöhnlich, kommentiert man das derb mit den Worten: „Der verbringt vielleicht à Fresserei." (Der stellt sich vielleicht an beim Essen.) Oder wenn jemand unnötig viel jammert: „Der verbringt vielleicht à Weses." (Der jammert wieder über Gebühr.) → Weses

verbritschn: jemanden verraten, verpfeifen, verpetzen

Hat ein Kind etwas angestellt, muss es damit rechnen, dass es eines der Geschwister bei der Mutter „verbritscht". → Britschn 1) (Brietschhàfàl)

verbuckld: verknittert, verbeult

Dieses Adjektiv findet man heute nicht mehr in dieser Form. Aufgrund der Neigung der Bayern, sich die Aussprache zu erleichtern, haben sie auch hier auf einige Konsonanten verzichtet, und so wurde aus „verbuckld" über „verbuld" das – heute auch schon fast vergessene – → dàbult. → buln

verdànddln: vertändeln; großzügig mit Geld umgehen, indem man es ausgibt ohne zu überlegen

Geld für sinnlosen Tand ausgeben. → Dànddlà, verblitzn, verputzn 2)

verderm: verderben; bankrott gehen, Pleite machen, zur Betriebsaufgabe gezwungen sein → Gànt, nåschwimmà, verkracht

Verdruußmass: Verdrussmass

Erzählt ein Wirtshausbesucher nach dem Genuss von mehreren Mass Bier von seinem aktuellen Verdruss (Kummer), dann kann es vorkommen, dass einer der Gäste vorschlägt, eine weitere Mass, die sogenannte „Verdruußmass" zu bestellen, um damit die Sorgen endgültig hinunterzuspülen. → schwoàm 1)

vergem: vergeben

1) verzeihen
2) vergiften (mit Dativ)
   „De Ratzn miàss mà vergèm." (Den Ratten müssen wir vergeben, d. h. die Ratten müssen wir vergiften.)

Aufgrund der völlig verschiedenen Bedeutungen ist bei der Verwendung dieses Worts Sorgfalt geboten. Sagt jemand z. B.: „Dir vergib i glei!" (Dir vergebe ich gleich!), kann das bedeuten, dass er dem Anderen seine Untaten auf der Stelle verzeiht, oder aber, dass er ihn gleich vergiften möchte.

vergunnà: vergönnen; gönnen

Von manchen Bauern behaupteten deren Knechte, dass sie ihnen „das Fressen nicht vergunnt" (das Essen nicht gegönnt) hätten.

verhaun: verhauen; das Ziel verfehlen, ein schlechtes Ergebnis erzielen

„De letzte Schuiaufgab håwe verhaut." (Die letzte Schulaufgabe habe ich vermasselt.)

Als Adjektiv: **verhaut** (ungepflegt, abstoßend, heruntergekommen, ungewöhnlich, unpassend)

„Der håt à ganz à verhaute Hosn oghabt." (Der hatte eine ziemlich ungewöhnliche Hose an.)

verhunàggln: verunstalten, entstellen, unbrauchbar machen

Auch als Adjektiv: **verhunàggld** (verunstaltet, unbrauchbar) → verhunzn

verhunzn: schlecht behandeln, verunstalten, die Qualität verschlechtern, unansehnlich machen, zum Negativen hin verändern

Kommt z. B. jemand mit einem nicht sehr gelungenen Haarschnitt vom Friseur, wird er gefragt: „Wer håt denn di à so verhunzt?" (Wer hat denn dich so verunstaltet?) Das Ausgangswort lautet → hunzn (von „hundsen") und bedeutet „jemanden schlecht behandeln". → verhunàggln

verkàfft: verkauft; in Schlaf gesunken, eingeschlafen

Ist z. B. ein Säugling endlich in seinem Bettchen eingeschlafen, sagt man: „Jetz håt à verkàfft." (Jetzt hat er verkauft, jetzt hatte er keine Kraft mehr, um wach zu bleiben.)

verköit: erkältet

„I håb mi verköit." (Ich habe mich erkältet.)

Als Substantiv: **Verköitung** (Erkältung)

verkracht: bankrott, pleite, zahlungsunfähig

Ein Bauer, der „verkracht" ist, dessen Betrieb ist „zusammengekracht", der nächste Schritt ist die Zwangsversteigerung. → Gànt, nåschwimmà, verderm

verputzn:

1) alles aufessen
2) **Göid verputzn**: Geld verschwenden, vergeuden, für Sinnloses ausgeben → verblitzn, verdànddln
3) **à Mauer verputzn**: eine Mauer mit Putzmörtel versehen
4) **net verputzn kenà**: nicht leiden können
   Den konn e går net verputzen." (Den kann ich gar nicht leiden.)

verràtschn: wegen einer guten Unterhaltung die Zeit aus dem Auge verlieren

„I håb mi totàl verràtscht." (Ich habe gar nicht mehr auf die Zeit geachtet, weil das Gespräch so interessant war.) → ràtschn 1)

verratzt: verloren, auf verlorenem Posten, in aussichtsloser Lage

Ein Fußballspieler, dessen Mannschaft das entscheidende Spiel um den Abstieg verloren hat, klagt: „Jetz sàmmà verratzt." (Jetzt sind wir auf verlorenem Posten.) → Ratz

verreckà: verrecken; sterben

Z. B. als grobe Unmutsäußerung: „Vàreck do` glei!" (Verrecke doch gleich!) Oder als Ausdruck des Erstaunens: „Vàreck Kafähaus!" Oder: „Ja, vàreck!" Auch als typisch bairisches Synonym für „sterben" – als Bayer hat man ein fatalistisches bis neckisches Verhältnis zum Tod: „Vàreckàl spuin" (Verreckerl spielen).

Auch als Substantiv: „Net um`s **Vàrreckà**!" (Nicht um`s Sterben; ganz und gar nicht!)

versàht: versäht; verloren, verlegt

„I håb meine Zigaretten versàht." (Ich habe meine Zigaretten versäht, ich habe sie verlegt oder verloren.) „Versähen" hat hier einen ironischen Zug, schließlich wird der verlorene Gegenstand sicherlich nicht wie eine Saat aufgehen und sich vermehren.

verschäwàn: verscheppern; verramschen, um jeden Preis verkaufen

verschlång: verschlagen; unerheblich sein

Das Wort ist nur in der Wendung „Des verschlågt nix" (Das macht nichts aus, damit sind keine Nachteile verbunden, das macht keine Probleme) gebräuchlich.

Versitzgruàm: Versitzgrube; Sickergrube, Sickerschacht

Für Wohngebäude, die nicht an die öffentliche Kanalisation und Kläranlage angeschlossen sind, muss eine „Versitzgruàm" vorhanden sein, ein nach unten offener, im Erdreich eingelassener Behälter aus Beton oder Betonrohren. In diesen Behälter wird das Abwasser eingeleitet, um dort langsam zu versickern. Besonders trinkfreudige Zeitgenossen vergleicht man mit dieser Einrichtung, weil man auch bei ihnen den Eindruck hat, dass die in sie hineingeschüttete Flüssigkeit in ihrem Körper versickert.

Versteckсdàl: Verstecken (Kinderspiel)

Der Sucher muss seine Augen verdecken („eischaung"; einschauen) und z. B. bis dreißig zählen. Danach geht er auf die Suche nach seinen versteckten Mitspielern. Wer als erstes entdeckt wird, muss als nächstes „eischaung". Eine riskante Möglichkeit, diesem Schicksal zu entgehen, besteht darin, unentdeckt zur Ausgangsposition des Suchers zu gelangen und sich dort mit dem Ruf „Oàns, zwoà, drei für mi!" (Eins, zwei, drei für mich!) frei zu zeichnen. → Fangàmàndl, Schneider, Schneider, leich mà d`Schàr

verstoins (**verstoin**): verstohlen; heimlich, geheim

Meine Mutter erzählte, wie sie ihren späteren Mann, meinen Vater, kennenlernte: „Mià ham uns öiwà verstoins àn Wånghaus drin troffà." (Wir haben uns immer heimlich im Wagenhaus getroffen.)

verzàpfà: verzapfen; Unsinn, dummes Zeug reden → Schmarrn 2)

verzupfà: verzupfen; verschwinden, sich entfernen

vierspànnig / früher: **vierspànne**: vierspännig

Pferde waren früher ein wichtiges Statussymbol der Bauern. Wurden vier Pferde – jeweils paarweise – vor ein Fuhrwerk gespannt, so fuhr der Bauer „vierspànnig" und dokumentierte damit seinen Reichtum und seine Bedeutung nach außen. In der katholischen Kirche stehen bei der heiligen Messe zu wichtigen Anlässen gleichzeitig mehrere Priester am Altar und feiern ein Hochamt (mit Chor und Weihrauch) oder – wenn ein Bischof oder ein Abt anwesend ist – ein Pontifikalamt. Je nach der

Zahl der Priester sprechen die Gläubigen dann von einem „vierspànnigen“ oder gar einem „sechsspànnigen“ Amt.

Auch der berühmt gewordene Münchner Pferdehändler Franz Xaver Krenkl soll den bayerischen Kronprinz Ludwig, den späteren König Ludwig I., unerlaubterweise sogar in seinem Sechsspänner überholt und dies mit dem Spruch „Majestät, wer ko der ko“ kommentiert haben.

Vogljakob: Verkäufer kleiner Blättchen und Pfeifen zur Imitation von Vogelgezwitscher auf Jahrmärkten und Volksfesten

Der „Vogljakob“ findet sich u.a. alljährlich wieder auf dem Münchner Oktoberfest ein und ahmt mit seinen Produkten das Vogelgezwitscher täuschend ähnlich nach.

Voglkiàche: mit einem Löffel geformte Küchel aus Weizenmehl

Diese Art der → Kiàche ist noch kleiner als die → Schucksn.

voun (**vount**): vorne

Es handelt sich um die frühere, heute kaum noch gebräuchliche Lautung dieses Wortes.

W WIE WÀDLBEIßER

Wààche, *der*: Ausdruck für etwas besonders Großes

Ein „Wààche“ ist z. B. ein großes, kräftiges Mannsbild, ein „Trumm“ von einem Mann, über den man bewundernd sagt: „Des is vielleicht à so à Wààche!“ (Das ist aber ein stattlicher Kerl!) Auch einen besonders großen Baum kann man als „Wààche“ bezeichnen.

Wåågscheil: Waagscheitl (schriftbair.); Teil der Anspannvorrichtung bei Zugtieren

Das „Wåågscheil“ schwankt mit der Bewegung der Zugtiere mit. Da auch ein Betrunkener vom Wirtshaus nach Hause schwankt, nennt man ihn ein „bsuffàs Wåågscheil“ (besoffenes Waagscheitl).

Wåår: Ware; Kinderschar

„De ganz Wåår håt se bei uns aufghoitn.“ (Alle Kinder aus der Nachbarschaft haben sich bei uns aufgehalten.)

wàchàlwarm: sehr angenehm warm

Das Wort ist wohl abgeleitet von der Wäsche, die über dem Herd getrocknet wird und im warmen Luftstrom „wàchlt“ (→ wàchln). In manchen Gegenden heißt es auch „bàchàlwarm“. Das würde bedeuten: warm wie ein kleiner Bach. Nachdem die Bäche in unseren Breiten selten warm sind, dürfte es sich hier um einen Hörfehler handeln.

wàchèn: wacheln (schriftbair.); schlagen, verprügeln, verdreschen

Das Wort wird häufig mit dem Präfix „her-“ verwendet, z. B.: „Den ham´s gscheit hergwàchèt.“ (Den haben sie sauber verprügelt.) → batzn 2), durchlassn 1), duschn 2), eischengà 2), neihaun 1), råziàng, schmiern 2), umànandlassn, wàssern 2), wischn, zammruckà 2)

wàchln / früher: wààln: wacheln (schiftbair.); wedeln

Wenn sich die zum Trocknen über dem Herd aufgehängten Tücher im warmen Luftstrom bewegen, dann „wàchln“ sie. → wàchàlwarm

Wàdl / früher: **Wààl**: Wade

Will man jemanden auf den Pfad der Tugend bringen, muss man ihm „d` Wààl vüre richten“ (die Waden nach vorne ausrichten). Macht jemand vor

Angst fast in die Hose, beruhigt man ihn: „Deswegn brauchst dà d` Wààl net dàscheißn." (Deswegen brauchst du dir deine Waden nicht anzuscheißen, deswegen brauchst du keine Angst zu haben.) → Spåtznwààl

Wàdlbeißer / früher: **Wààlbeißer**: Wadenbeißer; hartnäckiger Kerl, einer, der sich an Kleinigkeiten festbeißt

Das Wort beschreibt an sich einen Hund, der den ungebetenen Besucher in die Waden beißt. In geschäftlichen Verhandlungen werden die Aufgaben oft in der Weise verteilt, dass ein Delegationsmitglied die Aufgabe des „Wàdlbeißers" übernimmt, der hartnäckig seine Positionen vertritt und sich „festbeißt", während der Delegationsleiter schließlich generös möglichst kleine Zugeständnisse macht. Auch in der Politik ist diese Rollenverteilung bekannt: Die Generalsekretäre der Parteien sind die „Wàdlbeißer".

Wàdlstutzn / früher: **Wààlstutzn**: kurzer gestrickter Wadenstrumpf der → Tràchtler

Die „Wàdlstutzen", die man auch „Loferl" nennt, bedecken nur die Waden des Mannes, in diesem Fall des Trägers einer kurzen Lederhose.

Wàmmàl: Bauchspeck des Schweins

In geräucherter Form schmeckt der Bauchspeck besonders gut.

Wampm: Wampe; dicker Bauch

Will man jemand freundlich auf sein Bäuchlein ansprechen, so nennt man es „Wàmpàl" (Diminutiv), z. B.: „Du kriàgst fei à schee langsam à scheens Wàmpàl." (Du bekommst aber auch schön langsam ein schönes – gemeint ist: ein durchaus stattliches – Bäuchlein.) → Hendlfriedhof, Ranzn 1)

Ein Spruch dazu:

„I gàngàt gern auf 'Kampenwand
Wann i mit meiner Wampm kànnt."
(Ich ginge gern auf die Kampenwand
Wenn ich mit meiner Wampe könnte.)

Als Adjektiv: **gwampert** (dick, fett, beleibt, wohlgenährt)

Möchte man auf die Ursache dieser Eigenschaft hinweisen, benutzt man das Adjektiv „rausgfressn" (→ Rausgfressner, foàst). Ein „Gwampàdà" ist ein beleibter Mann mit besonders großem Bauch. Will man ihn beleidigen, nennt man ihn eine „gwamperte Sau".

Wanznpress: Akkordeon, Ziehharmonika

Sich eventuell zwischen den einzelnen Lamellen des Instruments befindliche Wanzen werden beim Zusammendrücken des Balgs unvermeidlich und gnadenlos zerdrückt. → Quetschn

Wàppe: Klebemarke, Wertmarke, Briefmarke

Brachte man früher einen Brief ins Postamt, sagte man zum Postbeamten: „Duà då à Wàppe drauf!" (Tu da eine Marke drauf!)

Das Diminutiv lautet **Wàppàl** und kommt mit einer teils eigenständiger Bedeutung daher: Klebeschildchen (z. B. vom Gerichtsvollzieher oder zur Preisauszeichnung), aber auch Wertmarke, Briefmarke.

Das Verb **wàppèn** (wàppeln; schriftbair.) bedeutet wörtlich „kleben". Der Ausdruck wurde vor allem für die Einzahlung von Beiträgen in die Sozialversicherung verwendet, zu deren Nachweis Marken, die „Invaliden-Wàppàl", in ein Heftchen geklebt werden mussten. Vor allem Bauern haben für ihre Dienstboten häufig nicht „gwàppèt" (keine Beiträge abgeführt und keine Marken geklebt).

Als Substantiv: Die **Gwàppèdn** (Gewàppelten; schriftbair.) sind Personen in einflussreicher Position, angesehene Leute, Großkopferte, gescheite Menschen. Das Wort stammt von den Bürgern der Oberschicht, die früher ein Wappen führen durften.

Wie dieses Substantiv bedeutet auch das Adjektiv **gwàppèd** (gwàppelt; schriftbair.): in einflussreicher Position, schlau, gescheit, raffiniert, schlagfertig.

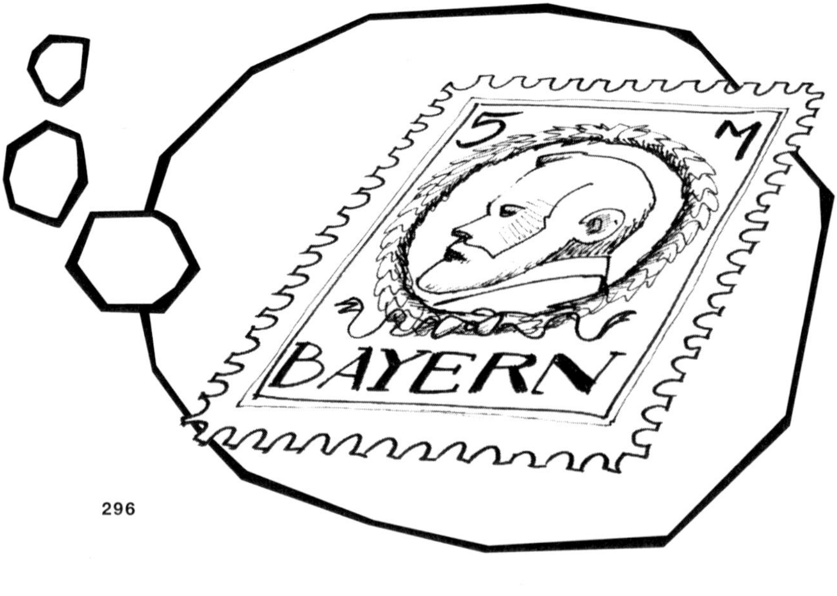

Wåràd: Wahrheit, Tatsachen

„Derà håwe d` Wåràd gsagt." (Der habe ich die Wahrheit gesagt.) Wahrheit bedeutet hier „Klartext", ohne Umschweife und ohne Diplomatie.

Wàrtàl (Wàrtl): Wörtchen

„Då håt er koà Wàrtàl nimmer gsagt." (Da sagte er kein Wörtchen mehr.)

→ Gackser

Wàschl:

1) große Bürste bzw. großer Pinsel

Einen großen Pinsel von rechteckiger Grundform und etwa zehn Zentimeter langen Borsten verwendet der Maler für das Streichen großer Flächen. Der Maurer feuchtet damit größere Flächen an, hier nennt man den großen Pinsel „Maurerwàschl". Als Verb: **eiwàschln** (satt einstreichen)

2) Handwerker, die mit einem Pinsel arbeiten (abfällig, spöttisch)

Nämlich „Båderwàschl" für den Friseur und „Malerwàschl" für den Maler. Das → Ohrwàschl klingt zwar genauso, hat aber mit den hier beschriebenen „Wàschln" nichts zu tun.

waschnååß (auch: **wàschàlnååß**): tropfnass wie die Wäsche, patschnass

→ bàtschàlnååß, dàffà

wås her ham: etwas her haben; viel von etwas besitzen

„Der håt vielleicht Arm her." (Der hat aber starke Arme.)

wàssern: wässern

1) tränen

„Mei` Aug` wàssert." (Mein Auge tränt.)

2) verhauen, verprügeln, durchprügeln

„Der ghert àmoi wieder gscheit gwàssert." (Den sollte man wieder einmal richtig verprügeln.) Wörtlich bedeutet „wàssern" einweichen, ins Wasser werfen. Wird eine Person „gwàssert", so heißt das also, dass sie ins Wasser geworfen wird, im übertragenen Sinn, dass sie grob behandelt wird. → batzn 2) durchlassn 1), duschn 2), eischengà 2), neihaun 1), råziàng, schmiern 2), umànandlassn, wàchèn, wischn, zammruckà 2)

Wasserruàm: Wasserrübe

Diese Rübensorte gehört zu den Speiserüben, die wie fast alle anderen Rüben im 19. Jahrhundert von der Kartoffel aus dem Speiseplan der Bayern verdrängt wurden. Sie hat ihre Bezeichnung von ihrem hohen Wassergehalt, aber auch von ihrer harntreibenden Wirkung, die ihr den Beinamen „Soàchruàm“ (Pinkelrübe) eingebracht hat. Eine Besonderheit ist der Rübenschnaps, der aus dieser Rübensorte hergestellt wird. → Dauch, Ruàm 1)

Wasserschàffe: Wasserschaff; wasserdichter Behälter aus Holz für mindestens zehn Liter Wasser

Dieser Behälter wird vom Schäffler gefertigt. Muss man sich besonders viel merken, zieht man den Begriff auch zum Größenvergleich heran: „Då brauchst à Hirn wià-r-à Wasserschàffe.“ (Da brauchst du eine Gehirnkapazität von der Größe eines Wasserschaffs, also ein sehr großes Gehirn.)

Wassersuppm: Suppe ohne Brühe, nicht aus ausgekochtem Fleisch, sondern nur aus Wasser und Einlage

Die Einlage war oft altes Brot, in diesem Fall handelte es sich um eine „Brotsuppm“, oder etwas „Bachschmoiz“ (Backschmalz), also Schmalz, das zunächst zum Küchelbacken (→ Kiàche) verwendet wurde. Eine Brotsuppe, die man sehr lange kochen ließ, hatte wenig Wasser, war also eingedickt und hieß zwischen Oberbayern und Schwaben „Bräglsuppm“ (wohl von „Bröckerl“, weil sie nicht überwiegend Wasser, sondern viele Brotbröckerl enthielt). Investiert jemand viel Zeit und Arbeit in ein Projekt, das kaum einen Ertrag abwirft, so wird dies wie folgt kommentiert: „Mit dem konnst dà net àmoi à koite Wassersuppm verdeànà.“ (Damit kannst du dir nicht einmal eine kalte Wassersuppe verdienen.)

Wàtschn: Watsche (schriftbair.); Ohrfeige

Gefürchtet ist vor allem der „Wàtschnbààm“ (Ohrfeigenbaum), bildlich gesprochen ein Baum, auf dem Ohrfeigen wachsen. Droht jemand damit, dass der „Wàtschnbààm“ gleich umfällt, dann ist in Kürze mit Ohrfeigen zu rechnen. Kann man einen Zeitgenossen überhaupt nicht leiden, bezeichnet man sein Gesicht als „Wàtschngsicht“ (Watschengesicht), um damit zum Ausdruck zu bringen, dass man darin gerne ein paar Ohrfeigen platzieren würde. → Fotzn 2), Schoin 2)

Auch als Verb: **wàtschn** (ohrfeigen)

Hat jemand eine ganze Packung Ohrfeigen bekommen, wurde er „gscheit hergwàtscht“ (heftig verdroschen).

Wàttn: Bairisches Kartenspiel für zwei bis vier Spieler

Der Begriff dürfte von dem italienischen „battere“ (schlagen, klopfen)

stammen. Es kommt allerdings nicht nur bei diesem Kartenspiel vor, dass die Spieler beim Ausspielen einer Karte kräftig mit der Faust auf den Tisch schlagen.

Auch als Verb: **wàttn** (Das Kartenspiel „Wàttn“ spielen)

Im Wirtshaus „wàttn“ im Normalfall immer vier Spieler miteinander, wobei jeweils die beiden sich diagonal Gegenübersitzenden eine Mannschaft bilden. Jeder Spieler erhält fünf Karten. Gewonnen hat, wer mindestens drei Stiche erreicht hat.

Der links vom Geber sitzende Spieler sagt den „Schlag“ an, d. h. er legt fest, welche Kartenbezeichnung beim folgenden Spiel Trumpf ist (z. B. Achter oder König usw.). Der Geber sagt die Farbe an, also Eichel, Gras, Herz oder Schelln. Die höchsten Karten sind die drei „Kritischen“: Der Herz-König („Màx“ oder „Màxe“), der Schelln-Siebener („Belle“) und der Eichel-Siebener („Spitz“ oder „Soàchà“). Hat man diese drei Karten in seinem Blatt oder zusammen mit dem Blatt seines Mitspielers versammelt, so hat man die „Maschin“, weil einem damit die drei für einen Sieg notwendigen Stiche sicher sind. Es folgen sodann die Karten des „Schlags“, wobei man statt „Zehner“ auch „Eisenbahner“ sagen kann. Die Karte von der angesagten Farbe heißt „Hauwe“ (Hauptschlag); sie steht über den übrigen Karten des angesagten Schlags. Schließlich folgen die übrigen Karten der angesagten Farbe.

Mit einer Art Zeichensprache kann man seinen Spielpartner über den Wert seiner Karten informieren, das nennt man „Deuten“ – nur erwischen lassen sollte man sich dabei nicht:

* „Màxe“: Mund spitzen
* „Belle“: mit dem rechten Auge zwinkern
* „Spitz“: mit dem linken Auge zwinkern
* „Hauwe“: mit der rechten Schulter zucken
* sonstiger Schlag: mit der linken Schulter gegebenenfalls mehrfach zucken, je nachdem wieviele man davon besitzt
* Farbtrümpfe deutet man mit den Fingern: kleine Finger – kleine Trümpfe, große Finger – große Trümpfe
* Hat man überhaupt keine Trumpfkarte, so schaut man mit beiden Augen zur Zimmerdecke und deutet damit „Plafond“ (→ Blàfon), das heißt: „Ich habe gar nichts.“

Spielt der erste Ausspieler beim ersten Spielzug (und nur hier) den „Hauwe“ aus, so sagt er dazu „Trumpf“ oder „Kritisch“. Das bedeutet: Die übrigen drei Mitspieler müssen entweder einen Trumpf oder einen Kritischen zugeben, sofern sie eine solche Karte besitzen. Vor diesem Spielzug wird er deshalb seinen Partner fragen: „Schadt er?“ (Schadet er dir?) Liegt eine Karte einmal auf dem Tisch, darf sie nicht mehr zurückgenommen werden: „Wås liegt, des bickt!“ (Was liegt, das klebt.) Während des Spiels hört man eine Reihe von standardisierten Redewendungen, z. B.:

* „Koà Stich geht lààr durch.“ (Kein Stich geht leer durch.) Mit Trümpfen muss man nicht sparsam umgehen.
* „Dà Belle is à Màtz.“ (Der „Belle“ ist ein unsicherer Kantonist.) Obwohl er die zweithöchste Karte darstellt, kann man sich auf ihn nicht verlassen, weil über ihm noch der „Màxe“ steht.
* „Dà Màxe håt dir in d`Hand gschissn.“ (Der „Màxe“ hat dich veräppelt.) Obwohl man damit einen absolut sicheren Stich machen kann, nützt er nichts mehr, weil der Gegner bereits drei Stiche gemacht und damit die Spielrunde gewonnen hat

Pro Spielrunde gibt es zwei oder – wenn „ausgeschafft“ war (vorzeitige Aufforderung an den Gegner, das Spiel kampflos aufzugeben) – drei oder – wenn gesteigert wurde – noch mehr Punkte. Die Zahl der gewonnenen Punkte wird auf einer durch einen gezielten Kreidestrich in zwei Hälften (eine pro Mannschaft) geteilten Tafel vermerkt. Wer als Erster elf Punkte erreicht hat, hat die Runde gewonnen, was dem Verlierer einen Strich auf seiner Tafelhälfte einbringt.

Eine Runde heißt man „Mass“, weil früher während der Dauer einer Runde gemeinsam eine Mass Bier konsumiert wurde. Die Strich auf der Tafelseite des Verliererteams zeigte dementsprechend an, wer diese soeben getrunkene Mass zu bezahlen hatte. Auch heute wird um die Zeche für die Getränke gespielt. Nachdem aber der Bierkonsum deutlich zurückgegangen ist, kommen auf den unglücklichen Verlierer nicht mehr die Kosten einiger Mass Bier pro verlorener Runde zu, vielmehr wird die Zeche in der Relation der von den beiden Mannschaften gewonnenen Spiele aufgeteilt. Da dabei nicht danach gefragt wird, wer wieviel getrunken hat, kann es durchaus vorkommen, dass ein kräftiger Trinker einen finanziellen Gewinn macht, obwohl er im Spiel unterlegen ist.

wàx:

1) rau, scharfkantig, stachelig, stoppelig
   Vor allem beim Barfußgehen über ein Stoppelfeld oder über scharfkantige Kieselsteine spürt man die raue Oberfläche. → rauch
2) schroff, abweisend, barsch, unfreundlich → hàntig, ràss
3) teuer, überteuert → gschmeuzn, gseuzn

Wedà: Wetter; Gewitter

Sieht man von weitem Gewitterwolken, sagt man: „À Wedà steht hint`." (Ein Wetter steht hinten.) Zieht ein Gewitter auf, heißt es: „À Wedà kimmt." (Ein Wetter kommt.) Oder: „Då hint` fassen`s scho ei." (Da hinten fassen sie schon ein.) In der Ferne werden also bereits die Wolken gefüllt, die anschließend hier abregnen werden. Das „Wedà" ist da, wenn es „blitzt und kracht" (→ daarn 1). Fühlt man sich in der momentanen Situation sehr wohl, dann sagt man: „Des is mei Wedà!" (Das ist mein Wetter!)

Wedàleitn: Wetterläuten; Läuten der Kirchenglocken bei Gewitter

Damit sollen die gefährlichen Gewitterwolken vertrieben werden. Nach der Lehre des römischen Pontifikale (liturgisches Buch mit Anleitungen und Texten für Rituale in der katholischen Kirche), das die liturgischen Handlungen („Formulare") für die bischöflichen Weihesendungen enthält, erteilt die Glockenweihe den Glocken die Kraft, Ungewitter und andere Übel zu vertreiben.

Wedàhex: Wetterhexe; ungepflegte Frau mit faltigem, vom Wetter gegerbtem Gesicht, zerzauste Frau → Drud

Wedàkerzn / früher: **Wedàküàzn**: Wetterkerze

Früher hat man bei einem nahen, heftigen Gewitter in der Stube eine geweihte schwarze Kerze angezündet und darauf vertraut, dass sie Haus und Hof und die dort wohnenden Menschen vor Blitzschlag schützt. Sie hat vor allem auf die Kinder beruhigend gewirkt, die sich vor Blitz und Donner gefürchtet haben. Diese Praxis ist auf dem Land zum Teil heute noch üblich.

wedàn: wettern

Das Wort beschreibt schlechtes Wetter mit Regen und Sturm. Z. B.: „Gråd vo drunt her håds desmoi à so hergwedàt." (Ausgerechnet von unten her hat es diesmal hergewettert, sind also Sturm und Regen gekommen.)

Wedàseitn: Wetterseite; Westseite eines Hauses

Es handelt sich um die Seite, die der Witterung am stärksten ausgesetzt ist und deshalb am schnellsten verwittert. → hinterleitig, Sunnàseitn

Wehdam (Wähdam): Schmerz, Krankheit

Das Wort erinnert an „wehdoà" (wehtun).

Wehdamring (Wähdamring): Eisenring als stabile Verbindung der → Langweh mit der Hinterachse eines → Heiwång

Weiberl / früher: **Weibürl**: Weinbeeren; Weintrauben, Rosinen, auch: Johannisbeeren

„Weiberl" werden gebrockt. → Berl, brockà

Weichsel, *die*: Sauerkirsche

Auch die Pluralform lautet „Weichsel". → Kersch

Weiddlà: Wäldler; Bewohner des Bayerischen Waldes

Die „Weiddlà" sprechen einen ganz speziellen bairischen Dialekt, z. B. „wou" für „wo" oder „Kölla" für „Keller".

Weihn: Weiten (schriftbair.); Weite, Ferne

„Vo dà Weihn håwe`s scho kemà seng." (Von der Weiten, also von Weitem sah ich sie schon kommen.) Oder: „Er håt `s Dour dà oià Weihn off lassen." (Er hat das Tor in der ganzen Weite, also weit offen stehen lassen.)

Weisàt: Geschenk zur Hochzeit, Geburt bzw. Taufe und seine Überbringung

„Aufs Weisàt geh" bedeutet z. B. dass man eine Mutter mit ihrem Neugeborenen besucht, sie beschenkt und ihr Glück wünscht.

weitmächtig / früher: **weitmächte**: sehr weit, ziemlich weit, relativ weit

„Bis i då lang `s Roß eispann, dàwei fåhr i mi`m Ox weitmächte." (In der Zeit, die ich zum Einspannen des Pferdes brauche, fahre ich mit dem Ochsen schon relativ weit.)

weitschichtig / früher: **weitschichte**: weitläufig, entfernt

„Weitschichtig verwandt" bedeutet: über mehrere Ecken verwandt, entfernt verwandt.

Welschnuss / früher: **Wöischnuss**: Walnuss

wepsig (wepsert): geschäftig, unruhig, wild oder scharf auf etwas, liebestoll, lüstern

Das Adjektiv beschreibt die dargestellten menschlichen Eigenschaften, die man alle auch an einer Wespe (bairisch: „Weps") feststellen kann: „Wepsn" wirken geschäftig, wenn sie von Blume zu Blume fliegen, sie können unruhig und wild werden, wenn sie angegriffen werden, und wenn sie scharf auf ein süßes Getränk sind, sind sie davon nicht abzubringen.

Werdàgwand: Werktagsgewand; Arbeitskleidung

An Sonn- und Feiertagen trägt man dagegen sein → Feirdàgwand.

Werdàschui: Werktagsschule

So hieß früher die Volksschule, die von Montag bis Samstag besucht werden musste. Nach sieben Jahren Volksschule mussten bzw. durften die Kinder dann nur noch die → Feirdàschui besuchen.

Weses: Gewese, Gejammer, Umstände

Ein „Weses“ macht man oder verbringt man. → verbringà

Wiàng: Wiege; Unebenheit einer Fläche, die an sich gerade sein müsste

Es kann sich dabei um eine Vertiefung oder auch Erhebung handeln.

wiàscht: hässlich → schiàch

Wichs:

1) Unordnung
   „Ham`s no öiwà so à Wichs beinand?“ (Herrscht bei denen immer noch so eine Unordnung?)
2) Festtagsgewand der männlichen → Tràchtler
3) kurze Wichs: kurze Lederhose

wief: schlau, geschickt, schnell von Begriff → gscheit 1)

Wiesbààm: Wiesbaum; lange Holzstange zur Stabilisierung der Wagenladung

Der „Wiesbààm" wurde nach dem Beladen des Heu- oder Getreidewagens in der Wagenmitte in Fahrtrichtung über die gesamte Ladung gelegt und vorne und hinten mit einem straff gespannten Seil nach unten gezogen. → Heiwång

wieslhààrig: eigensinnig, widerspenstig

Dieses Wort dürfte sich volksetymologisch aus → grieslhààrig entwickelt haben, wie dies des Öfteren der Fall ist, wenn sich für spätere Generationen die ursprüngliche Bedeutung nicht mehr erschließt.

Wimmàl: kleine Erhebung der Haut, Pickel → Blådern (Blàdàl), Blàsàl, Suiàl

windig: baufällig, instabil, kraftlos, fadenscheinig

Ein frecher, schmalbrüstiger junger Mann ist ein „windigs Zigarettnbürschàl" (windiges, kraftoses Zigarettenbürschchen).

Windmui: Windmühle

Die früher in der bayerischen Landwirtschaft verwendete „Windmui" war keine Mühle im eigentlichen Sinn, sondern ein Gerät, mit dem vor der Einführung der Dreschmaschine die Getreidekörner von den → Ång (Spreu) getrennt wurden. Diesen Vorgang bezeichnete man als „Aufputzn", die „Windmui" nannte man deshalb auch „Putzmaschin". Dabei musste sich eine Person auf einen Stuhl oder ein → Schàmmàl stellen und dort „eirührn", also das Gemisch aus Körnern und Spreu in die Maschine einführen. Eine weitere Person musste die „Windmui" von Hand drehen und damit einen Luftstrom erzeugen. Dabei wurden die leichteren „Ång" durch den Wind weggeblasen und die schwereren Körner fielen auf den Boden. Dort musste sich eine dritte Person hinknien, die Körner wegräumen und in Säcke füllen.

wischn: jemandem eine Ohrfeige geben, jemanden schlagen

„I håb eàm oàne gwischt." (Ich habe ihm eine Ohrfeige gegeben.) → batzn 2), durchlassn 1), duschn 2), eischengà 2), neihaun 1), råziàng, schmiern 2), umànandlassn, wàchèn, wàssern 2), zammruckà 2)

Woàsàl: unselbständige, unsichere, schüchterne Person

Es handelt sich um das Diminutiv von „Waise" (elternloses Kind). Mit einem „Woàsàl" hat man in der Regel Mitleid, als Heiratskandidat bzw. -kandidatin wird es nicht empfohlen. Der Begriff dient oft auch als Vergleich für eine sehr forsche, selbstbewusste Person, die alles andere als ein „Woàsàl“ ist.

Woe, *die*: Wolle

Die „Woe“ ist nicht nur der Grundstoff für die Fertigung von Strickwaren, sondern im Bairischen auch ein Synomym für dichtes bzw. langes Haar. Man sagt in diesem Fall: „Der håt vielleicht à so à Woe dram.“ (Der hat aber eine Wolle auf dem Kopf.) → Baruckà, Buul

wöischn: welschen; fremdartig reden, auch: undeutlich, unverständlich sprechen

Das Verb kommt von der Sprache der Welschen (insbesondere der Franzosen und Italiener), die von den Bayern natürlich in der Regel nicht verstanden wurde.

Als Substantiv: **Wöischer** (Welscher; Fremsprachler, Nuschler)

woideànàd: wohldienend (schriftbair.); schmeichlerisch, kriecherisch, heuchlerisch

Gemeint sind → Ähoitn (Dienstboten), die versuchten, sich beim Bauern und bei der Bäuerin durch besonders auffälliges Wohlverhalten einzuschmeicheln, um gegenüber den übrigen Dienstboten Vorteile zu erhalten.

Woier: Waller (schriftbair.); am Geschirr befestigtes Seil zum Lenken der Zugtiere

Dieses Seil wird auch als „Leitwoier“ bezeichnet. Bei Zweispännern wird damit das linke Zugtier gelenkt (→ Handroß, Sååłroß). Die Befehle an das Zugtier lauten dabei: „Wiàh!“ (Geh!), „Wüst/Wist!“ (Links!), „Hott!“ (Rechts!) und „Brrrr!“ (Halt!) Auch die Ochsen hörten auf diese Befehle.

Woigler (auch: **Woigl**): Walgler (schriftbair.); Teil eines Baumstamms ohne Äste, den man deshalb rollen („woigln“) kann

Ein Synonym hierzu ist „Rundling“. → Nudlwoigler

Als Verb: **woigln**: rollen, (sich) wälzen

Woiperdinger: Wolpertinger; Fabeltier

Dieses bayerische Phantasietier bevölkert der modernen Legende nach nicht nur Wiesen und Wälder des Freistaats, es hängt auch oft als scheinbare Jagdtrophäe an den Wänden von Wirtshäusern. Meistens besteht dieses ausgestopfte Wunderwesen aus dem Körper eines kleineren Pelztiers, z. B. Hase oder Marder, dem die unterschiedlichsten Körperteile anderer Tiere beigegeben wurden, beliebt sind dabei vor allem Geweihe von Rehen, Eckzähne eines Keilers, ein Fuchsschwanz, Flügel oder Federn von Vögeln usw. Leichtgläubigen macht man gerne weis, das Tier ernähre sich bevorzugt von „preussischen Weichschädeln". Es habe einen wertvollen Pelz, sei aber ausgesprochen scheu und sehr schwer zu fangen. Wer es dennoch probieren möchte, sollte sich einer besonderen Methode bedienen, nämlich dem „Woiperdinger" Salz auf den Schwanz zu streuen.

wuàn: wühlen

Ein Hund, der in der Erde nach einer Maus gräbt, der „wuàt" nach der Maus. Wer ohne Konzept bzw. unsystematisch arbeitet, der „wuàt dàhi wià dà Käfer in de Roßboin drin" (wühlt blind vor sich hin wie ein Käfer in den Pferdeäpfeln).

Wuggàl: Wickler; Locke, kleines Knäuel

Menschen mit gekräuseltem, gelocktem Haar haben „Wuggàl". Kleine Knäuel aus Staub heißen „Stààbwuggàl". → Schneckàl

Wuidbahner: Wildbahner; ungebildeter, dummer Mensch

Eine Person, die „in der freien Wildbahn" lebt, also weitab von Kultur und sozialem Umgang, der ihr gutes Benehmen abfordert.

Wuidling: Wildling

1) zufällig gewachsenes, nicht veredeltes Bäumchen
2) wilder, ungezähmter Bub

Wuisler: jemand, der schon bei geringer Belastung jammert oder der seine Anliegen schmeichelnd und immer wieder vorträgt

Einen solchen Menschen nennt man auch „Wuislsuppm" (wörtlich: Jammersuppe).

Das entsprechende Verb lautet: **wuisln**. Wenn einer ständig „herwuislt" (an jemanden penetrant hinredet), dann trägt er immer wieder seine Wünsche vor und fällt einem damit recht lästig. → gschmerzt

Wurscht: Wurst; tierisches, vom Metzger hergestelltes Nahrungsmittel

Der Grundstoff für die „Wurscht" ist das → Bràt, das bei den meisten Würsten in einen Natur- oder künstlichen Darm gefüllt wird. Diese Hülle nennt man vereinfacht „Haut". Sie ist auch zu finden in der auf den ersten Blick derben, aber freundschaftlichen Begrüßung: „Griàß de God, oide Wurschthaut." (Grüß dich Gott, alte Wursthaut.) Das Diminutiv lautet „Würschtl" (z. B. „Wiener Würschtl") oder „Würschtàl“ (Würstchen). Z. B. fragt die Fleischereifachverkäuferin das Kind, das mit seiner Mutter mit zum Einkaufen gegangen ist: „Mågst à Würschtàl?“ (Magst du ein Würstchen?) Eine schwächliche oder kleine Person, vor der man weder Angst noch Respekt hat, nennt man abschätzig „à kloàns Würschtàl“ (ein kleines Würstchen). Eine „Handwurscht“ wird – wie der Name es schon vermuten lässt – mit der Hand gegessen. Unmittelbar und ohne Besteck verzehrt werden so z. B. Dicke, Landjäger, Regensburger oder Wiener.

Als Verb gibt es dazu zwei Formen:

1) **wurschtn** (Würste herstellen)

2) **wurschtln** (**durchwurschtln**, **dahinwurschtln**): planlos, schlampig arbeiten, sich mehr schlecht als recht durch eine Aufgabe oder Situation stehlen

Als Adjektiv: **wurscht** (egal, einerlei)

„Des is mir wurscht!“ (Das ist mir egal!)

Wurzlbriàh: Wurzelbrühe; dünner Kaffee, Kaffee von schlechter Qualität

Z WIE ZWIDERWURZN

zàch: zäh, unverwüstlich

Das männliche Substantiv dazu ist ein **Zàchà**, z. B.: „Der Sepp is à ganz Zàchà.“ (Der Sepp ist ein ganz Unverwüstlicher.)

Zächàn: Zehe

Singular und Plural sind hier identisch.

zahnà: weinen, auch: schadenfroh grinsen → bläckà

Mit dem Adjektiv **zahnàd** (zahnend) beschreibt man jemanden, der andere mit seinem breiten Grinsen verspottet. Ein „zahnàdà Hoizfuchs“ (zahnender Holzfuchs; wie ein Fuchs im Wald, der die Zähne bleckt) ist jemand, der einen scheinbar anlächelt und dabei seine Zähne zeigt, obwohl er einen tatsächlich auslacht oder verhöhnt.

Zähn lang machà: etwas in Aussicht stellen, etwas anpreisen, etwas schmackhaft machen
„Z`erst håst mà d`Zähn lang gmacht, aber bis heit håwe nix von dir kriàgt." (Zuerst hast dumir die Sache schmackhaft gemacht, aber bis heute habe ich von dir nichts bekommen.)

zahnluggert: zahnlückig; mit Lücken im Gebiss

Zährenzeit: Zeit der Tränen (Zähren); Allerheiligen

zammàzupft: zusammengezupft; geschmacklos , unpassend, schäbig gekleidet
Als „zammàzupft" bezeichnet man ausschließlich Frauen, die einen unkultivierten, leicht verwilderten Eindruck machen. → Fluggà

zammbààmà: zusammenbäumen; modrig werden, verrotten
Legt man feuchte Wäsche in einen geschlossenen Schrank, dann „bààmt`s zamm", d. h. sie wird modrig, verrottet nach einiger Zeit und wird brüchig.

zammfoin: zusammenfallen; hinfallen, stürzen

zammgeh: schrumpfen, schmächtig werden
Über einen alten Menschen, der zusehends kleiner und schmächtiger wird, sagt man z. B.: „Der oide Wirt is à scho ganz sche zammgangà." (Der alte Wirt ist auch schon ziemlich schmächtig geworden.)

zammgsuffà: zusammengesoffen; schlecht aussehend, verwahrlost infolge übermäßigen und langjährigen Alkoholkonsums
Auch als Substantiv: **Zammgsuffànà** (Zusammengesoffener; Alkoholiker im Endstadium)

zammleitn: zusammenläuten
15 Minuten vor Beginn eines Gottesdienstes oder einer anderen kirchlichen Veranstaltung ruft eine Kirchenglocke zum Kirchenbesuch, etwa fünf Minuten vor Beginn läuten alle Glocken gemeinsam. Damit werden die Kirchenbesucher, die sich noch auf dem Weg befinden, zur Eile gemahnt.

zammputzn:

1) zurechtweisen, eine scharfe Rüge erteilen, mit groben Worten schimpfen, jemanden zur Schnecke machen
   Synonyme sind „zammbürschtln" (zusammenbürsten), „zammscheißn" (zusammenscheißen) und „zammstauchà" (zusammenstauchen)
2) alles restlos aufessen
   Ein Synonym ist „zammhaun" (zusammenhauen).

zammruckà: zusammenrücken

1) den Abstand zum Sitznachbarn verringern

2) raufen

„Wennst jetz koà Ruah net gibst, na ruck mà zamm." (Wenn du jetzt keine Ruhe gibst, dann werden wir uns auf die Pelle rücken und die Angelegenheit durch eine Rauferei entscheiden.) → batzn 2) durchlassn 1), duschn 2), eischengà 2), neihaun 1), råziàng, schmiern 2), umànandlassn, wàchèn, wàssern 2), wischn

zammrumpèn: zusammenrumpeln; zusammenstoßen → orumpèn

zammtringà (**zammsaufà**):

1) austrinken

„Wås eigschenkt is, des tring mà scho no zamm." (Was eingeschenkt ist, das trinken wir schon noch aus.)

2) **sich zammtringà**: austrinken mit dem Ziel, aufzubrechen und den Ort zu verlassen

„So, jetz` sauf de zamm, na pack mà`s. Moing dà Friàh is d`Nåcht rum." (So jetzt trink aus, dann packen wir`s. Morgen früh ist die Nacht vorbei.) → zammgsuffà

Zàmpàl:

1) kleiner Hund

2) unselbständiger Ehemann, der seiner Ehefrau wie ein kleiner Hund folgt → Dappnachàre, nåchdàckln

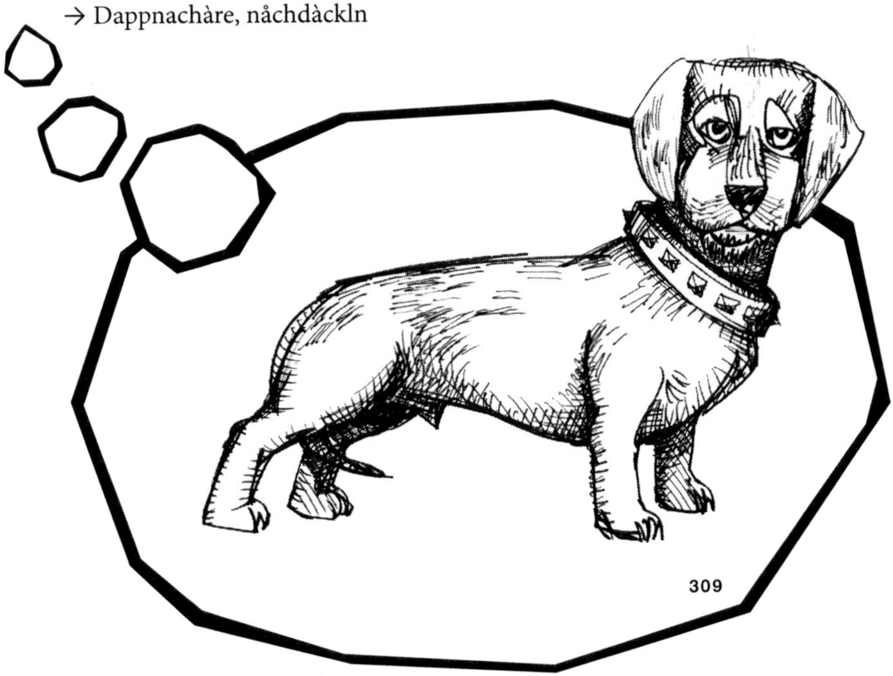

zamtdem: trotzdem, dennoch

Zåou: Zaun

Die hier dargestellte Aussprache, bei der die Vokale nasal ausgesprochen werden, hört man kaum noch. Ein weiteres Beispiel hierfür ist „bråou" (braun).

Zapfà: Zapfen; häßliche, uncharmante Frau → Håfà 2)

Zapfàhàfe: Zapfenhafen; Schnabeltopf

Der an einem solchen Topf befindliche schnabelartige Ausgießer ermöglicht ein zielgenaues Ausleeren des Gefäßes. Das Diminutiv lautet „Zapfàhàfàl" (Schnabeltöpfchen).

zeàm: zerm (schriftbair.); ordentlich, gehörig, pfundig, zünftig

Das Adjektiv kommt von „ziemen", es bezeichnet also etwas, was sich ziemt, was sich gehört. Das kann eine zünftige „Musi" sein, eine fröhliche Gesellschaft oder auch schöne Kleidung. Das Wort wird aber auch ironisch verwendet. In diesem Fall ist jemand „zeàm" beieinander, wenn er völlig unpassend gekleidet ist oder eine unmögliche Frisur trägt, also etwas, was sich nicht ziemt.

zeckàlfoàst: besonders dick, fett, wohlgenährt, prall, rund

Wer so richtig dick ist, der ist prall und rund wie eine Zecke, die sich voll Blut gesaugt hat. → Wampm

zeide: zeitig; reif

Dieses Adjektiv bezeichnet in der Regel Früchte, die genügend lange gereift sind und den Zeitpunkt für die Ernte erreicht haben. Es wird auch im übertragenen Sinn benutzt, z. B. wenn der im Ofen befindliche Braten durchgegart ist. → Àrnt, brockà

Zeig: Zeug; Gegenstand von schlechter Qualität

Das Wort kommt meistens in der Verbindung „À so à Zeig!" (So ein Zeug!) oder „Wås is`n des für à Zeig?" (Was ist denn das für ein Zeug?) vor. → Bànde, Glump, Gràffe

Zeisàl: Zeisig (Vogelart)

Wer etwas unbedarft dreinschaut, der „schaugt wià-r-à Zeisàl" (schaut wie ein Zeisig).

Zeisàlwång: ursprünglich: Eilwagen; Gefangenentransporter

Das Wort kommt ursprünglich vom „Zeiselwagen", dem das Verb „zeiseln" für „eilen" zugrunde liegt. Nachdem dieses Ursprungswort in Vergessenheit geriet, vermutete man offenbar, dass der Begriff einen Zusammenhang mit dem den Singvogel Zeisig, bairisch „Zeisàl", hatte. Da Singvögel oft in Käfigen, also hinter Gittern, gehalten wurden, wurde so auf volksetymologischem Weg der „Zeisàlwång" zu einem Fahrzeug, das mit Gittern versehen ist und dem Gefangenentransport dient.

Zeitlang, *die*: Heimweh, Sehnsucht

„De ganze Nåcht håt à gwoànt, weil à so vui Zeitlang ghabt håt." (Die ganze Nacht hat er geweint, weil er so viel Heimweh hatte.)

Zenterling: Stück geräuchertes Schweinefleisch in unterschiedlicher Größe und Form, wie es aus der Räucherkammer kommt → Gsöichts, Söich

ziàgn: ziehen

1) die Nachfrage steigern

„Des ziagt!" (Das zieht!) bedeutet, dass man mit einer bestimmten Maßnahme Interessenten bzw. Kunden gewinnen kann, z. B. wenn es bei einer Werbeveranstaltung Freibier gibt.

2) kalt werden

„Es ziàgt o" (Es zieht an) bedeutet, dass es sehr kalt wird und die Straßen glatt werden.

3) zustimmen (wird nur negativ verwendet)

Verweigert jemand die gewünschte Zustimmung, dann „ziàgt er net recht" (zieht er nicht recht).

Als Adjektiv: **ziàgàt** (ziehend, zögerlich, zäh, langsam)

So fordert z. B. der Chordirigent, ein Lied etwas frischer zu singen, also nicht so „ziàgàt" (langsam). Auch ein Lehrer, der Freiwillige für Hilfsdienste sucht, bittet. die Schüler mögen sich doch zügig dazu bereiterklären und nicht so „ziàgàt" (zögerlich).

Zidàrà: Zitterer; Gelatine (in der Sülze)

Der bairische Begriff nimmt Bezug auf die Konsistenz der Gelatine, die zittert, sobald sie auch nur leicht bewegt wird.

Ziefern: mürrische, schlecht gelaunte, nörgelnde Frau (Schimpfwort)

Hier besteht ein Zusammenhang mit „Ungeziefer". Wie bei ähnlichen Schimpfwörtern wird auch diesem Wort meist das Adjektiv „oide" (alte) vorangestellt. → Beißzangà, Bissgurrn, Drack, Zwiderwurzn

Ziehgàn: Zigarre

Ziepf, *der*: leichte Erkrankung

Der „Ziepf" ist an sich eine Geflügelkrankheit. Wird von einem Menschen behauptet, er habe einen „Ziepf", so handelt es sich um eine nicht ernst zu nehmende, möglicherweise nur vorgetäuschte Erkrankung.

Zigarettenbürschàl: frecher Junge im Teenageralter

Ein „Zigarettenbürschàl" ist ein Jugendlicher, der sehr selbstbewusst und damit meistens besonders frech auftritt, weil er sich durch die leidige Tatsache, dass er bereits Zigaretten rauchen darf, wie ein Erwachsener fühlt. → windig

Ziglockn: Sterbeglocke

Bei jedem Todesfall in der Kirchengemeinde wird die kleinste der Kirchenglocken geläutet, um das gesamte Dorf darüber zu informieren, dass einer aus seiner Mitte verstorben ist. Das Wort gibt es in Österreich und der Schweiz noch als „Zügenglocke" (von „in den letzten Zügen liegend"). Es hat nichts damit zu tun, dass am Glockenstrick gezogen wird.

ziglàn (zigln): sich stark vermehren

„De ziglàn wià d`Ratzn." (Die vermehren sich so schnell und zahlreich wie die Ratten.) Das Wort kommt von dem alten Verb „zügeln" bzw. „zigln" (aufziehen, züchten; Schmeller II 1099).

Zimmerschrång: Holzbock

Er besteht aus einem oben befindlichen dickeren Balken, an dessen beiden Enden je zwei schräg stehende dünnere Balken verschraubt sind, auf denen die Konstruktion steht. Der Plural lautet „Zimmerschràng". Davon braucht man mindestens zwei, um darauf dicke tragfähige „Lààn" legen zu können und so ein einfaches Gerüst zu erhalten. → Låån 2), Schrång

zindde: zündig (schriftbair.); wütend, aufgeregt, aus der Haut fahrend

„Jetz wer` e aber boid zindde!" (Jetzt werde ich aber bald wütend!)

zipfèd: ungleichmäßig, einseitig

Das Wort ist insbesondere in Bezug auf den Saum von Frauenkleidern gebräuchlich.

Zizibä: Kohlmeise

Die Bezeichnung ist vom Gezwitscher dieses Vogels abgeleitet, das sich so ähnlich anhört.

z`kriàgt: zerkriegt (schriftbair.); zerstritten

Wer „z`kriàgt" ist, der hat Krieg mit anderen.

Als Verb: **sich z`kriàng** (sich streiten)

Die Mutter sagt z. B. zu dem nicht folgsamen Kind: „Wennst jetz net foigst, dann z`kriàng mà uns!" (Wenn du jetzt nicht folgst, dann gibt es Streit zwischen uns!)

z`leichà nehmà: zu leihen nehmen; ausleihen

Im übertragenen Sinn auch: ernten, verbrauchen, vertilgen. Isst man besonders viel von den angebotenen Speisen oder erntet man besonders viel von reifem Obst, dann hat man die Speisen bzw. das Obst „ganz schee z`leichà gnommà" (ganz schön zu leihen genommen, ganz schön hergenommen). → åbstàmpern

z`nåch und z`nåch: nach und nach

z`nein sei: zu Neide sein; beneidet werden

Wenn jemand „nix z`nein" ist, dann wird er von niemandem beneidet, d. h. dass es ihm schlecht geht. Z. B.: „Wennst de mi`m Bauern z`kriàgst, då bist nix mehr z`nein." (Wenn du dich mit dem Bauern zerstreitest, dann wirst du von niemandem beneidet werden, weil er dich das spüren lässt.)

Zoozn: langes, fettiges, ungepflegtes Haar einer Frau, zottelige Haare

Es handelt sich um ein Pluralwort. → Zuchtl

Als Adjektiv: Eine Frau mit ungepflegtem langem Haar ist **zozàt** (zottig).

Zornbinkl / früher: **Zounbinkl**: aufbrausender Mensch

Nennt man einen Erwachsenen einen „Zornbinkl", handelt es sich meistens um eine Person, die sehr schnell in Rage gerät, außerordentlich zornig werden kann und vor der man deshalb Angst hat. Ein zorniges Kind bezeichnet man verniedlichend als „Zornbinkàl" (Zornbinkerl). Damit ist zwar die Hoffnung verbunden, dass man das zornige Kind mit dieser Anrede etwas beruhigen kann, nicht selten wird das Kind aber dadurch noch zorniger. → gààchzornig

zreissn: zerreissen; arbeiten schaffen

Etwas „zreissn" (zerreissen) heißt, dass man viel an Arbeit schafft oder schwierige Arbeit gut erledigt. Wer dagegen weder gut noch viel arbeitet, der „zreißt nix" (zerreißt nichts).

zritt (auch: **dàritt**): zerrüttet; ungeordnet, durcheinander

Das Wort kommt nur in Bezug auf das menschliche Kopfhaar zur Anwendung. Z. B. fragt eine Frau, die unterwegs starkem Wind ausgesetzt war: „Bin i recht dàritt (oder: zritt)?" (Sind meine Haare sehr in Unordnung geraten?)

zuàbaun: die Aussaat abschließen

Wenn im Herbst „zuàbaut is" (zugebaut ist), dann ist das Feld bestellt, die Aussaat abgeschlossen, und der Winter kann kommen.

zuàdreim / früher: **zuàreim** (auch: **nàreim**): zutreiben; zudrehen, abdrehen, ausdrehen, ausmachen, herunterdrehen → aufdreim

Zuàgroàsde: Zugereiste, Zugezogene, Nicht-Einheimische

zuàregeh: dazukommen, herkommen, dazugehen

„Eiglåån håwe`s oi, aber zuàregeh deàns net." (Eingeladen habe ich sie alle, aber sie kommen nicht her.)

zuàrekemà: zukommen; verunglücken, sich etwas zuziehen → beikemà

Zuàwååg: Zuwaage; Dreingabe, Zugabe

Zuchtl: ungepflegte, verwilderte Frau, vor allem mit unordentlichem, ungepflegtem Haar

Ebenso wie im Fall ihres Äußeren ist auch meistens im Hauswesen einer so betitelten Frau wenig von Ordnung und Sauberkeit zu sehen. → Zoozn

Zugharmonie / früher: **Zuharmonie**: Ziehharmonika, Akkordeon → Quetschn, Wanznpress

zwee: zwei

Hier handelt es sich um die früher gebräuchliche maskuline Form der Zahl zwei. Man sagte nicht „zwoà Ochsn“, sondern „zwee Ochsn“. Wenn zwei Buben miteinander rauften, sagten auch meine Eltern noch: „Es zwee werd`s Plåtz håm!“ (Ihr zwei werdet miteinander auskommen.) „Zwoà“ war früher nur die weibliche und sächliche Form, inzwischen gibt es „zwee“ kaum noch, sodass „zwoà“ für alle drei Geschlechter gilt.

zweng (**zwegà**): wegen

„Zweng meiner“ oder „zwegà meiner“ (wegen mir, meinetwegen, von mir aus).

Zwerch: Quere, Schräge

„Der is ganz nåch der Zwerch daherkemà.“ (Der ist ganz schräg bzw. quer dahergekommen.) Oder: „D`Arwàt håt er ganz nåch der Zwerch ogschaugt.“ (Die Arbeit hat er ganz skeptisch angeschaut.) → überzwerch

Zwetschgnmàndl (auch: **Zweschnmàndl**): Zwetschgenmännlein; klein gewachsener, schmächtiger Mann → aufmàndln

zwider: zuwider

1) unfreundlich, mürrisch, → gràntig, schlecht gelaunt
2) unangenehm
   „Mei, is mir de Beerdigung heit zwider.“ (Ach, ist mir diese Beerdigung heute unangenehm.)

Zwiderwurzn: unfreundliche, mürrische, ekelhafte, schlecht gelaunte Person → Beißzangà, Bissgurrn, Ziefern

zwiefach: zweifach

Als Substantiv: Ein Musikstück, in dem unregelmäßig abwechselnd ein Zweiviertel- und ein Dreivierteltakt gespielt werden, ist ein **Zwiefacher**.

Zwiefe: Zwiebel

Als Verb: **zwiefèn** (zwiebeln; drangsalieren, quälen)
Meist werden Untergebene von ihren Vorgesetzten „zwiefed“. → hunzn, dressiern

zwiegàne: zweigeschoßig

Früher hieß das Wort „zwigàdig". Die meisten Wohngebäude waren früher eingeschoßig, später vor allem bei reichen Bauern und Bürgern auch „zwiegàne" (E+1). Heute nennt man ein Haus, das „zwiegàne" ist, ein „Stockhaus", weil es neben dem Erdgeschoss über einen vollwertigen 1. Stock ohne Mansarde verfügt.

zwiegnàht / früher: **zwiegnànd**: doppelt genäht

Z. B. gab es „zwiegnàhte Schuàh" (zwiegenähte Schuhe), die besonders strapazierfähig waren.

zwingà: bewältigen, schaffen

Hier geht es nur um die Bedeutung dieses Verbs beim Essen. Hat jemand eine außergewöhnlich große Portion auf seinem Teller, sagt er: „Des zwing i scho." (Das schaffe ich schon, das esse ich schon auf.) Sind dann doch die Kapazitäten erschöpft, heißt es: „I zwing net mehrà." (Ich schaffe nicht mehr.)

zwoàràloà: zweierlei

1) wörtlich: zwei verschiedene (Dinge)
   „Des sàn zwoaràloà Schuah." (Das sind zwei verschiedene Schuhe.)
2) im übertragenen Sinn: unwohl
   „Då werd`s oàm ganz zwoàràloà." (Da wird einem ganz unwohl, da bekommt man ein flaues Gefühl im Magen oder Angst.)

Zwoàring: Zweipfennig- oder Zweicentstück

Zwurlsuppm: Zwurlsuppe; Suppe mit handgeriebenen Graupen als Einlage

Die Graupen wurden früher durch Reiben des Mehls unter den Händen hergestellt, sie wurden „gezwurlt" (Schmeller II 1181). Wollte man zum Ausdruck bringen, dass eine servierte Suppe von schlechter Qualität war, sagte man: „Wås is`n des für à Zwurlsuppm?" (Was ist das denn für eine Zwurlsuppe?)

Quellenverzeichnis

Christl, Karl: Aichacher Mundartlexikon, Aichach 1988.

Ringseis, Franz: Ringseis` bayerisches Wörterbuch, 3. Aufl., Dachau 2009.

Schilling, Jakob: Paargauer Altbairisches Erzählwörterbuch, Aindling 1988.

Schmeller, Johann Andreas: Bayerisches Wörterbuch, 7. Nachdruck der von G. Karl Frommann bearbeiteten 2. Ausgabe München 1872 - 1877, München 2008.

Stadlbauer, Alfred Anton: Ergänzte Anmerkungen, ein Supplement zu Georg Queri: Kraftbayrisch, Jahrbuch der Johann-Andreas-Schmeller-Gesellschaft 2005 bis 2007, Bayreuth 2006.

Zehetner, Ludwig: Bairisches Deutsch - Lexikon der deutschen Sprache in Altbayern, 1. Aufl., München 1997.

Zehetner, Ludwig: Bairisches Deutsch - Lexikon der deutschen Sprache in Altbayern, 4. Aufl., Regensburg 2014.